지식국가론

THE
KNOWLEDGE
STATE

국립중앙도서관 출판예정 도서목록(CIP)

지식국가론 = THE KNOWLEDGE STATE : 영국, 프랑스, 미국
에서의 노동통계 발달의 정치적 의미 / 최정운 지음. 개정 증보판.
서울: 이조, 2016
440 p. ; 22.5cm

참고문헌과 색인수록
ISBN 979-11-87607-01-4   93340 ; ₩19,000

지식국가론[知識國家論]

341-KDC6
320.1-DDC23   CIP2016022318

지식국가론
THE KNOWLEDGE STATE

최정운

영국, 프랑스, 미국에서의
노동통계 발달의 정치적 의미

도서출판 이조

신판 서문

『지식국가론』이 처음 박사논문으로 씌어진 것은 1989년이었고 한글로 번역되어 단행본으로 출판된 것은 1992년의 일이었으니 이미 20년이 넘은 글이다. 당시 '지식국가'라는 말은 우리 사회에는 처음 나온 말이었다. 이 말은 박사논문을 쓰며 'the knowledge state'로 처음 만든 말이었으니 우리말로 번역해도 처음 나온 말이었을 수밖에 없었다. 그러다가 1997년 김대중 대통령이 취임하며 '지식국가'라는 말이 처음으로 등장했고 그 후 여러 차례 대중 매체에서 쓰이기도 했다. 그러나 '지식'이라는 말 자체가 정치적으로는 성공하기 어려운 말이었는지 우리 귀에 이제는 별로 들리지 않게 되었다. 그러다가 최근에 '통신 혁명', '정보화 사회' 등의 말들이 널리 쓰이면서 그런 말들과 함께 간혹 사용되기도 한다.

그런데 지식이라는 말이 학술 용어나 정치 용어로 사용되는 경우는 거의 만병통치약(萬病通治藥)으로 쓰이는 경우가 대부분인 것이 사실이다. 말하자면 '지식국가'를 확립함으로써 사회 전반을 합리화하고 모든 사회적 문제들을 합리적으로 해결할 수 있고 나아가서 이상적인 사회로 나아갈 수 있다는 식이 지배적인 말투였다. 현실적으로는 '인포메이션 슈퍼하이웨이'를 건설하면 국가 백년대계(百年大計)를 세울 수 있다는 이야기였고 또 그런 방향으로 시도되었다. 현재는 많은 전문가들은 결코 그런 식으로 문제가 모두 해결될 수 없다는 점에 합의하고 있다. 우리나라의 경우에는 하드웨어 수준의 컴퓨터 네트워크가 설치되어도 소프트웨어의 문제는 여전히 해결되지 못하고 있다는 것이 수차례 지적되고 있으며 결국 현재로서는 우리나라가 세계 최고의 컴퓨터 게임 왕국이 되었다는 것 외에는 사회 전반에 다른 결과 ― 긍정적 결과 ― 가 별로 나타나지 않고 있다. 오히려 결과는 기대와는 반대로 나타나고 있다. 이른바 '네티즌'들은 합리적인 인간이나 시민들이라기보다는 감정적이고, 이기적이고 많은 경우 무책임하고 일관성 없는 새로운 '인종'으로 나타나고 있으며 수많은 청소년들이 일본식의 이른바 '오타쿠'로 변신하고 있다는 비판도 종종 제기된다.

'아는 것이 힘이다'라는 동서고금의 진리는 현실적으로 쉽게 생각할 수 있는 것이 아니다. 모든 종류의 지식이 다 힘이 될 수는 없는 것이다. 아무거라도 아는 게 많다고 해서 힘이 다 되는 것은 아니며 그러면 도대체 무엇을 알아야, 즉 어떤 지식이 어떤 힘이 되는가 하는 문제는 간단히 대답할 수 있는 것은 아니다. 나아가서 '안다'는 것에도 수많은 다른 차원들이 있다. 이를테면 수많은 데이터를 갖고 있다던가 또는 엄청난 데이터베이스를 컴퓨터로 활용하고 있다는 것은 자체로서 '안다'는 것과는 엄청난 거리를 갖고 있는 것이다. 그렇게 보면 '안다'는 것, 나아가서 지식이라는 것은 그 자체로서 신비스런 현상이며 사회과학적으로 '안다'는 것과 지식이라는 것을 어떤 식으로 이야기할 수 있는가는 대단히 어려운 문제일 수밖에 없다. 사회적으로 보면 지식이라는 것은 ― 적어도 문자로 씌어져 형식화된 지식은 ― 포괄적으로 인간이 '안다', '아는 것이 힘이다'라는 식으로 취급할 수 없는 문제일지 모른다. 그러나 분명히 어떤 사회나 어떤 국가에는 지식이 중요한 요소이며 사회과학적으로 분석해야 할 중요한 문제임에 분명하다. 특히 국가가 다스려지는 데는 지식이 필수불가결의 구조를 이루고 있다. '국가'란 고대로부터 일반적으로 어떤 한 사람이 개인적으로 알 수 있는 범위를 넘어서는 지리적 삶의 공간을 포괄하며 그러한 이유에서 국가는 구체적인 지배 체제이지만 추상적인 정체(identity)와 상징 체계를 갖는 것이다. 국가가 다스려지는 데는 제도화된 지식이 작용하지 않으면 안 된다. 지식이 제도화되기 위해서는 지식은 나름대로 어떤 형태로 규율되지 않을 수 없으며 일단 지식이 규율된 형태로 존재하는 경우는 지식은 '아는 것이 힘이다'라고 말할 수 있는 종류의 '아는 것'과는 같을 수 없을 것이다. 더구나 지식이 형식화된, 상품화된 형태인 '정보'(information)라는 이름으로 불려지는 상황이 되면 문제는 아주 달라진다. 이 경우 지식은 분명의 국가의 권력과 밀착되어 있지만 궁극적인 의미에서 '아는 것이 힘'이라는 명제와는 편차가 있을 수밖에 없다. 제도화된 지식 또는 정보가 만드는 힘이란 결코 폭력을 대체할 수 없다.

이 책은 서구에서 근대에 들어, 특히 19세기 말부터 이루어진 과학적 지식을 통해 다스려지고 운영되는 국가의 성립과 그 성격에 관한 연구이다. 여기에서 우선 이러한 지식국가의 특정한 조건을 몇 가지 언급하고자 한다. 우선 국가는 출발에서 이미 산업자본주의 국가였고 이러한 국가의 형태는 이전 시기의 국가나 다른 지역이나 문명의 국가와는 달랐다. 나아가서 여기에서 지식이란 물론 노동통계를 말하는 것이다. 노동에 대한 통계란 근대 과학적 지식의 일종으로서 우리가 흔히 '지식' 또는 '아는 것'이라고 부르는 것과는 전혀 다른 것이다. 근대 과학적 지식이란 서유럽에서 17세기부터 프랑스의 철학자 데카르트(René Descartes)가 창시한 독특한 형태의 지식이며 노동통계를 포함한 각종 통계는 근대 과학적 지식의 한 종류이다. 19세기 말 서유럽과 미국에서 국가에 의해 노동통계라는 새로운 형태의 지식이 만들어지고 사회 전반에서 사용되기 시작했을 때의 지식국가의 구체적인 모습을 보고자 한 것이 이 연구의 목적이다.

노동통계를 국가가 만들어냈을 때 그 목적은 그야말로 '힘'을 얻기 위해서였다고 해석할 수 있을지 모른다. 그러나 그 결과는 단순히 국가가 새로운

'힘'을 얻었다고 말할 수는 없다. 노동통계란 국가라는 제도가 만들어낸 독특한 종류의 형식화된 지식이고 바로 이러한 이유 때문에 복잡한 결과를 야기하게 되었다. 또한 이른바 '합리화'란 지식국가의 목적이었고 또한 그 결과였다고 할 수 있을 것이다. 그러나 이 합리화라는 현상도 우리가 일상 언어의 차원에서 '이치에 맞게 된다'는 의미로 이해할 수는 없다. 노동통계라는 지식 체계가 형성한 지식국가는 결코 누구 또는 어떤 집단의 힘의 증가 또는 국가나 사회의 합리화라는 단순한 도식으로 이해할 수 없다. 오히려 지식국가의 성격을 핵심적으로 요약하자면 헤게모니(hegemony)라는 용어가 유용할 것이다. 후기자본주의 사회에서 헤게모니란 무엇을 말하며 어떤 식으로 이루어지는가에 대하여 지식국가는 그 핵심을 보여주고 있다. 물론 후기자본주의 사회의 헤게모니 체제는 결코 안정적이라 볼 수는 없을 것이다. 계급간의 투쟁은 계속되고 있으며 지식국가의 헤게모니란 하루하루의 투쟁이 이루어지고 규율되고 평가되는 체제를 말한다.

　지식이란 어쩌면 사회과학적으로 관찰될 수 있는 한에서는 이미 그 순수한 성격을 잃어버린 형태인지 모른다. 또한 정치적으로 제도적으로 만들어지고 활용될 수 있는 한에서는 이미 순수한 의미에서 '힘'이 될 수 있는 그런 '앎'과는 상당한 거리가 있을 수밖에 없을 것이다. 현실적으로 이루어질 수 있는 지식국가란 복잡한 모습을 띨 수밖에 없을 것이다. 의도했던 목적이 이루어지기도 하고 의도치 않았던 결과가 나타나기도 하고 또 어쩌면 상상하지 못했던 부작용이 나타나기도 할 것이다. 19세기 말부터 영국, 프랑스, 미국에서 노동통계의 성립에 의해 이루어진 지식국가는 지식국가의 한 경우에 불과하겠지만 지식국가의 한 현실태로서 그 구체적인 모습을 관찰할 수 있는 경우로서는 의미가 있을 것이다.

2016년 3월 저자 최정운

초판 서문

　　이 책은 1985년에 착수하여 1989년 봄에 마무리 지은 미국 시카고 대학에 제출한 박사학위 논문을 번역한 것이다. 실제 문제의식은 사실 1983년 경에 이미 시작되었고 따지고 보면 많은 세월이 걸린 작품이고 결과의 여부에 불문하고 애정과 미련이 많은 '자식' 같은 느낌이 든다. 발표해 보고 싶은 욕심은 하루 이틀이 아니었지만 아직도 헛점이 몇 가지 있다는 것을 나 자신 속에서 쉽게 덮어 버릴 수는 없었다. 결국은 어떤 시점에서 다른 사람들의 의견을 들어야 하고 자신의 발전을 위하여도 사후 저작으로 남겨둘 수는 없다는 객관적 요구에 응하게 되었다. 이 글을 내보인다는 데는 복잡한 심리적 갈등이 없을 수 없었고 용기를 필요로 하는 결단이기도 했다. 학문에 첫발을 디디는 학생의 입장에서 자기도 모르는 과욕의 소산이며 안다고 생각하는 것은 하나도 빠짐없이 여기저기 끼워넣어 필생의 역작을 만든다며 덤벼든 어설픈 졸작인 줄은 알지만 이 시점에서 독자들에게 "이것은 저의 첫 작품이라서…"라고 양해를 구하며 내놓기로 했다. 학문 연구가 다 그렇다지만 많은 세월 동안 지식을 쌓아서 이렇게 만들어 놓고 나면 끝에 가면 모르는 것만 남고 확실한 의미를 갖던 말 한마디 한마디가 점점 자신을 잃어 가는 괴로움을 실감하는 순간이다.

　　자신이 전에 외국어로 쓴 글을 번역한다는 것은 참으로 묘한 경험이었다.

우리 말을 제대로 공부해 보지 못한 것이 부끄러워지고 외국어라도 잘쓴 글이었으면 이렇게 고생하지 않았으련만 하는 별의 별 생각이 다 들었다. 처음에 시작할 때는 몇달 정도면 가볍게 끝내리라 생각 한 것이 무려 두해나 걸리게 되었다. 하긴 남처럼 해야할 일도 많고 시간을 내기도 힘들었지만 결정적으로 스스로 쓴 글을 — 쓸 당시에는 거의 외우다시피 한 글을 — 우리 말로 옮긴다는 것이 별것 아닐 것이라는 게으른 생각이 올해 봄까지도 남아있었던 것 같다. 원래 논문을 제출할 당시에는 영어로 출판을 먼저 하려고 했지만 귀국한 후에 마음을 바꾸었다. 물론 영어로 세계적인 학술 전문 출판사에서 책을 낸다는 것은 개인적으로 욕심이 않나는 일이 아니지만 우선은 영어를 가다듬는 작업을 해야 하는 어려움이 있었고 또다른 생각은 우리말로 된 책이 먼저 나온다는 것이 훨씬 자연스러운 과정이라는 막연한 생각이 들었다. 내용은 외국에 관한 것이지만 우리의 문제와 무관하지 않으며 본인의 일차적인 사회적 의무는 우리 독자들에 대한 것이라는 생각이 들었다.

책의 머릿말은 핑계도 좋지만 그간 이 글을 완성하는 데 도움을 준 여러분들께 감사를 표하는 자리가 되어야 할것 같다. 우선 작고하신 부모님과 형님들의 물심양면의 도움 덕분에 외국에서 학비 걱정 한번 안하고 공부에 전념할 수 있었다는 것은 아무에게나 있는 행운이 아니라는 것을 잘 알고 있다. 또한 이 책은 집사람 진희를 비롯한 온 가족의 희생의 제단 위에서 이루어 졌다고 해도 과언이 아니다. 그리고 시카고 대학에서의 지도교수인 아담 셰보르스키(Adam Przeworski), 버나드 실버만(Bernard S. Silberman), 존 패젯(John F. Padgett) 선생님들의 각별한 도움은 외국에도 우리나라와 같은 사제관계가 있을 수 있다는 것을 깨닫게 해주었다. 특히 셰보르스키 선생님은 수많은 영감(靈感)을 주신 것 외에도 엄청난 인내심으로 이 연구가 나름대로 발전해 나가는 데 끝까지 가꾸어주셨다. 아울러 1988년에 구라파에 현지 연구차 갔을 때도 많은 학자들로부터의 도움은 잊을 수 없다. 프랑스의 피에르 비른바움(Pierre Birnbaum), 앙투완 프로(Antoine Prost), 베르나르-피에르 레퀴에(Bernard-Pierre Lécuyer), 에르베 르 브라(Hervé Le Bras), 로베르 살레(Robert Salais), 장 뤼시아니(Jean Luciani), 낸시 그린(Nancy L. Green), 마리-노엘 부르게(Marie-Noelle Bourguet) 특히 미셸 페로(Michelle Perrot) 교수님의 격려와 실질적 지원은 엄청난 도움을 주었다. 영국에서도 로저 데이빗슨(Roger Davidson), 로드니 로우(Rodney Lowe), 조세 해리스(José Harris), 에릭 홉스바움(Eric J. Hobsbawm), 마틴 불머(Martin Bulmer), 헨리 펠링(Henry M. Pelling), 그리고 윈터(J. M. Winter) 교수님들의 친절한 도움은 이 연구의 막바지에 이르러 자신을 갖고 밀어붙일 수 있는 용기와 더불어 실질적인 도움을 주신 것에 대하여 다시 감사를 표하는 바이다.

    마지막으로 서울대 외교학과 은사님들 특히 노재봉 선생님, 김용구 선생님 그리고 정종욱 선생님들의 오랜 꾸중은 이 연구의 진정한 밑거름이었다는 점을 강조하고 싶다. 물론 이 책이 잘된 점이 있다면 모두 도와주신 분들 덕분이며 부족한 점은 모두 필자의 탓이라는 점을 밝힌다.

1991년 9월 저자 최정운

목차

서장

1. 문제 제기   17
2. 역사적 배경   27
   1. 영국   31
   2. 프랑스   39
   3. 미국   48
   4. 맺음 말   53

제1부: 지식국가의 형성

제1장 지식국가의 이론
1. 노동통계의 특징   57
2. 노동통계의 사용   61
3. 구조의 변화   65
4. 행위의 변화   69
5. 지식국가   73

제2장 영국의 지식국가
1. 노동통계의 발달과 사용   77
2. 구조의 변화   92
3. 행위의 변화   112

제3장 프랑스의 지식국가
1. 노동통계의 발달과 사용   135
2. 구조의 변화   150
3. 행태적 변화   170

제4장 미국의 지식국가
1. 노동통계의 발달과 사용   193
2. 구조적 행태적 변화   209

제5장 **각국의 비교**
　1. '미국 예외론'과 지식국가　　　　　241
　2. 노동 정치의 길　　　　　　　　　251
　3. 분류의 시도　　　　　　　　　　260

제2부: 노동통계 발달의 원인

제6장 **영국의 경우**
　1. 행위자와 그들의 의도　　　　　267
　2. 사회 정치적 조건　　　　　　　286

제7장 **프랑스의 경우**
　1. 행위자와 그들의 의도　　　　　297
　2. 사회 정치적 조건　　　　　　　318

제8장 **미국의 경우**
　1. 행위자와 그들의 의도　　　　　327
　2. 사회 정치적 조건　　　　　　　349

제9장 **노동통계 발달의 원인의 이론**
　1. 행위자와 그들의 의도　　　　　355
　2. 사회 정치적 조건　　　　　　　363
　3. 이론적 고찰　　　　　　　　　366

제10장 **결론: 이론적 고찰**
　1. 공공지식의 이론　　　　　　　377
　2. 지식국가의 정치형태　　　　　387

참고 문헌　　　　　　　　　　　　406
찾아보기　　　　　　　　　　　　437

서 장

1. 문제 제기

　본 연구는 신마르크스주의(neo-Marxist) 국가 이론의 문제점에서 출발하였다. 20세기에 들어오면 마르크스주의자들은 국가에 대하여 새로운 문제를 제기하였다. 19세기에 칼 마르크스(Karl Marx)와 그의 추종자들이 '자본주의는 어떻게 붕괴될 것인가?' 라고 물었다면, 20세기의 마르크스주의 이론가들은 도리어 '자본주의 사회는 수많은 구조적 모순과 자기 파괴적 요소들에도 불구하고 어떻게 붕괴되지 않고 유지되어 왔는가?' 라고 거꾸로 질문을 던지고 있다. 이에 대해 가장 편리한 답은 기능주의(functionalism)에서 우선 찾아질 수 있었다. 국가는 자율적(autonomous) 행위자로서 노동자계급의 형성을 견제하고 경제적 위기를 해결하는 등 자본주의 체제를 유지시키는 기능(function)을 수행한다는 것이다. 한 마디로 자본주의 사회는 국가에 의해 유지된다는 것이다.[1] 기능주의의 관점에서 보면 국가는 자본주의를 유지하는 부동의 사명을 지닌 전능한 합리적 행위자(rational actor)로 나타나던지 그렇지 않으면 외부 조건에 반사적으로 작동하는 기계적 인공두뇌

1　여기에서 기능주의란 직접적으로 기능주의라 불리는 이론 외에도 기능주의적 요소를 포함하는 모든 이론을 지칭하는 광범위한 뜻으로 사용된다. 예를 들면, Nicos Poulantzas, *Political Power and Social Classes* (London: Verso Press, 1978); J. Holloway & Sol Picciotto, eds., *State and Capital* (London: Edward Arnold, 1978) 등.

장치(cybernetic device)로 나타난다.

그러나 기능주의는 국가의 자율성이나 합리성을 논리적으로나 과학적으로나 설명하지 못한다. 구조주의자(structuralist)들은 정치는 자율적인 영역이라고 전제함으로써 정치의 자율성을 통해 계급이해와 분리된 국가의 합리적 기능 수행을 설명하려 하지만 그들의 전제는 억지에 가까우며 자가당착에 빠진다.[2] 대부분 이러한 국가이론들은 국가가 독립된 역사적 실체임을 뒷받침하기 위해 막스 베버(Max Weber)의 관료제(bureaucracy) 이론을 원용한다. 그러나 베버에 따르면 합리적 관료제는 우선 집권자의 효율적인 도구이며 따라서 관료주의적 국가의 자율성은 당연한 것일 수 없으며 독자적 근거에 의해 따로 설명되어야 한다.[3] 이러한 문제는 '강한 국가, 약한 국가 이론'의 (strong state-weak state theory) 경우도 마찬가지다. 강한 국가는 권력자의 강한 도구에 불과할 수도 있는 것이다. 단적으로 국가의 조직의 형태나 크기 등이 국가의 자율성과 합리성을 보장 할 수 없다.

기능주의의 문제를 극복하기 위해서는 그간 당연시되어 왔던 본질적인 질문들로 돌아가야 한다. 국가는 왜 그리고 어떻게 사회에 개입하는가? 국가가 사회에 개입하는 한 국가의 행위는 기능적이며 합리적인가? 하는 등의 문

---

2 구조주의적 국가이론의 대표적인 예로는 Poulantzas, *Political Power and Social Classes* 와 Louis Althusser & Etienne Balibar, *Reading Capital* (New York: Verso Press, 1979)이 있다.

3 Weber에 의하면 "관료 조직이 그의 통제자의 수중에 존재하는 기술적으로 가장 발달된 권력의 도구라는 사실은 그러한 관료 조직이 독특한 사회 구조하에서 그들 스스로의 의견을 가질 수 있다는 점의 중요성을 결정짓는 것은 아니다. 몇 백만으로 팽창된 관료들이 더욱 더 필수 불가결의 요소라는 사실이 이러한 문제에 결정적 요소가 될 수 없음은 무산 계급의 경제적 중요성이 그들 계급의 사회 정치적 권력 형성에 결정적 요인이 되지 못하는 것과 마찬가지다. (이 견해는 일부 무산 계급 운동의 대표들도 공유하는 견해이다.)" Weber, "Baureaucracy," *Economy and Society*, Vol. 2, ed. Guenther Roth & Claus Wittich (Berkeley: University of California Press, 1978), p. 991. 즉 관료 계급의 독자적 권력은 그들이 권력의 도구임의 부산물이며, 그들의 잠재적 자율성은 일차적 조직 외에서의 사회적 유대에 근거한다는 것이다.

제들이 재론되어야 한다. 이러한 문제들과 관련되어 우선 국가 권력이 법적 재정적 수단을 모두 갖추고 있다고 해도 사회에서 어떤 일이 벌어지고 있는지 알지 못한다면 어떤 일도 할 수 없을 것이며 지식(knowledge)의 한계에 따라 국가 정책의 합리성은 제한받을 수밖에 없을 것이다.[4] 국가의 지식의 문제는 당연한 것으로 지나칠 수 없는 문제임에 분명하다. 그간 대부분의 국가에 대한 연구는 정치학 전통에서 재정적 법적 수단과 능력 즉 물리적 측면에 초점을 맞추어 왔다.

지식과 인식의 문제에 관하여 이데올로기(ideology) 개념은 대부분의 국가 이론들이 기대고 있는 마르크스주의의 핵심적 이론이라 할 수 있다. 그러나 국가의 지식과 인식의 문제에 대해 이데올로기 개념은 두 가지 상반된 답을 도출한다. 첫째로 국가 관리들은 부르주아 이데올로기를 갖고 있으며 따라서 그들은 자본주의 체제의 기능을 수행한다는 것이다. 그러나 이데올로기는 비합리적 인식 요인으로 그것만으로는 국가의 합리적 기능 수행이 설명될 수 없다. 다른 한편 이데올로기는 국가에 의한 사회 통제의 수단으로 나타난다.[5] 이러한 시각은 국가는 사회에서 어떤 일이 벌어지는지 완전한 지식을 갖고 있다고 전제되고 반면 사회의 문제들은 국가에 의하여 의도적으로 살포되는 이데올로기에 의해 왜곡, 은폐되고 있다는 것이다. 이론적으로 지식과 이데올로기의 양분은 국가와 사회의 양분과 평행을 달리고 있는 셈이다.[6] 결국 이데올로기의 개념에 의해 국가는 자본주의 체계에 대해 기능적

---

[4] M. Wirth, "Contribution à la critique de la théorie du capitalisme monopoliste d'Etat," *L'Etat contemporaine et le marxisme*, J.-M. Vincent, et al, eds. (Paris: François Maspero, 1975), pp. 123-4. 조직이론적 관점에서는 Herbert Simon의 bounded rationality의 개념을 참조. James G. March & Herbert A. Simon, *Organizations* (New York: Wiley, 1958).

[5] Louis Althusser, "Ideology and Ideological State Apparatuses," *Lenin and Philosophy* (New York: Monthly Review Press, 1971), pp. 127-86.

[6] Larrain의 Althusser의 이데올로기 비판을 참조. Jorge Larrain, *Marxism and Ideology*

이 되기도 하고 비기능적이 되기도 하는 모순에 빠지게 된다. 이데올로기의 개념은 실증적이라기보다는 비판적 개념이며 따라서 국가의 지식의 문제와 인식적 조건을 설명하는데 있어 무력할 수밖에 없다.

자본주의 국가가 합리성을 지닌다 함은 국가의 사회에 대한 인식은 경험적이며 합리적 지식에 근거함을 의미한다. 필자는 1847년 영국의 열 시간 노동법(Ten-Hours Act)에 대한 연구에서 그러한 입법은 당시 영국 의회의 대부분의 정치가들의 의사 결정에 있어 타당한 근거로 간주된 특정한 경험적 지식 체계의 발달에 의해 가능했다는 사실을 발견하였다. 공공지식(公共知識, official knowledge)이라 개념화된 그러한 지식 체계는 다음과 같은 세 가지 특성을 갖고 있었다. 첫째는 국가 기관에 의한 생산의 제도적 독점이며, 둘째는 생산 과정에 활용된 합리적 과학적 방법론, 마지막으로 기존의 지배적인 자본가계급의 정치적 의식과의 연관성이었다.[7] 여기에서 한발 더 나아가 공공지식의 관점에서 보면 현대의 자본주의 사회에서 우리들이 사회 경제적 조건을 이해하는데 있어 통계자료가 갖는 독점적 지위는 각별한 주의를 요한다. 통계는 국가 기관에 의해 엄청난 규모로 체계적이고 정기적으로 수집되고 있으며 실로 정부 통계는 우리 생활의 거의 모든 측면을 독점적으로 재현(再現, representation)하고 있다. 20세기에 이르면 통계적 형태의 공공지식은 후기 자본주의의 중대한 정치 구조라 아니할 수 없다.

사회·경제 통계의 발달은 복지국가로 대표되는 새로운 형태의 국가 개입 정책과 긴밀한 관계를 갖는다. 더욱이 통계적 공공지식은 정치 구조를 형

(Atlantic Highlands: Humanities Press, 1983), pp. 91-4.

7 공공지식은 다음과 같이 정의된다. "국가 권력과 그 관리 계급에 의하여 여타의 지식 체계와 구별되어 그 타당성을 인정받은 지식 체계로서 사회 정책의 의사 결정과정에서 유일한 인식적 기반이 되는 지식 체계를 말한다." Jungwoon Choi, "The English Ten Hours Act: Official Knowledge and the Collective Interest of the Ruling Class," *Politics and Society* 13, No. 4 (Fall, 1984), pp. 455-78.

성하였다. 한편으로 근대 통계 발달은 민주주의 정착에 필수 불가결의 조건으로 나타난다. 실제로 통계의 발달은 서유럽의 민주주의 정착의 역사와 대체로 일치한다. 그러나 다른 한편으로는 통계의 공공적 성격은 사회적 현실의 재현이 기술적(技術的)인 문제로 귀착되었다는 함의를 갖는다. 즉 특수한 기술을 습득하였다고 제도적으로, 공식적으로 인정받은 사람들만이 사회의 '현실'을 정확히 객관적으로 표현할 수 있게 되었다는 것이다. 위르겐 하버마스(Jürgen Habermas)가 과학 관료주의(scientific bureaucracy)라고 부른 현상은 통계적 지식이 공공적 사회 인식과 담론을 지배하게 된 결과라 아니 할 수 없다.[8] 또한 우리가 굳이 미셸 푸코(Michel Foucault)를 원용하지 않아도 지식이 권력을 창출한다는 것은 이미 상식에 속한다. 최근 한 저자는 그의 통계에 관한 대중 교양서적에서 아래와 같이 말하고 있다.

> 그리하여 사회 통계는 사실이나 숫자 이상의 의미를 갖는 것이다. 통계는 권력의 원천이다. 누구든 그러한 지식을 소유한 자는 정부를 통제하고 대중을 호도하며 이웃을 우롱할 수도 있고 청중들을 매료시킬 수도 있는 것이다. 어느 누가 공공 통계의 권위에 도전할 수 있는가? 자 독자 여러분들은 이 책을 다 읽고 나면 할 수 있기를 바랍니다![9]

본 연구는 국가의 사회인식 제도 즉 공공지식으로서의 통계에 대한 이론을 구축하는 데 그 목적을 두고 있다. 즉 '노동통계(labor statistics)'의 형성과 발달의 원인과 결과는 무엇이었는가?' 하는 문제에 답하고자 한다. 공공통계의 여러 분야 중에서 노동통계를 연구대상으로 선택한 것은 다음 몇 가

---

8 Jürgen Habermas, "The Scientization of Politics and Public Opinion," *Toward A Rational Society* (Boston: Beacon, 1970), pp. 62-5.
9 Martin Slattery, *Official Statistics* (London: Tavistock, 1986), p. 4.

지 이유에서이다. 우선 노동통계는 각종 통계 중에서 가장 큰 분야 중의 하나다. 둘째로 역사적으로 노동통계의 발달은 서구 선진 자본주의 국가에서 인구조사를 비롯한 엄청난 규모의 통계가 발달하는데 있어서 결정적 계기를 마련하였다. 서유럽에서는 1830년대부터 사회개혁가들은 경제·사회생활의 거의 모든 측면에 대하여 통계를 수집하고 생산함으로써 합리적 정부를 이룩할 수 있다는 사상을 개발하고 전파하였다. 그러나 결국 제2차세계대전이 끝난 후에야 서구와 미국에서 통계 생산의 수준이 19세기의 개혁가들이 주장하던 합리적 정부가 가능한 정도에 접어들었다 할 수 있고 이러한 역사적 발달에 노동통계는 결정적 계기를 마련하였다. 셋째 노동통계의 발달은 질적으로도 새로운 역사적 조류를 형성하였다. 즉 통계의 주요 대상이 생물학적 사회적 분야에서 경제 분야로 발전하고 그 과정이 단순한 수집의 수준에서 계획적 생산의 수준으로 발돋움한 것은 노동통계 발달을 기점으로 한 것이었다.

본 연구에서 노동통계라 함은 ① 임금, ② 생계비, ③ 실업 그리고 ④ 노사관계에 관한 통계를 포함한다. 이렇게 제한한 것은 위의 네 가지 통계가 서구의 노동통계의 원형이었기 때문이다. 국제노동기구(International Labor Organization: ILO)가 노동통계를 획일화하려는 노력은 제2차세계대전 이후의 일이었고 이에 따라 보건과 사망률 등의 분야가 노동통계에 포함되었다. 초기의 노동통계의 주요 부분은 위의 네 분야로 형성되어 있었다.[10]

인구조사는 문명의 등장 이래 가장 오래된 제도 중의 하나이다. 통계의 연원은 고대 이집트, 바빌로니아, 희랍의 도시국가 외에도 노르만 정복 직후

---

10 초기의 미국의 노동통계는 예외라 할 수 있다. 임금에 관한 통계 외에도 음주 이혼에 대한 통계도 포함되어 있었다. 이러한 통계는 서구에서는 19세기 중반에 사회통계라 일컬어지던 분야였다. 미국의 경우에 대한 부분을 참조.

영국의 둠스데이 북(Domesday Book)에서도 찾을 수 있다.[11] 그러나 근대 이전과 근대 이후의 통계의 차이점은 통계의 여러 측면, 말하자면 양, 정확도, 포괄성, 공공성 등의 개별적인 차이점보다 더욱 근본적인 것이라 할 수 있다. 근대 자본주의 사회에서 통계는 사회의 유일한 객관적 기술이며 합리적 사회적 행위의 근거라는 관념 하에서 체계적으로 수집 생산되고 있다. 근대 이전의 인구조사는 사전에 결정된 특정한 용도에 따라 가시적으로 셀 수 있는 항목들을 대상으로 한데 반하여, 근대의 통계는 사회생활의 거의 모든 분야를 갖가지 방법으로 셀 수 있도록 이론적으로 고안하여 세고 있는 것이다. 또한 근대 이전의 인구조사는 모병이나 조세 등의 특정한 기존의 국가 정책 집행의 도구였지만, 근대에 들어서면 정책의 집행 외에 입안도 통계에 의존하고 있다. 근대 통계는 국가 정책 결정의 전제 조건이라 할 수 있으며, 통계는 사실상 그 자체를 위해 수집되고 생산되는 것이다. 근대 통계는 특이한 역사적 현상이며, 이러한 공공지식으로서의 통계의 이론과 사상은 근대 통계를 근대 이전의 인구조사와 구별 짓는 뚜렷한 경계를 이룬다.

  본 연구는 영국, 프랑스, 미국, 세 나라의 1880년대부터 1930년대까지의 역사를 비교 분석한다. 이 세 나라의 경우를 선택한 이유는 아래와 같다. 첫째 이 나라들은 자본주의와 근대국가 발달의 전형을 이룬다. 둘째 이 나라들은 노동통계의 발달과 내용에 있어 상당한 차이점들을 보이고 있으며 이는 각국의 상이한 사회 정치 구조와 연관되어 있다. 프랑스는 고도로 관료주의적 국가 형태를 가지고 있으며 또한 매우 격렬한 계급투쟁의 역사를 가지고 있다. 반면 미국은 의회를 중심으로 국가 권력이 이루어져 왔으며 상대적으로 계급간의 분쟁은 개혁주의적 성격을 띠어왔다. 또한 영국은 계급 분화

---

11 Hyman Alterman, *Counting People: The Census in History* (New York: Harcourt, Brace & World, 1969), pp. 17-30.

의 깊은 전통을 가지고 20세기 초반까지 선거권이 제한되어 있었던 반면, 미국은 세계에서 가장 오래된 보통선거에 기초한 민주주의를 형성한 나라였다. 나아가서 영국에는 강력한 노동당(Labour Party)이 있는 반면 미국에서는 노동자계급의 형성은 완성되지 못하였다. 그러나 무엇보다 통계의 사상과 이론이 등장하고 발달한 것은 바로 이 나라들에서였다. 위의 여러 조건들로 미루어 위의 세 국가들의 비교연구는 문제에 관한 보편적 설명과 각국의 특수성을 드러내어 제시한 질문에 대한 답을 포괄적으로 제공할 수 있을 것이다.

논의의 순서는 다음과 같다. 서장의 다음 부분에서는 서유럽과 미국에서의 19세기 초 이래의 통계 발달의 역사적 배경을 간단히 논의한다. 그리고 본론으로 들어가 제1부에서는 노동통계 발달의 과정과 결과에 대해 논의한다. 우선 그 첫 부분에서는 이론적 모델이 제기된다. 통계 발달의 결과란 대단히 광범위한 것이며 그 결과의 복잡한 양태를 알아보기 위해서는 연역적(演繹的) 모델이 필요하다. 모델은 다음에 이어질 영국, 프랑스, 미국, 세 나라의 1880년대부터 1930년대까지의 경험적 연구에서 검증될 것이다. 마지막 부분인 제5장에서는 각 경우의 특수성들이 비교 토론될 것이다. 우선 이른바 '미국 예외주의(American exceptionalism)'는 지식국가의 시각에서 설명할 수 있는가 살펴보고, 다음 영국과 프랑스의 상이한 과정과 결과로서의 정치 형태를 토론하고 이러한 여러 특수성들이 노동통계라는 공통의 요인으로 설명될 수 있는가 보기 위하여 케이스들의 분류가 시도될 것이다.

이론적 모델은 다음과 같다. 공공지식으로서의 노동통계는 계급 갈등의 정통적(legitimate) 수단과 장(場, arena)을 형성한다. 갈등의 새로운 형태는 노동자계급 형성과 국가에 구조적 행태적 변화를 초래한다. 이러한 양태들은 독특한 정치 형태를 갖는 지식국가(the knowledge state)를 이루며 이는 다음의 세 가지 특성을 갖는다. 첫째, 항구적인 사회·정치적 행위자로서의 노동자계급의 등장이며, 둘째는 계급 조직과 국가에서 전문 관료제의 형성이며, 셋째는 개혁주의(reformism)를 주요한 측면으로 하는 합리적 계급정치(rational class politics)의 성립이라 할 수 있다. 결국 노동통계의 발달은 계급 갈등과 투쟁을 제도화하고 기술적, 합리적 공공정책(public policy)의 영역으로 흡수하고 통계 지식은 국가에 자율성과 아울러 행동의 자유를 부여하게 된다. 단적으로 현대 자본주의의 지식국가는 19세기적인 계급적인 성격이 현저히 노출되는 '자본주의 국가'와는 상이한 구조를 형성하고 상이한 기능을 수행한다.

제2부에서는 노동통계 발달의 원인을 합리적 행위자 관점(rational actor perspective)에서 토론한다. 우선 행위자 구성의 양태와 그들이 표출한 의도를 논의하고 이러한 개인주의적 방법론의 시각은 당시 사회 정치적인 조건의 분석으로 보충될 것이다. 이러한 논술 구조에 따라 영국, 프랑스, 미국 세 나라의 경우를 역사적으로 연구한 연후에 마지막 9장에서는 노동통계 발달의 원인에 대해 이론적 설명을 제시할 것이다. 합리적 행위자적 관점에 의한 설명은 경험적인 수준의 분석으로 충분한 것이 아니다. 행위자의 구성은 사회 이론적인 문제이며 그들이 표현한 의도는 문자 그대로 받아들이기보다는 이론적 해석을 요한다. 그들의 주장은 노동통계는 지배 계층의 지지를 받은 중산층 지식인들이 타당한 사회 지식의 형태를 독점하고 합리적인 지식을 이용하여 노동자계급을 통제하려는 의도에서 발전된 것이었다고 요약할 수 있다. 당시의 사회주의자들 또한 노동자계급의 이해(利害, interest)를 정당화하려는 의도에서 노동통계를 요구하였다. 노동통계는 체제도전적인 노동운동과 아울러 권력 분산의 구조적 특징을 갖는 자본주의 사회의 특징적 인식 제도이며 행위자의 구성과 의도는 이러한 자본주의 사회의 구조와 서로 맞물려 있었다.

노동통계의 결과는 그의 원인에 앞서 토론된다. 이러한 전도된 토론 진행

순서는 원인과 결과를 혼동하지 않기 위하여 의도적으로 시도된 것이다. 이는 기능주의적 오류를 피하고 대상에 대한 과학적이고 경험적인 분석을 가능하도록 하기 위한 것이다. 또 한편 이러한 구조는 노동통계의 원인과 결과를 대조시켜 보려는 것이다. 사회 정치의 모든 변화가 그러하듯 통계지식의 결과로서 지식국가는 그의 형성과 관련된 의도들과는 사뭇 달랐다. 뒤에서 토론하겠지만 사회과학적 지식의 발달에 대한 많은 이론들은 원인과 결과를 혼동하고 있다. 끝으로 결론부에서는 본 연구가 기여하고자 하는 바의 이론적인 주제에 대해 토론한다. 우선 첫 부분에서는 공공지식의 문제를 이론적으로 토론하고, 다음 부분에서는 계급형성, 개혁주의 그리고 헤게모니(hegemony) 등 이론적인 주제들을 비판적으로 토론하는 가운데 지식국가의 정치 형태를 제시할 것이다.

2. 역사적 배경

　　역사가들은 근대 통계에는 두 개의 연원이 있다는 점에 동의하고 있다. 이들은 모두 서유럽에서 종교전쟁 이후 전반적 위기의 시대였던 17세기에 등장하였다. 그중 첫째는 영국의 윌리엄 페티(William Petty)와 존 그론트(John Graunt) 등에 의해 창시된 정치산술(political arithmetic)이라 불리는 것이었고, 그 다음은 독일 지역의 여러 국가에서 콘링(Conring), 아헨발(Achenwall) 등에 의해서 개발된 통계술(Statistik)이었다. 이중 후자는 국가의 지방관리들이 각 지방의 인구 및 사회·경제 조건들을 체계적으로 도표를 만들어 기록하고 중앙에 보고하는 기술이었다. 독일의 통계술은 일종의 정치학이자 관료주의적 통치술이라 할 수 있다. 반면 영국의 정치산술은 과거와 현재 간의 변화 또는 동적 과정과 인과 관계 등을 밝히려는 수량통계적인 시도였다.[1]

1　Paul F. Lazarsfeld, "Notes on the History of Quantification in Sociology--Trends, Sources and Problems," *Isis* 52, No. 168 (June, 1961), pp. 277-333. 정치 산술에 관하여는 다음을 참조. Martin Shaw & Ian Miles, "The Social Roots of Statistical Knowledge," *Demystifying Scocial Statistics*, John Irvine, Ian Miles & Jeff Evans, ed. (London: Pluto Press, 1979), pp. 27-38, Alterman, *Counting People*, Theodore M. Porter, *The Rise of Statistical Thinking, 1820-1900* (Princeton: Princeton University Press, 1986), pp. 18-23.

19세기 초에 이르면 서유럽과 미국에서는 인구, 무역, 사망률, 범죄, 보건 등의 분야에 관한 통계가 본격적으로 수집되기 시작하였다.[2] 나아가서 정부 통계의 발달은 국가 기관 밖에서 또 하나의 흐름을 수반하게 되었다. 계속 적인 혁명적 위기 상황에 대한 거시적 대응책으로 벨기에의 천문학자 아돌 프 케뗄레(Adolphe Quételet)를 위시한 사회개혁가들은 근대적 사회 통계 조사 방법론의 모체가 되는 통계학 이론과 방법론 등을 개발하였다. 이러한 반혁명적이며 자유주의적 개혁가들의 활동은 "사회는 병들었다"는 위기의 식에서 출발하였다.[3] 이러한 생물학적이며 의학적 비유와 이른바 '맬서스적 공포(Malthusian fear)'는 사회에 대한 경험적 과학적 지식 형성의 동기로 나타났다. 이러한 추세는 1830년대에 이르면 이른바 '통계운동(Statistical Movement)'으로 결집되며 공공통계 발달에 결정적 영향을 미치게 되었 다.[4] 근대 통계는 17세기에 등장한 원시적 통계가 발달한 결과로 볼 수 없다. 또한 18세기에 라플라스(Laplace)에 의하여 발견된 확률 이론의 직접적 결 과라고 볼 수도 없다.[5] 근대 통계는 19세기 서구의 사회 · 정치적 상황에서

---

2 Ian Hacking, "Biopower and the Avalanche of Numbers," *Humanities in Society* 5 (1982), pp. 279-95.
3 Theodore Schieder, *State and Society in Our Times* (London: Thomas Nelson and Sons, 1962), pp. 9-10; Frederick A. Hayek, *The Counter-Revolution of Science* (Indianapolis: The Liberty Press, 1979).
4 Ian Hacking은 통계운동은 하나의 혁명을 이루었다고 주장하며 다음과 같이 말한다. "1830 년대를 통하여 수많은 통계 협회가 창립되었다. 실로 사람들이 이러 저러한 것의 숫자에 대하 여 또는 숫자일반에 관하여 얘기하기 위하여 모여서 클럽을 만들고 하던 일은 일찌기 없었던 일 이었다. 사람의 숫자, 국가 부채의 양 또는 병력의 숫자뿐이 아니라 어떠한 것에 관하여든 숫 자라는 것은 전혀 새로운 대화의 주제였던 것이다." Hacking, "Was There a Probabilistic Revolution 1800-1930?" *The Probabilistic Revolution*, Vol 1: *Ideas in History*, Lorenz Krüger; Lorraine J. Daston & Michael Heidelberger, ed. (Cambridge: The MIT Press, 1987), pp. 50-1.
5 여기에서 19세기 이전까지의 확률과 통계의 이론 발전에 관해서 길게 토론할 생각은 없지 만, 한가지 지적해야 할 것은 19세기 통계학의 확률 이론은 연합론적 심리학(associationist psychology)에 근거하던 18세기 계몽주의적 이론과는 극적으로 다르다는 것이다. Lorraine

여러 지적자원들과 전통들이 융합되어 나타난 역사적 산물이었다.[6] 국가 내부와 외부의 이러한 움직임들은 상호 별개의 것이었으나 한편 연관된 것이었고, 이 모두가 공공통계와 사회조사 연구의 발달의 기초가 되었다.

통계의 발달은 19세기 초의 서유럽 여러 나라들의 국내적 상황을 넘어서고 있었다. 통계는 혁명사상, 자본주의, 산업주의 등과 마찬가지로 전 유럽적 현상이었다. 통계의 사상은 국경을 가로질러 전파되었고, 지속적으로 국제적 협력이 시도되었다. 1830년대 초부터 서유럽 여러 나라들에 거의 동시에 통계학이 발달하게 된 것은 께뗄레의 국제적 활동가들의 영향력도 큰 힘이 되었다. 1853년 최초로 브랏셀(Brussel)에서 국제통계학총회(International Statistical Congress)가 열리게 되었고 이 대회는 나폴레옹 전쟁을 종결지은 1815년의 비엔나 회의(Congress of Vienna)를 모방하여 조직되었다. 비엔나 회의는 유럽 여러 나라의 왕권들이 공동 보조를 취함으로서 혁명운동을 제압하려는 것이 그 목적이었다면 국제통계학총회는 자유주의자들이 주도한 것이었으나 그 목적은 반혁명이라는 유사한 맥락에 있는 것이었다. 브랏셀 대회는 과학적 지식과 새로운 스타일의 사회 개혁의 국제주의(internationalism)를 창시한 사건이었다. 또한 1860년대에 마르크스가 창립한 제1차 인터내셔널(First International)은 브랏셀 대회에서 비롯된 사회 개혁의 국제주의에서 직접적 영감을 얻은 것이었다.[7] 과학

J. Daston, "Rational Individuals Versus Laws of Society: From Probability to Statistics," *Probabilistic Revolution*, 1; Porter, *Rise of Statistical Thinking*, pp. 93-106; Stephen M. Stigler, *The History of Statistics* (Cambridge: The Belknap Press of Harvard University Press, 1986), Edgon S. Pearson & Maurice Kendall, eds., *Studies in the History of Statistics and Probability*, Vol 1 (London: 1970) 등을 참조.

6 Hacking은 19세기 전반 프러시아에서는 확률이론에 근거하지 않고 통계가 생산되고 있음을 밝혔다. Hacking, "Prussian Numbers, 1860-1882," *Probabilistic Revolution* 1, pp. 377-93.

7 Ladislas Mysyrowicz, "Karl Marx, la première Internationale et la statistique," *Le Mouvement social* 69 (Oct-Dec, 1969), pp. 51-84.

적 사회 지식의 국제 협력은 현재까지 가장 성공적인 일견 '비정치적'(non-political) 국제주의로 확립되었다.

1. 영국

영국은 대륙의 관료제 국가들에 비해 정부 통계의 발달은 상대적으로 늦었다고 할 수 있다. 일반적으로 영국이 18세기까지 인구조사를 위시한 정부 통계가 발달되지 못한 것은 성경에서 다비드왕의 이야기에서 인구조사를 하지 말 것을 경고했기 때문이라고 한다.[8] 17세기 윌리엄 페티는 인구 조사를 주장하였으나 정부에 의해 받아들여지지 않았지만 그의 정치산술은 중상주의(mercantilism) 정책과 밀접히 연관되었다. 해외 무역 분야에는 1695년에 중앙통계국이 설치되어 계속적으로 무역에 관한 자료를 공급하였다.[9] 그러나 위기 상황이 사라지자 정치산술은 점차 퇴조하게 되었다. 전국적 인구조사에 관한 입법의 첫 번째 시도는 1753년 포터(Potter)에 의해 이루어졌지만 법안은 상원을 통과하지 못하였다. 당분간 표면적으로는 신의 분노에 대한 두려움으로 인해 전국 인구조사는 이루어지지 못하였다. 윌리엄 손넌(William Thornton)같은 정치가들은 인구조사는 영국인들의 자유를 영원히 앗아가고 말 것이라는 정치철학적 근거에서 강력히 반대하였다.[10] 그러나 한편 인구조사 체제의 발달은 다른 방향에서 진행되고 있었다. 1754년 하드위크(Hardwicke) 법안이 통과되었는데, 이는 비밀 결혼을 금지하고 결혼은 교회에서만 행하여지도록 하였다. 1783년에는 모든 매장, 결혼, 출생이나 세례 증명에 인지세를 부과하는 법안이 통과하였다. 그러나 이는 1794년에 폐지되었다.

---

8   Alterman, *Counting People*, p. 26.
9   Shaw & Miles, "Social Roots of Statistical Knowledge," pp. 30-31.
10 D. V. Glass, *Numbering the People: The Eighteenth-Century Population Controversies and the Development of Census and Vital Statistics in Britain* (Farnborough: Saxon House, 1973), pp. 19-20.

인구조사가 이루어진 결정적인 계기는 18세기말 공업화의 결과에 관한 자유주의자들과 보수주의자들 간의 논쟁이었다. 보수적인 성직자들은 1688년의 명예혁명 이래 산업혁명의 결과로 빈곤이 증가하고 인구는 감소했다고 주장하였다. 자유주의자들은 물론 이러한 주장에 반대하였다. 이에 많은 사람들은 그들의 상반된 주장을 검증하기 위해서 실제로 전체인구를 하나 하나 세어볼 것을 주장하게 되었다.[11] 이윽고 나폴레옹 전쟁은 영국의 전통적 정치구조의 변화를 강요하게 되었고, 1800년 11월 인구조사에 관한 법안이 통과되고 다음해인 1801년에 첫 번째 인구 조사가 행하여졌다. 인구조사는 두개의 목적을 갖고 있었다. 첫째는 전쟁 상황에 대처하기 위한 것이었고 둘째는 전술한 논쟁에서 제기된 인구 문제에 대한 장기적인 대책을 세운다는 것이었다.[12] 그러나 인구조사의 결과로 인구 감소에 대한 우려는 인구 과잉에 대한 이른바 '맬써스적 공포'로 대체되었다. 1810년에는 내무부(Home Office)에 의하여 전국 범죄통계가 발표되기 시작하였다. "세입과 해외 무역에 대한 수치의 반복적인 수집과는 별개로, 1815년의 시점에서 우리가 요즈음 생각하는 사회적 사실의 체계적인 수집이라는 것은 전혀 새로운 발상이었다. 정부의 여러 부처들은 이에 대해 전혀 준비가 되어있지 않은 상태였

---

11 Ibid., p. 5.
12 Abbott은 두 가지 목표를 강조하였다. 첫째는 인구의 수를 정확하게 알아야 하겠다는 것이었다. 여러 가지 추정이 있었으나 "불완전한 데이터에 근거한 권위 없는 모든 추정은 결국 불만족스러운 억측에 불과할 뿐이었다." "이러한 억측을 확실성으로 대체하고 근사치를 사실로 대체"해야 할 필요가 있었다. 그리고 그것은 정책 일반의 실질적 이유와 더욱 나아가서 "현재 상황하에서의 급박한 압력"으로 인한 것이었다. 둘째는 인구의 추세를 알아야겠다는 것이다. "세례와 매장의 증가나 감소를 파악함으로써…… 우리는 생계 수단의 수요의 증가나 감소에 관하여 정확한 지식을 갖게 될 것이다. 이 두 가지 목표는 법에 규정된 조사 절차에서 명백하다. 첫째 목적은 (각 교구, 시 또는 지역 별로) 주거 가옥, 가족, 비주거 가옥, 남자와 여자의 수, 농업 상업 공업 수공업에 주로 종사하는 사람들의 숫자에 대한 정보를 수집함으로써 이루어질 것이다. 두 번째 목적은 각 교구, 시 또는 지역의 성직자들에게 (Hardwicke 법이 시행되던) 1754년부터 1800년까지의 모든 자료를 요청함으로써…. 이루어 질 것이다." Ibid., p. 91.

다."[13]

나폴레옹 전쟁이 끝나자 급진적 사상이 전국을 휩쓸게 되었고 1819년 8월에는 피털루 사건(Peterloo Affair)이 발발하였다. 1820년대에 들어서면 신흥 중산 계급과 연관되거나 그들 나름의 지도자에 의한 노동자들의 조직은 지배 계급에게 공포의 대상이 되었다.[14] 1827년에는 헨리 브로감(Henry Brougham)에 의해 건전한 지식확산협회(Society for the Diffusion of Useful Knowledge)라는 모임이 창설되었다. 이는 '싸구려 책자들'(cheap publications)을 통해서 노동자들 간에 퍼지고 있던 급진적 사상과의 투쟁을 위한 것이었다. 이러한 모임은 휘그당을 중심으로 한 광범위한 자유주의적 지식인층의 대응이었다. 1831년 같은 맥락에서 영국과학진흥협회(British Association for the Advancement of Science: BAAS)가 창설되었다. 1832년에 이르면 이러한 움직임들은 '통계운동'(Statistical Movement)이라는 형태로 결집되었다. "1830년대와 1840년대에는 '문제점'들을 정의하고, '사회적 사실'에 대한 지식을 확산하고, '여론'을 교육시킨다는 목표 하에 통계방법론이 의도적으로 사용되었다."[15] 1832년에는 통상청(Board of Trade)에 통계부(Statistical Department)가 설치되었다. 통상청은 전통적으로 무역과 상업의 문제에 관하여 정보를 제공하고 정부 정책에 조언을 하는 역할을 담당하던 부서였다. 통계부의 설치는 자유주의자들의 자유무역 운동의 일환이기도 하였다.[16] 군사 분야에서도 1838년에

---

13 P. Ford, *Social Theory and Social Practice* (Shannon, Ireland: Irish University Press, 1968), p. 10.
14 Asa Briggs, "The Language of 'Class' in Early Nineteenth-Century England," *The Collected Essays of Asa Briggs*, Vol 1: *Words, Numbers, Places, People* (Urbana: University of Illinois Press, 1985), pp. 15-20. E. P. Thompson, *The Making of the English Working Class* (New York: Vintage Press, 1966).
15 Briggs, "The Human Aggregate," *Collected Essays*, p. 60.
16 Lucy Brown, *The Board of Trade and the Free-Trade Movement, 1830-1842*

서인도 주둔군의 건강 상태에 관한 보고서가 처음으로 출판되었고 1840년 대 말에는 해군에서도 유사한 성격의 보고서가 발표되었다.[17] 1832년부터 는 제레미 벤담(Jeremy Bentham)의 제자로 유명한 에드윈 채드윅(Edwin Chadwick)을 위시한 개혁적 정부 관리들에 의해 공장 노동자들의 보건과 교육 등에 관한 조사들이 실시되었고 1840년대에는 그 절정에 이르게 된 다.[18]

이러한 조사 활동은 국가 밖의 통계 협회들의 활동과 밀접한 관계를 맺고 있었다. 1833년 9월 맨체스터 통계협회(Manchester Statistical Society) 가 지역의 주도적인 사업가들과 정치가들에 의해 창설되었다. 나아가서 영 국과학진흥협회(BAAS)에 섹션 F(Section F)가 통계 분과로 추가되어, 통계 학은 바야흐로 공식적으로 추진되는 학문의 주요 분야로 등장하였다. 다음 해 3월에는 후일 왕립통계협회(Royal Statistical Society)로 개칭되는 런던 통계협회(London Statistical Society)가 설립되기에 이른다. 협회의 주도 회원들은 상공업 부르주아를 중심으로 지배 엘리트의 거대한 연합을 구성하 고 있었다. "통계 운동의 출발과 미래의 계획은 (반드시 그렇게 끝나지는 않 았지만) 정치에 있어는 휘그와 자유주의자들의 그리고 비(非)-벤담주의적 (non-Benthamite)인 (비록 反-벤담주의는 아닐지라도) 개혁을 위한 기관 이 되는 것이었다."[19] 그때는 바로 프리드리히 엥겔스(Friedrich Engels)가

(Oxford: Oxford University Press, 1958).

[17] M. J. Cullen, *The Statistical Movement in Early Victorian Britain* (Hassocks: Harvest Press, 1975), pp. 47-52. Ashton은 1817년부터 육군에서는 건강에 대한 보고가 이루어지고 있었다고 주장하였다. Thomas S. Ashton, *Economic and Social Investigations in Manchester, 1833-1933* (Fairfield, N.J.: August M. Kelley, 1977), p. vii.

[18] David Roberts, *Victorian Origins of the British Welfare State* (New Haven: Yale University Press, 1960).

[19] Cullen, *Statistical Movement*, pp. 78-82, Ashton, *Economic and Social*

영국 노동자계급의 실상에 관한 저명한 업적을 출판한 시기이기도 했다.[20] 그러나 1830년대 말에 이르면 그러한 통계 협회들의 야심 찬 기획들은 점차 한계를 인식하고 서서히 퇴조의 길로 접어들고 말았다. 그러나 1850년대에 이르면 공공통계가 국가 기관에 의하여 대규모로 출판되게 되었고 이는 통계 발전이 새로운 국면으로 들어섰음을 의미하는 것이었다.

1836년에는 일반등록청(General Register Office)이 인구조사와 사망률 통계를 위한 상설 기관으로 설치되었고 1855년에는 유사한 기관이 스코틀란드에도 만들어졌다. 윌리암 파(William Farr)의 책임 하에 등록청을 중심으로 인구조사를 위한 전국적인 행정망 체제가 만들어지게 되었다.[21] 1841년에는 최초의 근대적 인구조사가 이루어지게 되었다. 각 직업과 전문직종에 관한 조사가 최초로 이루어졌으며 이는 이후로 엄청난 비율로 증가하게 되었다. 1851년에는 최초로 종교에 관한 조사도 이루어졌으나 이후 곧 중단되었다. 1854년에는 최초의 『통계개요』(Statistical Abstract)가 출간되었다. 1858년에는 추밀원(Privy Council)에 의료부(Medical Department)가 설립되고 뉴카슬초등교육위원회(Newcastle Commission on Elementary Education)이 조직되어 1861년 보고 체제를 확립하였다. 이러한 기관들은 공중 보건과 교육에 관한 공공통계를 생산하였다.[22] 1879년에는 의회에 공공통계위원회(Official Statistics

---

Investigations, pp. 13-14.

20 Engels의 저작은 당시 여타의 자본주의에 반대한 빅토리안적 비평가들과는 판이한 성격이었다. Steven Marcus에 의하면 엥겔스의 특징은 그가 노동 계급의 편에 서있었음에도 불구하고 비편파적 관점을 견지하려는 진정한 노력의 소산이었다. 그의 중산 계급에 관한 시각도 그러한 노력의 결과로 매우 입체적이고도 복합적인 모습으로 등장하고 있다. Marcus, *Engels, Manchester and the Working Classe* (New York: Norton, 1974), p. 238.

21 John M. Eyler, *Victorian Social Medicine* (Baltimore: Johns Hopkins Press, 1979).

22 교육에 관하여는 이전에 1818년, 1833년, 1851년 세 차례에 걸쳐 공식 조사 활동이 있었으나 그것은 전국적인 것은 아니었다. Cullen, *Statistical Movement*, p. 14.

Committee)가 설치되어 정부의 통계 생산이 적절한지 어떠한 개혁 조치가 필요한지를 조사하고 1881년 최종 보고서를 제출하였다. 이러한 위원회의 활동은 영국의 국가 기관이 사회의 실상에 대해 정확한 통계를 생산하겠다는 공식적 결의로 해석되었다.

19세기 중반에 이르기까지, 범죄 교육 종교 등에 관한 통계 즉 당시에 도덕통계(moral statistics)라 불려지던 것들이 공공보건 분야와 함께 정부에서 생산되는 통계의 주된 분야였다. 이러한 도덕통계는 당시 자유방임주의(laissez-faire)의 사상과 불가분의 관계를 맺고 있었다. 즉 정부 통계의 도덕주의적(moralist) 시각은 사회의 여러 문제들을 개개인의 도덕성에 초점을 맞추어 정의함으로써 자본주의 경제에 대한 국가의 개입을 유발하지 않고 문제를 해결하려는 의도를 공식적으로 표명한 것이었다.[23]

1850년대에 국가가 통계를 대규모로 생산하기 시작하자, 통계학의 전문화 (professionalization)의 추세가 두드러지기 시작하였다. 1857년에는 전국사회과학진흥협회(National Association for the Promotion of Social Science: NAPSS)가 성직자, 의사, 법률가, 정치인들을 주축으로 하여 사회 조사 활동과 사회개혁을 전국적으로 주관하고 조정하는 조직으로 출범하였다. 이 무렵 헨리 메이휴(Henry Mayhew)가 신문에 연재하던 사회 조사 기사들은 기존의 도덕주의적 관점을 넘어 보다 현실적인 관심과 조사 연구의 새로운 지평을 열었다.[24] 이러한 새로운 추세는 공적, 사적 영역에서의 통계 생산에 중대한 변화를 야기시켰다. 우선 여러 통계 협회에서 정치적 인물들의 비중이 감소하기 시작하였다. 대신 그 자리를 경제학

---

23 Choi, "English Ten Hours Act," pp. 470-71. Jacques Donzelot, *L'Invention du social* (Paris: Fayard, 1984).
24 Eileen Yeo & E. P. Thompson, *The Unknown Mayhew* (New York: Pantheon Books, 1971).

자들이 메꾸어게 되었다. 때맞추어 BAAS 의 통계분과(Statistical Section 또는 Section F)는 1863년에 그 이름을 경제통계과학분과(Section on Economic and Statistical Science)로 바꾸게 되었다. 이 무렵 통계협회에서 발표되는 대부분의 논문에는 통계 방법론의 기술적 문제의 비중이 증가하고 있었다. 취급되는 통계의 내용 면에서는 공공 보건과 인구 통계가 도덕 통계보다 단연 커다란 부분을 차지하였다. 경제학과 사회개혁의 결합은 자선조직협회(Charity Organization Society: COS)로 대표되는 "과학적 박애"(Scientific Philanthropy)의 등장으로 나타난다.[25] 이러한 조류는 다시 1880년대에 오면 그간 도덕주의의 수호자이던 NAPSS의 몰락을 초래하였다.[26] 나아가서 통계의 전문화 추세는 영국 대학의 개혁 운동과 연결되어 진행되고 있었다.[27]

당시 영국의 통계 체제의 양태는 다음과 같다. 첫째 통계 생산은 주로 국가 기관이 맡게 되었다. 주된 이유는 통계의 생산은 엄청난 양의 인적 재정적 자원이 동원되어야 했기 때문이었다. 둘째 국가 외부의 민간 통계협회들 또는 학계는 주로 통계의 기술적 방법론적 연구와 공공 통계를 분석하는 역할을 맡게 되었다. 민간 부문의 통계는 전문화의 길을 걷고 있었다. 셋째 노동자계급을 분석하는 시각에서 도덕주의적 관점은 경제적 관점으로 대체되어 가고 있었다. 이 시대부터 경제통계는 공중 보건 교육 도덕의 부문과 아울러 팽창일로에 있었다.

---

[25] G. Stedman Jones, *Outcast London* (Oxford: Oxford University Press, 1971).
[26] 신고전주의 경제학의 선구자라 할 수 있는 William Stanley Jevons는 1860년대 중반부터 Manchester 통계협회에 참가하였다. Ashton, *Economic and Social Investigations*, p. 69ff. Cullen, *Statistical Movement*, p. 148. Philip Abrams, *The Origins of British Sociology* (Chicago: University of Chicago Press, 1968).
[27] Harold Perkin, *Key Profession: The History of the Association of University Teachers* (New York: August M. Kelley, 1969).

노동자들의 경제적 조건에 관한 통계는 이미 런던 통계협회의 파업에 관한 특별 위원회에 의하여 1838년 처음 시도되었다. 그러나 위원회는 근대의 노동 통계 같은 것을 만들어 내지는 않았다. 위원회 역시 일관되게 도덕주의적 입장을 견지하였다.[28] 1839년과 1859년에 맨체스터 통계협회는 생계비에 대한 비교 연구를 시도하기도 하였다. 그들의 연구는 곡물법 폐지가 노동자들의 생계 향상에 기여했다는 것을 보여주는데 그쳤고 또한 이 연구는 맨체스터 지역에 국한되어 있었으며 노동자 생계비의 절대 수치는 계산해내지 않았다.[29] 노동통계의 선구적 업적들은 경제적으로 풍요롭던 1860년대에 이루어졌다. 1867년 왕립통계협회의 레오니 레비(Leoni Levi)는 노동자계급이 전체 소득의 반(半)을 차지한다는 계산을 발표하였다. 또한 1868년 더들리 박스터(Dudley Baxter)는 노동 계급이 전체 소득의 약 40%를 차지한다고 주장하였다. 이러한 통계들은 말할 필요 없이 자유주의자들의 자유무역을 위한 정치 투쟁의 일환이라는 성격이 농후하였다.

---

[28] Cullen, *Statistical Movement*, p. 99.
[29] Ashton, *Economic and Social Investigations*, pp. 61-63.

2. 프랑스

절대주의(absolutism) 사상에서 통계는 통치술의 중요한 일부를 차지하고 있었다. 장 보당(Jean Bodin)은 그의 저서 『공화국론 육권』(Six Livres de la République)에서 통계 수집은 왕권의 안정을 위하여 결정적인 요소라고 주장하였다.[30] 프랑스의 왕들은 지방관(intendants)들로 하여금 모병과 징세를 위해 성인 인구와 가축의 숫자에 대한 통계를 수집하도록 하였다. 그러나 기본적으로 통계는 비밀이었던 관계로 정확성을 기할 수 없었다. 지방 관리들은 짐작으로 보고하는 것이 다반사였으며, 많은 경우 그들의 징세 책임을 회피하기 위해 인구나 과세 대상물의 숫자를 의도적으로 적게 보고하기도 하였다. 18세기에 들어 프랑스 왕권이 퇴조의 길로 접어들자 계속적인 개혁을 위한 노력에도 불구하고 통계는 더욱더 신뢰할 수 없게 되어가고 있었다. 또는 프랑스 혁명 이전의 구체제(Ancien Régime) 하에서 국가는 그의 특이한 정치 구조로 말미암아 통계에 대한 심각한 필요성을 별로 느끼지 않았는지 모른다.[31]

---

30 Bodin은 인구조사의 목적을 아래와 같이 나열하고 있다. 1) 국가의 방위와 식민지 이민을 보장하고, 2) 개인의 법적 지위를 명쾌히 하고, 3) 국민들의 직업과 사회 계급에 대한 지식을 얻을 수 있으며, 4) 양민들과 섞여서 존재하는 거지, 부랑자, 도둑, 폭력배들을 없앨 방도를 강구할 수 있고, 5) 부자들에 대한 빈민들의 정당한 불만을 가려낼 수 있고, 6) 수 천 가지 세금을 공평하게 과세 징수할 수 있으며, 7) 관리들의 부정 척결을 가능케 하며, 마지막으로 8) 모든 헛소문을 없애고, 모든 불평을 덜어주고, 모든 사회 운동을 잠재우고, 모든 폭동이 가능한 요인을 없앨 수 있다. Alterman은 "5, 6, 7번의 주장은 그의 의견이 받아들여질 수 없는 충분한 이유였다"고 지적하였다. *Counting People*, pp. 60-1.

31 Alterman은 프랑스의 고위 관리들이 얼마나 인구조사에 관하여 비현실적이고 순진한 생각을 갖고 있었나를 보여주고 있다. 예를 들어 Fénelon은 "(목동이 그의 양떼의 숫자를 알고 있듯이) 왕이 그의 백성들의 수를 아는 것은 매우 쉬운 일이다. 그는 오직 알려는 의지만 있으면 된다." 또한 당시 정치적 군사적으로 중요한 인물이었던 Sébastien de Vauban은 "전혀 혼돈 없이 쉽게 이틀이면 모든 셈을 끝낼 수 있는" 조사의 완벽한 계획을 세울 수 있다고 말하였다 한다. 지방관에게 내려오는 모든 훈령은 그들이 각자 나름대로 해석해야 할 만큼 모호한 것이었다. "문제를 보는 그들의 시각은 일이 실제로 이루어 질 수 있으면 사소한 일은 신경 쓸 필요 없다는 태

1789년의 프랑스 혁명으로부터 19세기 중반에 이르기까지, 통계에는 두 가지 다른 관념이 갈등하고 있었다. 그중 하나는 나폴레옹 시대부터 관료들 간에 많이 퍼져있던 이른바 백과사전주의(encyclopédisme)라 할 수 있다. 또 하나는 확률 이론에 근거한 사회 현상들 간의 동적 관계에 대한 근대적 수량 통계였다. 1848년의 2월혁명 이후 백과사전적 통계는 쇠퇴하였다.

프랑스혁명 기간 중 1791년 국민의회에 의하여 인구조사는 5년에 한번 씩 행해지도록 입법화되었다. 그러나 이 법은 7월왕조(July Monarchy) 전까지 지켜지지 못했다. 나폴레옹 치하에서 1800년 그의 동생인 뤼시앙 보나파르트(Lucien Bonaparte)에 의해서 내무부(Ministère de l'Interieur) 산하에 통계국(Bureau de statistique)이 설치되었다. 이후 통계국은 국가와 민족의 여러 모습들을 열거하는 식으로 엄청난 양의 통계를 출판하였고 이는 백과사전이나 다름없었다.³² 19세기 초반의 통계의 사상은 구체제 하에서의 그것과 매우 다른 것이었다. 19세기 초에는 통계란 민족적 동일성을 창조해 내는 도구이자 상징으로서 보여졌다. 따라서 통계는 비밀일 수 없었고 공공의 지식이 되어야 했다. "공공통계는 도표를 통해 새로운 민족의 초상화

도였다." Ibid., pp. 50-1. 위의 예들은 인구조사는 쉬웠지만 국가가 심각한 필요를 느끼지 않았다는 것을 보여주는 것만은 아니다. 당시 지식인 관리들은 인구조사의 중요성을 실감하지 못하고 있었고 아울러 그들은 인구조사의 경험이 별로 없었다는 것을 알 수 있다. 결국 우리가 프랑스의 구체제 국가도 현대 국가와 같은 정도의 통계의 필요성이 있다는 것은 우리 현대의 눈에서 역사를 거꾸로 추측한 것에 불과할 지도 모른다. 일반적으로 절대주의 국가의 효율성은 과대평가되는 경향이 있다.

32 나폴레옹 시대의 통계에 관하여는 아래를 참조. Jean-Claude Perrot & Stuart J. Woold, *State and Statistics in France, 1789-1815* (London: Harwood Academic Publishers, 1984); J.-C. Perrot, "La statistique régionale l'époque de Napoléon," *Pour une histoire de la Statistique*, Vol. 1 (Paris: INSEE, 1979); Marie-Noelle Bourguet, "Race et folklore: l'image officielle de la France en 1800," *Annales Economies, Société, Civilisations* 31, No. 4 (July-August, 1976): 802-23; Marie-Noelle Bourguet, "Décrire, Compter, Calculer: The Debate over Statistics during the Napoleonic Period," *Probabilistic Revolution* 1: 305-16.

를 그리는 것이며 이는 오늘에 이르기까지 지속적으로 표현되고 있다. 총 인구, 국민 총생산, 평균 수명, 성장율, 물가상승율, 유아사망율 등은 개개인에 있어 눈과 머리 색깔, 얼굴 모양, 키 체중과 같이, 민족의 특징을 기술(記述)하는 것이었다."[33] 당시 통계란 민족주의의 기제였다.

왕정복고 이후 국가는 통계의 발달을 결코 권장하지 않았다. 이 시기에 공공통계의 퇴조와 함께 국가 기관 외부로부터 새로운 통계 사상이 등장하게 되었다. 이는 18세기와는 판이하게 다른 새로운 확률 이론에 근거한 것이었다.[34] 1820년대에 이르면 근대 수량통계의 등장은 아돌프 께뗄레의 영향력과 함께 두드러진 현상이었다.[35] 그는 평균 인간(l'homme moyen, average man)의 개념을 제시하고 그를 바탕으로 독특한 사회 통계학을 창설하였다. 1826년에 발표된 루이 비에르메(Louis Villermé)의 부(富)와 사망율의 관계에 관한 보고서는 통계의 사회과학적 활용의 이정표를 이루었다. 이듬해 1827년에는 최초의 범죄에 관한 공공통계인『형사정의총람』(Compte Général de la Justice Criminelle)이 법무성의 범죄 담당인 자크 게리 드 샹뇌프(Jacques Guerry de Champneuf)의 주도하에 출판되었다. 19세기 초 범죄란 모든 사회 문제의 상징이었고 이는 계량의 새로운 대상으로 등장하였다.[36] 1829년에는 런던 부영사를 지낸 세자르 모

---

[33] Herv Le Bras, "La Statistique générale de la France," *Les lieux de mémoire*, Vol. 2: *La Nation*, Sous la direction de Pierre Nora (Paris: Gallimard, 1987), p. 318.

[34] Bernard-Pierre Lécuyer, "The Statistician's Role in Society: The Institutional Establishment of Society," *Minerva* 25, No. 1-2 (1987), pp. 44-6.

[35] 프랑스에서의 통계학 교육은 1823년과 1824년 사이에 École Polytechnique에서 최초로 시도되었고 1864년까지 계속되었다. Ibid., p. 35.

[36] "범죄란 도시 생활의 그저 몇 가지 사실 중의 하나인 것처럼, 범죄의 계량은 도시에 대한 통계 조사의 첫 번째 이며 가장 일상적인 절차이던 만큼, 범죄란 매우 평이한 사실이었다. Paris에 관한 일반 통계에서 범죄 부분은 결코 분리되어 있지 않았으며, 그 마지막 부분이나 편집 후기로 소개된 것도 아니었다. 범죄 도표는 첫 번째 부분에 당연한 것으로 포함되어 있었다." Louis Chevalier, Laboring Classes and Dangerous Classes in Paris During the First Half

로(César Moreau)에 의해서 프랑스보편통계협회(Société Française de Statistique Universelle)가 창립되었다.

1830년의 7월 혁명 이후 통계에 괄목할만한 발전이 이루어졌다. 우선 정부 내외의 여러 연구들에 의해 통계 생산은 극적으로 팽창되었고, 다른 한편으로는 통계의 두 가지 다른 개념들 간의 분쟁이 표출되었다. 나아가서 이 시기에는 사회통계에 고도로 정치적 이념적 의미가 부과되었다. 무엇보다도 1831부터 1791년에 입법되었던 5년에 한번씩의 정기적 인구조사가 실제로 이루어지기 시작하였다. 1833년에는 아돌프 티에르(Adolphe Thiers)에 의해 상업부(Ministère du Commerce)의 해외통상부(Direction du Commerce Extérieur) 산하에 통계국(Bureau de Statistique)이 재조직되었고 모로 드 조네(Moreau de Jonnés)가 그 책임을 맡게 되었다.[37] 1840년에는 농상업부 장관 직할 부서로 프랑스일반통계국(Bureau de la Statistique Générale de la France: SGF)가 창설되었다. 내무부는 인구 조사를 위해 별도의 통계국을 가지고 있었다. 1835년부터 SGF는 엄청난 양의 통계를 생산하였고 이 시기는 나폴레옹 식의 백과사전적 통계가 절정을 이루었다. SGF의 통계 기획은 국가와 민족에 관한 완전한 지식을 얻는다는 의미에서 14개의 조사 분야로 이루어져 있었다.[38] 그러한 백과사전적 통계 개념에는 동적 사회 변화를 연속적으로 관찰한다는 개념이 전혀 없었고 통계 수집은 단 한번의 완전한 작업으로 충분하다는 생각이었다. 또 이러한 14

---

of the Nineteenth Century (Princeton: Princeton University Press, 1981), p. 8.

[37] 통계국의 재조직은 영국의 Board of Trade를 모방한 것이며 이에는 프랑스 보편 통계 협회의 영향력이 크게 작용하였다. Ministère du Travail et de la Prévoyance Sociale, *Statistique Général de la France: Historique et Travaux de la Fin du XVIIIe Siècle an Debut du XXe* (Paris: Imprimerie nationale, 1913), p. 9.

[38] 1835년에 확정된 항목은 다음과 같다. 1) 영토, 2) 인구, 3) 농업, 4) 광업, 5) 공업, 6) 상업, 7) 항해, 8) 식민지, 9) 내무 행정, 10) 재정, 11) 군사력, 12) 해양, 13) 법무, 14) 공공 훈령. Ibid. Le Bras, "Statistique Générale de la France," pp. 342-3.

개 사항이 동시에 조사되는 것도 아니었다. 7월왕조시 통계는 한 분야의 조사가 끝나면 다른 분야를 시작하고 하는 식으로 수집되었다. 14개 항목의 통계가 생산되는 데는 엄청난 시간이 걸렸고, 언제 다시 사회·경제적 변동을 조사하기 위해 첫 번째 항목으로 돌아올 것인가는 전혀 계획이 없었다.

19세기 전반에 있어 인구조사 외에 통계에 주요한 대상은 범죄와 인간의 생물학적 측면이었다.[39] 이러한 통계들은 인구 문제의 독특한 형태와 노동자들을 범죄와 질병 등의 사회질서에 대한 위협과 동일시하는 경향을 나타내고 있었다. 인구 문제란 결국 민족주의의 문제를 도덕성이 결여된 노동자들의 문제로 귀결시키는 즉 민족주의운동의 혁명적 여파를 국가의 사회 통제 문제로 전환시키는 계기를 이루었다. 나아가서 범죄의 세계는 결국 노동자계급의 세계와 동일시되었다.[40] 1840년에는 중요한 사회 조사 업적이 출판되었다. 두 권으로 된 비에르메의 『면직, 모직, 견직 산업에 고용된 노동자들의 건강과 도덕적 상태에 관한 도표』(Tableaux de l'état physique et moral des ouvriers employés dans les manufactures de coton,

---

[39] Chevalier, *Laboring Classes*, pp. 12-4. William Coleman, *Death is a Social Disease* (Madison: University of Wisconsin Press, 1982).

[40] Jacques Donzelot는 다음과 같이 말한다. "19세기 전반기를 통하여 학술원에 의하여 공모된 질문 중에는... 2개의 동일한 방향의 연구가 계속되었다. (1) 어떻게 하면 가난과 빈민 구제의 문제가 자유 경제를 해치는 국가 특권의 증가가 유일한 해결책인 것이라는 위험을 회피하여 해결될 수 있겠는가? (2) 노동 계급은 고래의 유대관계나 주종관계가 그들을 사회 질서와 연관시키지 않고 오히려 그들에게 새 질서에 대한 저항의 매체로 작용하며 다른 한편으로는 서서히 파괴되어 전 인구의 책임감의 실종에 이르고 나아가서 만연하는 퇴폐와 공업도시의 등장으로 말미암은 전 인구의 유약함과 통제 불가능성에 이른 상황에서 어떻게 노동 계급을 규율있게 재조직할 수 있는가? 이러한 문제는 특히 예민한 문제였다 왜냐하면 자유 경제는 인구의 보호와 형성을 위한 절차의 정비를 필요로 하는 만큼 구지배 체제에서와 같이 억압으로만 문제가 해결될 수 없기 때문이다. 그러므로 두개의 질문은 하나로 묶어 토의 될 수 있는 것이었다. 어떻게 하면 인구의 보호 형성의 실천의 발전을 보장하는 가운데 그들을 직접적인 정치적 역할에서 분리시키고 지배, 평정 나아가서 사회 통합의 임무에 적용시킬 것인가?" Donzelot, *The Policing of Families* (New York: Pantheon, 1977), pp. 54-6; Chevalier, *Dangerous Classes*, pp. 74-80.

de laine et de soie)와 으젠 뷔레 (Eugène Buret)의 『영국과 프랑스의 근로 계급의 비참함에 관하여』 (De la Misère des classes laborieuses en Angleterre et en France)였다. 통계조사와 연구는 SGF 밖의 사회개혁가들 간에도 확산 발달되고 있었다.

이러한 조사 연구가들은 통계학을 사회의 문제점을 해결할 개혁의 도구로 이해하고 있었다. 이러한 통계에 대한 시각은 나폴레옹 시대의 백과사전적 개념과 첨예하게 구별되는 것이었다. 또한 7월왕조 하에서의 통계 조사는 사회적 분쟁과 정치의 중요한 일면을 형성하고 있었다. "19세기 초 프랑스에서는 사회개혁의 언어는 외견상 이론(異論)의 여지 없는 통계적 사실의 수집, 제시와 해석을 중심으로 조직되어 있었다."[41] 예를 들면 비에르메의 업적은 도덕정치과학원(Académie des Sciences Morales et Politiques)에 의하여 박애주의적인 것으로 인정되어 건설적 사회 비판이라 받아들여졌으나, 뷔레의 저서는 위험한 사회주의적인 것으로 여겨졌다.[42]

---

[41] Joan W. Scott, "Statistical Representations of Work: The Politics of the Chamber of Commerce's Statistique de l'industrie à Paris, 1847-8," *Work in France: Representations, Meaning, Organization and Practice*, Steven Laurence Kaplan & Cynthia J. Koepp, eds. (Ithaca: Cornell University Press, 1986), pp. 335-6. Hilde Rigaudias-Weiss, *Les Enquêtes ouvrières en France entre 1830 et 1848* (Paris: Félix Alcan, 1936), p. 234. Michelle Perrot, *Enquêtes sur la condition ouvrières en France au 19e siècle* (Paris: Micro dition Hachette, 1972), pp. 33-6.

[42] "박애주의자들의 조사 또 도덕정치과학원 그리고 정부의 사회 조사의 공통적인 목적은 노동운동을 진정시키고, 개별적 소요와 노동자계급의 독자적 행동을 저지시키는 것이었다. 박애주의자들이 사회적 참상의 양을 측정하는데 주력하였다면, 학술원과 비에르메나 블랑끼 같은 그 대리인들은 또 1848의 조사도 마찬가지로 사회적 조건의 향상을 주장하고 노동자들의 고통을 과장하는데 주력하였다. 1830년부터 1848에 이르기까지의 정부의 계속적인 이러한 사회 조사 사업에 대한 저항은 비참한 조건에 대한 조사 그 자체에서 알 수 있는 바 현 상황의 타파를 시도하고 있던 노동자계급의 분노들 자극할지 모른다는 데 대한 공포로 밖에는 설명되어 질 수없는 것이다. 노데 (Naudet)의 비에르메의 업적에 대한 찬사는 모든 사회 조사의 저자들에 대한 것이었다. '사회주의에 의해 위협받고 있는 사회를 지키기 위한 처절한 전투인 것이다.'... 뷔레의 조사는 그의 일반적 목적이나 특정적 목적에서 모두 다르다. 그의 업적은 개혁과 비판의 의도에 따른 것이었다. 뷔레는 공업체제 하에서의 개혁을 시도하려 하였다. 그의 개혁은 사유재산 제도의 근

1848년 2월 혁명이 발발하자, 사회주의자들은 노동자들의 생활 조건에 대한 조사를 요구했고 이는 받아들여지는 듯 했다. 3월에는 루이 블랑(Louis Blanc)의 책임 하에 노동자를 위한 정부위원회(Commission du Gouvernement pour les Travailleurs) 소위 뤽상부르위원회(Luxembourg Commission)가 사용주 대표, 노동자 대표와 제삼자로 구성되어 발족하고, 5월에는 노동조사(enquête ouvrière)가 개시되었다. 그러나 6월봉기 이후에 들어선 새로운 부르주아 정권은 조사 활동을 중단시키고 말았다. 이러한 양상의 계급간의 정치 분쟁에 자본가 조직도 참여하였다. 그 예로는 파리상공회의소(Chambre du Commerce et l'Industrie de Paris)에 의해서 수집되어 1851년에 출판된 『파리산업통계, 1847-1848』 (Statistique de l'Industries Paris, 1847-1848)을 들 수 있다. 조운 스콧(Joan W. Scott)에 의하면 이 통계는 객관적 과학이라기보다는 사회주의를 부정하고 평화로운 사회상을 보여주기 위해 조직된 정치적 주장(political argument)의 일환이었다는 것이다. "실로 엄청난 양의 정보가 노동자들에 관한 것이었지만 (숫자화 된 도표의 3/4이 노동자에 관한 것이었다), 그 통계의 구조는 노동자들을 그들이 귀속된 곳에 위치시키고자 경제라는 틀 안에 놓고 있는 것이었고, 그것이 통계의 주된 관심사였다."[43] 스콧은 상공회의소의 통계를 사회주의에 대항한 계급 정치의 일환으로 파악하고 있다. 그러나 우리는 여기에서 상공회의소의 통계는 7월왕조 하에서의 박애주의적 통계의 도덕주의 전략을 벗어나고 있음을 간과해서는 안 된다. 노동자들의 조건을 토의하는데 있어 경제적 틀은 새로운 것이었다. 즉 노동자들의 이해는

본적인 변화를 추구하지 않는다는 한도 내에서 과격한 것이었다. 산업 개혁을 통한 국가의 개입이 사회를 혁명으로부터 지켜야한다는 것이었다." Rigaudias-Weiss, *Enquêtes ouvrières*, p. 238, p. 241.

[43] Scott, "Statistical Representation of Work," p. 339, p. 346.

사회 경제의 일부이며 경제는 견고하고 건전하다는 것을 제시하는 것이었다. 도덕통계의 전략은 노동자들과 사회주의자들의 요구의 타당성을 부정하고 억압적 계급관계를 정당화하려는 데 반하여, 상공회의소의 산업 통계의 의도는 그러한 요구들을 산업과 경제라는 틀에 수용한다는 것이었다.[44] 슈발리에 (Chevalier)에 따르면 노동자들을 범죄 집단으로 간주하는 경향은 1848년의 6월 봉기이후 점차 사라져 갔으며, 그들은 우범자 집단이 아닌 자각과 의식을 가진 독특한 집단으로 나타나게 되었다는 것이다.[45]

1848년 2월 혁명과 루이 보나파르트(Louis Bonaparte)의 집권 이후 백과사전적인 통계관은 사실상 포기되었다. 대신 통계의 사회과학적 개념이 중심에 등장하게 되었다. 모로 드 조네는 해임되고 1851년 알프레 르구와(Alfred Legoyt)에 의하여 SGF는 재조직되었다. 르구와는 방대한 통계 생산 계획을 가진 사람은 아니었다. 이 기간 동안 여러 행정 부처는 각각의 통계 부서를 가지고 있었고 SGF는 자기의 주어진 영역에서만 활동하였다.[46] 그 무렵 1860년 파리통계협회(Société Statistique de Paris)는 이러한 새로운 경향을 반영하였다. 이 협회는 공공통계에 장기적으로 중대한 영향을 행사하였다. 이 시기부터 공공통계의 생산에 국가 기관과 민간 부문의 협회들의 협조가 이루어졌다. 1862년 내무성은 최초로 근대적 유아사망률에 대

---

[44] 스콧이 사용하고 있는 Gérard Leclerc의 모델에 따르면 새로운 산업 경제의 틀은 지식에 있어서의 중요한 변화를 이루는 것이다. 상공회의소의 통계는 사회주의 이데올로기의 부정 외에도 그것을 새로운 산업주의와 경제주의의 이데올로기 또는 사회 체계로서의 경제의 이데올로기로 대체하기 위한 것이었다. Gérard Leclerc, *L'Observation de l'homme. Une histoire de enquêtes sociales* (Paris: Seuil, 1979).

[45] Chevalier, *Laboring Classes*, pp. 125-6. 그는 이러한 변화의 원인에 대하여는 토의하지 않고 있다.

[46] SGF의 주요 통계 분야는 7가지로 줄었다. 1) 영토와 인구, 2) 인구 조사, 3) 인구 이동, 4) 구제 기관, 5) 농업, 6) 공업, 7) 각 시대의 물가와 임금. Ministère du Travail, *Statistique Générale de la France*, p. 13.

한 조사를 실시하였다.⁴⁷ 1880년에는 인류학협회의 요구에 따라 내무성은 인구조사 과정의 개선을 위한 위원회를 구성하였다. 1894년 저명한 경제학자이자 통계학자인 에밀 르바쉐르(Emile Levasseur)는 전문직 인구조사를 위한 자문위원회를 이끌었다.⁴⁸

1871년 보불전쟁에서 프랑스군이 독일 군에 의해 순식간에 궤멸되자 인구 문제는 새로운 국면에 접어들게 되었다. 프랑스의 인구는 줄어들고 있었다. 프랑스 민족에게 생산과 방위에 종사할 인구의 수가 줄어든다면 이는 곧 종말을 의미했다. 제3공화정에 이르러 공공 통계에는 인구 증감을 모니터(monitor)한다는 새로운 목적이 부과되었다. 아울러 SGF는 상업부의 정규편제에 편입되었다.⁴⁹ 1871년부터 1880년대에 이르기까지 『연간통계』(Statistique annuelle)가 최초로 정기적으로 출판되기 시작하였다. 1887년에는 『인구조사』(Recensements)가 출판되기 시작하였고, 1878에는 『통계연감』(Annuaire statistique)이 시작되었다.

1890년 이전에 임금 통계 기획은 1833년 백과사전적 통계기획의 공업 분야로 거슬러 올라간다. 그러나 공업 분야의 출판은 1847년부터 1852년까지에 이르러서야 이루어지게 되었지만 이는 출판되지 못하였다.⁵⁰ 그러나 이러한 통계들은 산업 시설에 초점을 맞춘 것으로 노동통계와는 거리가 먼 것이었다. 노동자들의 생활 조건 그 자체에 관하여는 1848년, 1872년, 1884년 3차례에 걸쳐 시도된 일이 있었다. 그러나 한번도 그러한 통계 조사는 완료되지 못했고, 당연히 출판되지도 못했다.⁵¹

---

47 Michael S. Teitelbaum & J. M. Winter, *The Fear of Population Decline* (New York: Academic Press, 1985), p. 29.
48 Ministère du Travail, *Statistique Générale de la France*, pp. 15-16.
49 Ibid., p. 13.
50 Ibid., pp. 9-11.
51 Perrot, *Enquêtes sur la condition ouvrière*, p. 17.

3. 미국

식민지 시대 영국의 통상청에는 자국민의 인구조사는 법적으로 허용되지 않았지만 미국 식민지의 인구에 관하여는 통계를 수집하고 있었다. 그러나 광대한 영토의 각각의 다른 식민지는 나름대로 다른 조사 방법에 의존하고 있었고 상호간의 조정은 거의 없었다. 통일된 조사 절차는 전무하였다. 한마디로 미국의 식민지 시대 인구조사 체제는 결함투성이였고, 독립에의 관심이 고조됨에 영국의 인구조사에 대한 저항 또한 늘어나고 있었다.[52]

미국이 독립한 후 미국 연방헌법의 제1조, 2항은 조세 배분과 하원의 대표 수를 정하는 근거로 10년에 한 번씩의 인구조사를 규정하였다. 인디언들은 조사 대상이 아니었으나 노예는 조사의 대상이었다.[53] 제임스 매디슨 (James Madison) 같은 연방주의자들 (Federalists)은 차제에 국가의 장기적 경제발전을 위해 일반직업 및 전문직종을 포함한 광범위한 인구조사를 주장했지만 그들의 제안은 부결되었다.[54] 당시 많은 미국인들은 국가권력의 확장에 두려움을 갖고 있었다.[55] 당시 연방 보안관들에게 인구조사 담당관의 역할이 부과되었으며, 담당관에게 협조하지 않는 사람에게는 비교적 높은 벌금이 부과되었다. 첫번째 전국적 인구조사는 1790년 8월에 성공적으로 실시되었다. 그러나 1830년 이전까지는 인구조사가 제도화되었다고 볼 수는 없다.[56]

---

52 Alterman, *Counting People*, pp. 166-73.
53 하원 의원의 수를 결정함에 있어 노예의 수는 자유인의 3/5에 해당되었다. 이는 물론 남북 전쟁 이후 폐지되었다.
54 Alterman, *Counting People*, p. 193.
55 Ibid., p. 162; Louis Hartz, *The Liberal Tradition in America* (New York: Harcourt Brace and the World, 1956).
56 Alterman, *Counting People*, p. 162.

인구 조사와는 별도로 1820년대와 1830년대에 걸쳐 미국의 지식층과 교육계에 통계와 수학에 관한 저술이 엄청나게 정도로 증가하였고 이는 유럽의 영향으로 보인다.[57] 그러한 추세의 사회 정치적 배경에 관하여 코헨(Cohen)은 다음과 같이 말한다. "19세기 초반의 20년 동안 미국 공중의 수량화된 자료에 대한 관심과 감수성은 숫자라는 것을 생활의 일부로 만드는 경제, 정치, 사회적 변화에 따라 현저하게 고무되었다. 상업혁명은 더욱 많은 사람들을 시장 경제로 이끌어 들이게 되고 따라서 계산 능력의 필요성을 자극하게 되었다. 행복의 추구를 정부의 중요한 목적으로 부각시킨 정치적 혁명은 성장과 발전에 관한 통계에 대한 공중의 관심으로 그 의의를 찾았다. 교육된 유권자를 확보한다는 목적 하에 만들어진 공립학교의 확산은 더욱 많은 사람들에게 숫자에 대한 기술을 전달하는 중심적 기구였다. 이 시기 동안 산술은 민주화되고 또한 성(性, sex)의 특성으로 되어 갔다. 식민지 시대의 개인 교습에서 1820년대의 '정신 산술'로의 산술 교육의 역사적 변화는 미국에서의 상업, 민주주의 그리고 성 관계에 대한 태도의 심오한 변천을 보여주고 있다."[58] 19세기 중반 미국에서는 통계는 사회 발전의 이념적 의미를 갖게 되었다.

1839년에는 미국통계학회(American Statistical Association)가 설립되고 이는 인구조사 발전에 장기적으로 기여하게 되었다. 우선 협회는 인구

---

[57] 시대의 독특한 사회 문제로서 "숫자 해독능력"(numeracy)이라는 개념이 Patricia Cline Cohen에 의하여 제시되었다. Cohen은 다음과 같이 말하고 있다. "…그러나 그것은 이미 인간주의자 대 과학자 또는 숫자 해독능력 [numeracy] 대 글자 해독능력 [literacy] 등의 지배를 위한 상반된 기술들 간의 경쟁이 아니었다. 역사의 어떤 시점에서 문자 해독능력 [literacy]의 소유가 지배자와 피지배자 또는 성직자와 일반 대중 등의 사회의 중요한 경계선을 형성하였듯이, 이제 숫자 해독 능력은 '일'의 세계에서 점점 더 지위를 결정짓는 기본적 기술로서의 위치를 확보해가고 있었다." Patricia Cline Cohen, *A Calculating People: The Spread of Numeracy in Early America* (Chicago: University of Chicago Press, 1982), p. 5.

[58] Ibid., p. 117.

조사를 위한 항구적 기관 설립을 위한 캠페인을 전개하였다. 1840년의 인구조사는 완전한 실패였고 이는 커다란 논쟁을 불러일으켰다. 인구조사는 1850년에 이르러서야 가족 단위에서 개인들을 대상으로 이루어지게 되었고 이는 여섯 개의 항목으로 이루어진 전례 없던 광범위한 조사였다. 그의 마지막 항목은 학교, 대학, 빈곤 그리고 임금을 포함한 사회통계로 이루어졌다. 또한 이번 조사는 국무성이 아닌 내무성(Department of the Interior)를 통하여 시행되었다. 인구조사 감독관(Superintendent of the Census)라는 고위 직책이 만들어지게 되었으며 워싱턴 사무소에서 조사 자료가 수집되고 분석되게 되었다.[59]

미국에서는 1840년대에 이르면 빈곤에 관한 사회적 관심이 대중 소설들에 나타나기 시작했다. 그러나 각 개인은 그의 경제적 조건에 책임져야 한다는 뿌리 깊은 미국 사회의 사고방식으로 인하여 빈곤의 문제는 오랫동안 본격적 사회 조사의 대상이 되지 못했다. 19세기 중반에 빈곤에 대한 경험적 연구를 시도한 첫 번째 집단은 YMCA를 중심으로 한 사회개혁가들이었다. 1860년대부터 그들은 빈민층의 종교적 도덕적 상황에 대한 조사를 시도했다. 특히 그들은 교회 소속, 출석율, 그리고 음주 등의 문제 등에 초점을 맞추었다. 그 후 남북전쟁은 빈민층의 구제와 선도 문제에 대한 조직적 시도에 전기를 마련하였다.[60] 미국에서 비롯된 과학적 박애(scientific philanthropy)와 자선조직협회(Charity Organization Society: COS) 운동은 괄목할만한 영향을 끼쳤다. COS와 그의 경제적 개인주의에 근거한 현실주의적 관점은 1860년도 후반부터 주(State)와 지방 정부 수준에서의 사

---

[59] Ibid., pp. 222.
[60] Robert H. Bremner, *From the Depths: The Discovery of Poverty in the United States* (New York: NYU Press, 1956), pp. 42-4.

실 수집을 위한 기관 설립에 직접적 동기를 제공하였다.[61] 그러나 이러한 사설 사회사업 기관에서 사실 수집을 위해 사용하던 주요 방법은 영국에서 두루 쓰이던 케이스 연구 방법이었다. 또한 이러한 기관은 빈민구제를 위한 것이 아니라 각각의 가난한 가정의 케이스의 연구를 통하여 자격이 있는 경우와 자격이 없는 경우를 가려내어 빈민 구제의 경제성과 빈민들의 규제를 위한 것이었다. 이러한 케이스 연구들은 통계를 만들어 낼 수 있는 데이터를 형성하기는 했지만 통계를 만들어낸 것은 아니었다.

19세기 중반 미국에서 발달한 통계의 주요한 분야는 농업이었다. 1840년 특허청(Patent Office)에 의해 첫 번째 농업 조사가 실시되었다. 나아가서 『미국농업가』(American Agriculturalist)라는 잡지에 의해 1860년대부터 월간 보고서가 출판되었고 농업 통계와 정책을 위해 농무성(Department of Agriculture)이 설립되었다. 농업에 관한 통계는 『생산통계』라는 이름으로 출판되었다. 미국 농업 통계에서 원시적인 형태로나마 표본조사 방법이 최초로 사용되었다.[62] 미국에서의 농업 통계 분야가 일찍 발전한 것에는 정치적 요소가 개입되었을 것이다. 농업은 19세기 말에 이르러 높은 정치적 의식을 갖고 있던 과격한 사회 운동의 핵심 분야였다.[63]

남북전쟁 이후에 1870년 제9차 인구 조사에서 최초로 찰스 씨톤(Charles W. Seaton)이 발명한 기계가 사용되었다. 1878년에는 재무성, 통계국(Bureau of Statistics of the Treasury Department)에 의해서 첫 번

---

[61] Ibid., pp. 48-52, p. 60; Thomas Haskell, *The Emergence of Professional Social Science* (Urbana: University of Illinois Press, 1977); George M. Frederickson, *The Inner Civil War: Northern Intellectuals and the Crisis of the Union* (New York: Harper Torchbooks, 1965).

[62] Stephan Frederick, "History of the Uses of Modern Sampling Procedures," *Journal of American Statistical Association* 43, No. 241 (March, 1948), p. 16.

[63] Morton Keller, *Affairs of State* (Cambridge: Harvard, the Belknap Press, 1977).

째 통계연감인 『통계개요』(Statistical Abstract)가 출간되었다. 1880년에는 보안관 대신 민간 관리들이 임명되어 통계 수집의 임무를 맡게 되었고 최초로 인디언들도 인구조사에 포함되기 시작했다. 또한 인구조사법은 항구적인 것은 아니었지만 내무성 안에 인구조사청을 설치하였다. 아직도 인구 조사에 관한 모든 기구와 관청은 인구 조사 결과의 출판과 함께 해산되도록 되어있었다. 항구적인 인구 조사 기관과 보다 나은 재정적 지원에 대한 요구는 이미 1840년대부터 대두되기 시작하였다. 이러한 요구는 주로 미국 통계학 협회를 통하여 이루어졌고 이후는 미국경제학회(American Economic Association)가 주요한 압력단체 구실을 떠맡게 되었다. 인구조사를 위한 상설 기관은 1903년에 이르러야 설치되었다.

미국의 경우는 영국, 프랑스의 경우와는 달리 사회 통계 지식의 발달이 범죄, 빈곤, 노동자 폭동 등을 배경으로 한 사회적 공포나 위기의식에서 출발한 것은 아니었다. 미국에서는 범죄에 대한 통계는 19세기말까지 출판되지 않았다.[64] 프랑스와 영국의 경우와 같이 통계를 둘러싼 계급 갈등이나 정치적 관계는 미국의 경우 거의 없었다. 역사가들에 의하면 미국에서의 과학적 사회 연구는 영국의 과학적 박애주의의 영향 하에 이루어졌다는 것이다. 미국에는 19세기 후반에 노동자들에게 적용되던 경제적 개인주의나 박애주의적 관점에 도전할만큼 강력한 지도력을 갖춘 노동조직이나 사회주의자들이 없었다고 말할 수 있다. 20세기 초반까지만 해도 신개척지는 아직도 열려져 있는 것같이 보였고 미국에서는 사회문제니, 개혁이니 하는 문제들은 후술할 바의 노동 통계의 등장과 함께 등장하고 있었던 것이다.

---

[64] W. F. Willoughby, "Statistical Publications of the United States Government," *Annals of the American Academy of Political and Social Sciences* 2 (September, 1891), pp. 101-2.

4. 맺음 말

19세기 이후 통계의 발전은 여러 가지 정치적 문제들과 연관되어 있었다. 우선 18세기 말부터 혁명과 전쟁의 와중에 싹튼 민족주의는 최초의 원동력이었다. 통계는 효율적인 징병제를 고안하거나 나아가서 숫자로서 민족의 초상을 그림으로서 민족 국가의 창조를 위한 수단이자 상징이었다. 그러나 통계란 양면을 가진 것이었다. 일련의 개혁가들은 통계학을 이용하여 인구 문제를 제기하게 되었다. 즉 통계라는 거울에 '민족'은 '인구'(population)라는 모습으로 나타났다. 통계의 정치·사회적 의미는 이중적인 것이 되었고, 통계는 누적되는 가운데 그들의 개념과 의미는 모순적 관계로 발전해 나갔다. 인구 문제는 곧 다시 '계급 문제'로 발전되었다. 19세기를 통해 통계 발전은 민족, 인구, 사회, 경제, 직업, 사회적 일탈(social deviation), 계급 등의 추상적 용어와 개념에 결부되고, 그 개념들을 연마하고 세속화시켰다. 이러한 추상 명사들은 구체적으로 비슷한 사람들을 지칭하지만 극적으로 상이한 의미를 갖는 것이었다.

19세기 중반까지 영국과 프랑스에서의 통계 수집에는 국가와 민간 통계 협회 간에 일정한 분업 관계가 형성되었다. 박애주의에 근거한 사회 통계는 국가의 도움을 받은 통계 협회에 의해 수집되었다. 그들은 최소한의 국가 개입으로 사회문제를 해결하려는 전략적 의도를 갖고 있었다. 이러한 발상들은 논리적으로 일관성을 갖는 것이었다.[65] 그러나 19세기 후반기에 이르면 통계 생산의 내용과 형태에 새로운 양상이 발달하였다. 첫째, 국가가 대부분의 통계 생산을 담당하게 되었다. 민간 부문의 통계 조직들은 통계 기획의 규모가 증가함에 따라 더 이상 통계 생산에 필요한 재원을 감당할 수가 없게 되었

---

65 Donzelot, *Policing of Families*. Porter, *Rise of Statistical Thinking*, pp. 56-7.

다. 둘째, 민간 부문의 통계 학회는 방법론 등의 이론적, 기술적 분야의 발달에 치중하게 되었다. 셋째, 노동자계급이 강력한 사회적 요소로 등장하자 도덕주의적 관점은 와해되고 그 대신 경제적 관점이 그 자리를 차지하였다.

경제학에서 수량적 데이터의 위치는 의문의 여지가 없다. 경제학의 시조라 할 아담 스미스(Adam Smith)나 프랑수와 케네(François Quesnay) 등도 많은 데이터를 사용하고 있었다. 그러나 19세기 말 이전까지 경제학자들의 통계 자료에 관한 태도는 차라리 피동적이었다. 즉 그들은 이미 존재하던 자료를 사용하는 게 고작이었다.[66] 19세기 초반에 이르기까지 경제학자들은 통계의 확대 발전을 주도하던 지식인들의 지도적 위치에 있지 않았다. 경제학자들은 1860년대 이후에야 통계 발달에 주도적 역할을 담당하게 되었다.

19세기말에 이르러서도 세계관의 차원에서의 확률혁명(probabilistic revolution)은 별로 이루어지지 못하였다. 결정론적(deterministic) 이론(理論)들은 오히려 통계의 발달에 의하여 강화되어 가는 실정이었다. 세기말부터의 프란시스 갈톤(Francis Galton)과 칼 피어슨(Karl Pearson)의 업적들마저도 사회에 대한 일반적 관점에 이렇다할 변화를 가져오지 못했다. 오히려 그들은 기존의 계급간의 편견을 반영하고 있을 따름이었다.[67] 확률적 관점이 자연과학 분야에 등장하기 시작한 것도 20세기 초에 이르러서였다.[68]

---

[66] J. J. Spengler, "On the Progress of Quantification in Economics," *Isis* 52-2, No. 168 (June, 1961), pp. 263-4.

[67] Donald A. MacKenzie, *Statistics in Britain, 1865-1930: The Social Construction of Scientific Knowledge* (Edinburgh: Edinburgh University Press, 1981).

[68] I. Bernard Cohen, "Scientific Revolutions, Revolutions in Science, and a Probabilistic Revolution 1830-1930,"; Ian Hacking, "Was There a Probabilistic Revolution, 1800-1930s," *Probabilistic Revolution* 1, Krüger, ed., pp. 35-7.

제1부

지식국가의 형성

제1장

지식국가의 이론

1. 노동통계의 특징

　노동통계는 단적으로 방법론적 지식이다. 통계방법론은 몇 가지 엄격한 원칙에 근거한다. 첫째, 데이터(data)는 통계의 본질적 단위이다. 데이터란 인간의 감각 기관을 통하여 보편적으로 감지되는 대상물의 특징을 기록한 것이다. 통계는 여러 세대의 경험주의 과학자들에 의해 주장되어온 보편적 감각 확실성의 원리(principle of universal sense certainty)에 의해 일반적이고 객관적 지식으로 확립되었다. 그러므로 통계는 '엄격한 사실'(hard facts)을 표현한다. 둘째, 데이터는 수학적 기술(技術)을 통해 분류되고 처리된다. 이러한 과정으로 일견 무질서한 인간 경험은 체계적인 형태로 재구성된다. 따라서 통계는 현실에 대한 합리적 지식이며 현실을 합리적으로 통제할 수 있는 수단이 된다.[1]

　이러한 통계 지식의 객관성과 합리성의 주장 뒤에는 사회·정치적 차원이 존재한다는 것을 간과해서는 안 된다. 첫째, 보편적 감각 확실성의 원리

---

[1] Hubert Blalock, Jr., *Social Statistics* (New York: McGraw Hill, 1960), pp. 4-6; Lorrain J. Daston, "Rational Individuals Versus Laws of Society: From Probability to Statistics," *Probabilistic Revolution* 1, ed. Krüger et al, pp. 295-303.

란 순수하게 인식론적인 것이다. 통계의 객관성은 동물적 감각 능력이라는 인류의 최소 공통점을 기준으로 한다. 이러한 객관성에 대한 제한적 요건은 사상과 이론(理論)을 통해 사회적으로 합의된 진리의 기준일 뿐이다.[2] 둘째, 귀납법(歸納法)은 논리적 근거가 없으며, 이 또한 사회적으로 합의된 절차에 불과하다. 나아가서 통계란 어떤 종류의 데이터를 어떻게 수집할 것인가를 사전에 결정한 계획에 따라 수집된다. 말하자면 통계는 피동적 관찰(passive observation)이 아니라 대상물에 대한 계획된 의도적 개입(deliberate intervention)을 통해 만들어진다. 만약 왜곡(歪曲)된 관점이 개입되는 경우에는 통계는 체계적으로 왜곡된다. 통계란 그런 의미에서 고도로 이론적인 지식이다. 그럼에도 불구하고 통계 지식에 객관성의 가능성이 있다. 생산과정에서 가설(假說)의 수립과 데이터 수집과 처리 과정의 분리로 인해 가설이 부정(否定)되고 또는 편견이 노정될 여지가 상존한다. 통계는 그러한 의미에서 계몽적이다. 그러나 한편 의도적으로 추상화된 지식인 것이다.

둘째, 노동통계는 노동을 그 대상으로 삼는다. 노동통계의 대상으로서의 노동은 일차적으로 경제학의 이론체(theoretical construct)이다. 즉 노동은 가치의 원천이며 체제로서의 경제의 한 요소인 것이다. 이러한 경제학적

---

[2] Karl Mannheim은 근대 과학적 지식에 대하여 다음과 같이 말했다. "어떤 종류의 진리나 올바른 직관은 어떤 개인적 성향이나 어떤 집단의 명백한 경향을 통하여만 접근이 가능하다는 것은 쉽게 가능한 일이다. 부상하는 부르주아 계급의 민주적 세계주의는 이러한 안목들의 가치와 존재의 권리들을 부정해 버렸다. 이러한 경우에 진리의 기준에 순수하게 사회학적 요소가 쉽게 노출된다. 말하자면 그러한 진리는 누구에게나 동일해야 한다는 민주주의적 요구이다." Mannheim, *Ideology and Utopia*, tr. Louis Wirth & Edward Shils (London: Routledge & Kegan Paul, 1936), p. 149. 보편적 감각 확실성의 원칙은 외부의 관찰자에게 감지되지 않는 모든 사회생활과 지식을 통계의 대상에서 제외시키고 있다는 주장도 있다. Robert M. Young, "Why Are Figures so Significant? The Role and the Critique of Quantification," *Demystifying Social Statistics*, ed. John Irvine, Ian Miles & Jeff Evans, (London: Pluto Press, 1979), pp. 63-74.

개념에서 사회학적 범주가 도출된다. 즉 임금에 의존하여 생활하고 경제에 노동을 공급하는 또는 해야 하는 집단, 말하자면 노동자들을 의미한다. 노동통계는 일견 구체적인 집단에 대한 것 같지만 그 집단의 경계와 내부 관계들은 매우 유동적이며 그런 의미에서 그들은 추상적인 집단이다. 노동통계는 그 집단을 계급적 편견 외에 경제학적 관점에서 정의하고 있는 것이다. 노동통계는 현실적일 뿐만 아니라 잠재적 노동자들의 경제적 조건에 대한 데이터를 수집하는 것이다. 경제적 조건이라 함은 임금이나 생계비와 같이 직접적인 물질생활 조건과 아울러 실업률이나 노사관계 등과 같이 물질생활과 관계된다고 여겨지는 조건을 포함한다. 노동통계가 표출하는 엄격한 사실과 객관적 현실은 실제로는 이론적 개념(theoretical concept)으로 구성된다.

노동통계의 확립으로 인하여 노동자들의 경제적 조건은 정당한 사회·정치적 관심사가 된다.[3] 그러나 그러한 관심은 이중적 기준에 근거한 것이다. 말하자면 노동자들의 이해(interest)는 사회·경제적 조화를 위해 정당한 것이지만, 궁극적으로 그들의 이해는 경제의 논리에 종속되어야 한다는 것이다. 이러한 논리적 구조에 따라 지식 대상의 이름으로 체제 전복적 마르크스주의 개념인 노동자계급(the working class, la classe ouvrière)이라 하지 않고 노동(labor, le travail)라는 개념을 선택하게 되었다. 노동통계는 사회적 영역에 등장하지만 이론적 근거는 경제학이다.

마지막으로 노동통계의 중요 생산자는 국가이다. 첫째 통계란 피동적 관

---

[3] 전장에서 잠깐 언급하였지만, 사망률, 범죄, 도덕, 공공 보건, 이주, 교육에 관한 통계들은 19세기 초반부터 노동자들을 그 실질적 대상으로 삼고 있었다. 이러한 통계에서 노동자들의 대상임은 묵시적인 것이었고 그들의 경제적 조건은 그 대상이 아니었다. 그러한 통계들은 노동자들의 생물학적, 정신적, 도덕적 조건을 그들의 불만과 비정상적 행태의 원인으로써 대상화하고 있었다. 노동자계급의 경제적 조건을 조사하기 위해 민간 부문이나 국가 기관에 특별 위원회 등이 설립되기도 했지만, 모두 실패로 끝나게 되었다. Chevalier, *Laboring Classes and Dangerous Classes*; John M. Eyler, *Victorian Social Medicine* (Baltimore: Johns Hopkins Press, 1979).

찰로 이루어지는 것이 아니므로 통계를 생산하기 위해서는 엄청난 양의 법적, 재정적 자원들이 소요된다. 나아가서 통계의 생산에는 고등 교육을 통해서만 얻어질 수 있는 전문 기술 인력을 필요로 한다. 마지막으로 국가 권력이 특정한 시기에 특정인들에게 장악되어 있다 하더라도 국가 권력은 사회·정치적 분쟁에서 중재자이며 동시에 투쟁의 몫이라는 의미에서 국가 기관은 특수적 이해에서 벗어나 중립적이라 여겨지며 또 그렇게 될 수 있다고 믿어진다. 이러한 이념적이며 방법론적 이유에서 국가 기관은 노동통계의 생산자로 최적의 조건을 가진다. 아울러 부수적으로 사설 단체도 통계를 일부 생산하기도 한다. 그러나 결국 그러한 통계의 타당성을 판단하는 준거점은 국가가 생산하는 통계가 된다. 민간 부문에서 생산되는 통계의 타당성은 사용된 통계방법론의 수준 그리고 이익 집단과의 관계와 이념적 입장에 따라 가감(加減)된다.

위의 세 가지 조건을 갖춘 노동통계는 노동자들의 경제적 조건에 관한 한 공공지식(official knowledge)을 이룬다. 통계의 공공적 지위는 그러한 조건의 결과일 수도 있지만, 국가의 공공지식으로서의 노동통계는 사전에 그러한 위치를 차지할 수 있도록 고안된 것이다. 공공지식의 일부에 결함이 있다는 것이 알려진 경우에도 국가가 실제로 그 부분에 대하여 나은 통계를 생산하기 전까지는 기존의 통계는 그래도 진실에 가장 가까운 지식으로 받아들여 질 수밖에 없다. 결국 공공지식으로서 노동통계의 타당성은 사회·정치적으로 성립되며 국가 권력과 지배 계급의 헤게모니(hegemony)에 의해 창조되고 유지되는 것이다.

2. 노동통계의 사용

노동통계의 사용은 직접적 제시에서부터 대단히 복잡한 준(準)-실험적 정책분석 (quasi-experimental policy analysis)에 이르기까지 매우 다양하다. 그러나 준-실험적 정책 분석은 아주 최근에 이르기까지 널리 사용되지 못했다. 오히려 그보다 훨씬 단순한 방식으로 널리 사용되어 왔다. 첫째, 노동통계는 어떤 주장(argument)의 정당성을 확보하는 증거 자료로 제시되는 경우가 있고, 둘째는 노동자계급의 사회·경제적 조건의 모니터(monitor)로써 또한 널리 사용되어 왔다. 또한 통계의 사용은 원칙적으로 어떤 특권 집단이나 기관으로 제한되는 것은 아니다. 한 마디로 통계는 공공지식이다. 노동통계는 국가 관리들뿐이 아니라 사회주의자나 보수주의자나 마찬가지로 여러 사회·정치적 행위자들에게 공히 사용되어 왔다.

노동통계는 애초에 국가 관리들에 의해 노동자계급의 이해(利害)에 영향을 미칠 정책입안을 정당화하는 목적에 씌어졌다. 그러나 통계는 그러한 정책 입안에 반대되는 입장에게도 동일하게 사용될 수 있었다. 통계는 노동자계급의 이해와 요구를 지지하거나 반대하는 이해 당사자에게 공히 널리 씌어져 왔다. 통계적 증거는 19세기 중반 이래 영국, 프랑스, 미국의 의회와 언론에서의 토론이나 노사협상의 장(場)에서 활용되어 왔다. 공공 토의에서 통계적 근거를 사용한다는 것은 통계에 부여된 객관성을 이용하여 자기 주장의 타당성을 확보하는 효율적인 방법이었다. 통계적 근거는 어떤 주장을 현실적으로 보이게 하고 그 주장에 특수한 이해를 초월한 대의명분(大義名分)을 부여한다. 역으로 노동자계급의 이해를 위한 주장이 통계에 의해 뒷받침되지 않는다면 그 주장은 타당하지 않은 것으로 보이게 된다. 노동자들의 경제적 조건은 그들 요구의 객관적 근거라는 가정 하에서 노동통계는 그들의 필요(needs)를 객관적으로 드러낸다. 이러한 방법으로 사용되면 노동통계는 노동자계급의 이해(利害)를 정당화시킨다. 역으로 노동통계는 노동자계급의 요구에 대해 '거짓말 탐지기' 역할을 하기도 한다.

둘째, 노동통계는 노동자계급의 불만과 행동 능력에 대한 모니터로서 작용해 왔다. 말하자면 노동통계는 폭동이나 대규모 파업 등의 심각한 정치적 사건이 발생하기 이전에 노동자계급 내의 조건들을 지수(指數)의 변화로 탐지하도록 한다. 모니터로 사용되기 위해서는 데이터 수집의 기준에 일관성이 있어야 하며 또한 통계는 정기적으로 수집되어야 한다. 그 목적은 어떤 조치가 특정 시기에 필요한가 하는 것을 알아보는 데 있다. 이러한 용도의 통계 사용자는 통계를 사전에 결정한 행동을 위한 도구라고 파악해서는 안 된다. 그 대신 통계를 모니터로 사용하는 데는 합리성과 이념적 유연성 말하자면 노동자계급의 감성과 이해로부터의 초연함이 요구된다. 현실적으로 통계는 국가 관리나 고용주들뿐만 아니라 노동 지도자들에 의해서도 이러한 방식으로 사용되어 왔다. 전자들은 사회주의자들의 요구를 무력화시키기 위해 주로 사용한 반면 후자들은 그들의 전략과 전술을 세우는 데 사용하였다. 또한 사회·경제 정책은 통계를 통해 재검토되며 그런 의미에서 노동통계는 노동 정책의 피드백(feedback)의 기능을 가진다. 노동 조직의 투쟁의 성과 역시 통계를 통해 평가된다. 이러한 경우 노동통계는 노동자계급의 이해(利害)를 '생산하고 제조'(produce and manufacture)하게 되는 것이다.

노동통계의 사용은 결국 그 이론적 배경이 경제학임을 노출시킨다. 첫째, 증감적 (incremental)이 아닌 새로운 정책 안이 설득력을 얻기 위해서는 사실에 관한 논란이 통계에 의해 해결된다 하더라도 경제학 이론적 주장이 개진되어야 한다. 더욱이 통계를 모니터로 사용하기 위해서는 경제학 이론의 이해는 필수적인 조건이 된다. 여러 지표들 간의 관계 그리고 지표들와 가능한 사건 간의 관계는 경제학 이론들로 연결되어 있다.[4] 노동통계의 사용은 경제학의 이해를 필수로 한다. 앞서 지적했듯이 노동통계는 엄격한 사실들을 표현하고 있지만 그러한 사실들은 경제학적 개념에 의해 만들어진 것이기 때문이다.

공공지식은 도구로써 사용되지만 오직 사용자의 뜻에 따라 움직이는 도구에 그치는 것은 아니다. 예를 들어 자동차는 도구이지만 망치와는 다르다. 우리가 자동차를 운전하는 데는 교통 법규, 차의 크기 등의 여러 조건에 제약받기 마련이다. 더구나 우리의 시야는 차의 크기, 창문의 모양, 위치, 크기, 창문의 재질 등에 제약받을 수밖에 없다. 그와 마찬가지로 공공지식도 일종의 '인식 용기(認識用器, cognitive vehicle)'라 할 수 있다. 공공지식은 애초에 도구로 사용되지만, 그의 사용자는 그 수단에 의해 여러 가지로 제한 받게 되어있다. 나아가서 그의 사용이 반복적이고 지속적일 경우에는 사용자의 인식 조건이 영향 받을 수 있으며 그 영향은 지속적이고 심층적일 수도 있다. 통계 지식의 반복적인 사용의 인식적 효과는 노동 지도자들이나 사회주의자들에게 매우 다양한 양태를 보인다. 말하자면 그러한 지식을 정치적인 무기로만 사용하는 노동 지도자들은 지속적인 영향을 벗어나 있었다. 그러나 많은 사람들은 그러한 지식을 인식 보조로 사용하였고, 그들 중 많은 사람들에게는 노동자계급에 대한 새로운 동질성과 그들에 대한 경제적 관점이 개발되고 그들의 이해(利害)에 대한 관점이 수정되기도 하였다. 그들 중 일부는 지배적 경제학 이론에 사로잡혀 있기도 했으며 다른 사람들은 이론적 관점을 견지하기는 하여도 특정한 지배적 이론으로부터는 거리를 유지하기도 하였다. 공공지식의 이론적 배경이 그의 사용자들에게 완전히 수용되

---

4 Jack Brand, "The Politics of Social Indicators," *British Journal of Sociology* 26, No. 1 (March, 1975), pp. 79-85.

지는 않았다 하더라도 그들에게 다양한 영향을 미쳤다. 통계학과 경제학에 대한 전문 지식을 습득한다는 것이 반드시 그에 대한 이념적 신앙을 갖도록 하는 것은 아니지만 계급의 이해(利害)에 대한 객관적 관점은 노동자들의 실제 요구를 대체하는 경향을 보여 왔다. 이러한 객관적 관점은 노동자계급의 이해에 대한 또 하나의 객관적 시각인 마르크스주의적인 노동자계급의 이해(利害)의 개념을 대체하는 경향을 보인다.[5]

통계 지식의 사용은 실제로 통계학과 경제학의 전문지식의 소유 여부에 따라 제한되어 왔다. 또한 그러한 전문지식의 유용성은 여러 사회·정치적 조건들로 인해 제한되어 왔다. 한편 어떤 사회 집단들은 과학적 지식으로서의 통계를 다른 집단보다 선호하는 경향을 갖기도 한다. 일반적으로 자유주의자들은 통계 사용의 선구자들이었고 다음으로 사회주의자들은 보수주의자들보다는 통계 사용을 선호해 왔다. 그런가 하면 노동조합 지도자들의 통계 사용에 대한 태도는 각국의 경우에 따라 다른 현상을 보인다. 나아가서 통계 사용의 양태는 여러 사회·정치적 조건과 연결되어 있었다. 정책 안의 근거가 되는 증거로서의 통계 사용은 의회나 공공 토의와 같은 제도적 여건을 전제로 하고 있다. 이러한 형태의 통계 사용은 민주주의적 국가 구조 하에서 효과적이다. 그러나 모니터로써의 통계 사용 노동자계급의 이해를 여과하고 생산하는 과정에서 교육받은 요원들을 필요로 하는 관계로 관료주의적 구조를 전제로 한다.

---

5 Isaac D. Balbus, "The Concept of Interest in Pluralist and Marxian Analysis," *Politics and Society* 1, No. 2 (February, 1971), pp. 151-77.

3. 구조적 변화

무엇보다 노동통계의 생산과 사용은 노동자계급을 항구적 사회·정치적 행위자로 제도화시키는 경향이 있다. 노동통계가 노동자들을 투쟁에 동원한다든가 그들에게 조직을 위한 동기를 제공한다는 뜻은 아니다. 또한 노동자들이 공공지식에서 그들의 동질성을 직접 얻는다는 것도 아니다. 노동통계는 노동자 조직들을 공공적 갈등의 장(場)에 참여할 수 있도록 하며 이를 통해 노동자계급은 그들의 조직의 공공성과 동질성을 확보해 나갈 수 있는 기회를 얻는다는 것이다.

정치 저변의 수준에서 노동통계는 노조와 고용주 간의 협상이나 거중조정, 중재 과정에서 직접 사용된다. 통계 수치는 협상 과정에서 불확실성을 제거하는 역할을 한다. 통계가 있음으로써 그러한 절차에서 통계가 없었을 때보다 고용주들은 대체로 유리한 입지에 서게 된다. 왜냐하면 노동자들과 그들의 조직에 관한 중요한 정보를 수집함으로서 노동통계는 고용주와 중산층 조정자들에게 전술적으로 유리한 입지를 마련해주기 때문이다. 그러므로 단체 협약이나 노조를 인정하는 문제 등에 고용주들은 긍정적인 입장에 서게 된다. 다른 한편으로 노조가 인정을 획득하게 되면 지도자들은 노동자들의 대표권을 독점하게 되고 그들의 조직원들의 이익을 확보하는데 유리한 입장을 보장받을 수 있다. 노동통계의 사용은 기존의 노동자계급 조직을 합리화하고 안정화하는 효과를 갖는다.

정치적 차원에서 통계의 생산 과정은 노동자계급 조직과 국가 기관 간에 지속적이고 쌍무적 관계를 수립하도록 한다.[6] 둘째, 공공담론에서의 광범

---

[6] Gérard Leclerc는 agency의 문제를 사회 계급간의 지식을 수집함에 있어 제일차적인 문제로 토론하고 있다. Leclerc, *L'Observation de l'homme*, pp. 51-80.

위한 노동통계의 사용은, 특히 노조, 사회주의 정당, 공산주의 정당 등의 선전 활동은 노동자계급의 이해를 정당화시키는 경향이 있다. 계급 이해는 광범위한 사회 계층, 특히 지식인 계층으로부터 지지를 확보한다. 이러한 상황에서 보수적인 정당들마저도 개혁안을 채택하지 않을 수 없는 상황이 이루어진다. 이에 따라 노조의 지위, 사회 복지 그리고 노사관계에 대한 입법들이 이루어지고 이러한 흐름 속에서 드디어 노동자계급 조직들은 국가 권력에 의한 무차별적 억압에서 벗어나게 된다. 그리하여 노동자계급의 항구적인 조직이 가능해지는 것이다.

노동자계급 조직들은 제도화의 길을 걸음과 동시에 관료적인 조직을 갖게 된다. 첫째, 노조, 고용주, 제삼자에 의하여 체계적으로 통계가 사용되고 합리적 협의 관계가 확립됨으로 인하여 노조 지도부의 성격이 영향을 받게 된다. 즉 통계학과 경제학에 대한 지식이 매우 중요한 조건이 된다. 노조 지도부는 갈수록 쌓여 가는 엄청난 양의 임금, 생계비 그리고 생산품 가격 통계 등 고도의 기술적 업무량을 직면하게 된다. 둘째 합리적이고 평화적인 노사관계를 유지하는 데는 노조의 일반회원과 지역 노조 등의 하부 조직에 대한 통제를 필요로 한다. 노조 조직들은 점차 중앙집권화 되고 강제화 되는 것이다. 노조 회원 통계 그리고 실업에 관한 통계 등은 노조의 관료적 통제의 효율적 수단이 된다.

정치적 차원에서는 국가와 공공 대중과의 매개를 위한 전문 지식의 필요성은 전국 노조와 사회주의 정당에 전문지식을 갖춘 참모진의 증가를 가져온다. 위에서 언급한 바 있듯이 여러 가지 사회개혁 문제들은 나날이 더욱 통계적 용어와 개념을 사용하여 토의된다. 통계는 아무나 해독할 수 없는 지식의 형태로서 이를 효과적으로 사용하기 위해서는 어떠한 형태로든 훈련 받지 않으면 안 된다. 나아가서 정책 입안들도 경제학의 언어로 포장된다. 경제학 또한 오래 교육받지 않으면 이해하기 힘든 지식이다. 지식인들과 전문 참모의 중요성의 증가는 위의 여러 형태의 필요성의 당연한 논리적 결과였다. 따라서 지식인들의 발언권이 증가하게 되고 조직의 계급적 성격은 희석된다.

이와 같은 변화들은 노동통계의 최대의 생산자이자 소비자라 할 수 있는 국가행정에도 영향을 미친다. 이전에는 내무 행정에서 노동자들을 통제하였다. 그러나 노동통계가 확립되며 경제 또는 상업 행정 분서 아래 통계국이 설치되자 경제 부서들이 노동자들의 문제들에 대한 주 임무를 맡게 되었다. 초기에는 노동 행정직은 인원을 특수한 경로로 선발하였으며 그들의 지위를 확보하기 위하여 학계와의 연관을 확보하려 하였다. 또한 경제 부서들은 이념적 상이성으로 인해 다른 행정 부서들과 갈등을 겪기도 하였다. 19세기 말에서 20세기 초에 이르기까지 노동 분야는 국가 행정의 각 분야에서 가장 빠르게 팽창하던 분야였다. 게다가 노동통계의 생산과 소비는 사회 복지와 노동에 관한 입법을 가능케 하였다. 이러한 입법들은 국가 기관과 공공 재정의 극적인 팽창을 초래하였다.

일반적으로 노동통계 발달의 정치 구조에 대한 결과는 첫째, 항구적 사회・정치적 행위자로서의 노동자계급의 등장을 꼽을 수 있다. 그리고 둘째는 계급 조직과 국가 기관의 관료화의 흐름을 가속화시킨다 할 수 있다. 노동자계급의 등장과 관료화는 일견 모순적인 것처럼 보인다. 관료화란 일반적으로 대중이 정책 결정에서 제외되는 현상을 함유하는 까닭이다. 그러나 이 두 현상은 동전의 앞뒷면에 불과한 것이다. 말하자면 계급 조직이란 관료주의적 구조를 갖지 않고는 안정화될 수 없다. 노동자계급은 더 이상 '운동'(movement)이라는 정치 행위로 매개되지 않는다. 나아가서 관료주의는 국가와 계급조직 간에 유질동상(類質同象, isomorphism)의 관계를 형성하며 전문가들 간의 직접적 연결을 짓게 한다. 이러한 새로운 형태의 관료주의는 명백히 베버가 말하는 관료주의와는 다르다.[7] 20세기의 양차세계대전 간의 시기에 이르면 지성주의(intellectualism)는 유럽 사회주의에 있어 새로운 문제점으로 등장하게 된다. 또한 지성주의의 부재는 미국의 노동 운동에서 '미국 예외주의(American exceptionalism)'의 결정적 차원을 이루는 것이다.

---

[7] 양자간의 차이점은 후술하기로 한다. 그러나 양자간의 상이점에도 불구하고 여기에서는 관료주의라고 공히 불렀다. 그 이유는 그러한 구조는 독특한 지식 분야에 대한 전문성으로 인하여 그들의 통치능력이 부여되는 관료 집단에 의한 정부로 특징 지워 지기 때문이다. 이러한 정치 구조를 기술하는데 관료주의 외에 적합한 말이 발견되지 않는다.

4. 행위의 변화

우선 노동통계의 발달은 노동자계급을 다루는 국가 정책의 합리성의 수준을 크게 향상 시켰다. 국가는 새로운 전략을 채택하게 된다. 말하자면 선별적이고 합리적 노동 통제가 가능하게 된다. 노동통계 사용에 앞장섰던 사람들은 국가 관리들이었다. 첫째 통계 분석을 이용하여 합리적 주장을 만들어 냄으로써 관리들은 '노동권'과 같은 급진적 사회주의 프로그램을 배제시키는 데 성공할 수 있었다. 둘째 급진적 입안들을 대체하기 위하여 관리들은 노동자계급의 조건을 개선할 수 있는 나름대로의 개혁안을 구상하였다. 관리들은 그들의 법안을 통계 분석 결과로 정당화하는 것을 잊지 않았다. 나아가서 그들은 온건한 조직으로부터 과격하고 혁명적 조직을 차별적으로 취급하는 정책을 입안, 집행하는 데 역점을 두었다. '사회계층 분석'(social stratification)은 노동자계급의 여러 상이한 부분에 대하여 상이한 정책을 개발하는 데 전략적 지침을 제공하기 위하여 발달된 사회과학의 새로운 실천적 분야였다. 국가 권력은 보상과 억압을 동시에 선별적으로 적용할 수 있었다.

노동자계급 조직에 의한 노동통계의 사용은 그들의 전략 행태에 매우 민감하면서도 심층적 변화를 초래하게 된다. 공공지식의 제도화는 전혀 새로운 상황을 창조하게 된다. 말하자면 노동자계급의 요구가 통계적 경제적 논증을 통하여 정당화되지 않는다면 정치적 지지를 획득할 기회가 거의 없어진다는 것이다. 초기에는 노동자계급의 지도부는 대부분 그들의 요구에 설득력 있는 합리적 논증을 만들어 내야한다는 과제를 제대로 수행할 능력을 갖고 있지 않았다. 그러한 상황에서 노동조직들은 국가 관리들이나 자유주의자들의 개혁 노선을 따르는 경우가 허다하였다. 이러한 전술은 '기회주의'(opportunism)라 불리는 것이었다. 또한 이러한 상황에서 사회주의 정당의 초기 발전 단계에서 자유주의의 배경과 전력을 가진 사람들이 많았다.

사회주의자들이 자유주의적 개혁 노선을 채택하게 된 이래로 노동자계급의 이해(利害)를 충족시키기 위해 합리적 논증을 만들어내기 위한 노력은 결국 계급 조직 내에 지식인들과 참모진의 확대를 초래하게 되었다. 노동 통계는 지식인들에 의하여 모니터로 사용되었고 노동자계급에 대한 경제적 객관적 관점이 팽배하게 되었다. 결국 사회주의자들은 물질주의적 개혁 노선을 따르게 되었다. 무엇보다도 노동자계급 투쟁 전략의 시간 지평(time horizon)이 짧아지고 합리화되게 되었다. 노동통계는 매월 매년 단기적이고 정기적으로 경제 조건을 발표하고 노동 조직의 투쟁 전략은 통계로 모니터 되는 조건에 따라 적응되어야 했기 때문이었다. 이러한 여건에서 하루하루의 경제적 변화의 곡선을 뛰어넘는 혁명주의의 여지는 거의 없어지게 되었다. 결국 통계 자료가 노동자계급 조직의 지도부에 의해 광범위하게 사용되자 노동자계급 자체에 대한 경제적 관점이 팽배하게 되고 노동자들의 즉각적인 물질적 이해(利害)가 관심의 초점이 되었다. 노동자계급 정당은 결국 개혁주의 전략과 이념을 받아들이게 되었다.

1890년대를 통한 노동자계급의 생활 조건 향상에 관한 통계 지식의 파급은 세기말에서 20세기 초까지의 서유럽 여러 나라에서 혁명적 마르크스주의의 상대적 퇴조와 개혁주의의 팽창의 추세를 몰고 온 결정적 요인이었다. 통계 분석은 '임금의 철칙'(iron law of wages) 즉 임금 기금설을 붕괴시켰고 나아가서 계급간의 협력 전략이나 자본주의 경제의 팽창이 노동자들에게 상당한 이득을 주었다는 것을 증명하게 되었다. 1910년대에 접어들어 심한 물가 상승으로 인하여 그들의 생활 여건이 악화되자 과격한 파업의 물결이 유럽을 휩쓸게 되었다. 그러나 이미 때는 계급 갈등의 양상이 이미 바뀌어져 있었다. 혁명주의자들의 통계를 이용한 논증은 노동자계급의 운명을 설파하고 개혁주의자들의 배신을 성공적으로 비난하였지만 이러한 합리적이고 추상적인 논증으로는 '혁명적 분노'(revolutionary outrage)를 조직해낼 수 없었다. 더욱이 통계 지식의 발달로 가능해진 사회 개혁 조치들은 이미 혁명을 위한 물질적 기반을 침식시키고 있었다. 혁명의 새로운 세대들은 사회주의 혁명을 일련의 계획된 합리적 개혁으로 이루어질 목표로 여기게 되었다. 자본주의를 인정했는가 안 했는가는 이제 노동자계급 정당의 전략적 행태의 문제에서 별다른 차이점을 드러내지 못하게 되었다.

그러나 노동자계급의 이해가 영원히 합리적 지식을 생산하고 사용하는 국가 관리들이나 자유주의자들에 의해서 조작된 것은 아니었다. 노동 지도자들은 계급이해를 주도권의 영역 밖으로 추진할 수 있는 다른 전략을 고안하였다. 첫째 그들은 국가 기관으로 하여금 노동자계급의 이해를 위하여 새로운 통계를 수집하도록 압력을 가하기도 하였다. 둘째 그들은 스스로 학술적 활동을 전개하기도 하였다. 그들은 스스로의 재원을 동원하여 자체의 통계를 생산하였다. 나아가서 그들의 개혁 노선을 발전시키고 정당화하기 위한 새로운 조사 기술과 경제학 이론을 개발하기 위하여 스스로 연구기관을 창설하고 학계에 영향력을 행사하기도 하였다. 계급간의 정치는 이제 통념상의 정치라는 활동 영역을 넘어 전문 과학적 연구와 비판의 영역에까지 확장되게 되었다.

이러한 새로운 전략적 행태가 등장하자, 국가 정책의 스타일이 변화하게 되었다. 국가 관리들에 의하여 시도된 정책들은 계급 행위자들 간에 정치적 분쟁을 불러일으키게 되었다. 이제 계급 행위자들이 공공지식을 사용할 수 있는 적당한 능력을 갖추고 이념적으로 받아들여질 수 있는 만큼 온건 노선을 취하고 있다면, 국가 기관으로서는 더 이상 논란의 여지가 있는 정책을 만들어 내는 정치적 위험 부담을 질 필요는 없게 되었다. 국가가 공공지식을 생산하지만 국가는 그러한 사실에 의미를 부여하는 경제 이론을 생산하지는 않는다. 국가 행정 기관의 새로운 역할은 계급 조직들의 지도부와 참모진들과 교신을 확보하고 갈등의 규칙과 협력 관계를 유지하는 것이었다.

노동자계급과 국가의 지배적인 행태는 합리적 계급 행위자들 간의 전략적 상호작용이라 이해할 수 있다. 그들의 행태의 구조를 필자는 '합리적 계급정치'(rational class politics)라 정의(定義)한다. 그들의 전략적 선택 여지는 다음과 같다. 첫째 계급 행위자들은 그들의 이해를 사회적으로 인정된 합리적 지식으로 정당화한다. 둘째 그들의 요구와 전략을 공공지식을 통해 모니터되고 있는 변화하는 경제 조건에 따라 적응한다. 마지막으로 그들은 기존의 지식이 그들의 이해와 상응되지 않는다면 새로운 합리적이고 이론적인 지식을 개발한다. 이러한 유사 학술행위(quasi-academic activities) 전략의 발달은 전문 사회과학의 발전이 계급 정치의 도구였다는 뜻은 아니다. 오히려 전문 사회과학과 계급 정치는 상호 제약 관계에 있다고 보아야할 것이다. 과학과 정치가 사회적 행위의 다른 영역으로 이념적으로 분리되어 있다면, 통상적으로 정의된 바의 정치권력의 증가는 경제적 여건과 구조의 변화 능력을 자동적으로 증가시키지 못한다. 1930년대에 이르면 서유럽 노동운동의 전통적인 집권제일주의 전략은 사실상 대체되었다.

5. 지식국가의 이론

　미셸 푸코(Michel Foucault)는 근대 과학적 지식과 권력 간의 관계에 대하여 획기적 이론을 제시하였다. 즉 지식은 권력에 의해서 생산된다는 것이다.[8] 노동통계의 경우는 그러한 관계와 과정의 성격을 명료하게 드러내 주는 한편 수정의 여지를 보여주고 있다. 푸코는 노동력의 개별적 통제와 운영을 위한 인간의 '종(種)'에 대한 지식을 분석한데 반하여 노동통계의 경우는 사회 집단과 계급에 관한 지식이라 할 수 있다. 노동통계는 국가에 의하여 생산되며 또한 그 결과는 아무리 애매한 정의를 사용한다 하여도 권력의 확장이라는 것만으로 귀결시킬 수는 없다.[9] 노동통계 경우의 특수성은 그의 실질적 통제 능력과는 별도로 그러한 특정 형태의 지식의 능력에 대한 믿음이 공공지식으로서의 타당성을 부여한다는 것이다. 그리하여 그러한 지식은 실질적 통제 능력과는 별도로 독특한 정치적 절차를 제도화하게 되었다. 그의 전체적 결과는 다면적이다. 지식국가는 특정한 정치형태를 갖는다. 즉 노동자 계급의 제도화, 전문 관료제의 확장 그리고 합리적 계급정치가 그것이다.

　합리적 계급정치라 함은 몽상가들이 말하듯이 정치에 있어 비합리적 또는 반(反)-합리적 요소가 제거되었다는 뜻은 아니다. 오히려 계급정치의 합리성은 막스 베버가 경제적 행위에서 관찰하였듯이 형식적이고 합리적 지식이 각자의 이해를 추구하는 목표에 사용된다는 의미에서 형식적 합리성 (formal rationality)에 더욱 가깝다고 말할 수 있다.[10] 하여튼 이러한 계급

---

[8] Michel Foucault, *Discipline and Punish* (New York: Pantheon Books, 1977); *The History of Sexuality*, Vol. 1 (New York: Vintage, 1980); *Knowledge/Power* (New York: Pantheon, 1980); Leclerc, *L'observation de l'homme*, p. 183ff.

[9] Foucault는 권력에 대하여 대단히 복잡하고 애매한 정의를 내리고 있다. *Power/Knowledge*, p. 119; *History of Sexuality* 1, pp. 92-3 참조.

[10] "'경제 행위에의 형식적 합리성'이라는 용어는 기술적으로 가능하고 실제로 적용되는 물량적 계산

정치의 경우는 합리성에 있어서의 여러 사회·정치적 요소를 보여준다. 우선 전술한 바와 같이 객관적 합리적 지식의 구도와 생산 그 자체가 사회적이고 정치적인 것이다. 말하자면 지식국가는 사회 현실이 특정한 형태의 지식에 의하여 가장 잘 표현되고 통제된다는 사상과 신념에 기초하여 있는 것이다. 정치에 있어서 합리성이란 정치 행위의 기본적 성격에 따라 사회적으로 공정하고 합리적이라고 인정된 공통의 지식의 근거 없이는 도저히 생각할 수 없다. 나아가서 정통적 정치 행위자의 형성 또한 그러한 합리적 지식에 근거하고 있다. 노동자들과 그들의 지도자들은 노동통계를 사용함으로써 그들의 이해를 정당화하고 성취할 수 있었던 관계로 통계에 의존하게 되었다. 이러한 과정에서 그들은 특정한 구조와 행태를 수반하는 계급이라는 정치 행위자로 그들을 조직할 수 있었다. 결국 노동자계급의 형성은 지배계급과 국가 권력에 의해 타당성이 형성되는 객관적 합리적 지식에 의존되어 있었다. 나아가서 노동자계급은 그들의 이해를 충족시키기 위해서 새로운 지식을 부가하려 하기도 하였고 이에 따라 합리적 지식은 정치적 분쟁의 도구이자 장(場)으로 변모하게 되었다.

계급정치에 있어서의 합리성이라 함은 사회계급 특히 노동자계급의 정치적 참여와 활동이 객관적이며 합리적이라 인정된 지식에 의하여 규제된다는 뜻이다. 여기에는 따로 존재하는 두 가지 종류의 상이한 합리성의 문제가 연관된다. 그 첫째는 인간 집단으로서의 노동자계급의 원초적 합리성이며 둘째는 국가에 의하여 생산되어 독자적으로 존재하는 형식적으로 합리적인 공공지식이 그것이다. 이것은 또한 계급 정치 차원의 동일성의 형성 즉 동적 명목론(動的 名目論, dynamic nominalism)의 경우에 해당된다. 피지배 계급의 동일성과 특정적 구조는 국가 권력에 의해 부여된 외부 표식(labelling)에 의

이나 계정의 정도를 지적하기 위한 것이다." Weber, *Economy and Society* 1, p. 85, p. 103.

하여 형성되었다.[11] 지배 계층으로서는 외부 표식은 피지배 계층을 통제하기 위한 하나의 장치이자 도구라 할 수 있다. 그러나 '노동'이라는 외부 표식이 노동자들과 그들의 지도자들에게 단순히 받아들여진 것이라기보다는 그들이 스스로를 '계급'으로 형성하기 위한 투쟁에 사용되었다고 할 수 있다. 나아가서 그들이 국가 권력을 차지하기 위한 경합을 벌임에 따라 노동자계급은 그러한 외부 표지에 새로운 내용을 부가하기 위하여 노력하기도 하였다.

베버에 있어 형식적 합리성은 관료주의라는 하나의 정통적 지배 형태와 연관되어 있다.[12] 그러나 이 경우에 나타난 관료주의는 베버의 관료주의와 사뭇 다르게 나타나고 있다. 베버 식의 관료주의는 일원적이며 중앙을 중심으로 조직되어 있는 반면, 전자는 느슨하게 조직되어 있고 전문적 참모진의 구성과 연구 기관 등이 조직의 특이한 측면을 형성한다. 조직 구조의 상이점은 양자간의 상이한 인식 기반에 근거하고 있으며 이는 또한 상이한 형태의 정통성을 요구한다. 전자는 카리스마적 정통성의 근거로서 그들의 과학적 지식의 소유를 내세우게 된다. 베버적 관료주의의 근거가 되는 실정법의 합리성은 정치적인데 반하여 경험적 과학의 법칙은 연구를 통하여 밝혀질 자연법칙에 해당하는 것이다. 나아가서 실정법은 연역적인데 반하여 과학의 법칙은 귀납적인 것이다. 두 가지의 지식 체계는 상반되는 논리적 방향을 갖는다. 그러한 연유로 과학적 전문 관료들은 기존의 관료체제에 위협적인 존재가 될 수도 있다. 새로운 전문 관료 집단은 정치 행위자들의 특수성을 억압하고 그들의 정치적 대표성에 유사성을 부과한다. 이에 노동자계급 조직

---

[11] Dyamic nominalism을 도출하는데 Hacking은 Foucault의 자신에 대한 영향을 토로하고 있다. Ian Hacking, "Making Up People," *Reconstructing Individualism*, Thomas Heller et al, ed. (Stanford: Stanford University Press, 1986), pp. 222-36.

[12] Weber의 관료주의에 대한 토론은 "Bureaucracy," *Economy and Society*, Vol 2, pp. 956-1005에 근거한다. Weber는 통계의 문제에 관하여는 관료주의와 연관시켜 전혀 토론하고 있지 않다.

이나 정당은 계급의 독점적 대표성을 상실한다 왜냐하면 계급 이해는 계급 행위자와 국가를 모두 포괄하고 있는 전문가 집단들에 의해 동일하게 여과 되고 생산되기 때문이다. 지식국가에서는 계급투쟁은 형식적으로 합리적이 고 기술적인 공공 정책 결정과정에 흡수되게 된다.

지식국가의 국가기관은 다중적 역할을 맡게 된다. 첫째 국가는 정치 무대 뒤에서 합리적 계급 분석의 근거로서 공공지식을 생산한다. 둘째 공공지식 의 주요 생산자이자 소비자로서 국가는 보편적 이해(利害)라는 명분 하에 어 떠한 계급의 이해(利害)도 대변할 수 있다. 국가는 사회·경제적 역할을 수 행할 능력을 갖게 된다. 그러나 계급 행위자들과의 분쟁을 피하기 위하여 즉 정치적인 이유로 국가 관리들은 아무리 합리적이라 하여도 논란의 여지가 있는 정책을 제안하는 정치적 위험 부담을 감수하지 않을 수도 있다. 합리 적 계급정치가 전문 지식과 합리성을 갖춘 계급 행위자들 간에 적절하게 수 행된다면 국가기관의 사회·경제적 활동은 자제될 여지가 있는 것이다. 말 하자면 공공지식을 통하여 대부분의 사회·경제적 문제는 계급 조직에 의하 여 탐지되고 제기되며 그들은 많은 경우 문제의 해결책의 구상도 가능하기 때문이다. 결국 국가 관리들의 중요한 일은 계급 조직의 전문 관리진과의 협 력관계를 유지하는 것이다. 그리하여 국가는 자율성과 동시에 또한 행동의 자유 즉 행동하지 않을 자유를 갖게 된다. 국가는 활발하게 개입 정책을 수 행할 수도 있고 또한 수동적인 입장을 견지할 수도 있다. 관리들은 기술적인 일에만 머물 수도 있고 그저 나태한 관료가 될 수도 있다. 지식국가는 계급 이해(利害)로부터 자율적이며 그의 사회 경제적 책임으로부터 비교적 자유 로운 위치에 있는 것이다. 그리하여 국가는 그 고유의 정치적 역할로 회귀하 게 되며 지식국가의 계급적 성격은 다시 공공지식의 보편성에 가려지게 된 다. 후기 자본주의 사회에서 국가가 모든 사회 경제적 문제를 해결한다는 것 은 기능주의적 강박관념의 소산일 뿐이다.

제2장

영국의 지식국가

1. 노동통계의 발달과 사용

1830년대부터 이미 영국 의회는 사회 정책 결정에 있어서 전문가를 포함한 특별위원회 제도를 종종 활용해왔다. 물론 의회가 그들의 보고서나 건의사항을 항상 받아들인 것은 아니었지만 영국 정치가들은 그러한 전문 기구의 활용이 국가 정책을 정당화시키는 효과가 있다는 것을 잘 알고 있었다.

1886년에 이르러 통상청(Board of Trade)은 노동통계국(Labour Statistical Bureau)을 설치하고 노동 문제에 관한 통계 생산의 주역을 담당하게 되었다. 그러나 1890년대 초까지는 부서의 운영에 필요한 최소한의 경비와 인원 밖에는 할당되지 않았다.[1] 1893년에 이르면 단명했던 자유당 정부와 노동에 관한 왕립위원회(Royal Commission on Labour)의 활동에 의하여 본격적인 통계생산을 위하여 노동통계국은 상업노동통계국(Commercial, Labour and Statistical Department)으로 확대 개편되었고, 같은 해에는 월간 기관지인 「노동신문」(Labour Gazette)을 창간하

---

[1] "Letter of April 8, 1886 of the Board of Trade. Its assignments." Public Record Office (PRO), T 1/ 8243B/ 11800. "Memoranda by R. Giffen: The Works of the Labour Statistics Division, 1887-8." PRO, LAB 41/206.

였고 「영국노동통계개요」(Abstract of Labour Statistics of the United Kingdom)를 포함한 많은 보고서를 내놓기 시작하였다.[2] 1899년부터는 노동통계국은 많은 조사원과 통계 인력을 충원하여 확대되었다. 이에 따라 20세기 초에는 노동자계급의 보수, 고용 그리고 생활 조건에 관한 큰 규모의 조사 활동을 전개할 수 있게 되었고 노동자들의 임금, 생계비, 노사관계, 실업에 관한 통계와 아울러 외국의 통계들도 생산하게 되었다. 1910년에는 노동국(Labobur Department)으로 재조직되고 제1차대전 중인 1916년에는 드디어 노동부 (Ministry of Labour)로 승격되었다. 그러나 제1차 세계대전 이전까지 통계는 원시적이었다 할 수 있고 또한 왜곡된 부분도 많았다.[3] 어쨌든 정부가 통계를 수집하고 생산하게 되자 사회문제에 관한 각종 논란과 토의에서 통계자료는 통상적으로 사용되게 되었다. 각종 사회정책에 대한 찬반의 주장들이 모두 정부의 노동통계를 중심으로 맞물려 얽혀지게 되었고, 따라서 보수주의나 자유주의나 사회주의나 대부분의 정치가들이나 정부 관리들은 통계 자료를 사용한 상대의 주장에 같은 방법으로 응수할 수밖에 없었다.

영국에서의 정부의 노동통계 발달은 민간 부문에서의 통계를 활용한 사

---

[2] 1894년 통상성은 왕립 위원회의 보고서에 따라 자질을 갖춘 조사원을 등용하기 위해 재정 확보를 요구하였다. 이에 대하여 보수적인 재무성 관리인 Francis Mowat은 이렇게 세목(Minute)에 적었다. "노동부는 우리의 나리들이 정치적 자본을 확보하고자 하는 정치적인 문제라 사료되며 따라서 이 요청은 원칙적으로 수락해야만 하지 않나 사료됨." 그리고 그는 관리들이 통상청장인 Courtney Boyle을 만나 이 요청의 진정한 의도를 알아보아야 할 것이라고 덧붙이고 있다. P.R.O., T 1/ 8857C/ 13679.

[3] 특히 1892년까지 대부분의 출판물들은 통계자료라기 보다는 서술적인 것들이 많았다. "Bibliography of Board of Trade Publications, 1887-1892, P.R.O., LAB 41/ 207. 초기 통계의 구체적인 양상에 관하여는 Roger Davidson, *Whitehall and the Labour Problem in Late-Victorian and Edwardian Britain* (London: Croom Helm, 1985) 또한 B. R. Mitchell, *British Historical Statistics* (Cambridge: Cambridge University Press, 1988), pp. 91-178.

회조사 연구의 발달을 동시에 수반하였다. 특히 민간 분야의 연구는 사회문제에 대한 새로운 시각의 등장을 나타내고 있다. 한마디로 각종 '사회문제'들은 수량화할 수 있는 물질적 요소의 양(量)의 문제로 새롭게 정의되었다. 1889년 찰스 부쓰(Charles Booth)는 그의 빈곤에 관한 역사적 저술을 발표하였고 벤자민 시봄 로운트리(Benjamin Seebohm Rowntree)가 뒤를 이었다.[4] 그들 모두 빈곤(poverty)에 대하여 이전의 저술과는 달리 일차원적인 수량화된 새로운 정의를 제시하고 분석하였다.[5] 각종 사회 문제는 결국 노동자계급의 화폐 수입의 문제로 귀착되었다. 또한 문제에 대한 새로운 정의는 결국 그 문제들의 해결에 새로운 접근 방법을 의미하는 것이었고 이러한 가난에 관한 연구는 사회과학에 사회계층분석(social stratification)과 부의 분배(distribution of wealth)라는 새로운 분야를 창설하였다.[6]

---

[4] Charles Booth, *Labour and Life of the People*, Vol. 1: *East London*, Vol. 2: *London Continued* (London: Williams & Norgate, 1889-1891); B. Seebohm Rowntree, *Poverty: A Study of Town Life* (New Yoprk: Garland Publishing Inc, 1980, originally 1901).

[5] Ford, *Social Theory and Social Practice*, p. 80. Booth의 연구에 있어서의 빈곤의 개념에 관하여는 다음 장을 참조. Rowntree의 경우는 더욱 전형적이다. 그는 "단순한 육체적 효율성"을 유지하기 위한 생계비를 21s. 8d.로 계산하고 두 가지 종류의 가난을 제시하고 있다. 첫째는 그보다 수입이 적은 사람들과 둘째는 그보다 약간 많은 사람이었다. Rowntree, *Poverty: A Study of Town Life*, pp. 295-97. 이들과 비교하여 Henry Mayhew의 이전의 연구에는 가난에 관하여 복잡한 개념을 사용하고 있었다. 그는 연구 대상 즉 가난한 사람들을 다음과 같이 정의하였다. "(A)ll those persons whose incomings are insufficient for the satisfaction of their wants--a want being, according to my idea, contradistinguished from a mere desire by a positive physical pain, instead of mental uneasiness, accompanying it." 나아가서 그는 그들을 세개의 부류 즉 첫째 일을 하려는 사람 둘째 일을 할 수없는 사람 셋째는 일을 하려고 하지 않는 사람으로 나누고 있다. Henry Mayhew, *London Labour and the London Poor* (London, 1856); Eileen Yeo & E.P. Thompson, *The Unknown Mayhew* (New York: Pantheona, 1971), p. 54; Gertrude Himmelfarb, *The Idea of Poverty: England in the Early Industrial Age* (London: Faber & Faber, 1984).

[6] Philip Abrams, *The Origins of British Sociology* (Chicago: University of Chicago Press, 1968).

'스웨팅(Sweating)'의 문제는 전형적인 경우였다. 1890년에 발족된 스웨팅에 관한 상원위원회(Lord's Committee on Sweating), 일명 '던레이븐 위원회(Dunraven Committee)'는 해결해야 할 문제가 무엇인가를 정의하는데 큰 곤란을 겪었다. 20세기초에는 두 가지 해결 방안이 제기되었다. 첫째는 일정한 노동자들에게 자격증을 발급한다는 것이었고 둘째는 임금협의회를 설치하여 최저임금을 설정한다는 것이었다. 결국, 스웨팅의 문제는 저임금의 문제로 귀착되었다.[7] 또한 1890년대에 나타난 사회문제에 관한 신조어(新造語)는 "실업"(unemployment)이었다. 경제학자로서는 알프레드 마샬(Alfred Marshall)이 1888년에 최초로 사용하였으며 1895년에 존 홉슨 (John A. Hobson)에 의하여 경제학 개념으로 최초로 정의되었다.[8] 실업은 노동통계의 중요한 분야로 확립되었다. 이 시기에 있어 실업의 문제는 1930년대 식의 대량 실업의 문제를 의미하기보다는 날품팔이 임시 노동자들(casual workers) 특히 런던 부두노동자들의 잠재 실업(underemployment)의 문제를 의미하는 것이었다. 이들 노동자들은 1880년대 이후 잦은 폭동의 주역이었으며 '위험한 계급(dangerous class)'으로 지목받고 있었다.[9] 결국 실업문제란 이들 노동자들을 정부나 사회개혁가들이 어떻게 다룰 것인가의 문제였던 것이다.

그러나 민간 분야의 사회조사 연구와 정부의 노동통계 사이에는 미묘한

---

[7] Ford, *Social Theory and Social Practice*, pp. 85-110.
[8] 실업(unemployment)이라는 용어는 이미 1840년대부터 이따금씩 사용된 일이 있었다. 그러나 Marshall이 사용하기 전에는 경제학에는 그런 용어가 없었다. 1895년과 1896년에 활동을 벌인 고용부족문제에 관한 선별위원회(Select Committee on Distress from Want of Employment)의 활동과 함께 사회 개혁에 관한 통상 언어에 급속히 보급되었다. Jos Harris, *Unemployment and Politics: A Study in English Social Policy, 1886-1914* (Oxford: Clarendon Press, 1972), pp. 4-6; J. A. Hobson, "The Meaning and Measure of Unemployment," *Contemporary Review* 67 (March, 1895).
[9] G. Stedman Jones, *Outcast London* (Oxford: Oxford University Press, 1971).

차이점이 있었다. 사회조사가들이나 중산층 사회 개혁가들은 노동자계급 중에서 가장 가난한 부분과 그들의 사회·정치적 역할에 주된 관심을 갖고 그들 연구의 초점을 맞추고 있었다.[10] 그러나 정부 노동통계는 애초에 유사한 문제의식에서 출발하였지만 현실적으로 이미 안정된 노동조합들이 제공하는 자료에 주로 근거하고 있었고 결국 조직된 부분 즉 생활이 비교적 안정된 부분의 노동자계급의 조건이 과도하게 반영되고 있었다. 여타 노동자들에 관하여는 다른 공공구제 기관 등 다른 통로에 의존하였고 이들에 관한 통계는 전혀 신빙성이 없었다. 특히 임금과 실업 통계 분야에서 두드러지는 편차는 재원과 통계수집 체제의 현실적 제한에서 기인한 것이었다.[11] 사회문제의 구성과 통계 생산 체제의 격차는 사회 정책 형성에 중요한 함의를 갖게 되었다.

공공의 영역에서 통계의 지위는 제1차세계대전 전까지 세 단계의 정치적 계기를 따라 진전되어 왔다. 첫째 노동계의 지도자들과 사회주의자들은 19세기말부터 그들의 정치적 투쟁에 통계를 사용하기 시작하였으며 이들이 제기한 논쟁에서 통계의 중요성은 확대되었다. 둘째, 20세기 초에 조셉 체임벌린(Joseph Chamberlain)이 이끄는 이른바 '유니오니스트(Unionist)'들에 의하여 제기된 관세개혁 운동에 따라 노동통계는 사회적 문제에서 국가재정에 관계된 문제로 비화되어 정치 투쟁에 필수 불가결의 준거점이 되었다. 마지막으로 사회제국주의(social imperialism)에 의하여 사회·경제정책결정

---

10 E. J. Hobsbawm, *Labouring Men* (London: Weidenfeld & Nicolson, 1964), p. 284.
11 1914년까지 실업의 문제는 두개의 상반된 시각에서 보여졌다. 첫째는 국가적 효율성이라는 경제적 문제로서 그리고 둘째로는 실업 상태에 있는 집단의 사회적 문제로 나타났다. 이러한 문제는 두개의 상이한 통계 수집 체계와도 관련이 있었다. 일부 통계는 고도의 숙련공들로 조직되고 보험제도까지 갖춘 로조의 월별 자료에 근거한 반면 다른 부분은 공공구제기관의 통계 자료에 근거하였다. 이러한 자료들은 상당히 다른 사회 집단에 관한 자료이며 이러한 통계들을 인구 조사를 통하여 통합해보려는 시도는 1931년까지 실현되지 못하였다. Harris, *Unemployment and Politics*, pp. 5-9.

과정에서 통계의 사용은 일반적 정치 행위의 양태로 확립되었다. 이러한 정치적 쟁점들과 그에 따른 논란들은 통계의 생산과 사용을 급속히 확대시켰고 통계의 질적 발전에도 계속적인 자극을 주게 되었다.

노조 지도자들과 사회주의자들은 19세기 말부터 토지개혁 외에도 8시간 노동제(eight-hour-day)와 노동권(right-to-work) 등의 개혁을 위한 투쟁에 돌입하였다. 그들은 전략적 차원에서 본래 중산층 개혁주의의 문제인 실업문제와 연계시킴으로서 폭넓은 지지를 확보하려 하였다. 예를 들어 당시 사회주의 계열의 노동지도자인 톰 만(Tom Mann)은 여러 종류의 통계자료를 사용하여 8시간 노동제가 약 750,000명의 실업자를 구제할 수 있다고 주장하였다. 그는 8시간 노동제는 노동자들의 구매력을 증가시킬 것이고 이는 다시 공산품 시장을 확대시켜 규모의 경제를 통한 저렴한 생산을 가능하게 할 것이라고 주장하였다.[12] 같은 해 페이비안협회(Fabian Society)는 8시간 노동 법안을 초안하였고 1891년에는 시드니 웹(Sidney Webb)이 당시 케임브리지 대학의 경제학자인 해롤드 콕스(Harold Cox)와 공동으로 『8시간 노동제』(The Eight Hour Day)라는 책을 출판하였다. 저자들은 통계 분석 방법을 사용하여 노동 시간을 제한함으로써 고용을 증대시킬 수 있고 이에 따라 임금이나 일인당 생산성은 하락하지 않는다고 주장하였다.[13]

사회주의자들은 이구동성으로 노동권이야말로 실업 문제에 최선의 해결책이라고 주장하였다. 1894년에는 노동계의 거두인 제임스 케어 하디(James Keir Hardie)와 경제학자이자 노동행정의 선구자인 휴버트 루웰린 스미스(Hubert Llewellyn Smith) 간에 실업 통계에 관한 논쟁이 벌어지기

---

[12] Tom Mann, *The Eight Hours Movement* (London, 1889); Tom Mann & Ben Tillett, *The New Trades Unionism* (London, 1890).
[13] Harris, *Unemployment and Politics*, pp. 64-7.

도 하였다.[14] 이후 사회주의자들과 개혁논자들은 그들의 주장을 통계로 뒷받침하기 위하여 런던 지역의 실업에 관하여 여러 차례에 걸쳐 독자적으로 조사를 시도하였다.[15] 1895년의 고용부족문제에 관한 선별위원회 (Select Committee on the Distress from Want of Employment)는 이러한 추세에서 발족되었다. 그러나 위원회의 활동은 난항에 부딪쳤고 그들은 어떠한 합의에도 이르지 못했다.[16] 결국 20세기 초에 이르면 개혁가들과 국가 관리들에 의해 정의된 식의 '실업문제'는 노동권의 문제와는 별도로 노동계에 의해서 그들의 중심 요구로 받아들여지게 되었다.[17]

정부의 노동행정은 초기부터 내부에 복지 제도를 갖추고 있는 안정된 노

---

[14] 1894년 Keir Hardie는 1893년 1월의 실업률이 10%에 이르고 1,300,000명이 실업 상태에 있으므로 공공사업 (public works)를 확대해야 한다고 주장하였다. 이러한 주장에 반대하여 루웰린 스미스는 보고서에 다음과 같이 쓰고 있다. "그것은 바로 경기 변동이 가장 극심한… 종류의 업종 때문이다. 이러한 이유로 그러한 업종이 경기 변동을 과장하고 있기 때문에 실업 중인 노조원의 비율 변화는 노동 시장 조건 변화에 대단히 민감한 지표가 되는 것이다. 노조에서 제공하는 자료의 실업률은 실업에 관한 좋은 지표가 되지만 그러한 비율이 직접 노동 인구 전체나 노조원 전체에 적용될 수 있다고 생각하는 것은 커다란 착각이다." P.R.O., CAB 37/38/ 2, "Memorandum on a Recent Estimate of the Number of the Umnemployed." January 8, 1895.
Llewellyn Smith의 이러한 입장에 반대하여 Keir Hardie는 1895년에 개인적으로 성직자들과 노동 조합, 사회주의 단체 그리고 ILP 지부의 지방 위원회를 통하여 조사를 실시하였다. 이 조사에서 실업자는 175만에 이른다는 결과에 이르렀으나 의회 위원회에서의 그의 답변은 그의 조사 방법이 얼마나 비과학적이었나를 드러내고 말았다.

[15] Harris, *Unemployment and Politics*, pp. 89-90.

[16] Harris는 다음과 같이 말하고 있다. "위원들은 각자 실업이라는 문제를 사회 문제의 광범위한 시각에서 보고있었으며 그들은 각각 사회 개혁의 특정한 계획에 실업의 문제를 끼워 맞추려고 하였다. 실업 문제에 대하여 국가의 책임을 확대할 것인가에 찬성하는 측이나 반대하는 측이나 서로 공유할 수 있는 사실적 증거도 거의 갖고있지 못했다." Ibid., p. 91.

[17] 1906년까지 노조 지도부는 8시간 노동제가 실업 문제에 대한 최선의 해결책으로 믿고 있었다. Ibid., p. 239. 제 1 차 세계대전 중 실업보험안은 영국 노동조합주의자들 간에 지지를 얻기 시작했다. 당시는 노동 지도부의 색채가 수공업 장인집단적 성격에서 노동계급적 성격으로 바뀐 시절이었다. Noelle Whiteside, "Welfare Legislation and the Unions during the First World War," *Historical Journal* 23, No. 4 (1980), pp. 857-74; Rodney Lowe, "Welfare Legislation and the Unions During and After the First World War," *Historical Journal* 25, No. 2 (1982), pp. 437-41.

동조합의 월별 보고에 근거하여 실업에 관한 통계를 생산해 왔다. 여타 노동의 주변 분야에 관한 통계 등은 고용주 측이나 지방행정부 등의 복잡다단한 일관성 없는 자료에 근거하고 있어 신빙성을 얻지 못하고 있었다. 실업통계의 사용은 계속 증가하고 있었지만 1930년대까지 실업은 정부의 정기인구 조사에 포함되어 있지 않았다. 즉 실업자의 수를 일일이 세지 않고 있었다. 정부 관리들은 오히려 그들의 방법이 우월하다고 주장하며 전국적인 센서스에 반대하고 있었다.[18] 보다 신빙성 있는 실업통계는 1911년 실업보험제도가 실시되고 계속 팽창됨에 따라 가능하게 되었다. 1930년대 이전의 실업 통계는 당시 법과 행정 실태에 따라 스스로 공공 직업소개소(Employment Exchange)에서 직장이 없다고 기록할 필요가 있어서 그렇게 한 사람의 전체 숫자를 표시하는 것에 불과하였다. 결국 실업 통계는 객관적 기준에 근거하고 있지 못했다.[19] 영국의 노동통계의 경우는 그의 사회·정치적 권위와 실제적 사용은 방법론적 타당성과 직접 관계되지 않았던 대표적인 예라 할 수 있다.

20세기 벽두의 관세 개정에 관한 논쟁은 노동 통계의 생산과 사용에 새로운 전기를 마련하게 되었다. 애초에 '사회문제'의 일부로서의 '노동문제'는 이제 명백하게 국가경제의 문제로 재정립되었다.[20] 첫째, 체임벌린을 중심으

---

18 Llewellyn Smith는 보고서에 다음과 같이 썼다. "국가가 어떤 사실에 의하여 사람들의 마음에 남겨진 인상의 가치를 측정한다던지 그러한 인상의 통계적 기록을 만드는 것이 온당한가에는 의문을 던지지 않을 수 없다…. 본래 정부 통계란 사실이나 일차적인 진술의 기록이어야 하며 단적으로 확실한 근거에 의하여야하는 것이다. 실업의 문제에 있어 그러한 근거는 대단히 불확실한 관계로 진정한 의미에 있어서의 센서스는 가능하지 않다고 본다." P. R. O., CAB 37/ 38/ 2, "Memorandum on a Recent Estimate of the Number of the Unemployed," by H. Llewellyn Smith, January, 8, 1895.
19 William R. Garside, *Measurement of Unemployment: Methods and Sources in Great Britain, 1850-1979* (Oxford: Basil Blackwell, 1980), p. 48.
20 경제학을 독자적이고 배타적인 지식의 영역으로 확립한 사람은 바로 Alfred Marshall이었다. 그는 경제학은 사실상 인간 생활의 거의 모든 부분을 이해하고 예측할 수 있어야한다고 주

로 한 유니오니스트들과 그들에 반대하는 자유주의자들의 논쟁은 노동자계급의 가계(家計)를 과세 대상으로 할 것인가의 문제로 발전되었다. 둘째, 그들의 논쟁은 화폐 가치의 문제를 제기하였다. 결국 관세 개정 논쟁은 노동통계가 국가 경제와 재정의 문제와 관련되어 극적인 증가를 이루도록 하였으며 이는 『재정청서』(Fiscal Blue Books)의 발간에서 비롯되었다.[21] 나아가서 1907년에 이루어진 최초의 생산성 센서스(Census of Production)는 국가 경제적 시각에서 본 노동자계급의 생활조건으로서의 노동통계의 확대에 또 하나의 계기를 이루었다. 또한 그러한 사회문제는 잘 알려진 빈민법과 빈민구제에 관한 왕립위원회(Royal Commission on the Poor Laws and the Relief of Distress)의 보고서를 통하여 "빈곤의 전 분야에 연관된 부분"으로 새롭게 조명되었다.[22]

나아가서 사회개혁 문제는 당시 전국효율화운동(National Efficiency Movement)과 보어 전쟁(Boer War) 이후의 사회제국주의 등으로 인하여 더욱더 새로운 시각에서 보여 지게 되었다.[23] 자유주의자들이나 보수주의자

장하였다. Stephan Collini; Donald Winch & John Burrow, *That Noble Science of Politics* (Cambridge: Cambridge University Press, 1983), pp. 309-37.

[21] 1903년과 1904년 Board of Trade은 '재정청서'라고 알려진 "Memoranda, Statistical Tables and Charts prepared in the Board of Trade with Reference to Various Matters Bearing on British and Foreign Trade and Industrial Conditions"라는 책을 두 권 출간하였다. 그의 세 번째 책은 1911년에 출간되었다. 또한 1903년 노동부는 장기간의 통계자료를 포함한 도매와 소매물가 보고서(Report on Wholesale and Retail Prices)를 출간하였다. 이에서 도매 물가 지수는 1871년까지 거슬러 올라가고 있다. 도매 물가지수는 당시 화폐가치의 결정 요인으로 소매 물가지수는 생계비의 요인을 구성하였다. Hubert Llewellyn Smith, *The Board of Trade* (London: Putnam's Son, 1928), pp. 220-1.

[22] Ford, *Social Theory and Social Practice*, pp. 132-3.

[23] Davidson, *Whitehall and the Labour Problem*, pp. 135-6; G. R. Searle, *The Quest for National Efficiency: A Study in British Politics and Political Thought, 1899-1914* (Berkeley: University of California Press, 1971); Bernard Semmel, *Imperialism and Social Reform: English Social Imperial Thought, 1895-1914* (Cambridge: Cambridge University Press, 1960); T. C. Smout, ed., *The Search for*

들이나 모두 이러한 분위기 속에서 개혁의 원칙을 받아들이지 않을 수 없었다. 1905년 11월의 총선거를 맞이하여 노동계, 자유주의, 보수주의의 모든 정치 집단들은 실업문제를 나름대로 이용하게 되었으며 각 진영은 독특한 사회·정치적 의미와 처방을 제시하고 있었다.[24] 엄청난 양의 통계 자료에 근거한 사회개혁 요구는 1906에 수립된 자유당 정부를 사회제국주의 노선으로 끌고 가게 되었고 이 시기에 이르면 사회개혁은 자신감 있게 추진되었다.[25] 또한 노동자계급의 경제적 조건에 대한 통계의 발달과 함께 자유당에 의하여 그러한 통계가 유니오니스트들에 반대하여 사용되게 되자 이번에는 자유당 스스로가 직접과세 방향으로 재정정책을 주도하지 않을 수 없었다.[26] 이에 로이드 조지 (Lloyd George)의 인민예산(People's Budget)은 헌정 위기를 야기하게 되고 그는 기어이 노동자계급을 영국 공공 정치의 무대에 등장시키게 되었다.

실업통계는 정부관리나 정치가들에 의해서 전반적 경제 여건에 대한 지표로 사용되고 있었다. 당시 노조에서 공급하는 자료는 고용 여건에 관한 가

Wealth and Stability (London: Routledge and Kegan Paul, 1979).

[24] K. D. Brown은 아래와 같이 말하고 있다. "…노동계 후보들은 실업 문제들 그들 요구와 공약의 중심에 놓고 매우 다양한 처방을 제시하고 있었다. 그들의 처방은 노동권을 인정하라는 요구로부터 8시간 노동제 그리고 장관직의 위치를 갖는 노동부의 창설 등을 포함하였다. 그런가 하면 유니오니스트 후보들이 실업의 문제를 제기할 때는 으레이 관세 개정의 큰 틀에서 말하였고, 자유주의자들이 그 주제에 대하여 마지못해 얘기할 때는 토지법 개정 문제를 가볍게 언급하는 것에 그치기 일쑤였다." K. D. Brown, "The Labour Party and the Unemployment Question 1906-10," *Historical Journal* 14, No. 3 (1971), p. 599.

[25] Ford는 다음과 같이 말한다. "1906년에서 1914년까지의 분위기는 이전의 20년 전보다 엄청나게 달랐다. 우리가 사회문제를 이해하는 데 가로 놓여 있던 지적 장애물과 정치적인 난제들이 극복되고 이는 개혁 입법의 범위와 규모에서 표현되었다. 기본적 공공 정책의 많은 분야에서 사실들과 함께 신선하고 건설적인 사고가 찾아지게 되었다. 각종 조사 보고서에는 새로운 자신감과 목적의식뿐만이 아니라 새로운 관점 그리고 이전에 찾지 못했던 해결책을 찾을 능력 등이 엿보이기 시작했다." Ford, *Social Theory and Social Practice*, p. 103.

[26] Harris, *Unemployment and Politics*, pp. 214-5.

장 신빙성 있는 지표로 간주되고 있었다.[27] 그것은 실업통계에는 자체 내에 복지 제도를 갖출 정도의 조직력을 갖춘 분야 말하자면 기계, 금속, 조선(목공과 설비), 인쇄 그리고 책장정 등의 분야가 타 분야에 비해 과도하게 반영되어 있었다. 위의 업종들은 주기적인 경기 침체에 대단히 민감한 분야였으며 여타 수송이나 농업과 같이 비교적 안정적인 분야에 관한 자료는 1910년 이전까지는 실업 통계에 포함되지 않고 있었다.[28] 말하자면 관리들이나 정치가들은 경제 여건을 가장 예민한 지표로 감지하고 있었고 한편 그러한 통계는 실업자 절대 숫자를 나타내지 않았다. 만약 실업의 절대치를 나타내는 통계가 있었다면 그것은 노동권과 같은 급진적 개혁안에게 당시 여건으로는 유리하게 작용했을지도 모른다.[29] 이러한 문제점들이 보완되기 시작한 것은 1908년에 이르러서였다.

영국 정부는 20세기에 들어와서야 실업문제에 관한 정책 입안을 시작하였으며 당시는 바로 통상청에서 높은 실업률을 발표했을 때였다. 이 두 사건의 시간적 일치는 우연이 아니었다. 1904년 겨울의 높은 실업률은 실업노동자법(Unemployed Workman's Act)의 직접적인 계기가 되었고 1908년의 또 한차례의 높은 실업률은 로이드 조지로 하여금 국가 사회보험제도의 계획을 추진하게 하였다. 빈민법에 관한 왕립 위원회 또한 1904년 12월의 높

---

[27] Garside, *Measurement of Unemployment*, pp. 23-4. 당시 Bowley, Beveridge 등과 같은 통계 전문가들은 기존의 여러 지표들을 혼용하여 경제 여건에 대한 더 낳은 지표를 만들기 위해 실험을 하기도 하였다. Harris, *Unemployment and Politics*, pp. 371-72; William H. Beveridge, "The Pulse of the Nation," *Albany Review* 2 (November 1907); Arthur L. Bowley, *Journal of the Royal Statistical Society* 75 (July, 1912).

[28] "Memorandum by Wilson Fox on the State of Employment During the Winter of 1902-1903," P.R.O. LAB 2/ 1478/ L2110.

[29] Arthur Bowley는 다음과 같이 말하고 있다. "한달 전에 하원에서 실업자의 수가 얼마나 되느냐는 질문이 있었을 때, 통상성에서는 이미 모두 다 알고 있는 일전에 *Labour Gazette*에 나왔던 숫자를 다시 제시했다. 그 숫자에다 얼마를 곱해야하는 지는 아무도 모른다." Bowley, "The Problem of the Unemployed," *Sociological Papers* 3 (1907), p. 325.

은 실업율에 경악한 허버트 새뮤얼(Herbert Samuel)에 의해 제안되었다는 것이다.[30] 이러한 경우는 정기 통계를 통한 탐지가 특정 문제에 관한 본격적인 조사 활동의 계기가 되었다고 말할 수 있다.[31] 1904년까지 영국 정부가 개혁을 시도하지 않았던 것은 상대적으로 낮은 실업률에 의하여 정부 내에서 아무런 조치도 취할 필요가 없다는 합의에 이르렀기 때문이었다.[32] 당시 정치가와 국가 관리들은 통상적으로 사회 경제적 조건을 실업율이라는 지표로 모니터하고 있었다.

스웨팅이나 관세 개정 문제 외에도 '국가경제 효율화 운동'으로 인하여 산업의 이윤율과 생산비 계산 문제와 관련되어 임금에 관한 통계의 수요와 사용이 증대하게 되었다. 나아가서 신자유주의(new liberalism)의 사회 비판의 대두와 여성 노동 문제에 관한 논란으로 인하여 임금, 가계 지출 그리고 생계비에 대한 통계의 중요성은 더욱 부가되었다.[33] 사회복지에 관한 제

---

30 John Brown과 Kenneth Brown의 논쟁을 참조할 것. John Brown, "The Appointment of the 1905 Poor Law Commission," *Bulletin of the Institute of Historical Research* 42, No. 106 (November, 1969), pp. 239-42; Kenneth D. Brown, "The Appointment of the 1905 Poor Law Commission--A Rejoinder," *Bulletin of the Institute of Historical Research* 44, No. 110 (November, 1971); John Brown, "The Poor Law Commission and the 1905 Unemployed Workmen's Act," *Bulletin of the Institute of Historical Research* 44, No. 110 (November, 1971), pp. 318-23.
31 유사하게 Ford에 의하면 1891년부터 1894년까지 활동을 벌였던 Royal Commission on Labour의 설립도 이전까지의 사회 조사활동에 자극받은 결과였다고 한다. Ford, *Social Theory and Social Practice*, pp. 67-72.
32 1895년 루웰린 스미스는 내각에 제의하기를 실업에 대한 센서스는 "엄청난 규모의 구호사업"의 준비에 해당할지도 모르는 관계로 필요하지 않다고 하고있다. 그는 당시의 통계에서 그러한 구호활동이 필요하지 않다는 것을 알고 있었으며 그리하여 센서스 또한 필요하지 않다는 것이었다. P.R.O., CAB 37/ 38/ 2. Wilson Fox 또한 1902년에서 1903년에 걸친 겨울에 그의 실업에 관한 보고서에서 다음과 같이 말하였다. "비록 1900년이래 고용은 하락 추세에 있고 1896년부터 1900년 간의 호경기에 비하면 다소 안 좋은 편이기는 하지만 지난 10년을 비교하였을 때 1902년 12월에서 1903년 1월의 상태는 예외적이라 할 수는 없다. 사실 1893년부터 1895년의 기간과 같이 악조건은 아니다." P.R.O. LAB 2/ 1478/ L210.
33 Ford, *Social Theory and Social Practice*, pp. 107-10. 일예로 1905년 Chiozza Money

반 논쟁은 1904년에 행하여진 가계예산조사에 의해서 공급된 공통된 표준 지식에 근거하여 행해지게 되었다. 1910년대는 물가상승으로 인한 격렬한 노사 분규의 시대였다. 이 시기에 생계비통계는 지대한 관심사가 되었다. 생계비통계는 결국 국가 경제의 틀에서 노동자계급의 요구와 밀접한 관계를 맺고 있었다.[34] 1910년대에는 생계비와 임금에 관한 통계 자료는 "정부 내에서 매우 중요한 산업 불만의 지수(指數)"로 간주되었다.[35] 말하자면 그러한 객관적 지표를 통하여 노동자계급의 문제가 그들이 실제로 표현하기 전에 탐지된다는 것이었다. 1920년 선풍적인 관심을 끌었던 어네스트 베빈(Ernest Bevin)과 부두 노동자와 고용주들간의 산업재판소(Industrial Court)에서의 논쟁은 생계비 통계의 중요성을 한층 심화시키는 또 하나의 계기가 되었다.

국가에 의하여 생산되는 노동통계의 공공적 성격은 20세기 초에 이르러 널리 인식되기 시작하였다. 통상청의 실업통계는 "관세 개정 논쟁에서 진정한 필수 휴대서 (vade mecum)가 되었다."[36] 또한 1905년의 실업노동자법와 빈민법에 관한 왕립 위원회의 발족 이후에는 실업에 관한 정책 결정에

는 통계 분석을 통하여 전체 국민소득 17억 파운드 중에 백만의 사람들이 5억 8천 5백만 파운드를 갖고 나머지 3백만이 2억 4천 5백만 파운드를 그리고 8억 8천만 파운드는 3천 8백만에게 돌아가며 전체인구의 17분의 1이 빈민법을 통한 구제 제도의 혜택 하에 있다는 것을 보여주었다. Leo Chiozza-Money, *Riches and Poverty* (London, 1905); Michael Freeden, *The New Liberalism: An Ideology of Social Reform* (Oxford: Clarendon Press, 1978).

34 생계비 통계의 계급 정치적 의미는 명백한 것이었다. 1910년 당시 노사 협의 조정 전문가였던 G. R. Askwith는 다음과 같이 진술하였다. "생계비에 대한 자료의 요구는 사회적 과격주의자들이 어떤 형태의 과학적이고 근거 있는 기반 위에서 임금률의 결정 요인을 종래의 시장조건에서부터 주거비와 상품 가격의 지역적 편차와 연관된 '최소 생계 임금'이라는 사회적 기준으로 변환시키기 위하여 제기하고 있는 것이다. 생계비에 관한 정보를 갖추고 나면 노사협상가들은 그들의 전통적인 기존의 상대적 조건과 비교적 시장 기준에 근거한 협상 방식을 포기할 것으로 전망된다." Minute by G. R. Askwith, P.R.O., LAB 2/ 29/ C7067/ 1910.
35 Davidson, *Whitehall and the Labour Problem*, pp. 138-9.
36 Ibid., p. 141.

서의 공공지식으로 통상청의 통계는 자선조직협회(Charity Organization Society)의 교조적 방법인 '자선 케이스 연구(charitable casework)'를 대체하게 되었다.[37] 1908년경에 이르면 임금과 생계비에 관한 통계 지식은 비교적 적정한 수준으로 생산되고 있었다 할 수 있다.[38] 숫자는 의회뿐만 아니라 각료회의의 논쟁에도 효과적인 무기로 사용되고 있었다.[39] 이러한 통계의 사회정치적 지위 향상의 지표로서 20세기 초부터는 정부통계의 오차나 왜곡은 언론에서 예리하게 지적되고 비판되곤 하였고 또한 정부통계의 교만함이 공공연히 비판되기도 하였다. 일예로 전직 통상청 통계관인 우드(G. H. Wood)는 "국가 행정은 절대 실수하지 않는다는 전제와 실수한다 하여도 절대 수긍하면 안 된다는 신념에 의하여 맹백한 오차가 영원히 지속되고 있다"고 정부통계의 교만함을 통박하였다.[40]

사회개혁의 정치에서 통계의 언어는 계속 확산되고 있었지만, 제1차세계대전 이전까지는 통계가 영국 노동자들이나 그들 조직의 인식 형태를 결정하지는 못하였다. 1908년 영국 노동조합총회(Trades Union Congress: TUC)의 의회위원회(Parliamentary Committee)의 4분기별 경제에 대한 보고서 제출안이 통과되었으나 그것은 공교롭게도 500,000의 회원을 가진 광부협회(Miners' Federation) 대표의 실수에 의한 것이었다. 1910년대를

---

[37] 1908년 2월 실업자 중앙회(Central Unemployed Body)의 회원들은 결의를 채택하였다. 그들의 요구는 실업 문제는 "앞으로 국가적 문제로서 정부에 의하여 다루어져야 하며 정부는 전국적으로 직업소개소(labour exchange)를 설립하여 실업자를 등록하고 고용을 알선하고 경기 침체의 현황을 예측하고 대비하여야 한다"는 것이었다. 이러한 결의는 왕립 위원회에서 전국적 조직망을 통하여 보다 낳은 통계 체제를 확보할 수 있는 직업소개소 제도를 제안한 것에 자극받은 것이었다. Harris, *Unemployment and Politics*, pp. 209-10.

[38] Ford, *Social Theory and Social Practice*, pp. 105-6.

[39] Kenneth D. Brown, "The Labour Party and the Unemployment Question, 1906-10," *Historical Journal* 14, No. 3 (1971), p. 611.

[40] Davidson, *Whitehall and the Labour Problem*, p. 235. Arthur L. Bowley, "The Improvement of Official Statistics," *Journal of Royal Statistical Society* 71 (1908).

걸쳐 물가는 연간 약 9%씩 상승하였으나 노동계 지도자들은 아직 생계비 문제를 그들의 중심 요구로 내세우지도 않았고 생계비에 대한 정확한 통계를 정부에 요구하지도 않았다.[41] 제1차세계대전 후에 이르러서야 비로소 노동조합들은 통계를 그들 행동의 기반으로 삼기 시작하였다. 이 시대에 이르면 영국 노동자들은 통계 숫자를 갖지 않고는 그들 스스로의 생활에 대하여 공공의 영역에서 말할 수 없게 되었다.

---

41 Standish Meacham, "The Sense of an Impending Clash: Englilsh Working-Class Unrest before the First World War," *American Historical Review* 77, No. 5 (December, 1972), pp. 1343-64.

2. 구조적 변화

19세기 후반부터 영국 정치의 일반적 흐름이라 일컬어지는 집단주의(Collectivism)는 노동통계의 확립과 사용에서 확연하게 드러난다. 노동통계가 공공지식의 지위를 확보했다는 것은 계급(class)이 국가가 사회를 바라보고 인식하는 공식적인 틀이 되었음을 의미하는 것이다. 그러한 지식이 실제 정치과정에 널리 사용되자 정치 체제는 전체적으로 집단주의적 형태로 점차 재조직 되어갔다. 그간 역사가들이 지적해왔듯이 집단주의는 이념의 형태라 볼 수도 없고 정치적이 의도가 도사리고 있었다고 말할 수도 없다. 오히려 집단주의는 일연의 정치적 행동의 의도치 않았던 결과로 보아야 할 것이다.

우선 정부기관의 문제를 살펴보면 노동통계국(Labour Statistical Bureau)이 설치되자 노동은 국가 행정에서 가장 빨리 팽창하는 분야가 되었다.[1] 제1차세계대전 이후 노동부(Ministry of Labour)의 예산 규모는 우체국 다음으로 전체 공공 경비의 무려 5분의 1에 육박하는 수준이었다.[2] 또한 19세기말부터 통상청의 정부 내에서의 권위도 노사관계나 사회개혁 등 계급 간의 문제에 관한 한 괄목할 만한 성장을 보였다. 1890년대에서부터 제1차대전 전야(前夜)의 기간동안 정부 내의 여러 부처간에 사회 개혁과 계급간의 제문제에 관한 업무와 책임 소재는 계속적으로 재편성되었다. 내무

---

[1] 1900년부터 1914년까지 정부의 지출은 총 124% 증가하였는데 통상청의 지출은 595%나 증가하였다. 같은 기간에 통상청의 인원은 821%나 증가하였다. Roger Davidson, "Llewellyn Smith, the Labour Department and Government Growth, 1886-1909," *Studies in the Growth of Nineteenth Century Government*, Gillian Sutherland, ed. (N.J.: Rowman & Littlefield, 1972), pp. 231-2.

[2] 이러한 증가는 주로 직업소개소의 운영과 실업보험제도가 노동부의 소관이었기 때문이었다. Rodney Lowe, *Adjusting to Democracy: The Role of the Ministry of Labour in British Politics, 1916-1939* (Oxford: Clarendon Press, 1986), p. 11.

부(Home Office)는 산업감독원(Industrial Inspectorates)과 지방정부청(Local Government Board)을 산하에 두고 주로 생산적 시장 경제에서 탈락한 계층에 관한 문제를 맡고 있었다. 실업과 노동조합에 관한 문제들은 이전에는 통상청 소관이 아니었으나 이 기간에 통상청으로 이관되었고 후일 노동부가 설립되자 다시 이곳으로 이관되었다. 1896년의 노사조정법(Conciliation Act)의 규정에 따라 통상청은 노사간의 분규의 원인을 조사하고 거중조정안(Mediation)을 제시할 수 있게 되었다. 나아가서 현대 복지국가의 기초를 이루는 사회개혁 입법들은 주로 통상청의 관리들에 의하여 준비되고 초안되었다.[3]

로저 데이빗슨(Roger Davidson)은 통상청의 규모와 권위가 이 시기에 확장된 것은 계급간의 제반 문제 해결에 필수불가결의 수단인 통계지식을 통상청의 노동행정 부서에서 생산하고 있었기 때문이었다고 주장하였다.[4] 심지어 양차세계대전 간에도 노동행정 관리들의 지위는 이전보다 현격히 하락하였으나 그들의 전문지식의 권위는 계속 유지되었다는 것이다. 노동행정은 그래도 당시 절정을 이루던 재무부의 권위에 도전할 수 있었던 유일한 행정 부서였다는 것이다.[5] 또한 근본적으로 통상청은 여타의 다른 국가 행정기관과는 다른 구조와 이념을 가지고 있었다. 우선 충원 정책이 달랐

---

[3] 그들은 특히 1909년의 산업평의회법(Trade Boards Act)과 노동교환법(Labour Exchange Act) 그리고 1911년의 국가보험법(National Insurance Act)에 결정적인 기여를 하였다. Heclo는 그러한 개혁 입법은 정치가들이라기보다는 이들 전문직 관리들의 공헌이었다고 주장하였다. Hugh Heclo, *Modern Social Politics in Britain and Sweden* (New Haven: Yale University Press, 1974), p. 301. 연관되어 지적할 사실은 1906년 총선거 시에도 이러한 개혁에 관하여 자유당 후보들은 거의 언급이 없었다는 것이다. Ford, *Social Theory and Social Practice*, p. 126. 또한 1905년에 이르기까지 자유당 내에서는 사회 정책의 일반 원칙에 대하여도 합의에 이르지 못하고 있었다. Harris, *Unemployment and Politics*, p. 226.

[4] Davidson, "Llwellyn Smith, the Labour Department and Governmet Growth." p. 237.

[5] Lowe, *Adjusting to Democracy*, pp. 10-3.

다. 여타의 내무성, 지방정부청, 재무부 등의 관리들은 '클라스 A'(Class A) 국가채용고시를 통해 들어온 비전문 관리들이었음에 반하여 통상청 관리들은 1859년의 정년퇴직법(Superannuation Act)에 의해 특별히 채용된 전문가들이었다.[6] 또한 통상청장 (President of the Board of Trade)의 위치도 달랐다. 통상청장 직은 고위급으로 승진되는 자리로 여겨졌다. 통상청 관리들은 다른 행정부서의 관리들과 다른 의식과 이념을 갖고 있었다. 전자가 문제 해결 지향적이었다면 후자는 경력 지향적 즉 출세 위주였다는 것이다.[7] 이러한 이유로 통상청과 그 산하의 노동행정은 관료적 무사안일과 경직화에 빠지지 않았다는 것이다.

이러한 구조적 그리고 이념적인 차이는 노동 행정과 재무성의 갈등으로 나타났다. 1894년까지 노동 행정은 재무성에 의하여 의도적으로 억압되었다. 로버트 기펜(Robert Giffen)을 노동행정의 장(長)으로 임명한 것도 그러한 의도에서였다는 것이다. 기펜은 당시 권위 있는 통계학자였지만 보수적인 인물로 그를 통하여 개혁 압력의 원천이라 여겨지던 통계의 생산을 억제하려고 하였다는 것이다. 1894년 이후에도 재무부 관리들은 노동행정에 대하여 의심과 이념적 편견을 가지고 있었다.[8] 재무성 관리들은 노동통계를 "사회적 과격주의의 대중 영합 전략이며 사회주의적 국가 지출 팽창의 얇은 쐐기날"이라고 여겼으며, "노동부는 그리하여 재정 낭비를 위한 영구한 음모

---

6 1912년 시점에서 8명의 주요 관리 중에 5명은 국가 채용 고시를 통하지 않고 특채로 들어온 사람들이었다. J. A. M. Caldwell, "Genesis of the Ministry of Labour," *Public Administration* 37 (Winter, 1959), pp. 370-1.

7 Roger Davidson & Rodney Lowe, "Bureaucracy and Innovation in British Welfare Policy, 1870-1945," *The Emergence of the Welfare State in Britain and Germany*, W. J. Mommsen, ed. (London: Croom Helm, 1981), pp. 268-9.

8 Roy M. McLeod, *Treasury Control and Social Administration: A Study of Establishment and Growth at the Local Government Board, 1871-1905* (London: Macmillan, 1968).

단체로 간주되고 노동문제의 측정을 지원하려는 노력은 의도적이고 체계적으로 좌절되었다."9

노동행정 관리들은 그들의 권위를 향상시키는데 전문 학계와의 협력관계를 확대하기도 하였다. 그들은 왕립통계학회와 영국과학진흥협회(BAAS)의 활동에 직접 참가하는가 하면 그들의 기획 사업에 학자들을 초빙하기도 하였다. 10년 주기의 전국인구조사(Decennial national census)는 1891년부터 노동행정에 의하여 찰스 부쓰의 도움을 받아 발전 확대되었다. 1903년의 스코틀란드 체육훈련에 관한 왕립위원회(Royal Commission on Physical Training in Scotland)와 1904년의 육체적 퇴보에 관한 부서간 위원회(Inter-Departmental Committee on Physical Deterioration) 등의 활동에도 학계의 전문가들이 대거 영입되었다. 또한 당대 경제학의 권위자인 마샬, 플럭스 (Flux) 등도 1907년의 제1차 생산성 조사 같은 행정부의 사업에 참가하였다.10 나아가서 실업 보험 제도와 같이 중요한 정책 입안은 법률 초안을 작성하기 이전에 전문 학회의 반응을 경청하기 위해 학회에서 발표하기도 했다.11 결국 국가의 노동정책은 행정부와 전문학회의 공동 작업으로 나타났고 이러한 경향은 양차대전 간에 이르면 더욱 현저해졌다.

나아가서 노동행정은 고용주 조직들과 유기적 협력관계를 확립하기 위해 각별한 노력을 경주하였다. 1890년대부터 노동청은 그들 조직에 경제 동향에 관한 정보를 비밀리에 제공하기 시작하였고 또한 반대로 노동 행정은 그

---

9 Davidson, *Whitehall and the Labour Problem*, p. 170. 한 재무성 관리는 노사 분규와 노동 시장의 구조적 편차에 대한 조사활동에 예산 지원을 거부하며 보고서에 "illegitimate and speculative exercises"라고 적고있다. P.R.O., T 1/ 9109B/ 18813.

10 Heclo, *Modern Social Politics of Britain and Sweden*, p. 303; Davidson & Lowe, "Bureaucracy and Innovation in British Welfare Policy," p. 274.

11 Hubert Llewellyn Smith, "Presidential Address to Section F of the British Association for the Advancement of Science," *Report of the British Association for the Advancement of Science*, (1910).

들로부터 정치적 지지를 얻었다.[12] 또한 노동청과 고용주 조직에 소속된 통계 전문가들은 상호 협조와 비판을 포함한 각종 서신을 빈번히 교환하고 있었다.[13]

노동통계의 제도적 확립은 영국의 노동자계급으로 하여금 항구적인 사회·정치 행위자로서 성립하도록 하는데 있어 중요한 조건이 되었다. 노동통계의 생산과 사용은 기존의 노조 조직을 강화하는 데 기여하였다.[14] 우선 통계의 생산과정 자체는 노조들과 노동행정 간의 체계적 협조 관계를 요구하게 되었다. 통계를 생산하는데 앞서 언급한 노조로부터의 자료를 받아야 하는 것 이외에도 노동행정 측은 노조 간부 중에서 연락관(correspondent)을 채용해야 했으며 이러한 관계는 정기적인 접촉으로 발전되고 제도화되어 나갔다. 말하자면 그러한 관계는 의도와는 상관없이 통계 생산 과정에서의 필요에서 연유된 것이었다.[15] 당시 노조 지도자들이 노동행정에 갖고 있던 우호적 태도는 그들이 법률가나 법 체제에 대해 갖던 격렬한 적대감과는 대

---

12 Giffen은 그의 보고서에 정확한 통계를 생산하는 데는 고용주들과의 우호적인 관계가 가장 급선무라고 쓰고있다. "Memorandas by R. Giffen: The Works of the Labour Statistical Division, 1887-8," P.R.O., LAB 41/206; Harris, *Unemployment and Politics*, pp. 283-4.

13 대표적으로 G. H. Wood의 경력을 보면 흥미롭다. 그는 처음 Bimetallic League와 페이비안 협회의 전문 활동가로 출발하여 노동청에 발탁되었으며 그곳에서 오랫동안 근무한 후 Huddersfield Manufacturers' Association의 총무로 일하게 되었다. 그는 HMA에서 일할 당시 노동청의 통계관인 McLeod와 조언과 비판의 내용이 담긴 무수한 서신을 남겼다. "History of Wages," The G.H. Wood Papers, 1905-1914. P.R.O., LAB 41/213.

14 Hobsbawm은 노동조합이 살아남기 위한 가장 중요한 두 가지 조건은 고용주로부터의 인정과 국가 행정과의 협조라고 지적하고 있다. E. J. Hobsbawm, *Workers: Worlds of Labour* (New York: Pantheon Books, 1984), pp. 162-3.

15 통상성 측은 사용자 단체들과의 관계는 일차적으로 주요하며 노조 측과의 관계는 은밀하며 제한적이어야한다고 생각하고 있었다. 재무성 관리들은 노조 간부를 영구직으로 채용한다는데 반대하고 있었다. John Burnett을 노동청에 초대 연락관으로 임명하는 문제는 재무성의 반대로 인하여 여러 차례에 걸친 공방 끝에 결정되었다. P.R.O., T 1/8243B/11800; T 1/8743A/10410. Hobsbawm은 그러한 국가 행정 기관과의 연관은 영국 노동계를 결국 유약한 개혁주의로 만드는 중대한 결과를 초래하였다고 주장한다. Hosbawm, *Labouring Men*, p. 339.

조적이었다.

노동통계의 일차적인 사용처는 역시 노사협의 특히 거중조정의 경우였다. 우선 노동통계의 공급으로 인하여 노사협의는 고용주나 노조간부들에게 전보다 현실적으로 받아들일 수 있는 제도가 되었다. 노동통계는 기본적으로 노동자들과 그들의 조직에 관한 정보로서 노조와 대치하고 있는 고용주와 거중조정을 맡은 측에게 전술적으로 유리한 고지를 제공하였다.[16] 또한 통상청은 전문 직업인이나 정치가를 포함하여 선임된 노사 조정관들에게 임금률, 노동 시간 등에 관한 자세한 통계를 비밀리에 제공하고 있었다.[17] 나아가서 합리적이고 평화적인 노사관계의 제도화로 인하여 기존의 노조지도부는 더욱 안정되게 되었으며 사실상 "노조 지도부는 노사조정 기구를 유지시키기 위해 타협을 서슴치 않았다."[18]

1890년 이전에는 면직 공업 이외에는 전국적인 단체협약은 이루어지지 않고 있었다.[19] 1890년대를 통해 전국적인 조정평의회(Conciliation

---

[16] 노사조정법(Conciliation Act)은 조정 과정에서 고용주 측에 자세한 정보 제공을 규정하지 않고 있었으며 따라서 조정자들은 생산품의 판매가격과 상대적 노동 비용과 조건을 참조하는 것이 고작이었다. 결국 생산비나 이윤 등의 중요한 정보가 결여되어 있는 가운데 노동통계는 고용주 측에 상대적 임금률이나 노조의 재정 형편 등에 대하여 자세한 정보를 제공하고 있었다. 더구나 통상청은 "사회적 빈곤의 문제나 적대적인 여론으로 인하여 과격한 노조 입장이 약화되기까지 또는 통상청이 노조 지도부에게 그들 평회원들의 과격한 요구를 묵살하도록 압력을 넣은 후에야 노사 갈등에 법을 집행하였다." "반대로 파업이나 직장폐쇄가 소요를 유발했을 때에는 노동청은 유산자들의 공권력 개입 요청에 즉시 반응하였다." 제1차 대전 이전에 노사 조정법에 의한 임금 인상은 공업 생산품의 평균 가격과 경기의 단기적 변화 방향을 반영한 것에 불과했다." Roger Davidson, "The Board of Trade and Industrial Relations 1896-1914," *Historical Journal* 21, No. 3 (1978), pp. 573-91.

[17] 당시 공급되던 소책자는 문서고의 서류철에 남아있으며 대외비로 분류되고 있었음을 알 수 있다. "Rates of Wages and Hours of Labour in Various Industries in the U.K. for a Series of Years, 1851-1906," P.R.O. LAB 41/62.

[18] J. H. Porter, "Wage Bargaining under Conciliation Agreements, 1860-1914," *Economic History Review* 23, No. 3 (December, 1970), p. 472.

[19] Hobsbawm, *Workers*, p. 198.

Board)의 확대는 괄목할만한 현상이었다. 1893년의 면직공업 파업이나, 1895년의 신발, 장화 공업과 1897년부터 이듬해까지의 기계공업의 전국적 직장폐쇄, 또한 수차에 걸친 광부들의 파업 등의 대규모 분규는 모두 조정평의회의 설립으로 끝나게 되었다. 조정평의회의 수는 1894년에 전국에 60개이던 것이 1913년에 이르러서는 325개로 증가하였다.[20] 영국 노사조정법이 만들어진 후 10년간에 걸쳐 노사 간의 거중조정 절차는 1870년대까지 주종을 이루던 협상과 중재(arbitration)를 대체하게 되었다.[21] 1910년에 이르면 기계, 조선, 인쇄, 제철, 철강, 신발 등의 공업 분야에 전국적인 노사협약이 존재하였으며 이에 통계는 필수적 수단임은 말할 나위도 없다. 나아가서 레이드(Alastair Reid)는 영국의 신디칼리즘(syndicalism) 운동은 제1차대전 이후에 노조평회원들이 기존의 노조간부들에 반대하여 일어난 것이라는 힌턴(James Hinton)의 주장은 과장되었다고 지적한다. 정부관리들의 후원으로 이루어진 집단 노사협상 체계는 대체로 명맥을 이어 왔으며 샵스튜어드 운동(shop stewards' movement)은 전시 동원체제와 그에 따른 일부 숙련노동의 희석화 현상으로 야기된 잠정적인 노사협상의 위치 변화에 따른 것이었다는 것이다.[22]

1860년대 후반 이래로 영국 노조지도자들은 노동운동이 사회적으로 인

---

[20] Henry Pelling, *A History of British Trade Unionism*, 4th ed. (Harmondsworth: Penguin, 1987), p. 133.

[21] 임금이 직접 협상에 의하여 타결된 노동자의 수는 764,622에서 175,338로 줄었으며 물가 변동제(sliding scale)로 임금이 결정된 노동자의 수도 165,953에서 37,833으로 줄어든 반면 임금이 조정 절차에 의하여 결정된 노동자의 수는 29,509에서 787,758로 대폭 증가하였다. Theodore Rothstein, *From Chartism to Labaourism* (London: Lawrence and Wishart, 1983, originally 1929), p. 210.

[22] James Hinton, *The First Shop Steward's Movement* (London: George Allen and Unwin, 1973); Alastair Reid, "Dilution, Trade Unionism and the State in Britain during the First World War," *Shop Floor Bargaining and the State*, Steven Tolliday & Jonathan Zeitlin, eds. (Cambridge: Cambridge University Press, 1985), pp. 66-7.

정받는데 있어 과학적 언어와 지식의 사용이 중요하다는 것을 익히 알고 있었다.[23] 영국 중산 계급의 일반적인 노동조합에 대한 자세는 1889년의 런던 부두 노동자 파업을 계기로 변했다. 이러한 흐름에 정부의 노동 행정과 그들이 생산하고 사용한 통계분석은 결정적인 역할을 하였다. 1894년의 노동에 관한 왕립위원회(Royal Commission on Labour)의 보고서는 계속적으로 장기화하는 파업과 그 규모의 증가에도 불구하고 파업의 빈도는 감소하고 있으며 노사 양측의 조직 향상은 오히려 그들의 관계를 개선시키고 있다고 하였다. 이러한 보고서의 출간은 1896년의 노사조정법(Conciliation Act)을 가능케 하였다. 국가의 개입이 없었더라면 많은 노조들 특히 당시의 신노조(new unions)들은 예를 들어 1897년 기계 공업에서 6개월 간에 걸친 직장폐쇄 등의 사용자 조직의 체계적 반격에 살아남지 못했을 것이라고 한다. 나아가서 직접적으로 노동청이 발간한 노조에 관한 통계 특히 『노동조합에 관한 연례보고서(Annual Reports on Trade Unions)』는 노조를 정당화하고 있다고 보여졌다.[24] 1890년부터 1909년까지 기존 노동조합의 안정화 경향은 현저하였다. 1909년까지 노사조정 기구의 급격한 증가에도 불구하고 노조조합원의 전체 수는 별로 증가하지 않았다. 1891년에 전체 노동력의 불과 20분의 1인 682,025의 노동자가 노조나 상조회(friendly societies)에

---

[23] 1867년의 Royal Commission on Trade Unions의 조사활동에서 기계 공업 노조 지도자였던 William Allan은 노조 회원의 수와 노조에서 제공하는 지불금에 대한 통계를 원용하며 증언하였다. 이에 위원들은 큰 감명을 받았고 이는 노조를 지지하는 여론을 형성하는 데 기여했다고 한다. Pelling, *A History of British Trade Unionism*, p. 56.

[24] Davidson에 의하면 "첫째는 노조의 안정과 화합에 기여하는 역할을 확인하고 그들의 목적이 사회에 소요를 일으키고 그들 회원들의 감정 폭발을 유발한다는 식의 그릇된 이미지를 불식시키려는 것이었다. 둘째는 전국적 그리고 지역적인 노조 발전에 관한 자세한 정보의 보급은 통상청의 노사 조정과 중재 계획의 성사에 결정적인 요소라 보였기 때문이다. 그리고 셋째는 노동청은 노조의 사회 공동체에서의 복지에 관한 역할을 강조하려 하였다. 1880년대와 1890년대를 통하여 사회 복지에 대한 관심은 노조의 사고, 질병 그리고 실업에 대한 보험의 일차적 기관으로의 가능성에 촛점을 두게 되었다." Davidson, *Whitehall and the Labour Problem*, p. 134.

서 제공하는 실업구제금을 받을 수 있었던 반면 1908년에는 2,357,381의 노동자를 포함하는 1,059개의 노조가 그러한 제도의 혜택을 받고 있었다. 당연히 그들 대부분은 고도의 숙련공들이었다.[25] 한마디로 노조 회원의 수는 증가하지 않았으나 그 기간 동안에 기존의 숙련공을 중심으로 한 노조 조직은 괄목할 만한 성장과 강화의 경향을 보였다.

1910년대에는 노조 확산에 새로운 계기가 마련되었다. 노동력 정착화(decasualization of work force)를 위한 국가 정책은 임시노동자들(casual workers)의 조직화를 지원하였다. 1909년의 산업평의회법(Trade Boards Act)에 따라 통상청은 법정 기관인 임금평의회(Wage Boards)를 설치할 권한을 갖게 되었다. 통상청은 노조를 만들지 못한 분야의 노동자들의 회합을 소집하여 그들로 하여금 사용자 대표 측과의 협의를 위한 대표를 선출토록 하였다. 이러한 행위는 당연히 비노조 분야의 노동자로 하여금 노조를 성립시킬 수 있도록 도와주는 일이었다.[26] 1910년대에 이르면 일반노동조합(general labour unions)라 불리는 새로운 형태의 조직이 특징적인 계급 조직으로 등장하였다.[27] 그들은 원래 1889년부터 1892년 사이에 조직

---

[25] Harris, *Unemployment and Politics*, pp. 297-8.
[26] 제1차대전 후에는 이러한 분야의 노조들과 통상청 간에 갈등이 생기게 되었다. 그들은 이제 국가가 더 이상 임금 협상에 개입하는 것을 원치 않게 되었기 때문이다. Rodney Lowe, "The Erosion of State Intervention in Britain, 1917-24," *Economic History Review* 31, No. 2 (May, 1978), pp. 270-86.
[27] "일반 노조들은 과거의 기능노조(craft unionism)에서 많은 협상 기술들을 본받았고 갈수록 공업노조주의(industrial unionism)에서도 많은 것을 받아들였지만, 위 두개의 고전적 노동 조합의 형태 중의 어떤 하나로 일반노조를 완전히 분석할 수는 없다. 그들은 사실 세 가지의 독특한 기능을 주로 동시에 수행하였다. 첫째는 '계급' 노조로서 주로 사회주의나 혁명주의적 이념의 영향아래 모든 고용주에 대항하여 모든 노동자를 단합시키려고 시도하였다. 둘째는 '노동자들의' 노조로서 과거의 정통적인 기능노조주의에서 제외되거나 조직될 수없었던 노동자들 효과적으로 조직하려고 시도하였다. 셋째로 '잉여'노조로서 여타의 어떤 노조에도 포함되지 못하던 부분의 노동자들도 조직하려고 하였던 것이다. 첫째부터 셋째까지 어떠한 기능도 어떤 특수한 형태의 조직을 요구하던 것은 아니었다." Hobsbawm, *Labouring Men*, pp. 179-80.

되기 시작하였으나 1910년 이전에는 퇴조의 길을 걷고 있었다. 1911년에 이르자 이들의 조직은 확산되기 시작하였다. 펠링(Henry Pelling)에 의하면 그들의 확산은 주로 1911년의 실업보험제도의 결과였다는 것이다.[28] 양차대전 간의 기간에는 어네스트 베빈(Ernest Bevin)과 월터 씨트린(Walter Citrine)의 노력에 힘입어 이러한 통합적 노조들은 전국적인 노동자계급조직의 기준을 이루게 되었다.

영국에서 독자적인 노동자계급의 정치활동의 출범 또한 노동 행정과 통계의 발달과 때를 같이하고 있었다. 영국의 경우 노동조합의 성장은 노동당(Labour Party) 창설의 기초를 이루었다. 또한 역으로 사회주의와 노동 정치의 등장 없이는 신노조주의 운동의 확산은 불가능한 것이었다.

1880년대의 노동자계급의 정치 참여는 "대부분이 지상(紙上)에 스스로를 표현하고 싶어 갈망하던 중산 계층 사람들"에 의하여 추진되기 시작하였다.[29] 그중 제일 먼저 나타난 집단은 하인드만(Henry Mayers Hyndman)이 이끌던 마르크스주의자들이었다. 그들은 일단 실업 상태에 있는 노동자들을 선동하여 힘을 과시하는데 성공하였으나 폭넓은 지지를 얻지는 못하였다. 1880년대의 중반에 접어들면 새로운 접근 방법들이 시도되었다. 우선 1884년에 '페이비안협회'가 창설되었으며 그들의 첫 번째 목적은 사회주의와 노동자계급 정치를 위한 "사실"(facts)을 보급한다는 것이었고 그들은 1885년에는 왕립통계협회가 주최한 산업보수회의(Industrial Remuneration Conference)에 대표를 파견함으로 활동을 시작하였다. 나

---

[28] 1911년의 실업 보험제로 인하여 노조회원은 엄청난 비율로 증가하였다. 1911년부터 1913년까지 TUC의 회원은 약 60%증가하였다. 또한 1898년 Tom Mann이 기계 공업의 반 숙련공들을 위해 만든 '노동자 조합'(Workers Union)은 1910년부터 1914년까지 회원이 약 30배로 증가하였다. Pelling, *A History of Trade Unionism*, p. 119.

[29] Henry Pelling, *Origins of the Labour Party* (Oxford: Oxford University Press, 1965), p. 46.

아가서 1887년에는 참피온(H. H. Champion)에 의하여 실제 가능한 노동 정치 안으로 노동선거협회(Labour Electoral Association; LEA)가 조직되었다. LEA는 기존의 정당들을 이용하여 노동자 대표를 의회로 보내는 것을 목표로 삼았다. 그들은 노동자들을 "계급으로서 그리고 그들의 경제 개혁에 관한 공통의 이해(利害)로서, 나아가서 현재 그들의 사회적 열등감을 없애야할 필요" 등의 기반에서 조직하려 했으며 "그러한 연유에서 '사회주의'(socialist)라는 단어보다 '노동'(Labour)이라는 단어가 선전활동의 중심적 언어"로 선택되었다.[30] 1887년에는 신노조주의(new unionism)의 선봉인 제임스 케어 하디(James Keir Hardie)는 기존의 TUC 지도부에 정면으로 도전하였다. 케어 하디는 참피온과 많은 차이점도 있었지만 상당히 유사한 노선을 갖고 있는 사람이었다.[31] 챔피온, 만, 번즈(Burns) 등에 의하여 주도되던 사회주의자들의 집단은 신노조주의의 정착에 결정적인 역할을 하였다. 위에서 언급한 8시간 노동제와 노동권을 쟁취하기 위한 투쟁은 독자적인 노동자계급 정치의 출범에 중요한 계기를 이루었다. 또한 이러한 흐름에 자유주의 계열의 사회개혁가들 특히 찰스 부쓰의 활동도 큰 힘이 되었다.[32]

---

[30] Ibid., p. 60. Champion은 Hyndman이 이끌던 Social Democratic Federation(SDF)에서 축출된 사람이었다.

[31] Keir Hardie의 전기에는 아래와 같이 말하고 있다. "Champion은 '털끝까지 귀족... 그러나 귀족의 평범한 말투 안에 뜨거운 혁명의 열기가 있는..'이라고 표현된 적이있는 막무가내(maverick)의 상류층 사회주의자였다. 케어 하디의 주요 지지자들이던 자유당 인사나 Lib-Labs 계열의 사람들과는 판이하게 다른 종잡을 수 없는 이 인물로 인하여 1887년부터 향후 2년간 득보다는 실이 많았다. 그러나 당시로서는 그의 도움은 반가운 일이었다." 그러나 "사실 케어 하디와 LEA의 견해 차이는 매우 작은 영역에서 뿐이었다." Iain McLean, *Keir Hardie* (New York: St. Martin's, 1975), p. 29, p. 32.

[32] "Booth는 자신의 제안을 '제한적 사회주의'라고 부르고 조직된 노동자들에게 혁명주의 사상을 버리고 '개인주의의 힘과 부의 원천을 파괴하지 않는 사회주의'를 호소한 특징적인 옹호자였다. 사회주의자들은 이러한 관점을 지닌 사람들과의 동맹 관계를 통해서 만이 기존의 자본주의에 대한 어떠한 계급적인 규모의 공세의 전제조건으로 보이는 빈곤의 문제를 다룰 입법 조치에 성공할 수 있는 가능성이 있었다." James Hinton, "The Rise of a Mass Labour Movement: Growth and Limits," *A History of British Industrial Relations, 1875-1914*, Chris

1893년에는 독립노동당(Independent Labour Party: ILP)이 창립되었고 그들은 일차적으로 노조들과 동맹 관계에서 실용주의 노선을 추구하였다.[33] ILP의 정책 안은 8시간 노동제, 법적 강제력이 있는 최저임금제, 실업자의 완전 부양 그리고 토지와 기간산업의 국유화 등을 포함하고 있었다. 이후에 보어 전쟁 기간 중의 호전주의적 분위기에서 ILP는 잠시 퇴조하는 듯하였으나, 1890년대의 후반에 이르면 램지 맥도널드(Ramsay MacDonald)를 필두로 하는 새로운 지도층의 등장에 힘입어 강력히 부상하였다. 맥도널드는 자유주의적 배경에서 출발한 언론가이자 페이비안 협회의 강사였다. 또한 1900년에는 TUC의 결의에 따라 맥도널드를 총무(Secretary)로 하여 노동대표위원회(Labour Representation Committee; LRC)가 조직되었다.[34] 1902년에는 태프 베일(Taff Vale)판결 이후 LRC의 회원은 급격히 팽창하였고 결국 노동당(Labour Party)으로 발전하였다. 1906년 총선거에서의 노동당의 등장은 직접적으로는 허버트 글래드스톤(Herbert Gladstone)과 맥도널드 간의 밀약의 결과였으며 노동자들의 대표는 자유당과의 연합 즉 '립-랩(Lib-Lab)티켓'으로 선출되었다. 이어 1907년의 노동권 법안은 노동 운동에 또 하나의 파고를 이루었고 1909년에 비롯된 '인민예산 위기(People's Budget Crisis)'에서 로이드 조지는 토지 귀족에 대항하여 노동

Wrigley, ed. (Amherst: University of Massachusetts Press, 1982), pp. 34-5. 당시 많은 노동 행정 관리들은 부쓰의 연구를 도왔던 적이 있었으며 그의 영향력은 독보적인 것이었다.

[33] Carl Levi는 ILP 역시 그 기원을 중산층 지성주의에 두고 있었다고 주장한다. Carl Levy, "Education and Self-Education: Staffing the Early ILP," *Socialism and the Intelligentsia*, Carl Levy, ed. (London: Routledge and Kegan Paul, 1987), pp. 135-210.

[34] Pelling에 의하면 TUC 내에서의 ILP에 대한 지지는 주로 비숙련공을 중심으로 한 노조에 근거하였다. 그들은 당시 고용주들의 경제 정치 조직의 등장으로 생존이 위협받고 있는 상태였으며 그들은 직접적인 정치 참여없이는 존속할 수 없다는 판단에 근거해 있었다. Henry Pelling, *A Short History of the Labour Party* (London: Macmillan, 1968), pp. 6-7.

자계급을 정치 무대에 동원하고야 말았다. 이윽고 1918년의 인민대표법안 (Representation of the People Bill)으로 보통선거 시대에 이르자 노동당은 가까운 장래에 유일한 다수당으로 부상할 것으로 쉽게 예상되었다.[35]

19세기 중반부터 영국 노동조합의 전국 조직은 일반 여론과 국가를 상대로 한 지적 활동의 필요성에서 연유된 것이었다. 1868년 샘 니콜슨(Sam Nicolson)이 TUC를 소집한 일차적인 동기는 고용주 측의 공세에 대항하기 위한 지적 수준의 방어망을 만들기 위한 것이었다. 이러한 아이디어는 애초에 드론필드(Dronfield)에 의하여 제시되었는데 그는 1866년 사회과학총회(Social Science Congress)에 참석하여 노동조합주의를 변호하기 위한 논문을 발표하려 하려다 실패했던 사람이었다.[36]

1890년대에 들어서면 이미 노조조직에 전문 참모의 증가와 간부들의 관료화는 두드러지는 현상이었으며 평회원(rank-and-file) 문제는 그러한 현상에 대한 반작용이었다.[37] 노조 지도부에 전문 참모의 증가의 주된 이유는 노사 협상 과정에서 중재(arbitration)를 거중조정(conciliation)으로 대체함으로서 노조활동에서 자율성을 확보하고자 하는 시도에서 연유되었다. 노동자들은 일반적으로 중산층 출신의 중재자들을 신뢰하지 않았다.[38] 예를 들

---

[35] Hobsbawm에 의하면 "1918년 노동당이 돌연 전체 유권자의 24%를 획득하고 1929년에는 37.5%에 이르면서부터 노동당에 투표한다는 것이 정치적 계급의식의 지표가 되었다. 이러한 시점에서 증가 일로의 대다수의 영국의 노동 대중이 노동당에 투표한다는 것이 노동자라는 신분의 자동적인 결과라고 믿게 되었다." Hobsbawm, *Workers*, p. 211.

[36] Pelling, *A History of British Trade Unionism*, pp. 59-60.

[37] Van Gore, "Rank-and-File Dissent," *A History of British Industrial Relations, 1875-1914*, pp. 47-48; Sidney Webb & Beatrice Webb, *Industrial Democracy* (London: Longmans, Green & Co., 1919, originally 1897).

[38] 중재(arbitration)은 1870년대에 성행하던 제도이며 이는 후에 물가연동제(sliding scale)로 대체되고 다시 노사 조정 제도(conciliation)로 바뀌는 경향이 있었다. 중재 과정에서는 주로 생산품의 판매 가격이 임금 결정에 중요한 요소로 작용하고 있었다. Porter, "Wage Bargaining under Conciliation Agreements," pp. 461-5.

면 면직 공업 쪽에서는 날이 갈수록 복잡해지는 임금 협상 과정에 대비하기 위하여 노조 간부를 선발하는데 경쟁 시험제도가 도입되기도 하였다. 정부의 공장감독관(factory inspectors)을 선발하는 제도도 이러한 추세에 발맞추어 개선되었다.[39] 20세기에 들어서면 임금 협상과 조정 과정은 상승하는 생계비 문제로 인하여 더욱 복잡해졌고 이러한 상황에서 기존의 노조 간부들의 상대적 무능은 그들에 대한 불만과 불신으로 나타나게 되었다.[40] 1911년과 1912년에 걸친 부두 노조 파업에서 겪고 있던 노조 측의 어려움에 대하여 그들의 지도자인 해리 고슬링(Harry Gosling)은 아래와 같이 말하고 있다.

> 사적(私的)인 협상과정이나 공공토론에서 문제점이 제기되면 데이븐포트경(Lord Davenport)을 비롯한 고용주들은 잘 분류된 서류에서 관계된 부분을 쉽게 찾아 활용하고 있는 반면 우리는 적어도 약 반 톤에 달하는 엄청난 양의 서류를 갖고 서류를 정리하고 즉시에 찾아 사용할 수 있는 참모진이 없었다.[41]

그는 당시의 일반적인 문제점과 분위기를 대변하고 있었다. 노조 간부들의 협상에서의 무능에 대한 불만은 통합기계노조(Amalgamated Engineers)에서 절정에 달했고 결국 그들은 제1차대전 중의 제1차 샵스튜어드 운동의 중핵을 이루게 되었다.[42]

케어 하디는 1880년대 후반 이른바 노동 귀족(labour aristocracy)과 신 노조주의의 투쟁에서 이미 노동자계급 정치에 지식인들을 가담시켜야 한다

---

[39] Pelling, *A History of Trade Unionism*, p. 111.
[40] Porter, "Wage Bargaining under Conciliation Agreements," p. 472.
[41] Pelling, *A History of British Trade Unionism*, p. 135.
[42] Ibid., p. 136. Hinton, *The First Shop Steward's Movement*.

고 주장한 바 있다.[43] 1890년대에는 ILP에 맥도널드와 같은 자유주의적 지식인들의 등장은 당(黨)과 노동자 유권자들 간의 관계에 중대한 영향을 미치게 되었다. 말하자면 ILP와 신노조주의 간에 오랜 유기적 관계가 단절되기 시작하였다.[44] 또한 제1차대전 중의 전시 연합(wartime coalition)에 아서 헨더슨(Arthur Henderson)의 참가는 노동당 내의 지식인들과 전문 참모의 팽창에 결정적 계기를 마련하였다.[45] 1914년 8월 헨더슨은 전국전시비상노동자위원회(War Emergency Workers National Committee)를 조직하였다. "이 기구는 전시라는 하루하루의 특수한 상황에서 노동자와 그 가족들의 생활수준을 보장하기 위한 경제·사회정책을 수립하고 집행하는 데 중요한 역할을 하였다."[46] 또한 그의 전쟁 중의 노동당 '재기 계획'은 지식인들의 당내 영향력을 두드러지게 향상시켰다. 그는 늘 노동당은 "두뇌가 부족하다(too short on brains)"고 말하곤 했다. 노동당 밖에서도 콜(G. D. H. Cole)같은 지식인들에 의하여 전국길드동맹(National Guilds League)이 창설되었다. 페이비안협회 또한 1916년에 이르러 노동연구협회(Labour Research Society)를 창설하였다. 1917년에 이르러서는 헨더슨은 노동당의 전국적 규모의 조직을 ILP 외부에 조직하였고 지식인들 특히 페이비안 계열의 노동연구부(Labour Research Department) 회원들을 영입하여 사

---

[43] Keir Hardie의 주장은 만약 대표들이 정직한 사람들이고 또 노동자계급의 이해를 대표하고 있다면 그들이 반드시 노동자계급 출신일 필요는 없다는 것이었다. 왜냐하면 정당은 사회의 모든 계급은 포함하는 카톨릭적인 것이기 때문이라는 것이다. 그의 이러한 제안은 LEA에서 거부되었다. Pelling, *Origins of the Labour Party*, pp. 71-2.

[44] "당은 이제 Keir Hardie의 지도아래 MacDonald, Snowden이나 Glasier와 같은 언론 정치가들로 이루어진 새로운 타입의 평의회(Council) 회원들을 통하여 운영되었다. 그들은 노조와 아무 연관도 없이 필요하다면 당과 그 활동에 모든 시간을 바쳐 일할 수 있는 사람들이었다." Ibid., pp. 175-6.

[45] Henderson은 원외당(extra-parliamentary party)의 서기로 있었으며 과거 오랜 동안 Friendly Society of Iron Founders의 간부를 지내던 인물이었다.

[46] Pelling, *A History of British Trade Unionism*, pp. 139-40.

회 · 경제 정책 입안을 시도하였다.[47]

1917년 고슬링의 주도하에 TUC의 조직 개편 작업이 시작되었다. TUC의 의회위원회(Parliamentary Committee)는 참모발전위원회(Staff Developing Committee)를 발족시키고 TUC와 노동당은 공동사무소(Joint Offices)를 만들고 "공동으로 문서를 출판하고, 독자적인 통계 작업을 진행시키고, 제국과 국제 관계 문제에 관한 연구"를 발전시킬 것 등을 권고하였다.[48] 그러나 결국 이러한 계획은 연기되고 말았지만 당시 영국의 노조지도자들에게 독자적인 통계 분석과 연구는 급선무로 인식되고 있었다. 전국운수노동자연합(National Transport Workers' Federation: NTWF)의 1916년 연례 평의회 총회에서 고슬링의 광범위한 통계 자료를 사용한 보고서는 대성공을 거두게 되었다.[49] 1919년 9월의 철도파업은 TUC의 재조직 계획에 직접적인 전기를 이루게 되었다. 이 사건으로 로이드 조지 정부와 친노조 지식인들 간에 전례 없는 선전전이 벌어졌다. 페이비언협회의 노동연구부는 전국철도노조(National Union of Railwaymen)에게 통계자료를 포함한 선전물을 만들고 심지어는 영화까지 만드는 등 많은 지원을 하였다. 이러한 작업은 마침내 고용주와 통상청 측의 임금 삭감 계획을 저지하고 협

---

[47] Cole 노동연구부와 Henderson 노선의 중요성 대하여 다음과 같이 증언하고 있다. "헨더슨의 영향아래 노동당은 정책을 입안하고 연구 결과를 널리 펼 수 있는 당 자체의 완전한 조직을 갖출 수 있었다. 헨더슨은 노동연구부 (원래는 페이비안 협회의 지부였음)의 기능을 십분 활용하였고 본인은 이 기구의 명예 서기(Honorary Secretary)로서 급속히 증가하는 당의 지식인들 가운데 최고의 인원으로 모든 주요 분야의 정책에 관한 전문적인 자문위원회 (Advisory Committee)의 창설을 도울 것을 요청받았다." G. D. H. Cole, *British Working Class Politics, 1832-1914* (London: Routledge & Kegan Paul, 1941), p. 247.

[48] V. L. Allen, "The Reorganization of the Trades Union Congress 1918-1927," *British Journal of Sociology* 11 (1960), p. 26.

[49] Alan Bullock, *The Life and Times of Ernest Bevin*, Vol. 1: *Trade Union Leader, 1881-1940* (London: Heinemann, 1960), pp. 60-1.

상위원회를 만들도록 강요하는 데 성공하였다.⁵⁰ 결국 제1차대전 후의 "정상으로의 복귀"(Return to Normalcy)라는 정부정책은 지식인들이 노동계에 가담함으로써 저지되었다다. 이후에도 전후(戰後) 일년 가까이 계속된 생계비의 상승은 노동 운동 내에서 지식인들의 영향을 더욱 향상시키는 결과를 가져왔다.

영국의 노동 계급 정치사에서 페이비안들의 지위와 역할은 대단히 특이하다 아니할 수 없다. 페이비안협회는 그의 초창기인 1880년대 중반부터 언론인, 중산층 여성, 예술가, 공무원 등의 주변부의 '잉여 지식인'들이 모여들어 성립되었다. 결국 그들은 기존의 학파들과 별로 연관을 맺지 않고 그들 나름대로의 독특한 사고 유형을 창조하기에 이르렀다.⁵¹ 하여튼 페이비안 협회는 이러한 잡다한 식자층을 교육시켜 유용한 전문가로 만드는 데 성공하였으며 제1차대전이 끝날 무렵에는 노동 지도자들로부터 가치를 인정받고 동료로 받아들여지게 되었다. 무엇보다 20세기 초반부터 페이비안주의는 대학에 성공적으로 침투하기 시작했다.

1919년 11월에 노동조합연락위원회(Trade Union Co-Ordination Committee)가 조직되었고 곧 이어 어네스트 베빈은 『노동조합총회 재조직안(Suggested Reorganization of the Trades Union Congress)』이라는 보고서를 제출하였다. 그러나 노동당 측에서는 노동연구부를 활용하여 연

---

50 Pelling, *A History of British Trade Unionism*, p. 152.
51 Hobsbawm은 다음과 같이 말하고 있다. "그들은 사회주의나 노동운동에서 아무리 효과적이었건 아니건 또는 아무리 개혁주의였건 과격주의였건 간에 그 흐름의 본질적인 부분으로 보아서는 안되며 오히려 우연적이었다 할 것이다. 그들의 역사는 1880년대의 사회주의 복흥으로 쓰여져서는 안되며 오히려 중기 빅토리안적 확실성의 붕괴, 영국 자본주의에서 새로운 계층, 새로운 구조, 새로운 정책의 등장에 대한 중산 계급의 반응으로서 또 제국주의 시대에 대한 영국 중산 계급의 적응의 역사로서 이해되어야 한다." Hobsbawm, "Fabianism Reconsidered," *Labouring Men*, p. 266; A. M. McBriar, *Fabian Socialism and English Politics, 1884-1918* (Cambridge: Cambridge University Press, 1962); Norman MacKenzie & Jeanne MacKenzie, *The First Fabians* (London: Quartet Books, 1979).

구, 정보 그리고 출판 등을 위하여 TUC와 공동 사업을 추진하였다. 1921년 TUC는 총평의회(General Council)를 설치하였고 1923년부터는 전임서기(full-time secretary)를 채용하였다. 1922년에는 노동당과 TUC 간의 공동평의회(Joint Council)가 발족되고 공동평의회를 중심으로 전문참모진은 급속도로 증가하였다. 1922년 1월 1일 부터 연구, 출판, 홍보 그리고 국제문제에 관한 부서들이 기능하기 시작하였다.[52] 그러한 추세에서 월터 씨트린(Walter Citrine)은 중요한 역할을 하였으며 그는 공업 노조들에서 전문 참모와 행정 조직이 발달하는데 크게 공헌하였다.

당시 전문 인력의 공급 부족은 TUC와 노동당 간의 불화의 한 원인이었다. 우선 TUC 측에서는 그러한 전문 부서의 공동 통제에 대하여 못마땅하게 생각하고 있었다. 1926년 맥도널드의 노동당 정부와의 대규모 충돌 시에 TUC는 드디어 공동 부서에 참여를 중단하고 스스로의 독자적인 참모를 발족시키게 되었다. 결과적으로 TUC와 노동당은 각자의 연구 부서를 따로 갖게되었다. "1927년에 이르면 TUC는 나름대로 국가공무원 조직에 비견될 노조 관료제를 갖게 되었다. 물론 크기에 있어 국가 조직보다는 훨씬 작았지만 노동조합의 활동의 성격과 효율성에 영향을 미치기에는 충분했다. 노동조합의 전통과 그러한 행위 양태의 범위 내에서 총평의회(General Council)의 결정은 더욱더 전문가들에 의해 공급되는 정보에 의존하게 되었다."[53] 1929년에 TUC는 경제위원회(Economic Committee)를 발족시켰다.

제1차대전 이후 브리스톨(Bristol)의 생수(生水) 배달원 출신의 노동지도자 어네스트 베빈의 노선은 새로운 흐름을 이끌었다.[54] 그는 노동자 출신이

---

52 Allen, "The Reorganization of the Trades Union Congress," p. 35.
53 Ibid., p. 38.
54 그의 지도력은 1920년 Industrial Court에서 엄청난 양의 사실적 지식과 통계를 구사해가며 노동자 임금의 실제 구매력을 보여줌으로서 그들의 이해를 성공적으로 관철함으로서 전국적으

었지만 노동운동의 지적 능력을 향상시키는데 결정적 공헌을 하였다. 그는 1919년의 보고서에서 노동운동에서의 통계 연구의 중요성을 강조하며 그러한 일들은 "이전 세대의 노조 지도자들에게는 생소하게 들릴 것"이라고 지적하였다.[55] 그의 주장에 따르면 통계는 두 가지 용도에 쓰이는데 첫째는 노조 조직 자체와 그의 잠재적 회원을 모니터하는데 쓰이며 둘째는 선전 활동을 통하여 노동의 이해를 정당화하는데 쓰인다는 것이다. 나아가서 베빈은 「데일리 헤럴드」(Daily Herald)지(紙)를 TUC의 선전 기관으로 만드는 일을 주도하였다. 그가 말하기를 "말 (spoken word)은 과거에 강력한 요소로서 작용해 왔다. 그러나 이제는 말로는 충분치 않다. 우리는 하루하루 글(written word)을 가져야만 한다."[56] 양차대전 간에 이르면 노조지도자의 새로운 상(像)은 이전의 모습과는 달라지게 되었다. "19세기 중반부터 선전활동을 통해 결정적 기여를 하던 성직자(聖職者)들은 이 시기에 들어 당의 기록에서 거의 모습을 감추었다."[57]

전문 참모진의 등장은 노동계에만 국한된 현상은 아니었다. 고용주 측에도 유사한 변화가 일어나고 있었다. 정치에 있어 보수 세력의 재조직의 문제와는 별도로 1890년부터 신노조주의와 국가개입주의에 대항한 고용주들의 조직이 등장하기 시작했다.[58] 1896년에는 기계공업협회 고용주연합(Employers' Federation of Engineering Association; EFEA)가 조직되었고 1898년에는 TUC의 의회위원회(Parliamentary Committee)에

로 증명되었다. Bullock, *Life and Times of Ernest Bevin*, pp. 121-30.
[55] Ibid., p. 147. Allen, "Reorganization of the Trades Union Congress," pp. 41-2.
[56] Bullock, *Life and Times of Ernest Bevin*, p. 112.
[57] Arthur J. B. Marwick, "Independent Labour Party in the Twenties," *Bulletin of the Institute of Historical Research* 35 (1962), p. 74.
[58] 보수 정치 세력의 재편 문제에 관하여는 아래를 참조. Bill Schwarz, "Conservatism and 'Caesarism', 1903-22," *Crisis in the British State, 1880-1930*, Mary Langan & Bill Schwarz, eds. (London: Hutchinson, 1985).

대항하여 고용주의회평의회(Employers Parliamentary Council)가 출범하였다. 1905년에는 영국제조업자협회(Manufacturers' Association of Great Britain: MAGB)가 조직되고 1916년에는 영국산업연합(Federation of British Industries: FBI)가 성립되었다. 그리고 1919년의 전국산업총회(National Industrial Conference)가 끝나자 전국고용주조직연합(National Confederation of Employers' Organizations: NCEO)이 창설되어 TUC에 대항하여 고용주들의 조직이 그들의 이해를 대변하기 시작했다.

결국 정부의 노동통계부의 창설과 그의 발달은 일연의 연쇄 반응을 일으키게 되고 이는 전체적인 정치 구조에 지대한 영향을 미치게 되었다. 노동자들의 봉기는 이윽고 전문 행정조직에 의해 조직되고 연결되는 전국적 노조조직과 정당에 의해 조직된 '노동자계급'이라는 행태로 수렴되었다. 자본가들도 이에 계급의 형태로 조직되고 계급 간의 정치라는 새로운 장(場)에서 노동자 계급과 맞서게 되었다.

3. 행위의 변화

　노동통계는 무엇보다도 국가기관에게 경제에 개입하고 노동자들과 그들의 조직을 통제하는데 필요한 합리적 인식장치(rational cognitive apparatus)를 제공하였다. 이러한 일에 대하여 영국의 통상청은 노동통계의 주요 생산자로서 노동조직과 경제에 대한 많은 지식을 보유하게 되었다. 그러나 공공지식으로서의 통계는 사전에 이미 정해진 국가 관리들의 정책 목표를 성취하는데 쓰어지는 도구에 불과한 것은 아니었다.

　1880년대 초부터 개혁가들이나 통상청 관리들은 실업에 관한 이론을 창출해내기 위해 많은 노력을 기울였다. 1886년 페이비안협회는 실업을 계절적(seasonal), 주기적(cyclical) 그리고 임시적(casual) 등 세 가지 형태의 개념적 틀을 제시하였다.[1] 1894년에 루웰린 스미스는 위의 틀을 사용하여 1887년부터 1894년까지의 기록되어 있는 전체 실업의 양을 산업의 각 부문 별로 계절적 실업과 주기적 실업으로 분리하였다. 이러한 작업을 통해 그는 경기가 아주 좋은 해에도 축소가 불가능한 2%의 실업이 존재한다는 것을 증명하였다. 또한 1907년 윌리엄 베버리지(William Beveridge)는 노동권법안을 실업 문제에 대하여 빈민법(Poor Law)적인 접근 방식이라고 공격하고 그는 실업보험제도와 함께 직업소개소(labour exchange)제도를 구조적인 해결책으로 제안하였다. 그가 제안한 해결책은 노동권보다 직접적으로 효과적이라 볼 수는 없겠지만 실업의 문제를 산업예비군(industrial reserve army)이라 본 애초의 문제 설정과 일맥상통하는 것이었다.[2] 통상청

1　Harris, *Unemployment and Politics*, p. 12.
2　Ford, *Social Theory and Social Practice*, p. 93, pp. 160-1. Beveridge의 분석은 Booth의 영향을 강하게 받은 것이었다. Harris, *Unemployment and Politics*, pp. 15-22; William H. Beveridge, Unemployment: A Problem of Industry (New York: AMS, 1969, originally 1908).

관리들의 실업에 관한 정책 방향은 이를테면 노동시장의 합리화라는 노선을 따랐다. 또한 직업소개소 제도는 특정 사회 집단의 이해나 요구에 따라 추진된 것은 아니었다. 베버리지가 1907년의 빈민법에 관한 왕립위원회에서 제창하기 이전에는 직업소개소 제도는 별로 여론에서 각광받지 못하고 있었던 것이 사실이다.

실업 정책에 있어 통계의 첫 번째 역할은 기존의 중산층적 편견을 형식화하고 정당화하는 것이었다. 적격-부적격의 기준(the fit-unfit criterion)은 임시노동 정책(casual-labour policy)에서 가혹하게 적용되었고, 베버리지가 제안한 정책도 적격자와 부적격자를 구분하여 적격자는 보상하고 부적격자는 처벌하겠다는 것이었다. 또한 이러한 구분은 경제뿐만이 아니라 정치적 차원에서도 적용되어야 한다는 것이었다.[3] 개혁의 이러한 처벌적인 양상은 노동식민지계획(labour colonies project)에서 절정을 이루었다. 이러한 적격-부적격 기준은 그야말로 생물학적 객관적 기준이 적용되는 가장 간단한 노후연금(old-age pension) 제도에도 적용되었다. 결국 통계는 정책 결정과정에서 중요한 기준이 되었으나 그러한 통계의 가장 중요한 기능은 사회주의자들, 노동 계열 그리고 여타의 급진적 집단으로부터의 일련의 요구와 제안을 설득력 있게 논박하고 부결시키는 것이었다.[4]

그러나 다른 면에서 통계는 단순히 정당화를 위한 수단만은 아니었다. 사

---

[3] Beveridge가 말하기를, "…독립과 의존 그리고 효율적인 사람과 고용할 수 없는 사람 간의 경계는 명쾌하고도 광범위하게 그어져야한다…. 전반적 결함으로 인하여 산업에서 그와 같은 온전한 자리를 채울 수없는 사람들은 고용할 수 없는(unemployable) 것으로 간주해야 한다. 그들은 국가의 부양 대상자로 인정되어야 하며 자유로운 산업의 영역에서 축출하여 선거권뿐만 아니라 자유권 그리고 가장의 권한까지 포함한 모든 시민권이 완전히 그리고 영구히 박탈된 채로 공공기관에 의하여 적절하게 부양되어야 한다." William H. Beveridge, "The Problem of the Unemployed," *Sociological Papers* 3 (1906), p. 327. Jones에 의하면 당시의 실업자들은 마치 병원의 환자들처럼 취급당하고 있었다는 것이다. Jones, *Outcase London*, pp. 334-5.
[4] Davidson, *Whitehall and the Labour Problem*, pp. 265-6.

실 유심히 보면 실업에 대한 정책은 통계의 사용에 따라 변화되어 왔음을 알 수 있다. 실업문제의 애초의 내용 즉 고용불가능한(unemployable) 노동자, 떠돌이 노동자, 소년 노동, 여성 노동의 문제 등을 포함한 주변부 노동자들(marginal labour)의 문제는 완전 미해결의 문제로 남아 있었다. 국가 관리들은 오히려 이와 다른 마찰적 실업(frictional unemployment)과 잠정적 주기적 경기변동에서 오는 실업의 문제 등의 특정 분야에 주된 관심을 기울였다.[5] 그러한 문제 자체의 변이는 한편에서는 통계 체제의 사회적 인식의 한계에서 유래되었다고 볼 수도 있다. 실업 통계의 여러 부문 중에서 일반적으로 기존의 안정된 보험제도를 갖추고 있는 노조에서 제공하는 자료는 신뢰할 수 있다고 인정된 반면 주변부에 관한 통계는 별로 신뢰받지 못하고 있었다. 여러 통계의 신뢰도에 대한 편차는 산업예비군으로서의 실업의 원래의 문제의식을 변화시켰던 것이다.

사회주의자들이나 노동 분야에서 요구되었던 노동권이 궁극적으로 패퇴한 원인도 국가 관리들의 통계와 경제학을 동원한 논리적인 논증 외에도 실업에 관한 통계의 기본적 결함에서 찾을 수 있다. 즉 실업의 절대량에 대한 공공지식이 없는 상황에서 설득력 있는 거시 경제학적 논증을 구성하기는 거의 불가능했다. 이것은 전국 실업자의 수를 일일이 조사하는 방법에 반대해오던 국가 관리들이 실제로 의도하고 있던 일인지도 모른다. 1930년 이전까지 영국의 실업 통계는 실업의 비율만을 나타내고 절대량은 나타내지 않았다. 전국적인 실업자의 열거(enumeration)는 자유당과 TUC의 케인즈적(Keynesian)인 경제 정책안이 노동당 정권에 의해서 수용되지 않을 수 없는 상황에서 비로소 시도되었다. 그러나 제2차세계대전 이전에는 전국적인 인

---

5 Harris, *Unemployment and Politics*, p. 351.

구 조사와 실업통계는 직접적인 비교 작업이 가능하지 않았다.[6]

또한 베버리지가 직업소개소 제도를 추진한 것의 또 하나의 이유는 그러한 제도를 통하여 보다 낳은 실업 통계를 생산할 수 있다는 점이었다.[7] 그러한 점은 바로 보다 낳은 실업통계를 통하여 보다 합리적인 정책을 만들고 시행할 수 있다는 확신에 기인하는 것이었다. 통계는 이제 단순히 합리적인 정책의 도구가 아니라 정책 입안의 모든 장치를 포함하는 체제를 형성하게 된 것이다.

1909년의 산업평의회법은 통상청에 어떤 부문의 저임금 노동자들에게 최저 임금을 제정할 것인가 말 것인가에 대하여 거의 자의적인 권한을 부여하고 있었다. 법은 통상청으로 하여금 "산업의 어떤 부문의 일반적 임금율이 다른 직종보다 예외적으로 낮을 경우" 임금위원회를 소집하도록 규정하고 있었다. 사실 이에는 어떠한 객관적 지침도 정해져있지 않았다. 또한 법은 통상청에게 특정한 최저 금액이 없이 적당하다고 생각되는 임금을 정할 수 있도록 하였고 '생활임금'이니 '공정한 임금'이니 하는 임금 산출의 어떠한 원칙도 통상청의 고려에 부여하지 않고 있었던 것이다.[8] 제1차세계대전 기간을 통하여 통상청은 노동자계급의 합리적 관리를 시도하게 되었다.[9]

최저 임금제의 경우에 있어서는 통상청의 자의적인 권력이 합리성을 대체하고 저임금에 관한 통계의 발전을 저해하고 있었다. 또는 역으로 그러

---

6 Garside, *Measurement of Unemployment*, p. 87.
7 Harris, *Unemployment and Politics*, pp. 199-207. 실업 통계 생산의 과정에 관하여는 Garside, *Measurement of Unemployment*, pp. 27-35를 참조.
8 Ford, *Social Theory and Social Practice*, pp. 139-40.
9 Rodney Lowe에 의하면 "[제1차 대전 때 노동부 제1차관이었던] Butler 휘하에서는 자본주의를 (맑시스트적인 용어로) '인간화'하고 '도덕화'하려는 적극적인 시도가 있었다. 우리가 보았듯이 Butler는 산업주의 계승의 강력한 지지자였으나 궁극적으로 그는 조직적 문제의 약점을 보완하고 최저의 수준을 유지하기 위하여는 국가의 개입을 용인할 준비는 되어있는 인물이었다." Lowe, *Adjusting to Democracy*, p. 78, p. 99.

한 자의적 권력은 기존 통계의 취약점을 보상하기 위해서 제정되었다고 볼 수도 있다. 제1차대전 이전에는 "최저임금제 운동가들에게 공공 정보의 한계는 커다란 장애물이며 이는 사악할 정도였다. 베아트리스 웹(Beatrice Webb)은 노골적인 좌절감을 표시하며 노동청은 그의 기관지인 「노동신문」을 그러한 문제 해결의 도구로 사용하려 하지 않는다는 것을 비난하였다." 그 법의 의도는 최저임금 문제를 기존의 노조 제도에 흡수시키던지 노동청에 의한 "대리(surrogate)" 단체협약으로 독점하려는 것이라 판단되었다.¹⁰ 결국 최저임금제의 문제는 공공 통계의 문제를 자의적 권력으로 대체하여 노동자계급의 정치활동을 억압하는 결과를 가져오게 되었다.

다른 한편으로 통계지식은 노조 문제에 관하여는 색다른 형태의 공헌을 하였다. 노조에 관하여 긍정적인 의견이 자리잡게 되자, 노조주의와 노사 관계에 관한 통계들은 중산 계급의 관념 속에 정당한 노동자들의 이해와 사회적 '질병(disease)'으로 간주되는 정당치 못한 이해를 구별하는 편견을 고착화하고 강화시키는 역할을 하였다.¹¹ 대부분의 역사가들은 그러한 차별적 국가 정책은 대체로 성공적이었다는데 동의하고 있다.¹² 영국의 '노동주의'(labourism)는 두 가지 측면에서 그러한 국가 정책의 결과였다. 첫째는

---

10 Davidson, *Whitehall and the Labour Problem*, p. 270.
11 1910년부터 1914년까지 President of the Board of Trade를 지낸 Sidney Buxton은 전형적인 의견을 가진 사람이었다. "도시 노동자 대중에게 책임있고 계몽된 집단협약의 이득을 확보해 줌으로써 계급 투쟁은 피할 수 있다. 노동조합은 자본주의 체제를 인간화하는 만큼, 그것은 사회 통제의 매우 귀중한 수단인 것이다. 1908년 이후의 노동운동에서 확대되어 가는 비공인 과격주의, 더욱 확대되어 가는 노사 대결의 규모, 덕욱 증가하는 신디칼즘적 전술의 영향 등은 그러한 견해에 본격적인 도전을 제기하였다. 통상청에서 Buxton의 일차적인 관심은 노동계의 '선동가'들에게 그들이 공공적 책임감과 민족적 이익을 배울 수 있는 자문기구(consultative machinery)를 마련해 줌으로써 노사관계의 악화를 지양하는 것이었다." Roger Davidson, "The Board of Trade and Industrial Relations, 1896-1914," *Historical Journal* 21, No. 3 (1978), pp. 581-82.
12 Hobsbawm, *Workers*, p. 156-60.

국가 관리들의 의도적 정책 집행의 결과이며 둘째는 여러 종류의 노동통계의 생산과 사용의 의도되지 않은 결과라 할 수 있다.

1896년의 노사조정법으로 국가 관리들은 단체협약의 강화를 통해서 의도적으로 노조들을 보호하였다. 노조의 인정을 거부하는 고용주들은 공공연한 공격의 대상이 되었다. 나아가서 전문적인 노사조정가 집단이 창설되었고 통상청은 조정가들이나 조정을 자처하는 정치인들에게 필요한 통계와 자세한 정보를 제공하고 있었다. 1906년에 출범한 자유당 정부 하에서는 대규모 분규에 국가는 통상적으로 개입하였으며 국가의 개입은 소규모나 신생 노조로 하여금 패배하고도 존속할 수 있는(surviving defeat) 길을 제공하였다.[13] 1910년대에는 노조의 파업이 한창일 때 통상청은 과격주의를 배제하기 위한 캠페인을 벌이기도 하였다.[14] 1911년의 국민보험법 또한 기존의 노조들을 강화 안정시킬 의도를 가진 것이었으며 결과적으로 일반 노조와 공업 또는 혼합 노조들을 확대시키는 결과를 초래하였다. 1920년대에 들어 고용주 조직과 보수당 우파의 공격에 맞서 온건한 노조들을 보호하려는 정부의 정책은 "비밀전투"(a covert battle)라 불려지기도 했다.[15] 나아가서 계속적으로 증가하는 통계 지식은 국가로 하여금 신디칼리스트들과 같은 과격한 노조를 탄압하는데 도움을 주기도 했다. 1925년의 "붉은 금요일"(Red Friday)이후 정부는 닥쳐오는 총파업(General Strike)에 대비하기 위한 특별위원회를 조직하여 장기적으로 대처하였다.[16] 총파업에서 광부들이 패

---

[13] Ibid., p. 339.
[14] 이른바 에드워드 시대에는 노조에 대한 정책 목적이 노조에 대한 각종 보급의 부적절, 경기 변동에 대한 취약성, 노동력의 연령 구조의 문제 그리고 국가 복지 정책의 정당화 내지는 모델로서의 유용성 등의 문제로 촛점이 옮아가게 되었다. Davidson, *Whitehall and the Welfare Problem*, p. 134.
[15] Lowe, *Adjusting to Democracy*, pp. 106-8.
[16] Pelling, *A History of British Trade Unionism*, p. 163.

배하자 노동성 장관 볼드윈(Baldwin)은 몬드-터너 회담(Mond-Turner Talks)을 위한 작업을 진행시키게 되었다. 그는 이제 새로운 노사관계 정립을 위한 시간이 무르익었음을 알고 있었다.[17]

영국의 노동 지도자들이나 사회주의자들은 혁명에 대한 신앙을 별로 가진 일이 없었으며 일관된 강령을 가져 본 적도 별로 없었다. 그리하여 그들은 이론적 논쟁을 한 일도 별로 없었고 그들 역사에 이론적 또는 전략적 변화에 관한 뚜렷한 분기점도 별로 찾아 볼 수도 없다.[18] 많은 역사가들은 영국의 노동자계급 정치 활동에서의 보수적 입장을 '노동주의'라 지칭해 왔다. 제1차대전 기간부터 과격한 신디칼리스트들은 기존의 TUC의 지배 체제와 국가 개입 정책에 대하여 심각한 도전을 제기해 왔다.[19] 그러나 곧이어 1921년 삼자동맹(Triple Alliance)이 붕괴되고 1922년 기계공업에서의 직장폐쇄(lockouts)는 제1차 '샵스튜어드 운동'에 종지부를 찍게되었다. 그 동안 과격한 신디칼리스트들은 소수로 전락하여 1920년 공산당을 조직하게 되었다. 1926년의 총파업(General Strike)에서의 패배이후 1927년의 노사쟁의법(Trade Disputes Act)의 입법은 결국 과격한 노조파업 시대의 막을 내리고 신디칼리즘을 영국의 정치 무대에서 추방하는 결과를 가져오게 되었다.

---

17 G. W. McDonald & H. F. Gospel, "The Mond-Turner Talks, 1927-33: A Study in Industriasl Cooperation," *Historical Journal* 16, No. 4 (1973), pp. 807-29.

18 Ralph Miliband, *Parliamentary Socialism: A Study in the Politics of Labour* (London: Merlin Press, 1972), pp. 32-33; Geoffrey Foote, *The Labouor Party's Political Thought: A History* (London: Croom Helm, 1985), p. 7.

19 Miliband에 의하면 영국의 신디칼리스트들은 별로 혁명적이지 않았다는 것이다. "그들은 '직접 행동'(direct action)을 혁명적인 변화의 전략이라 보지 않았다. 그것은 특정적이고 제한적인 목적을 위하여 사용하는 의회에서의 활동보다 훨씬 더 효과적인 압력을 행하는 수단이라 여겨졌다. 그들은 '강제한다'(coercing)라든가 '정부를 전복한다'(overthrowing the Government)라는 말은 했어도 그 말은 그리하여 그들이 권력을 장악한다는 생각은 하지 않았다. 일단 정부가 8월달에 그랬던 것처럼 국가 개입의 어떤 이슈에서 후퇴하는 것처럼 보이면 그들의 행동의 압력은 즉시 이완되었던 것이다." Miliband, *Parliamentary Socialism*, p. 70.

1920년대 산업 전선에서 신디칼리즘의 패망 그리고 1920년대와 1930년대에 걸친 노동당에서의 과격파의 추방은 영국의 합리적 계급정치(rational class politics)의 지배적인 양태를 결정했다고 볼 수 있다. 그러나 양차세계대전 간의 영국의 노동운동 양상은 전쟁 이전부터 국가 관리들이 의도했던 바라고 생각 할 수는 없다. 새로운 노동 지도 세력은 노동운동의 전통적인 진영보다는 과격한 진영에 더 가까웠다고 보아야 할 것이다.

영국의 노동자계급이 기존의 TUC라는 틀로 통합된 데는 여러 가지 원인이 있다. 첫째는 그간의 나쁜 경제 조건으로 인하여 과격한 노조들이 존속할 수 없었다는 것이다. 그러나 이 설명은 재고의 여지가 있다. 경제적인 여건은 온건한 노조에게도 동일하게 작용하였으며 실제로 1920년대를 통하여 전체 회원수는 감소하였다. 더구나 그러한 경제적 여건은 동시에 과격주의를 자극할 수도 있었을 것이다. 둘째는 차별적 국가 정책은 신디칼리즘의 퇴조에 결정적인 원인이었다. 셋째로는 이론으로서의 신디칼리즘은 콜(G. D. H. Cole) 등의 지식인을 중심으로 한 길드사회주의에 수용되었으며 다시 노동운동의 산업국유화 주장에 의해서 흡수되었다는 점도 지적하여야 할 것이다.[20] 둘째로 미들마스(Keith Middlemas)의 주장에 의하면 어네스트 베빈과 월터 시트린의 영향하에서의 노조 조직에 있어서의 전문 행정의 하향 확산은 지리적으로 고립되어 있던 광부들을 제외하고는 신디칼리즘의 존속을 거의 불가능하게 만들었다는 것이다.[21]

TUC에서의 전문 행정의 증가와 더불어 또 하나의 주목할만한 사실은 각 산업 분야에 따른 통합(amalgamation)에 의한 노동자계급의 구조적 재편성이었다. 노조의 경제적 힘의 증가를 겨냥한 제반 조직개편은 결국 노동자

---

20 Foote, *Labour Party's Political Thought*; Middlemas, *Politics in Industrial Society*, pp. 120-6.
21 Ibid., p. 164.

들에게 새로운 동질성 (identity)을 부과하였으며 그러한 새로운 경제적 동질성은 신디칼리즘의 바탕으로서의 공동체적 또는 지역적인 계급의식을 대체하게 되었다. 이러한 과정에서 증가 일로에 있는 노조의 전문 인력과 그에 따른 노동자계급의 이해(利害)와 권력에 대한 경제적 개념은 결정적인 요인이었다.[22] 그러한 관점에서 보면 결국 경제적 악조건은 독특한 형태로 반영되었던 것이다. 그것은 과격주의를 확대시킨 것이 아니라 통계적인 관찰을 통하여 신디칼리즘을 억압하는 분위기를 조성했던 것이다.

제1차대전 전야(前夜)부터 급상승하는 생계비의 문제는 노조 활동에 새로운 계기가 되었다. 임금 문제와는 달리 생계비의 변화는 일반 사람들의 눈으로 추적할 수 없는 것이며 이의 관찰은 통계 지식을 요하는 것이다. 당시 영국에서의 생계비의 급등에 이은 생계비 통계의 생산은 한편으로 노조의 과격주의를 조장하기도 하였다. 그러나 다른 한편으로는 일단 노동자들에게 생계비의 중요성이 인식된 후에는 그들의 요구의 형식과 내용이 점차 전문 지식에 의존하는 결과를 초래하였다. 그로 인하여 생계비 상승 시대의 신디칼리즘은 노조에 있어 통계적 전문 지식의 팽창을 조장하게 되고 결국 전문 관료주의의 확산에 대하여 무력할 수밖에 없었다. 신디칼리즘이 노조 관료 지배 현상에 대한 반발 내지 도전이었다면 결과적으로 기존의 관료제를 다른 종류의 노조 관료제로 대체한 것에 불과한 것이다.

---

[22] 영국의 볼셰비키적 사회주의자였던 Theodore Rothstein은 다음과 같이 상황을 평가하고 있다. "우리가 영국에서 보는 바와 같은 노사분규의 수에 있어서의 엄청난 감소는 그것이 노동자들과 타협하려고 하는 고용주들의 특정한 덕에 의한 것이 아니라 노동자들의 의지와 행동의 자유를 사전에 박탈하는 결과를 수반하는 투쟁의 타협 절차로의 대체에 근거하는 것이 아니라는 어떤 현상이 수반되지 않는다면 고용주들에게 불길한 징조라 여겨지기보다는 그들의 '달콤한 합리성'(sweet reasonableness)과 계몽된 자유주의적 성향을 제시한다고 할 수도 있을 것이다." Rothstein, From Chartism to Labourism, p. 205. Bevin이 amalgamation을 통하여 TUC의 General Council에의 대표제를 재조직하려는 계획은 Labour Research Department의 Cole에게서 시사받은 것이라 한다. Bullock, Life and Times of Erenest Bevin, p. 147.

생계비 상승이라는 새로운 문제와 그에 대한 통계적 접근은 노동자계급의 이해(利害)에 대한 경제적 개념의 확산을 수반하였다. 이러한 개념은 제1차대전 중에 등장하여 양차대전 간에 새로운 노동계의 지도세력으로 확립된 집단에 특히 두드러졌다. 특히 베빈의 투쟁 경력에서 그러한 개념의 발달을 쉽게 볼 수 있다.[23] 베빈이 1917년 운수 및 일반노동조합(Transport and General Workers' Union: TGWU)과 전국운수노동자연합(National Transport Workers' Federation: NTWF)을 창설한 것은 그의 노동자계급의 경제적 이해(利害)에 대한 조감도를 표현한 것이었다.[24] 나아가서 그의 이러한 관점은 양차대전 간의 노동지도층 간에 '조직' '통합' 등의 용어에 의미를 정의하게 되었다. 더구나 전쟁 중의 그의 조직적 활동은 그의 관심에 관한 특정한 시간적 지평에 근거한 것이었다. 즉 전쟁이 끝나고 나면 어떻게 될 것인가 하는 것이었다. 그의 전략의 시간 지평(time hotizon)은 전시(戰時)의 노동자의 즉각적인 이해의 보다는 긴 것이었으나 사회주의혁명이라는 것보다는 짧은 것이었다.[25] 그의 전기(傳記) 저자에 따르면 베빈은 "좌익, 우익 또는 중도 등 노동계의 의견에 따른 어떠한 일반적 분류에 쉽게 들어맞지 않는 인물이었다…. 그의 관점에서나 행동에서나 어떤 집단에 속하지 않고 스스로 결정하는 많은 의미에서 개인주의적인 사람이었다."[26]

---

[23] Bevin은 생계비 상승의 문제의 중요성을 누구보다도 일찍 제기한 노동 지도자였다. 앞서 토론한 1920년의 Shaw Inquiry의 경우 이전 제 1차 대전 중에도 생계비 문제를 노사 조정에서 임금 인상의 이유로 제기하였다. Ibid., p. 59. 또한 노동 운동에서 국제적인 협력 문제에서 이에 반대하는 사람들에게 말하였다. "이 전쟁이 끝나면 독일인들과 협력해야 한다. 독일인들은 경제적인 요소로 간주하여야 한다…. 양국의 외교관들도 같이 회의를 하는 터에 우리가 그들과 타협하는 문제에 가책을 가질 필요는 없다." 생계비 상승 문제는 1916년과 1917년에 걸쳐서 NTWF의 집행부를 통하여 주요 문제로 제기되었다. Ibid., pp. 61-3, p. 81.
[24] NFWF에의 통계부 설립에 관한 Bevin의 계획에 관하여는 Ibid., pp. 83-4 참조.
[25] Ibid., pp. 65-6.
[26] Ibid., p. 143.

1926년의 총파업이후 TUC는 몬드-터너 회담을 기점으로 자본가계급 및 국가기관과 관계를 새롭게 성립하게 되었다. 베빈과 시트린의 지도 하에 TUC는 대자본과 산업합리화를 위하여 협력할 용의를 갖고있었다.[27] 또한 TUC는 자본주의의 틀 속에서 단기적으로 노동자계급의 생활수준을 유지한다는 문제에 주된 관심을 기울이게 되었다.[28] 맥도널드와 스노우든(Snowden)의 노동당이 노동자들에 대한 실익을 제공하지 못한다는 것이 명백해지자 TUC는 노동당의 지도부를 장악하고 그의 실질적인 개혁 정책을 실현하고자 하였다.

제1차세계대전 이전에 영국 노동당은 나름대로의 개혁 노선을 가지고 있지 못했다. 노동당은 결국 자유주의자들의 노선을 따를 수밖에 없었다. 잘 조직된 논리에 뒷받침되고 있는 자유주의적 개혁 정책노선은 노동계를 어려운 여건에 처하게 하였다. 즉 후자는 자유주의적 개혁을 반대할 입장에 있지 못했다. 노동당은 이러한 개혁을 지지했지만 동시에 이 과정에서 그들의 약점이 노출되고 그러한 개혁의 실행에도 직접적인 참여가 요구되었다.[29] 독자적인 개혁 노선을 구축하려는 노력은 의회 밖에서 비롯되었다. 지식인들을 포섭하려는 헨더슨의 재기 계획은 "신자유주의자들과 페이비안들의 '사회문제(social problem)'에 대한 정의와 관념이 노동당으로 유입되는 과정과 정확히 일치하고 있었다."[30] 특히 페이비안들은 영국의 노동자계급 정치에 "그들의 노동주의를 대체하기보다는 보강하는 지적 신빙성"을 부여함으로써 개

---

[27] G. W. McDonald & H. F. Gospel, "The Mond-Turner Talks, 1927-1933: A Study in Industrial Cooperation," *Historical Journal* 16, No. 4 (1973), pp. 807-29.
[28] Lowe, *Adjusting to Democracy*, p. 85.
[29] Pat Thane, "The Working Class and State 'Welfare' in Britain 1880-1914," *Historical Journal* 27, No. 4 (1984), p. 897.
[30] Schwarz & Durham, "A Safe and Sane Liberalism," *Crises in British State, 1880-1930*, p. 138.

혁의 노선과 스타일을 확립하는데 결정적인 역할을 하였다.[31]

영국 노동당에서의 지식층 지도세력의 등장으로 투쟁주의(militantism)의 문제가 거론되었다. 노동당은 다른 정당과의 협력관계가 절실한 상황이었으며 이에 투쟁주의자들은 의회에 있어서는 안 되는 사람들로 여겨졌다. 1923년 자유당과 노동당의 연합은 무해한 정도가 아니라 케어 하디와 같은 "무책임"하고 "거친 사람들(wild men)"을 제거하는데 있어 실제로 바람직한 방법이라는 의견이 명확하게 제기되었다.[32] 결국 당시 정치 분위기에서 투쟁주의는 혁명주의는 고사하고 급진적인 사회사상을 의미하는 말이 아니라 노동자계급 저변의 보통 노동자들의 감성과 행태를 반영하는 것을 의미하는 말이었다. 1920년대에 들어서면 지식인들은 의도적으로 노동당에 합리적 개혁주의를 뿌리내리고 있었다. 이들 지식인들은 노동운동 전체의 연계를 형성하였다. 즉 어떤 사람은 '노동 우익(labour-right)'이 되기도 하고 또 어떤 사람들은 '노동 좌익 (labour-left)'이 되어 다양한 집단을 포용하였다. 결국 지식인들과 노조지도자들과의 관계는 애매해 질 수밖에 없었다.[33] 이 기간 동안에 영국의 노동계는 "기본적으로 헌정주의적 세력(constitutionalist force)"으로 등장하였다.[34]

1920년대를 통하여 노동당 지도부에 미친 경제적 합리성의 제약은 전례

---

[31] Foote, *The Labour Party's Political Thought*, p. 32.
[32] Hobsbawm, *Labouring Men*, p. 339. 1923년 12월 "次期 정부의 전략은 사실상 Sidney Webb의 집에서 MacDonald, Snowden, Thomas Henderson 그리고 Webb이 모인 자리에서 은밀히 비밀리에 결정되었다. '당시 대화는… 나는 그 회합에서 우리는 극단적인 정책을 취해서는 안되며 우리의 입법안은 우리가 실행할 수 있는 범위에 국한해야 한다고 역설하였다…. 우리는 국민들에게 우리는 거친 사람들(wild men)의 지배하에 있지 않다는 것을 알려야 한다.'" Miliband, *Parliamentary Socialism*, p. 101.
[33] Robert Dare, "Instinct and Organization: Intellectuals and British Labour After 1931," *Historical Journal* 26, No. 3 (1983), pp. 677-99.
[34] Schwarz & Durham, "A Safe and Sane Labourism," *Crises in British State, 1880-1930*, p. 126.

없는 것이었다. 노동당 내에서 전문적인 정보는 노동자계급의 대표성을 거의 대체하게 되었다.[35] 균형예산(balanced budget)이라든지 통화긴축정책(deflationary policy) 등의 경제학의 정통 이론에 대한 강박관념에 사로잡혀 있던 맥도널드나 스노우든 같은 인물들은 ILP나 TUC의 공공사업 확대 요구를 완전히 무시했다. 1928년 노동당은 「노동과 국민」(Labour and the Nation)이라는 보고서를 당의 개혁안으로 채택하였다. 여기에서 맥도널드는 국가개입주의를 과학적 합리주의의 수사학을 동원하여 정당화하고 있다. 이 개혁안은 지난해에 ILP가 채택한 「생활임금」(Living Wages)과 「우리 시대의 사회주의」(Socialism in Our Times)에서 제시한 개혁안과는 상치되는 것이었다.[36] 이제 사회·경제 정책면에서 노동당은 보수당과 거의 차이가 없어지게 되었다. 1929년에 최초로 케인즈 식의 정책을 제시한 것은 당시 몰락의 길을 걷던 자유당이었다. 1929년 맥도널드는 통상과 산업에 관한 맥밀란위원회(MacMillan Committee on Trade and Industry)를 발족시켰고 1930년에는 경제자문평의회(Economic Advisory Council)를 창설하였다. 경제자문평의회는 경제 문제에 관한 수상의 "귀와 눈"으로서 "그와 나라 전체에게 경제적 조건과 흐름에 대하여 지속적으로 정보를 제공"하는 기능을 수행하게 되어있는 기구였다.[37] 맥도널드의 노동당 정부는 1931년 몰락하고 노동당의 지도부는 TUC의 총평의회에 의하여 장악되었다.

맥도널드의 대기주의(待機主義, attentisme)는 합리적 계급정치의 특이

---

[35] "예를 들어 1918년부터 1929년까지의 자문 위원회(Advisory Committee)의 역사는 당의 관리들의 행태를 잘 보여주고 있다. 그들은 기존의 조건과 마찰을 일으키는 지방당이나 산업 평의회(Trade Councils)들에 대한 조사 활동 보다 Fabian 집단들에 의하여 처리되는 신문 기사, Friendly Societies의 보고서 또는 친노동적 지방 정부로부터의 정보에 만족하고 있었다." Middlemas, *Politics in Industrial Society*, p. 313.

[36] Labour Party, *Labour and the Nation* (London: The Labour Party, 1929); Miliband, *Parliamentary Socialism*, pp. 155-56.

[37] Ibid., p. 163.

한 단계로 파악할 수 있을 것이다. 맥도널드는 노동계로 하여금 합리적으로 보이도록 하기 위하여 '과장 행동(over-action)'을 보인 것이었다. 여론으로 하여금 노동계의 합리성과 과학적 원리에 대한 신앙에 확신을 갖도록 맥도널드는 노동자들은 너무 많은 것을 요구해서는 안 되며 정통 경제이론의 제 원칙을 충실히 따르는 가운데 경제적 어려움을 참아나갈 것을 강요하였다. 여건이 어려우면 더욱 어려울수록 사회주의로의 어려운 길을 참아나갈 것을 과학주의적 수사학을 동원하여 호소하였다.[38]

1920년대를 통해 ILP는 노동당에 압력을 가하고 새로운 개혁 노선을 개발하는 노동 좌익의 역할을 맡고 있었다. 1923년에 클리포드 알렌(Clifford Allen)은 농업과 토지, 정부 기구, 재정, 산업 정책, 조합 정책 그리고 제국 정책 등 각각의 문제에 관한 전문 위원회를 설립하였다. 1926년에 ILP는 홉슨(Hobson)의 과소소비이론에 근거하여 케인즈주의적 이론을 포용하는 「생활임금」의 강령을 채택하였다.[39] 당시 영국의 노동계에서 정책안을 창출할 수 있는 유일한 지적 자원은 페이비안들이었다. 그들은 창조적인 합리적 계급정치를 수행하는 데에 중요한 일보를 내딛게 되었다. 1895년 시드니 웹은 런던경제학교(London School of Economics: LSE)를 창립하였다. 장기적으로 친노동적 사회과학의 발달은 중대한 결과를 미쳤다. LSE는 영국에서 최초로 사회조사 연구를 가르친 대학이었다. 예를 들어 무작위표본이론(random sampling theory)은 여기에서 개발된 것이며 1923년에 최초로

---

38 1930년 전당대회에서 맥도널드는 다음과 같이 연설하였다. "[그러한 문제에 대한] 치유, 새로운 노선, 새로운 아이디어는 조직이다. 즉 생명을 보호하고 사유재산이 아니라 생명과 적절한 관계에 있는 재산을 보호하고, 과학을 통하여 발견하고 발명이 이루어질 때, 지식에 의한 이성에 의하여 파괴될 자는 노동 계급이 아니라 무의도식하는 계급임을 보장할 수 있는 조직. 이것이 바로 우리가 지식과 계획하는 자세를 가지고 서서히 꾸준히 그리고 고집스럽게 추구해야할 정책인 것입니다." Ibid., p. 161.

39 Arthur Marwick, "Independent Labour Party in the Twenties," pp. 73-4; Foote, *Labour Party's Political Thought*, pp. 130-7.

노동성에 의해 적용되었다.⁴⁰

맥도널드 식의 딜레마에서 벗어나 새롭고 현실성 있는 경제 정책을 개발하는 데있어 베빈은 케인즈의 이론을 수용하게 되었다. 베빈은 1930년 재정과 산업에 관한 맥밀란위원회(Macmillan Committee on Finance and Industry)에 참여하였고 그곳에서 경제 축소 대신 경제 팽창의 필요성에 대하여 케인즈에게 배웠으며 TUC 경제평의회의 1931년 3월의 강령 제작을 지원하였다. 베빈은 영국에서 합리적 계급정치의 게임을 이해한 첫 세대의 기수였다.⁴¹ 또한 당시 신페이비안연구청 (New Fabian Research Bureau; NFRB)와 사회주의연구선전협회(Society for Socialist Inquiry and Propaganda; SSIP)도 베빈과 ILP 회원들에 의하여 주도되었다.⁴² 이러한 활동들은 노동자계급의 물질적 요구를 정당화할 새로운 과학 지식을 창조하고 조직하기 위한 시도였다. 1932년 ILP가 노동당으로부터 이탈하자 사회주의연맹(Socialist League)이 노동 좌익 (labour-left) 쪽에서 정책 연구의 역할을 담당하게 되었다. 1930년대에는 TUC의 주도하에 노동당의 조직은 급격히 향상되었고 당 조직의 연구 활동 능력은 집권 보수당과 비견될 정도였다. 노동당이 채택한 '즉시 강령'(Immediate Programme)은 "물질적 계

---

40 비무작위 표본(non-random sampling)은 1차 대전 이전에 이미 사용되었지만 타당성이 인정되지 못하였고 따라서 광범위하게 사용되지 못했다.
41 "물론 노동 조합의 지도자들은 그들 나름대로 봉사해야 할 분파적인 이해가 있었다. 그러나 특히 베빈이나 시트린 같은 유능한 인물들은 맥도널드나 스노우든보다 경제학에 대하여 훨씬 많이 알고 있었다는 것은 주목할만한 사실이며, 그들은 당시의 위기가 얼마나 근거없는 것인가에 대하여도 알고 있었다. 베빈은 맥도널드가 만든 경제 자문 평의회 (Economic Advisory Council)의 회원이었으며 그 안에서의 각종 토론들 특히 Keynes와 Cole의 말에 귀를 기울였다. 그가 맥도널드와 다른 의견을 제시할 때 그는 자신의 입장에 대하여 잘 알고 있었다. 그러나 당시는 경제 이론의 추상적인 문제점에 대하여 널리 알려지지 않았을 때였다." Pelling, A Short History of the Labour Party, p. 69.
42 이 조직들과 노동당의 관계는 유동적이고 간접적인 것이었다. 베빈에 의하면 그 조직들은 "당에 핵심적인 활동 집단은 아니었고 문제를 해결하고 새로운 세대에게 무언가를 제공할 수 있는 터전을 만들기 위한 시도라 할 수 있다." Miliband, Parliamentary Socialism, p. 196.

획과 기존의 열악한 조건의 개선의 문제에 집중되어 미래의 사회주의 사회의 성격에 관한 논쟁을 무력화시키는 결과를 초래하게 되었다. 노동 좌파를 영향권에서 배제시킴으로 인하여 1940년의 위기로 중심세력이 정부로 들어오기 이전에 정치철학 분야에서 이렇다할 발전이 이루어지지 못하게 되어버렸다."[43]

그러나 당시 과격한 노동 좌익이 완전히 합리적 계급정치에 흡수된 것은 아니었다. 1928년에 시작된 '쿡-맥스턴 선거전(Cook-Maxton Campaign)'은 맥도널드식의 계급정치의 합리적 방법에 대한 직접적인 공세로 이어지게 되었다. 1930년대 초반에는 공산주의자들은 전국실업노동자운동(National Unemployed Workers' Movement: NUWM)을 조직하고 대중동원 식의 계급투쟁을 재개하려 하였다. 또한 과격한 사회주의자들은 공산주의자들과 공동 인민전선을 형성하려 했으나 1939년에는 이들 집단들은 노동당에서 축출되었다.

노동계뿐만이 아니라 자본가계급 집단들도 새로운 형태의 합리적 계급 정치에 뛰어들게 되었다. 1919년의 전국산업총회(National Industrial Conference) 이후에 전국고용주조직연합(National Confederation of Employers' Organization: NCEO)은 TUC의 상대로 등장하였다. NCEO는 구성원들에 대한 통제력은 갖고 있지 않은 반면 연구 활동에 주력하였고 사회·경제정책에 관한 공공 논쟁의 장에서 TUC와 노동성을 상대로 투쟁하였다. 특히 NECO의 「수출산업 생산비에서 노동요소에 대한 보고서」 (Report on Labour Factors in the Cost of Production in the Export Industries)는 "1924년부터 1926년까지 임금 삭감 주장의 교과서가 되었다." 사실상 NCEO의 활동은 1929년 TUC의 경제위원회 (Economic

---

[43] Middlemas, *Politics in Industrial Society*, p. 323.

Committee)구성의 주된 자극제가 되었던 것이다. 1926년의 총파업 때는 NCEO는 어느 한쪽 편을 드는 정치적 모험을 하지 않고 오히려 TUC가 광부들과 광산주를 동시에 패퇴시킴으로서 "정치적인 게임을 벌여 상응하는 정치적 득을 얻을 것을" 기대하였다.[44] 베빈은 총파업의 문제에 관하여 1937년 아래와 같이 연설하였다.

> 시간이 갈수록 노조로부터 상대방이 양보를 얻어내려는 유혹은 이제 대단히 현실적이다. 당신들 상대방들의 산업전략은 바뀌었다. 환상을 갖지 말라. 태프 베일 판결이나 유사한 사건을 맞아 투쟁하게 하던 옛날의 쓰라린 적대감의 시대는 이제 지나갔다. 이제는 새로운 기술이 도입되고 있는 것이다.[45]

1918년 2월에 인민대표법(Representation of the People Act)이 제정되고 '할데인보고서(Haldane Report)'에 이어 행정 개혁이 이루어지자 국가 정책은 새로운 방향으로 나아가게 되었다. 우선 임금 규제 문제와 산업평의회에 의한 최저임금의 제정에서 문제가 발생하였다. 이러한 행정적인 이슈는 통계 자료, 경제 이론, 윤리, 이념 등의 복잡한 문제들과 연관되는 논란을 제기하게 되었다. 결국 이러한 문제들은 국가 행정 기관만으로 해결할 수 없는 성격의 것이었다. 우선 행정부 내에서는 이러한 논란은 노동청 관리들과 재무성 관리들의 오랜 갈등의 재등장으로 이어졌으며 일단은 재무성의 잠정적인 승리로 낙착되었다.[46] 1919년 초의 전국산업총회도 결국 국가의 역할에 대한 이론과 철학의 부재로 말미암아 별로 성과를 내지 못하고 말

---

44 Ibid., pp. 183-90.
45 Ibid., p. 222.
46 Lowe, "Erosion of State Intervention," pp. 270-86.

앉다.⁴⁷ 실업보험제도 또한 유사한 문제를 야기하였다. 1916년부터 노사 양측은 모두 국가의 개입을 "불필요하고, 거추장스럽고 시간 낭비"라고 불평하였고, 이른바 "산업자치"를 위해 "국가 통제권의 증가에 반대하여 연합하게 되었다."⁴⁸ 1924년에는 실업보험에 관한 왕립위원회(Royal Commission on Unemployment Insurance)는 보고서에서 보험제도의 주목적인 임시노동(casual labour)을 축소시키기는커녕 보험제도는 임시노동을 부추기는 결과를 초래했다고 보고하였다. 정부 내에서는 통상청의 '노동 정착화 정책'(decasualization policy)이 신임을 잃기 시작하였고 1930년대에 이르면 이 정책은 중단되게 되었다.⁴⁹ 그러한 갈등은 제 1차 대전 중에 비롯된 노동계의 성장과 그들이 국가 정책에 저항하는 능력이 증대한 결과라 할 수 있을 것이다.

정부 행정 기관의 공식적인 수뇌로서 재무성은 국가정책을 지배하게 되고 그들은 전쟁 이전 식의 통상청의 간섭주의를 배제하려 하였다. 이러한 정책은 다시 노동행정 내에 전통적인 개입주의자들과 산업 자치 옹호자들 간의 갈등으로 비화하였다.⁵⁰ 영국 재무성은 점차 통계 생산에 관하여도 통제

---

47 Rodney Lowe, "The Failure of Consensus in Britain: The National Industrial Conference, 1919-21," *Historical Journal* 21, No. 3 (1978), pp. 649-75.

48 Noelle Whiteside, "Welfare Legislation and the Unions during the First World War," *Historical Journal* 23, No. 4 (1980), pp. 866-7. 몇몇 산업 분야에서는 실업 제도를 정부로부터 도급하여 직접 운영하려고 시도했으며 이러한 것은 제도 자체의 제정 형편을 악화시키는 것이었다. 이것은 다시 실업보험 제도를 관장하던 노동 행정에 대한 재무성의 분노를 야기하게 되었다.

49 Noelle Whiteside, "Welfare Insurance and Casual Labour: A Study of Administrative Intervention in Industrial Employment 1906-26," *Economic History Review* 32, No. 4 (November, 1979), pp. 517-9.

50 Rodney Lowe, "Welfare Legislation and the Unions During and After the First World War," *The Historical Journal* 25, No. 2 (1982), p. 438. 당시 산업 자치를 지지하던 Butler는 1918년 1월에 다음과 같은 강한 입장을 표명하고 있다. "전쟁 이전부터 문제로 부각되어 왔고 지금도 전시 상황 하에서 제일선의 문제로 부딪치고 있는 산업 재조직의 문제는 비

권을 강화하였다. 1921년 국가 센서스는 대폭 확대되었으며 5년마다 행해지게 되었다.[51] 1920년대 초반에 이르면 재무성 관료들은 노동 행정의 "공상적 조사활동(speculative enquiries)"과 통계에 대하여 공개적으로 비난하기 시작했고 이는 이념 투쟁의 양상을 띠게 되었다.[52] 결국 노동성과 사회복지행정은 그들의 통계적 기능을 점차 상실할 지경에 이르게 되었다.[53] 당시의 공무원 제도에 대한 할데인 보고서는 재무성에 의한 행정 통제를 지지하는 입장이었다. 그러나 통계에 대한 억압은 이 보고서뿐만 아니라 1853년의 노스코트-트리벨리언보고서(Northcote-Trevelyan Report)에 대하여도 정면으로 반대되는 것이었다. 재무성의 통제라는 것은 결국 행정적인 조치뿐만이 아니라 정치적인 차원에서도 비롯된 것이었다.[54]

1930년대에 들어서면 정부 정책의 방향은 바뀌게 되었다. 그 무렵 국가

집중화 정책으로서만 성공적으로 해결할 수 있다는 것이 우리 행정부서의 굳은 신념이다. 산업에 대한 어떠한 관료주의적 통제 체제도 이 나라에서는 성공할 수 없다는 것은 명백하다. 이에는 두 가지 이유가 있는데… 어떠한 중앙집권화된 행정도 국민들이 각자 스스로 그들의 문제 해결에 관심을 가질 수 있는 체제를 만들어 낼 수 없기 때문이다…." P.R.O., LAB 2/ 454/ ML2574/ 8.

51 G. T. Bisset-Smith, *The Census and Some of Its Uses* (Edinburgh: Green & Son, 1921).
52 Francis Mowat은 그의 보고서에 아래와 같은 비난조를 쓰고있다. "…사상가들 또 정보와 통계를 적용하여 정책을 지적하는 작자들…." P.R.O., T 1/…
53 "…일상적인 행정업무 (특히 실업보험 업무)의 요구들은 바로 통계부의 업무를 잠식하게 되고, 공보, 정보 그리고 직업소개 등에 대한 부서를 폐쇄하도록 강요하게 되었다. 정부는 그리하여 '통계적 나체 (statistical nakedness)' 상태에 빠지게 되었고 이로 인하여 정책의 선택 여지를 제대로 점검할 수 있는 능력이 침식당하게 되었다. 또한 노동성은 그로 인하여 공공 대중에게 충분히 설명하고 각의에 사회정책에 대한 일반 여론을 주시시킬 수도 없었고 실업 정책 전반에 관한 시각을 가질 수도 없었다. 그러한 능력이 있었다면 1920년부터 1934년까지 보험에 관한 입법의 끊임없는 재조정을 피할 수 있었을 것이다. Davidson & Lowe, "Bureaucracy and Innovation in British Welfare Policy," pp. 280-85. 노동성은 각의에 제출하던 「노동 상황에 관한 주간보고서」(Weekly Report on the Labour Situation)를 중단해야 했으며 기타 여러 통계에 관한 기획도 중단되었다. Lowe, *Adjusting to Democracy*, p. 55.
54 Ibid., p. 55.

관리들은 효율적인 개입정책을 수행하기 위한 합리적인 인식 장치들을 갖추고 있었지만 도리어 그들은 계급 조직과의 갈등을 피하기 위하여 비교적 방어적인 자세를 취하게 되었다. 근래에 많은 역사가들은 이른바 "재무성의 견해(the Treasury view)"는 단순히 정통 경제학의 보수적 신념이라고만 볼 수는 없다고 주장하고 있다. 재무성 관리들에게 당시 영국 경제의 가장 기본적인 문제는 산업합리화(rationalization of industry)였다. 그들의 보수정통론 뒤에 있는 사회 경제 문제에 대한 방어적인 자세는 그들의 고집스러운 긴축 정책의 진정한 의도였다는 것이다. 1930년대 말에 이르면 그들의 정통론의 입장은 점차 누그러들게 되고 재무성 관리들도 점차 신축성을 갖게되었다.[55] 양차대전 간의 영국의 관계(官界)는 "금욕적 현실주의(stoic realism)"로 특징지워 진다. 미들마스에 의하면 1930년대 중반에는 "고용주와 TUC의 정부에 대한 힘의 균형은 변화하기 시작하였다."[56]

양차대전 간을 전반적으로 살펴보면 경제학적 이론과 통계적 사실에 관한 논쟁은 실제로 고전적 의미에서의 계급투쟁을 대체한 시기였다. 1920년대는 노동계에 새로운 개념 즉 "사회주의로의 전이를 확보하는 데에 의회 과반수 의석만으로 되는 것이 아닐지도 모른다는 생각이 주목을 끌기 시작하였다."[57] 1930년대에 들어서면 노동계의 많은 지식인들은 현실주의적인 시각을 갖게 되었다. 콜(G. D. H. Cole)은 사회주의를 공산주의 경제의 보편

---

[55] R. Middleton, "The Treasury in the 1930s: Political and Administrative Constraints to Acceptance of the 'New Economics'," *Oxford Economic Papers*, New Ser. 34 (1982), pp. 48-77; G. C. Peden, "'The Treasury View' on Public Works and Employment in the Interwar Period," *Economic History Review*, 2nd Ser 37, No. 2 (May, 1984), pp. 167-81.

[56] "TUC는 국가정책 결정에 있어 그들의 입장을 반영시킬 권리를 확보했을 뿐만아니라 산업 교육과 기술 등의 복잡한 문제들을 다루는 데 익숙해지게 되었다." Middlemas, *Politics in Industrial Society*, p. 217.

[57] Miliband, *Parliamentary Socialism*, p. 198.

적 공공소유가 아닌 상당한 부분의 독점적이고 사회적으로 필요한 산업국유화를 포함한 실용주의적 기획으로 보았다. 이 단계에서 사회주의는 콜에 있어 산업과 서비스의 소유나 관리로서가 아니라 국가 정책의 통제의 측면에서 정의되었다. 또한 그는 산업은 전문가들에 의하여 운영되는 것이지 노동자들이 산업을 경영하는 것이 아니라고 주장하였다.[58] 1920년대 후반에 이르면 노동당과 보수당의 첨예한 정치적인 대립과는 별도로 TUC와 고용주들의 조직 간에는 제한된 범위에서나마 협조 체제가 구축되었다.[59] 이러한 측면은 계급 관계가 반드시 화합적으로 변했다기 보다는 오히려 그들의 투쟁이 새로운 국면으로 접어들었음을 의미하는 것이다.

1920년대에 들어서면 노동자계급 조직과 국가 기관은 그들 정책에 자신감을 잃고 방어적인 태세를 취하게 되었다. 경제, 정치 등 각 분야에 걸쳐 압력이 가중되었다. 그러나 경제적 악조건이 반드시 그러한 무기력한 상태를 야기했다고 할 수는 없다. 왜냐하면 경제적 악조건은 역으로 과격한 투쟁주의도 초래할 수 있기 때문이다. 그러한 비행동주의적이고 방어적인 자세는 악화되는 경제적인 조건에 관한 사실적인 지식의 증가와 그러한 사실을 감당할 이론의 부재라는 상황에서 기인한 것이었다. 이것은 차라리 경제적 합리성의 위기였다 할 것이다. 이러한 상황에서는 과격한 정책이나 행동을 취하지 않는 것이 합리적인 전략이었다. 왜냐하면 그들 행동의 결과는 객관적

---

58 Foote, *Labour Party's Political Thought*, p. 177.
59 Middlemas는 다음과 같이 말하고 있다. "그런가하면 이 양대 조직은 정부와 연관되어 있었다. 그들의 연관은 강한 것은 아니라 하더라도 다수의 연결점을 확보하고 있었다. 1930년대에는 소수의 인원으로 구성된 위원회가 엄청난 숫자로 증가하였다. 국가의 고관들인 .....등은 상공회의소, 각종 협회, 연맹 등을 대표하는 다양한 명목으로…… 등과 그리고 National Joint Council, TUC, General Council, 그리고 각종 산업위원회의 ……등은 서로 대적하게 되었다. 그들은 서로의 약점, 습관, 편견들을 잘 알고 그에따라 전략을 세우곤 하였다. 계속적인 접촉으로 인하여 삼각 관계의 대표자들은 점차 가까와지게 되었다." Middlemas, *Politics of Industrial Society*, pp. 226-67.

으로 측정될 것이며 그렇지만 경제적인 상황을 호전시킬 수 있는 정책 방향은 발견되지 않았기 때문이었다. 더욱이 그러한 상황에서 상대가 비합리적인 행동으로 전체적 상황을 악화시키지 않도록 합리적 행태를 부과하는 것은 중요한 전략이었다. 이 시기에 있어 실로 형식적으로 합리적인 행위 양태는 행위자들에게 부과되었고 지배적 실천 양태가 되었다.[60] 결국 이러한 상황에서 합리적으로 보이는 것은 가장 중요한 합리적인 전략이었으며 이것은 맥도널드 식의 대기주의(attentisme)의 전략적 합리성이었다.

1930년대에 들어서면 통계학, 경제학 등의 과학적 지식의 정치적인 의미와 중요성이 서서히 주요 정치 행위자들 간에 알려지게 되었고 그들은 합리적 계급정치의 게임에 대한 이해의 바탕 위에서 정치에 임하게 되었다. 영국 재무성이 사회통계와 노동통계의 확대를 억제한 것은 보수주의자들이 합리적 계급 정치를 억압하고저 하였던 전형적인 예라 할 수 있다. 또 하나의 예는 1930년대의 공공보건과 실업에 대한 논란에서 찾을 수 있다. 이 경우 통계는 여러 다른 이념을 대표하는 집단들의 정치적인 무기로 등장하였다.[61] 계급정치의 도구이자 장(場)을 형성하는 공공지식의 범위는 노동통계에 그치지 않고 교육, 위생, 사망률 등의 여타 분야에까지 확대되었다.

콜의 회고에 의하면 일반적으로 케인즈 혁명이라 부르는 것은 사실 흡슨(John Hobson)의 혁명이었다고 한다.[62] 그러한 혁명의 성격은 합리적 계급정치의 기본적 원리를 잘 드러내 준다. 콜에 의하면 케인즈의 경제 이론은 영국 노동계의 오래된 신념이었으며 흡슨의 이론과 일맥상통하는 것이었

---

60 Lowe, *Adjusting to Democracy*, pp. 49-79; Lowe, "Hours of Labour: Negotiating Industrial Legislation in Britain, 1919-39," *Economic History Review* 35, No. 2 (May, 1982), pp. 255-56, p. 270.
61 Charles Webster, "Health or Hungry Thirties," *History Workshop* 13 (Spring, 1982), pp. 110-29.
62 Foote, *Labour Party's Political Thought*, p. 172.

다. 그러나 케인즈주의를 케인즈 이전의 영국 노동계의 "의식상태"(state of mind)와 동일시할 수 없는 데는 중요한 이유가 있다. 케인즈가 그의 혁명에서 이룬 것은 경제학계(economic profession)와 주변의 여러 집단을 설득하는 데 필요한 과학적 형식화(scientific formalization) 또는 이론화에 성공하였다는 점이다. 그가 이룩한 것은 과학혁명(scientific revolution)이었으며 결국 그것은 합리적 계급정치의 틀 안에서 정치적 혁명의 의미를 갖게 된 것이다.

제3장

프랑스의 지식국가

1. 노동통계의 발달과 사용

프랑스에서 노동자계급의 통제는 전통적으로 경찰의 소관 업무였다. 1852년에 포고된 상호부조단체(mutual aid societies)에 대한 규제나 1864년부터 묵인되어 온 노동조합에 관한 규제는 기본적으로 내무부(Ministère de l'Intérieur)의 소관 업무였다.[1] 1884년의 발덱-루소(Waldeck-Rousseau)법은 노동조합을 합법화하였고 이에 노조에 관한 업무는 내무부가 다시 맡게 되었다.[2] 또한 광부들과 같은 노동자계급의 특수한 부분은 공공사업부(Ministère des Travaux Publics)의 통제 하에 있었다.

통계의 생산은 노동자계급을 통제하는 문제와는 별도의 일이었다. 그러나 1880년대 중반부터 이 두 행정 분야는 서서히 접근하고 통합되기 시작하였다. 1884년 소위 "44인 위원회"라 불리는 노동자의 생활실태 조사를 위한 위원회가 의회에서 결성되었다. 그러나 위원회가 소기의 성과를 거두지 못

---

1   노동자들의 결사를 금지하던 형법 414조와 415조는 1864년에 폐기되었다. 다시 말해 1791년의 Le Chaplier법은 묵인되었다.
2   전문직종의 노동자 연합을 관할하는 부처는 이미 내무부 산하에 있었다. 이와 같은 노조에 대한 업무부서의 조직은 행정의 범위가 노조 일반으로 확대되었다는 것을 뜻한다.

하자 이에 대한 대응으로 1885년에 고등통계평의회(Conseil Supérieur de Statistique)가 성립되었다. 고등통계평의회는 정부의 각료와 학자들로 구성된 자문기구였다. 1886년에는 상공부(Ministère du Commerce et de l'Industrie)가 새로 조직되고 노동조합의 통제는 신설부에서 맡게 되었다.[3] 이어 1890년에는 의회에 상설 노동위원회가 폴 기에스(Paul Guieyesse)의 주도하에 세워지게 되었고 1891년에는 급진파의 제안과 기회주의자들(Opportunistes)의 수정을 거쳐 고등노동평의회(Conseil Supérieur du Travail)가 출범하였다.[4] 이어 같은 해 7월에는 노동실(Office du Travail)이 상공부에 장관 직속 기구로 탄생하였다. 노동실은 노동에 관한 통계자료를 수집하고 출판하는 것을 주요 임무로 삼았다.

노동실이 창설되자 프랑스 일반통계국(Statistique Générale de France: SGF)은 노동실의 산하로 이관되었다. 1899년에는 노동실이 상공부의 정규 조직편제에 포함되면서 노동사무국(Direction du Travail)으로 확대 조직되었다.[5] 1906년 10월에는 끌레망소(Clemenceau)에 의하여 노동사회관리부(Ministère du Travail et de Prévoyance Sociale)가 창설되었고 이에 따

---

[3] 1812년에 공업상업부(Ministère des Manufactures et du Commerce)가 창립되었다. 1833년에는 이는 Thiers에 의해 통상부(Ministère du Commerce)로 개편되었다. 1886년에 노동조합에 대한 행정부서가 상업행정부로 이관된 것은 급진파 공화주의자인 Edouard Lockroy의 요구에 의한 것이었다. Lockroy는 장관직을 요청받자 노조행정의 이관을 조건으로 수락하였다. Jean-André Tournerie, Le Ministère du Travail. Origines et Premiers Développements (Paris: Edition Cujas, 1971), p. 137.
[4] 이 평의회의 창설을 처음으로 주장한 사람은 Mesureur와 Millerand이었다. AN(Archives nationales) C 5461, Dos 542, N. 2. Jules Roche가 제출한 법안은 원안과는 상당한 차이가 있는 것이었다.
[5] 1891년 애초에 노동실은 의도적으로 행정부의 정규 조직편제에서 의도적으로 제외된 것이다. 6월 13일의 입법계획 (Projet de loi)에 보면 최초의 두 번째 조항은 필경 당시의 대통령이던 Carnot나 상공부 장관이던 Roche에 의하여 마지막 순간에 거부된 것이었다. 폐기된 조항은 다음과 같았다. "공공행정에 관한 규정은 노동실의 권한과 기능을 결정한다." 이 조항이 폐기되었기에 노동실은 향후 10년 동안 특별 기구로서 독자적인 업무를 수행할 수 있었다. AN, C 5516A, Doss 2616, N. 1496.

라 SGF는 신설부로 이관되어 노동사무국 산하기구로 편입되었다.[6]

1890년대 초부터 노동실은 직업과 산업에 관한 통계표를 포함한 조사자료와 책자를 출판하기 시작하였다. 말하자면 이 시대에 노동통계는 노동실에서 출판하는 『통계연보』(Statistique Annuaire)와 SGF가 연간(年刊)과 계간(季刊)으로 발행하는 사회통계에 포함되어 있었다. 그밖에 특별 연구서적들도 출판되었다. 1894년에는 노동실은 영국의 예를 따라 기관지로 「노동실월보」(Bulletin Mensuel de l'Office du Travail)를 발행하기 시작하였다. 세기 말에는 노동실은 『프랑스 산업의 임금과 노동시간』(Salaires et Durée du Travail dans l'Industrtie Française)나 『노동직종협회』(Associations Professionnelles Ouvrières) 등을 출판하였는데 이는 대단히 중요한 통계자료로 평가되었다.

영국에서는 실업이 노동통계의 가장 중요한 주제였다면, 프랑스에서 1880년대를 통하여 노동문제의 가장 중심적인 시안은 산업분쟁 즉 파업이었다. 1890년대 공식적인 통계자료가 만들어지기 전에는 통상업무를 맡은 행정부처에서 각 지방행정청(Préfectures)으로부터의 보고 체제를 1880년대를 통하여 발전시켜 왔다. 1883년 7월부터는 각 보고에 통일되게 인쇄된 보고서 용지의 각 항목을 채우도록 되었고[7] 보고서의 양식은 12개 항목으로 구성되어 있었다.[8] 1884년 앙쟁(Anzin)의 광부들의 대규모 분규는 분기점

---

6 Ministère du Travail, *Statistique Générale de la France*, pp. 11-7.
7 지방행정청의 산업분규의 보고서에 관한 최초의 중앙정부에 의한 회람(circular)은 1878년 7월 12일에 농업상업부의 이름으로 발송된 것이었다. AN, F12 4656. 그러나 1880년대 중반의 보고서들은 주로 이렇게 시작했다. "1883년 2월 22일자 회람에 포함된 장관령에 따라...." 1883년 2월에 발행된 회람은 지방행정관들에게 소정의 보고서 양식을 따르도록 하는데 결정적인 계기였을 것이다. AN, F12 4656와 F12 4663.
8 12가지는 다음과 같았다. 1. 지방명(D partement), 2. 지역(Localit), 3. 기업체 이름, 4. 파업기간, 5.파업에 동조한 숫자, 6. 파업자들의 요구사항, 7. 고용주의 제안, 8. 노사의 타협조건, 9. 파업전의 임금수준, 11. 파업자들이 재원, 12. 1864년 5월 25일의 법률에 위반된 사항. 이

을 이루었다. 이 때부터 중앙정부는 지방 행정청으로부터 계속 많은 양의 정보를 요구하기 시작하였다.[9] 1882년부터는 상공부에서 장관에게 파업에 관한 연간보고서를 제출하기 시작하였다. 1885년까지 이 보고서는 기술적(記述的, descriptive)인 것이었다. 1886년에는 처음으로 중앙정부에서 전국적인 수준에서 산업분규에 대한 통계분석을 포함한 체계적인 분석이 시도되었다.[10] 나아가서 중앙정부는 지방으로부터의 보고체제에 대한 감시와 정비를 시도하였다.[11]

정치권에서 산업분규에 대한 통계자료를 최초로 요구한 것은 사회주의자인 알렉상드르 밀랑(Alexandre Millerand)이었다.[12] 1890년대부터는 지

러한 형식의 보고서가 처음으로 발견된 것은 AN, F12 4656 이다. 1885년에는 12가지 양식이 10가지로 줄었으나 실질적인 정보전달의 내용에 변화가 있었던 것은 아니었다. 10가지 항목은 다음과 같다. 1. 파업이 발생한 지역이나 작업장, 2. 파업의 원인, 3. 파업의 기간(파업의 시작한 날과 끝난 날), 4. 파업에 동조한 인원, 5. 개선되기를 원하는 불평불만, 6. 공장주의 제안, 7. 노사간의 타협의 조건, 8. 파업 이전과 이후의 임금수준, 9. 파업자들이 동원한 자원, 10. 1864년 5월 25일의 법률을 위반했는지를 증명할 수 있는가? AN, F12 4659.

9   Anzin에서의 파업에 관한 문서철에는 중앙정부와 지방정부 간의 많은 수의 전보와 속달 문서가 남아있다. 중앙정부는 더 많은 정보를 보내라고 독촉하는 훈령을 반복하여 내려보냈다. AN, F12 4661.

10 조사팀은 장관에게 열 가지 항목에 걸쳐 통계표를 포함한 보고서를 제출하였다. 이전에 작성된 지방으로부터의 많은 개별 보고서가 1886년의 보고서를 이 보관된 문서 상자에서 발견된다. 이러한 상태의 문서 보관을 보면 1886년 이전에 지방에서부터의 모든 보고서들이 이때에 다시 면밀히 재검토되었음을 알 수 있다. AN, F12 4656. 장관에게 제출된 보고서의 10개 항목은 다음과 같다. 1.보고서의 목적, 2. 파업의 횟수와 파업가담자의 수 그리고 파업의 성격, 3. 파업의 원인, 4. 파업으로 인한 손해와 처벌, 5. 파업의 기간, 6. 파업자들이 동원한 수단, 7. 파업자들의 요구사항, 8. 지역별로 본 파업의 실태, 9. 산업별로 본 파업의 분포도, 10. 요약.

11 1886년의 보고서 문서함에서는 관할구역의 지방장관이 발행한 회람들과 소책자들이 발견된다. 그리고 지방에서 올라온 보고서에는 일률적으로 중앙에서 요구하는 보고서를 작성해야 하는 것에 대한 부만을 표시하는 것도 다수 있다. 이것을 통해 1880년대 중반까지는 많은 비 공업화된 지역의 행정청은 파업의 중요성을 제대로 파악하지 못하고 있었고 지방행정부가 중앙에 보고서를 제출하는 제도도 제대로 지켜지지 않았음을 짐작할 수 있다. AN, F12 4666.

12 행정부의 서류철에서 분규에 대한 지난 10년간의 통계자료를 입법을 위하여 요구한 메모가 발견된다. 그 메모에는 1888년 6월 8일이라는 날짜와 Millerand의 서명이 선명히 보인다. AN, F12 4666.

방장관들이 개별적인 분규와 더불어 각 지방에서 일어나는 산업분규에 대한 통계 보고서를 매년 제출하도록 되었다.[13] 1890년경에는 보고체계는 거의 자리를 잡아가고 있었다.[14] 1892년 창설된 노동실이 노동쟁이에 대한 통계자료를 새롭게 정리하기 시작한 것에 발맞추어 전국의 보고체계에도 변화가 있었다. 즉, 1892년 전까지는 보고서의 양식은 보고서류 안에 한 장으로 되어있었다. 노동실은 다른 서류들을 안에 넣을 수 있는 폴더(folder) 모양의 새로운 양식의 보고서 용지를 도입하였다. 이 새로운 양식의 보고서는 분규와 관련하여 노동자들의 실태를 알수 있는 20개 항목에 걸친 자세한 사실들을 조사하도록 요구하고 있었다.[15] 이듬해에 노동실은 『파업과 조정중재요청통계』(Statistiqtue des Grèves et des Recours à la Conciliation et à l'Arbitrage)를 발간했다.[16] 산업분규에 대한 전국적인 통계 보고체제가 완성된 것은 1899년경이었다.[17]

프랑스에서 파업의 문제는 사회에서 정의된 바 노동문제의 핵심을 이루고 있었다. 통상업무나 산업업무를 담당하는 행정부서에서의 일차적 관심

---

[13] 1889년 10월 28일 날짜의 회람은 지방행정관에 의하여 대체로 지켜졌다. AN, F12 4665. 1890년 11월 28일에는 유사한 회람이 또 한차례 있었다. F12 4667.
[14] 여기서 한가지 짚고 넘어가야 할 것은 지방에서 산업분규에 대해서 제출한 보고서는 문서국에서 지방별로 F12 4656부터 4668까지 분류되어 있다. 그러나 1889년부터는 이 보고서들은 연도별로 F12 4669 이후로 분류되기 시작한다는 것이다. 이것은 전국의 보고체제와 중앙정부에서의 분류방법에 커다란 변화가 있었음을 의미한다.
[15] 노동실은 1890년부터 1892년 5월까지 파업에 관한 통계를 준비하기 시작했다. 관련부처 장관에게 보고서 제출을 요구한 것은 5월 25일이다. AN, F12 4667. 1892년까지는 지방의 보고서가 제출된 곳은 部의 제1분과인 산업국이었다.
[16] 이 자료를 만드는데 노동계의 행동가인 Isidore Finance는 Arthur Fontaine과 많은 협력을 했다. 분규에 대한 행정부의 보고제도의 발달사를 살펴보기 위해서는 다음을 보라. Michelle Perrot, Les Ouvriers en Grève. France 1871-1890, Vol. 1 (Paris: Mouton, 1974), pp. 22-30.
[17] 개별적인 분규에 관한 보고서 외에도 매달 정규적으로 산업분규에 대한 보고서가 노동실에 제출되었다. 1895년 10월 10일과 1889년 1월 30일에도 보고서 작성 제출 문제에 관하여 계속적인 회보가 있었다. AN, F12 4663 and F12 4698.

분야는 파업과 정치적 선동이었다.[18] 그리하여 파업에 관한 보고서는 임금이나 생계비 등의 노동통계의 대부분을 산정해내는 직접적인 기본 자료가 되었다. 또한 노동문제를 담당하는 행정부의 고위관리들은 대부분 대규모 석탄광지역의 대규모 분쟁을 다루어 본 경험이 있는 기술직(技術職) 인력으로 충당되었다.[19]

프랑스에서 노동실이 실업에 대한 통계를 발행하기 시작한 것은 1896년이었다. 또한 고용에 관한 전국 센서스는 1912년 SGF에 의하여 최초로 시도되었다.[20] 프랑스에서의 실업통계는 민간 개혁가들과 특히 내무부에 의해서 1890년대 초부터 시도된 노동자계급의 분류의 일환이었다.[21] 이러한 이유에서 19세기 말 프랑스의 실업에 관한 통계는 정태적이고 또한 분류작업에 머물고 있었으며 경제와 제조건의 역동성을 반영하는 수준에 이르지 못하였다. 더구나 무직(無職, sans profession)에서 시작하여 마지막 단계까지 객관적인 분류 기준이 존재하지 않았고 응답자의 대답에 따를 뿐이었다.[22] 그리고 20세기 초에는 실업문제가 심각한 사회문제로 대두되자 국가

---

18 「1890년부터 1893년까지의 각 지방별 공업 상업 통계」(Statistique industreille et commerciale des Départments, 1890-1893) 라는 이름의 행정 문서철에는 지방에서 중앙으로 보낸 보고서들이 있다. 그 대부분의 보고서들은 주관적인 판단을 담고 있는데, 그 중에 하나는 첫째 항목인「상공업 실태 요약」난에 이렇게 적었다. "매년 유사한 시기와 같이 조용 (calme)..." 심지어는 많은 경우에 일반적 경제 조건에 대한 물음에 "조용하다 (calme)"라고 대답한 경우가 많았다. AN, F12 6175. 즉 이 시절 경제에 대한 관점은 모두 파업에 만 쏠려 있었다 해도 과언이 아니다.

19 프랑스 노동행정의 대표적인 인물인 Fontaine의 개인 서류철에는 그의 이전 상관이 쓴 그에 대한 추천서가 발견되었다. 추천서는 이렇게 쓰고 있다." 나는 앞서 말한 찬사에서 아무 것도 뺄 부분이 없다고 생각합니다. 나는 Fontaine씨가 Pas de Calais 지방의 파견되어 지난 번 파업 문제를 훌륭하게 처리한 것에 대하여 당신의 전임자에 이미 비밀 보고서를 전한 바 있다는 것을 덧붙이고 싶습니다." AN, F12 5146.

20 Ministère du Travail, *Statistique Générale de la France*, p. 33.

21 Bénédicte Reynaud-Cressent, "Emergence de la catégorie de chômeur la fin du 19e siècle," *Economie et Statistique* 165 (April, 1984), pp. 53-7.

22 Ibid., pp.58-9; Jean Luciani, "Le Chômage au XIXe siècle en France". Thèse pour

기관이 발행하는 권위 있는 통계가 없다는 사실로 말미암아, 당시의 실업상태를 서로 다르게 파악하는 잡다한 통계들이 난무하여 기존의 통계의 신빙성마저 떨어지는 복잡한 상황이 전개되었다.[23] 또한 영국의 경우와는 달리 프랑스 노동실은 노동조합의 보고서로부터 통계자료를 만들 수 없었다. 그 이유는 조합 결성의 비율이 매우 낮았고, 제출된 보고서들 또한 일관성이 없었기 때문이었다.[24] 1936년 인민전선(Front populaire) 정부가 들어서지 전까지는 실업통계는 결함 투성이었다. 그것은 우선 실업에 관한 경제학적 연구가 진지하게 이루어지지 않았고 또한 실업이 당시의 초미의 관심사는 아니었기 때문이었다.

프랑스 노동통계의 발전 역사에서 산업재해(industrial accidents) 문제는 결정적인 계기가 되었다. 산업재해에 국가행정기관이 관심을 갖게 된 것은 제2왕정 시절이었다. 노동자계급의 혁명운동이 시작되었던 1880년대 동안 산업재해는 개혁주의적 고용주들에 의하여 국가의 중심 문제로 부각되었다.[25] 노동실의 설치에 관한 첫 단계의 계획안에는 다른 문제에 관하여는 사후에 처리하고 산업재해 문제를 전담할 전문적인 통계학자를 특별히 고용하도록 되어있었다.[26]

---

le doctorat 3ème cycle en économie des ressources humaine (Paris: Université de Paris 1 — Sorbonne, 1985)······ Bénédicte Reynaud, L'Invention du Chômage (Paris: PUF, 1986).

23 Luciani, "Chômage au XIXe siècle en France," pp. 314-8. Luciani는 아래와 같이 말했다. "세기말에 관찰자의 역할을 지닌 경제학자들이나 통계학자들은 관찰당하는 역할로 넘어가게 되고 이러한 사태는 실업통계의 정치적 사회적 역할에 대하여 우리를 계몽시킬 뿐이다." A. de Lavergne and L.P. Henry, Le Chômage, causes, consequences, remèdes (Paris: Marcel Rivière et Cie, 1910), pp. 84-5.

24 Luciani, "Chômage au XIXe siècle en France," pp. 323-6.

25 François Ewald, "Formation de la notion d'accident du travail," Sociologie du Travail 1 (1981), pp. 3-13; François Ewald, L'Etat providence (Paris: Bernard Grasset, 1986).

26 Victor Turquan, "L'Office du travail," Journal de la Société Statistque de Paris 32,

또한 노동실의 창설은 전국적인 센서스 체제의 발전에 직접적인 원인을 제공하였다. 1894년에는 에밀 르바쉐르(Emile Levasseur)는 전문직종에 관한 센서스의 자문위원회를 이끌었다.[27] 1896년에 처음으로 전문직종 센서스와 공업 센서스가 따로 분리되어 이루어 졌다. 또한 공업과 전문직종 센서스의 분류체계는 국가적 노동력 통제의 관점에서 재조정되었다.[28] 1906년 전국적인 인구 센서스를 계기로 처음으로 출산율에 대한 근대적인 조사가 시행되었다. 1930년대까지 전국 센서스국이 노동행정부의 관할 하에 있었다는 것은 프랑스의 독특한 상황이다.

　1890년대로부터 정치가나 노동계의 지도자 혹은 산업과 노동문제를 전담하는 국가행정기구가 내놓은 개혁안들은 거의 예외 없이 통계분석 자료에 의해서 정당화되고 있었다.[29] 그러나 보수적인 기회주의 공화주의자들 또한 그러한 개혁안을 반대하는 데 노동통계를 사용하였다.

　노동통계가 공공지식의 위치로 확립되는 과정에서 가장 큰 공헌을 한 사람들은 장 조레스(Jean Jaurès)나 알렉상드르 밀랑(Alexandre Millerand)과 같은 중산층 출신의 공화주의 배경을 가진 사회주의자들이었다. 그들은 사회주의의 실현을 점진적인 과정으로 파악하고, 이 과정에서 노동자계급의 생활조건을 보다 심층적으로 이해하는 데에 노동통계를 이용하였다. 그들은 과학적 조사 활동에 대하여 강한 신념을 갖고 있었다.[30] 예를 들어 조레스는

No. 11 (November, 1891), p. 373.

27 Ministère du Travail, *Statistique Générale de la France*, pp. 15-6.

28 A. Desrosi re, "Eléments pour l'histoire des nomenclatures socio-professionelles," *Pour une histoire de la Statistique*, Tome 1 (Paris: INSEE,1979), pp. 155-232; Bernard Guibert; Jean Leganier & Michel Volle, "Essai sur les nomenclatures industrielles," *Economie et Statistique* 20 (February, 1971), pp. 23-36.

29 Tournerie, *Ministère du Travail*, p. 139.

30 1903년 Jaurès는 재무부에서 나온 상속에 관한 통계자료를 이용하여 부의 분배 문제에 관한 논문을 쓴 적이 있다. Harvey Goldberg, *The Life of Jean Jaurès* (Madison: University

하원에서의 여러 논쟁에서 통계를 광범위하게 사용하고 있는 르루아-볼리위(Leroy-Beaulieu)의 경제분석과 인구조사 통계를 사용하여 자신의 주장을 뒷받침했다. 조레스는 늘 대정부(對政府) 질문에 임할 적에는 행정부 업무의 상세한 사항까지 완전히 이해하기 위하여 노력했던 사람이었다.[31] 이러한 사회주의자들은 의회전략 뿐만 아니라 행정적인 전략을 동시에 구사할 수 있었던 사람들이었다. 노동통계에 대한 온건파 공화주의자들의 생각에는 많은 변화가 있었다. 통계자료의 위치가 확립되자 사회주의자들은 가장 먼저 통계를 의회에서 사용하기 시작하였다. 그러자 1890년대 후반부터 우익 공화주의자들은 그러한 공공지식의 생산을 억압하기 시작하였다. 기회주의자들이 권력을 잡게 되자 "상업은 희생당하고 노동의 이해는 지나치게 조장되었다"고 주장하며 노동행정의 발전을 저지하려 하였다.[32]

프랑스의 보수세력은 깊은 뿌리를 내리고 있었다. 프랑스의 유수한 대학, 특히 공무원 교육을 목표로 하는 그랑제꼴(Grandes Ecoles)이나 법학

---

of Wisconsin Press, 1962), pp. 311-3; Leslie Derfler, *Alexandre Millerand: The Socialist Years* (The Hague: Mouton, 1977).

31 Lille와 Armentière에서 있었던 섬유공장 직공들의 파업이 그 대표적인 경우가 될 것이다. 하원에서 Jaurès는 정부가 개입하여 분쟁을 공식적인 기구를 통해 조사할 것을 요구하였다. 사용자측이 이러한 Jaurès의 주장에 반대한 것은 너무나 당연한 일이다. 그럼에도 불구하고 노동자들에 대한 상세한 정보자료에 근거하고 있는 주장은 의회를 설득시킬 수 있었다. 상공부 장관 Troullot는 사용자측의 반대에도 불구하고 Jaurès의 의견을 받아 들였던 것이다. 투표결과는 512대 2로 Jaurès의 승리였다. Goldberg, *Jaurès*, pp. 134-6, p. 187. pp. 190-4, p. 315, pp. 501-2.

32 노동실의 1년 예산은 1896년까지 152,000 프랑으로 거의 고정되어 있었다. 그러나 1897년에는 인플레이션 속에서 노동실의 예산과 SGF의 예산이 하나로 통합되어 95,000프랑으로 급격히 줄어들었다. 이러한 예산 감축은 예산위원회의 보수파 관료인 Edmond Charles-Roux의 주장에 따라 Méline 정부에 의해서 시행된 것이었다. 더구나 노동실의 업무를 제한하기 위해서 Méline 정부는 독립적인 기구로서의 지위를 박탈하고 노동실을 상공부의 정규 편제에 포함시켰으며 이로 인하여 노동실이 그간에 누렸던 인원 선발의 자유는 끝장이 났다. 또한 그는 공장 감독의 예산도 감축하여 하였으나 통상성 장관의 저항으로 실패하였다. Tournerie, *Ministère du Travail*, pp. 140-4.

부(Faculté de droit)에서 제2차대전 무렵까지 진행된 경제학 강의는 고전주의 정치경제학 일색이었다. 영국과는 달리 프랑스에서는 노동통계의 성립은 경제학 이론이나 전문직의 여하한 변화도 수반하지 않았다. 프랑스의 경제학은 여전히 존 스튜어트 밀(John Stuart Mill) 류를 벗어나지 못하고 있었다.[33] 프랑스의 경제학자들은 노동통계나 새로 등장하는 경제학 연구 등을 편향적이고 "환상적"이라고 비난하였다. 바로 이러한 이유로 해서 프랑스의 고위공직자, 특히 재정감독관들은 경제에 대하여 보수적인 입장을 견지하였다. 그럼에도 불구하고 중요한 사실은 우익들의 경우에도 노동통계에 대하여 그것이 자신들의 이해(利害)에 상반되게 사용되는 한 통계자료 자체에 대하여 관심을 갖지 않을 수 없었다는 사실이다. 통계자료에 대한 비난은 당시 새로운 정치 게임의 중요한 전략이 되었다.

계급투쟁의 시점에서 온정주의적(paternalist) 개혁주의자들은 사회개혁의 디딤돌로서 과학적 지식을 사용하기 시작했다. 그들은 다양한 사회개혁 프로그램을 제시하고 있었다. 사회공학, 이윤분배, 노동자 주택, 협동조합, 회사노조 또는 노조파괴, 성인교육, 기술훈련 등을 제시하였다.[34] 또한 여러 조직들도 창설되었다. 사회박물관(Musée social), 사회진보와 방어위원회(Comité de défence et de progrès social), '프랑스값싼생활협회'(Société française des habitations à bon marché)와 사회경제협회(Société d'économie sociale) 등의 수많은 단체들이 창립되었다. 어쨌든 이들 개혁론자들은 계급적 이익을 넘어서는 광범위한 사회전반의 사회·경제적 합의를 도출해 내려고 애쓰고 있었다.

---

[33] Richard F. Kuisel, *Capitalism and the State in Modern France* (Cambridge: Cambridge University Press, 1981), pp. 1-6; Joseph Schumpeter, *History of Economic Analysis* (New York: Oxford University Press, 1954).

[34] Sanford Elwitt, *The Third Republic Defended: Bourgois Reform in France, 1880-1914* (Baton Rouge: Louisiana State University Press, 1986), pp. 7-11.

사회개혁을 지지하던 좌익 공화주의자들은 폴 픽(Paul Pic)이나 에밀 르바쉐르(Emile Levasseur) 혹은 샤를르 리스트(Charles Rist) 그리고 프랑수와 시미앙(François Simiand)과 같은 사람들은 독립 사회주의자들과 연합하여 국가 기관 밖에서 체계적이고 이론적인 지식을 발전시키기 위하여 유사-학술단체나 언론사를 결성하였다. 특히 사회경제학회(Société d'économie sociale)와 사회평화동지연맹(Unions des amis de la paix sociale)은 노동문제가 그들의 주된 관심사였다. 그리하여 20세기 초에는 통계자료를 이용한 경제학의 이론적 연구서가 등장하는데, 그들의 대부분은 합리적인 주장을 통하여 온건한 개혁 노선을 지지하는 것들이었다. 그 중에서도 샤를르 리스트는 통계분석을 통해서 파업은 정당한 사회 현상이라는 논리를 전개하였고 개혁가들은 그의 주장을 원용하였다. 후일 리스트는 제1차대전이 끝난 후 국가경제평의회에 참여하였다.[35] 그러한 경제적 이론화는 노동자계급의 생존조건과 사회개혁을 사회 전체의 보편적 이해의 수준으로 올려놓았다. 또한 경제학자들은 「정치경제평론」(Revue de l'économie politique)과 같은 순수 학술잡지를 발간하기도 했다. 1908년부터 노동문제에 관한 고정란이 등장하였는데, 그 부분을 전담했던 사람은 노동실 기관지인 「월간지」(Bulletin Mensuel)의 편집장이었던 샤를르 피크나르(Charles Picquenard)였다.[36] 리옹(Lyon)지방에서는 폴 픽(Paul Pic)이 「노동입법과 사회경제의 실제문제 논평」(Revue des questions pratiques de législation ouvrière et d'économie sociale)를 발간했다. 그리고 이러한 잡지들의 편집장들은 주로 급진파 공화당의 자문 역할을 맡고 있었다.

개혁주의 흐름을 주도해 가기 위해 학술단체를 만들기 시작한 것은 급

---

[35] Judith F. Stone, *The Search for Social Peace: Reform Legislation in France, 1890-1914* (Albany: SUNY Press, 1985), p. 44-5.
[36] Ibid., pp. 47-8.

진파 뿐만 아니라 진보주의자들(progrèssistes)이나 보수주의자들도 마찬가지였다.[37] 프레드릭 르 플레(Frederic Le Play)와 에밀 뒤르케임(Emile Durkheim)의 추종자들은 사회주의자들에 대항하기 위해 유사 학술단체를 조직하였다. 그들은 반(反)-혁명주의자 이기는 하였지만, 반동적인 사람들은 아니었다. 예를들어, 에밀 쉐쏭(Emile Cheysson)과 같은 사람은 보수주의자들을 좌익 급진파 단합주의자들(solidaristes)과 연계시키려고 노력하였다.[38] 그중「사회박물관」은 가장 중요한 조직으로 1894년에 창설되어 사회주의자들의 선동에 대항하여 사회적 조화를 회복한다는 목적으로 통계조사와 수집을 활발히 추진하였다. 그들에게 사회과학이란 질서와 반혁명의 강력한 수단이었다.[39]

프랑스의 혁명적 생디칼리스트(syndicaliste révolutionnaire)들 또한 노동운동에 통계와 경제학을 도입하기 시작하였다. 1898년 인쇄공 노조에 의해서 인민대학(Université Populaire)이 창설되었다. 프롤레타리아 계급이 정규적인 강의와 수업을 받게 한다는 생각은 1880년대까지 소급한다. 인민대학에서 사회주의 학자들은 그들에게 과학과 역사 경제학 등을 가리쳤으나 대학은 몇 년만에 문을 닫고 말았다.[40] 경제지식의 중요성은 펠루티에

---

[37] 여기서 유의할 점은 미국에서는 'progressivist'는 좌 쪽에 속하는 자유주의자들이지만, 프랑스에서는 'progrèssiste'는 보수주의에 속한다. 진보주의자들은「정치의회논평」(Revue politique et parlementaire)을 발간했고, 카톨릭 계통의 단체들은 Musée sociale을 조직하고,「회람」(Circulaire)을 발간했다. 한편, Arthur Fontaine은 정기적으로「정치의회논평」에 노동란에 정기적으로 글을 썼다. 1899년에는 그는 한 칼럼에서 이렇게 말하고 있다. " 편집장들이 기사 안에서 제시되고 있는 법률안을 비난하고 있는데 반하여 ---." 한편「회람」지는 커다란 자문기구를 조직하여 Fontaine을 고문역으로 초대하였다. Ibid., pp. 50-4.

[38] Cheysson의 광범위한 사회개혁 활동에 관하여는 다음을 보라. Elwitt, *Third Republic Defended*, pp. 52-60; Sanford Elwitt, "Social Reform and Social Order in Late-19th- Century France : The Musee Social and Its Friends," *French Historical Studies* 11 (Spring, 1980), pp. 431-51.

[39] Elwitt, *Third Republic Defended*, pp. 66-8, p. 298.

[40] Goldberg, *Jaurès*, pp. 269-70. Lafargue와 같은 혁명가들은 그러한 생각에 반대하며 다음

(Fernand Pelloutier), 그리퓔(Griffueles) 그리고 메르앵(Merrheim)의 주도하에 더욱 민감하게 인식되었다. 노동통계에는 혁명의 상징적 의미가 부여되었고 노동통계는 CGT를 선전하는 것 외에도 실제 투쟁에도 사용되기에 이르렀다. 1910년대부터 CGT는 연구 활동을 제도화하기에 이르렀고 매일 매일의 투쟁에 통계지식를 사용하게 되었다.[41]

1910년대에 들어오면 통계와 경제 분석의 발달은 생계비(cost of living; coût de la vie)와 같은 새로운 쟁점을 부각시켰다.[42] "비싼 생활 위기"(crise de vie chère)라는 새로운 현상은 단순히 객관적인 조건들만으로는 설명될 수 없다. 「인류」(Humanité)나 「인민의 소리」(Voix du Peuple)와 같은 사회주의와 노동운동의 지식인들을 대변하는 잡지에서는 집값이나 생활필수품의 가격이 올라가고 있는 현실에 대하여 강력히 문제를 제기하였다. SGF의 「1910년까지의 시대별 임금과 생계비」(Salaire et coût de l'existence à diverses époques jusqu'en 1910)의 출판은 노동자들을 대변하는 신문지상에서 통렬한 비판을 받았다. 그들은 소책자를 만들어 통계자료를 인용하면

과 같이 말했다. "이러한 운동은…. 지식인들이 노동자들의 마음을 사로잡기 위한 시도인 것이다.… 노동자들에게 필요한 과학은 오직 사회주의 뿐이다."

41 Perrot와 Kriegel은 이렇게 말하였다. "전쟁전의 몇 년 동안은 사회주의와 생디칼리즘은 서로 융화되는 것처럼 보였다. 노동조합 내에 새로운 분위기가 형성되었는데, 그것은 다름 아닌 경제현상의 중요성에 대해여 자각했다 것이었다. 이야말로 쌍디칼리즘이 그간 심각하게 결여하고 있던 부분이었다. 「노동자들의 생활」(La Vie Ouvrière)지의 편집진 — Delaisi, Merrheim, Monatte — 들은 자본주의의 구조를 조사하는데 엄청난 주의를 환기시켰다. 이제 분명하게 그 논조가 달라졌다. 이 잡지는 이제 자본주의를 저주하기 위한 것이라기보다는 연구를 위한 것이었다." Michelle Perrot & Annie Krigel, *Le Socialisme français et le pouvoir* (Paris, EDI, 1966), p.91.

42 Perrot에 의하면 생활비란 20세기 초반까지 노동자 조직의 행태에 있어 그다지 중요한 요인이 아니었다. 생활비 문제가 노동자계급의 관심을 끌게 된 것은 Bienaymé, Levasseur의 통계자료와, 특히 1911에 일반통계국에서 발행한 「시대별 생계비와 임금」(Salaire et coût de la vie à diverses époques)라는 조사보고서가 등장하고 나서부터이다. Michelle Perrot, "Grèves, grévistes et conjoncture. Vieux Problèms, travaux neufs," *Le Mouvement social* 63 (April-June, 1968), pp. 122-4.

서 임금과 생활비 문제에 대하여 논의하였다. 1911년 10월부터 CGT는 계간지를 발간하면서 생계비의 동향을 정기적으로 감시하기 시작하였다. 이윽고 1914년에 CGT는 특별통계조사 기관을 설치할 것을 투표로 가결하였다.[43]

1910년대 고물가에 대한 대중의 저항은 완전히 자발적으로 일어난 것은 아니었다.[44] 그러나 생계비 상승에 따른 위기상황은 노동운동에 커다란 방향전환을 가져왔음은 틀림없다. 생디칼리스트들은 그들의 투쟁을 더욱 효과적으로 하기 위해서는 노동자들이 "잘 연구된 주장 (des arguments bien étudiés)"과 심각한 숙고를 통해 "일상적인 삶의 범위를 넘어서는 시각(dé passer l'action quotidienne par la réflexion)" 그리고 "더욱 효율적인 투쟁을 위한 경제적인 조건에 대한 심층적 이해(connaître à fond le milieu économique pour mieux le combattre)" 등을 가져야 한다는 것을 이해하게 되었다. 피에르 모나트(Pierre Monatte)는 인플레이션의 작동 기제를 모르고서는 임금수준의 향상을 위해 벌이는 노동운동이 효과를 거둘 수 없다고 경고하기도 하였다. 노동운동은 "분석과 비판의 정신과 그리고 투쟁"(un esprit d'analyse, de critique et le lutte) 등 많은 것을 요한다는 것이었다.[45]

---

[43] Jean-Marie Flonneau, "Crise de vie chère et mouvement syndical, 1910-1914," *Le Mouvement social* 72 (July-Sept, 1970), p. 79.

[44] 현대의 경제학자들이 만들어 놓은 통계조사에 의하면 생계비는 1840년대부터 20세기 초반까지 서서히 완만하게 상승하였다고 한다. 그리고 1910년대까지 그 흐름은 변화하지 않고 계속되었다. 말하자면 높은 생계비의 위기는 특정한 역사적인 시기의 객관적인 현실을 반영하는 것은 아니라고 한다. Ibid., p. 49, p. 59.

[45] 1910년 10월 G. Yvetot는 「인민의 소리」지에 이렇게 쓰고 있다. "노동자들은 일정한 생활패턴을 가지고 있지 않다. 왜냐하면 일상생활의 문제를 잊고 살수 있는 여력이 없기 때문이다. 이 문제에 궤변을 늘어놓는다면 여러 가지 부작용이 생길 것이다. 오히려 분명한 사실은 그들이 모든 사람에게 부족한 것들을 과잉 생산해 내고 있다는 점이다. 따라서 오히려 중요한 것은 세금이 얼마나 징수되고… 알아보는 통계자료를 만드는 것이다. 사람들을 혁명의 길로 인도하는 것은 모든 기회를 이용하고 있는 혁명적 생디칼리즘이다." 1911년 9월 Léon Jouhaux는 같은 잡지에 이런 글을 싣기도 했다. "우리는 끊임없이 생활비가 상승하고 있는 문제를 잊을 수 있다… 이러

20세기에 와서 노동통계가 제도적으로 발전하여 하나의 공공지식으로 성립됨에 따라 노동운동에는 새로운 논쟁점 즉 생계비의 문제가 부각되었다. 이와 같이 새롭게 등장한 논제는 통계자료를 연구하고 재조직하는 연구기구들이 보다 확장되어야 한다는 주장을 뒷받침해 주었으며, 노동자조직을 형성함에 있어서 이러한 정책기구들은 보다 큰 권위를 인정받는 계기가 되었다.

한 현상은 사회체제의 우리에 대한 도발인 것이다. 그러나 일정한 사회체제가 사라지고 나면 생활비 문제도 함께 사라지고 말 것이다." Flonneau, "Crise de vie chère," pp. 68-9.

2. 구조적 변화

프랑스의 제3공화정은 의회지상주의와 반(反)-의회주의의 갈등으로 특징 지워지는 시대였고 국가 관료체제의 사기는 눈에 띄게 떨어져가고 있었다. 이러한 와중에서 노동행정은 유독 권위를 신장시켜가고 있던 분야였다. 초기에 상공업행정의 하위의 협력자로 출발하였으나 곧 노동실은 급속도로 확장되어 갔다.[1] 또한 사회문제와 노동문제 등에 있어서 아르튀르 퐁텐(Arthur Fontaine)과 같은 전문 관리들의 권위도 점차 향상되었다.[2] 이러한 추세에 힘입어 전국 센서스 기관들도 배가되었다. 전문직 조사업무부(Service de Recensement Professionel)가 상공부 산하에 새로 조직되었고 나아가서 공장감독 체제도 정비되었다.[3] 이제 대세는 노동문제를 관할하는 행정기구의 권위가 재정립되고 그의 권위는 서슬이 퍼런 제3공화정의 의회정치의 절정기에도 꾸준히 확장되었다.

제1차대전 이전에 새로운 노동부의 권위는 중요한 정보를 독점적으로 공

---

1 1886년까지는 '노동'이라는 예산 항목이 없었으며 공장감독에 176,000 프랑이 배정되어 있을 따름이었다. 1906년에는 'Travail et Prévoyance sociale'이라는 항목 하에 13장에 걸친 예산서에 300백만 프랑이 할당되었다. 통상성의 예산이 1,800만 프랑에서 5,600만 프랑으로 증가했던 시기에 노동업무에 투자된 예산의 비율은 1%에서 5.4%로 증가했다. 물론 상대적으로 증가양은 작은 것이었지만 그 증가 비율은 엄청난 것이었다. 20세기 초반의 10년동안 노동예산의 증가는 24.2%로 일정하게 증가하였다. 그 증가율은 다른 부서에 비하여 훨씬 큰 것이었다. Tournerie, Ministère du Travail, pp. 134-7, p. 218

2 R. D. Anderson, France, 1870-1914 (London: Routledge and Kegan Paul, 1977), p. 82; Stone, Search for Social Peace, p. 60-1; Perrot, Ouvriers en grève, Vol. 1, pp. 19-20.

3 1892년 11월의 입법에 의해서 공장감독원은 고등노동평의회가 아니라 장관의 지휘를 받게 되었다. 그들은 철저한 위계질서를 통해 움직이는 국가에 종속된 동질적인 집단이 되었다. 이제 국가는 감독관들을 임명하고 그들에게 보수를 지급하였다. 감독업무에 투입된 예산도 1892년부터 확장되기 시작한 예산은 176,000프랑에서 1893년에는 642,300프랑으로 증액되었다. 1898년 감독관들은 시장의 관할 하에 산업재해가 얼마나 발생했는지 조사하고 산업재해에 따른 법률위반 사항은 몇 건이었나를 조사할 수 있는 권한이 부여되었다.

급한다는 데에 근거하고 있었고, 그 밖의 다른 기능들이 첨가된 것은 여기에서 연유된 것이었다.⁴ 노동행정부는 그의 소관 분야에 대한 권위를 신장시키기 위해 여타의 국가행정과 전문 사회과학계 간에 체계적인 협동 체제를 구축하였다.⁵ 광범위한 사회과학자들의 참여는 행정부와 사회과학 전문직 전체를 연결짓게 되었다. 에밀 쉐쏭의 활동은 그랑제꼴, 파리통계협회 그리고 열 개가 넘는 많은 수의 개혁주의자들의 모임을 섭렵하였다. 말하자면, 이들은 서로 밀접하게 상호 연결되어 있었으며,⁶ 독자적인 새로운 정치세력을 형성하고 있었다 해도 과언이 아니다. 행정부나 정당에 소속되거나 공직자로 나서지는 않았지만, 그들은 끊임없이 정치권 안에서 영향력을 발휘하였다.⁷

프랑스에서 초기 노동행정 관리들은 대부분 통상 분야나 내무 분야 밖의 전문적인 기술관료(polytechniciens) 출신들이었고 그들 대부분은 공공사업부(Ministère des Travaux Publics)에서 차출되어 온 사람들이었다.⁸ 영국의 경우처럼 세기말까지 프랑스 노동실은 정부의 정규 조직 편제 밖의 기

---

4 Tournerie, *Ministère du Travail*, p. 220.
5 Michelle Perrot는 이렇게 말한다. "개혁주의가 증대하고 있다는 신호는 얼마나 큰 힘으로 노동문제가 국가에 부과되었는가를 통하여 알 수 있다. 통상성에 분리되어 '노동통계에 관한 모든 자료를 모으고 조정하며 보급하는' 임무를 맡은 노동사무소는 1906년 어려운 논란이 없었던 것은 아니지만 노동사회예비부(Ministère du Travail et la Prévoyance Sociale)를 만들어냈던 것이다. Lucien March, Arthur Fontaine, Isidore Finance와 같은 활동적이고 탁월한 능력을 가진 인물들에 의하여 이끌어진 노동실은 Pierre du Maroussem, Charles Rist, Octave Festy, Fernand Pelloutier와 같은 협력자들을 가까이 두고, Léon de Seilhac이나 「사회 박물관」 등 사회과학에 관심 있는 모든 사람들과 관계를 맺어가며 16년 동안에 50여권의 책을 출판했다는 것은 오늘날 찾아볼 수 없는 예외적인 활동을 전개했다는 표본이다." Perrot, *Enquêtes sur la condition ouvrière*, pp. 18-9.
6 Elwitt, *Third Republic Defended*, pp. 52-7.
7 Ibid., pp. 66-71.
8 초대 노동실장이었던 Francis Lax는 공공사업부의 교량 도로 감독관 (Inspecteur Général des Ponts et Chaussées.)과 철도국장 (Directeur des Chemins de fer)을 지냈던 사람이었다. AN, F12 8398, N. 136. Lax의 후임은 Camille Napoléon Moron이었는데, 그 또한 교량 도로 2등 지사장 (Ingénieur en Chef des Ponts et Chaussées)를 지낸 사람이었다. AN, F12 8400, N. 91.

관으로서 독자적으로 인원을 선발할 수 있었다. 그러나 행정부의 일반적인 인원 구조에 영향을 줄 만한 규모는 아니었다. 통계업무나 수학 분야의 전문가의 숫자는 여전히 열세였다.[9]

제1차대전을 계기로 행정부는 활성화되었다. 미국이나 영국의 경우와는 달리 전쟁이 끝난 후에도 여전히 전시동원체제는 대부분 남아있었고 경제와 노동 분야의 행정기구는 국가의 사회에 대한 권위를 향상시키는데 큰 역할을 하였다. 양차대전 간의 시기에는 경제 기획이나 관리에 대한 사상과 이론 발달에 힘입어 통계 지식의 중요성은 첨예하게 인식되었고 아울러 경제문제를 담당하는 행정부의 기술 관료의 중요성도 인식되었다.[10] 1936년에는 국가경제부가 레옹 블랑(Léon Blum)의 인민전선 정부에 의해 창설되었고 정부의 모든 통계 담당 부서는 새로운 국가경제부 산하로 집중 통합되었다.

프랑스에서 전국적인 노동자계급 조직이 형성되고 정치권에 사회주의가 확립된 것은 노동행정과 노동통계 발달에 힘입은 바 컸다. 물론 프랑스의 노동운동과 사회주의는 이미 오랜 역사를 가지고 있었다. 기존의 프랑스 노동운동의 첫 번째 특징은 부르주아 지식인이 대거 참여하고 있었다는 점이다. 사회주의 운동은 노동조합 운동 이전에 형성되어 있었다. 두 번째 특징은 노동자계급의 조직률이 낮았고 조합의 힘이 약했다는 것이다. 노동자계급 내의 조직된 부분은 같은 시기의 독일, 영국 그리고 미국에 비하여 비교할 수 없을 만큼 작았다. "수적 열세는 낮은 수준의 제도화와 연결되어 있었다."[11] 이러한

---

9 Tournerie, *Ministère du Travail*, p. 206.
10 Douglas E. Ashford, *The Emergence of the Welfare State* (Oxford: Basil Blackwell), pp. 112-3; Kuisel, *Capitalism and the State*.
11 Alain Cottereau는 이러한 특징은 "노동시장의 형태로 인하여 프랑스 노동자들은 법적으로 승인된 형식적 조직에 의존하지 않고도 스스로를 방어할 수 있었기 때문이었다"고 주장하고 있다. Cottereau, "The Distinctiveness of Working-Class Cultures in France, 1848-1900," *Working Class Formation*, eds. Ira Katznelson and Aristide R. Zolberg (Princeton: Princeton University Press, 1986), pp.142-3; Michelle Perrot, *Workers on Strike:*

기존의 조건 아래 노동행정와 통계의 발달은 특이한 효과를 가져왔다.

프랑스에는 노동통계를 생산하는 국가기구와 노동 조직 사이에 체계적인 통로가 존재하지 않았다. 앞장에서 토론 한 바 대부분의 통계자료는 영국에서처럼 조합이 아니라 지방행정부(Préfectures)의 보고서에 근거하여 만들어졌다. 그러나 조합과의 협조가 전혀 없었던 것은 아니었다. 첫째 예로 노동실은 이시도르 피낭스(Isidore Finance)의 경우와 같이 노동계의 행동가들 중에서도 관료를 충원하기도 했다. 혁명적 생디칼리스트들의 지도자인 페르낭 펠루티에 또한 노동실에서 직책을 맡고 있었다. 둘째로 노동실은 간혹 노동조합의 간부들에게 노동문제에 관한 설문지를 보내기도 했다.[12] 그러나 설문의 대상자는 사용주도 포함하고 있었다. 프랑스의 경우 통계자료를 만드는 과정에서 국가기관은 노동조합 측보다는 사용자 조직과 더욱 밀접한 연락체제를 갖추고 있었던 것이 사실이다.[13]

1890년대에는 노동자계급을 대변하는 전국적인 조직이 이루어졌다. 1892년에는 노동조합전국연합(Fédération Nationale des Syndicats) 내의 마르크스주의자들의 주도권이 붕괴되었고 같은 해에 페르낭 펠루티에에 의해서 생테티엔느(Saint-Etienne) 총회에서 전국노동기금연

France, 1871-1890 (New Haven: Yale University Press, 1986).

[12] 1901년 8월 사회주의 장관인 Millerand은 도제제도에 관한 조사를 하였던 문서들이 남아있다. 이때 노동조합은 매우 협조적이었다. 그들은 질문지에 성의껏 대답을 했을 뿐 아니라 자신들의 의견을 제출하기 위해서 더 많은 지면을 할애하기도 하였다. AN, F12 6359, "Enquêtes, faites par l'Office du Travail (l'Apprentissage)."

[13] 노동실의 산업분쟁을 정리한 문서함에는 사용자조직으로부터 보내온 많은 편지와 팜플렛이 보관되어 있다. 특히 프랑스 석탄제조업의 중앙위원회와 Dijon의 통상성으로부터 온 서류가 가장 많이 보관되어 있다. 그러나 노동조합과의 서신왕래에 관한 자료는 보이지 않는다. AN, F22 234. "Gr ves anciennes, 1852-1904." 이러한 상황은 통상부의 산업재해 통계 문서의 경우에도 마찬가지다. 고용주 조직으로부터 날아온 많은 수의 편지가 발견되었으나 노동조합에서부터 온 편지는 한 통도 없었다. AN, F12 4617. "Accident du Travail: Enquêtes, brochure sur la question, 1841-1892."

합(Fédération Nationale des Bourses du Travail)이 발족되었다. 다음 해에 이 새로운 조직은 파리에서 열린 노동조합전국연합과의 공동회의에서 전국 노동운동의 주도권을 잡았다. 또한 1895년에는 노동총연합(Confédération Générale du Travail: CGT)이 리모즈(Limoges) 회의에서 창설되었고, 1902년에는 전국노동기금연합은 CGT와 통합되었다. 이러한 일련의 움직임들은 여타 프랑스 노동자계급의 내적인 요소와 함께 노동행정과 통계의 발달이라는 외적인 요소에도 여러 가지로 힘입은 바 컸다.

첫째, 무엇보다 새롭게 등장한 노동행정와 통계는 노동자계급의 이해(利害)와 그들의 조직의 결성을 고무(鼓舞)하고 정당화시키는 효과를 가져왔다. 19세기 중반까지 프랑스에서는 노동자계급은 '사회적 질병(social disease)'의 핵심부로 여겨졌고, 노동자계급에 대한 이러한 이미지는 그들의 도덕성이나 범죄에 대한 통계 지식, 혹은 의학 통계 등의 제도적 지식으로 재생산되고 있었다.[14] 노동통계는 19세기의 말에 이르러 노동자계급에 대한 전혀 다른 관점을 공식화하였다. 이제 노동자계급은 경제적 관점에서 인식되고 따라서 노동자계급은 요인으로 성립되었다. 19세기 후반의 프랑스 노동자계급의 동일성의 형성에 관하여 미셸 페로(Michelle Perrot)는 다음과 같이 말하고 있다.

> 당시에 광범위한 대중들이 갖고 있던 세계의 모습으로부터 새로운 세계관이 나타나기 시작했다. 그것은 초점이 비교적 더 선명하고 노동자들과 특정적으로 관련되며 또 경제적 요인들이 더욱 뚜렷이 드러나는 모습

---

14 Chvalier, *Laboring Classes and Dangerous Classes*, pp. 28-98, pp. 362-5; William H. Sewell, Jr., *Work and Revolution in France* (Camberidge: Cambridge University Press, 1980), pp. 223-32; Coleman, *Death is a Social Disease*; Benard-Pierre Lécuyer, "Médecins et Observateurs Sociaux: les Annales d'hygiène publique et de médecine légale," *Pour une Histoire de la Statistique*, Vol. 1, pp. 445-76, etc.

이었다. 노동자계급은 스스로 자신의 적과 그리고 스스로의 한계를 통하여 나아가서 공유하고 있는 '운명'과 공통적인 착취의 의식을 통하여 스스로를 정의하게 되었다. 종종 그들의 매개자이자 대변인인 과격주의자들에 의하여 설파되는 이 모든 것들은 말과 이미지로 결정화되어 언어는 현실의 일부가 되고 그것은 다시 상상을 만들어 나갔다. 노동자계급의 것이건 아니건 간에 모든 대중매체들은 이러한 세계의 모습을 전파하고 증폭해 나갔다.[15]

1890년대 노동행정와 통계 지식은 노동자계급을 하나의 공식적인 정치세력 즉, '제4(第四) 신분'(The Fourth Estate)으로 공식화하였다.[16]

프랑스에서 노동통계가 자리 잡게 됨에 따라 노동자들의 통제에 대한 업무가 내무행정에서 상공행정 부서로 옮겨가게 되었다. 1874년 공장 감독 기능은 내무부에서 상공부로 관할권이 이전되었다. 그러나 상호부조단체(mutual aid societies)에 대한 감독은 여전히 내무부에서 맡고 있었다. 이와 같은 행정 구조의 재편은 노동자계급을 통제하는 접근 방식에 변화를 의미하는 것이었다. 즉, 내무부 산하에서는 노동자계급의 통제는 법과 질서라는 차원에서 다루어졌고, 노동조합은 경찰이 자의(恣意)로 통제하고 있었다. 그러나 통상성으로 노동업무가 이전됨에 따라 노동자 조직은 경제와 노동의 한 분야가 되었고, 적어도 자본에 버금가는 중요성이 부과되었다.[17] 1893년

---

15 Michell Perrot, "On the Formation of the French Working Class," *Working-class Formation*, p. 94.
16 Clemenceau는 1891년 5월 메이데이 시위 사건 직후 이렇게 말했다. "우리는 이렇게 말할 용기를 가져야 한다. 즉 제4 신분은 세력으로 등장하고 있으며 곧 권력을 장악할 것이다." Goldberg, *Jaurès*, p.156. '제4신분'이라는 말은 1880년대 Toulouse에서 발행되는 사회주의 잡지에서 처음으로 사용되었다.
17 조합을 해산시킬 수 있는 법률이 여전히 존재하고 있었다. 대단히 엄격한 자격 요건이 있었으며 1884년의 법률은 조합의 지도자들의 비판의 대상이 되었다. F. F. Ridley, *Revolutionary*

에는 몇 개의 파리 노동기금(Bourse du Travail du Paris)이 1884년의 법률의 자격요건을 갖추지 못했다는 이유로 해체되었으나 1895년부터는 많은 수의 조합이나 노동기금이 합법화되었다.[18] 노동기금의 숫자는 급증했다. 1889년 3개뿐이었던 것이 1895년에는 40개, 1898년에는 51개로, 1901년에는 74개, 그리고 1904년에는 110개, 1908년에는 158개로 늘어났다.[19] 그러나 프랑스의 경우 노동조합에 대한 합법화의 추세는 다른 나라에 비하여 늦은 편이었다.

세기말에 이르러서 프랑스 정부는 노동조합이 갖는 과격성과 폭력 사용에 대하여 우려하기 시작했다. 그리하여 노동실은 창설시부터 거중조정(conciliation) 체계를 구축하기 위하여 노력하였다.[20] 밀랑은 산업평화를 위해서 조합의 힘을 증가시키려고 애쓴 정치가였고 노동조합을 의인화(擬人化)한 그의 입법은 법률의 테두리 안에서 과격한 노조를 합리적으로 만들기 위한 의도의 표현이었다.[21] 특히 사회과학자로서 개혁세력의 중요한 인물이자 노조 문제 전문가이며 사회박물관의 일원이었던 레옹 드 셀락(Léon de Seilhac)은 중요한 이론을 제시하였다. 즉 그는 정치적 분규와 경제적 분규

Syndicalism in France: The Direct Action of Its Time (Cambridge: Cambridge University Press, 1970), pp. 22-3.

[18] 이 시기 전에는 등록을 거부하던 조합의 숫자가 등록된 조합보다도 훨씬 많았다. 1895년 270개 중 150개의 조합이 합법화되었다. 1860년부터 1884년 이전까지 조합의 조직은 불법은 아니었지만 법의 밖에서 사실상 허용되었다. Lefranc, *Mouvement syndical*, p. 37; Fontain, *Les Grèves et la conciliation*.

[19] 한 가지 특기할 사항은 Méline정부 시절에는 이러한 증가추세가 다른 시대보다 낮았다는 사실이다.

[20] Conseil Superieur du Travail, *Rapport présentée par M. Finance au nom de la commission chargée d'examiner l'arbitrage dans les conflicts collectifs* (Paris: Imprimerie Nationale, 1891).

[21] Derfler, *Millerand*, pp. 173-8. 노동법과 노동조합의 법적 의인화에 대하여는 다음을 참조. Bernard Edelman, *La Légalisation de la classe ouvrière*, Vol. 1 (Paris: Christian Bourgeois, 1978).

를 정확히 구분하여, 경제적 분규는 계급 간에 연대감을 조성하는데 커다란 영향력을 미친다고 주장하였다. 다시 말해 경제적 분규는 "어떤 요구의 정당성과 다른 요구의 부당성을 대조시킨다. 분규는 노동자계급 불만의 문제 영역을 노출시키며, 사용자로 하여금 노동자의 불만을 진지하게 고려하도록 하는 것이다." 또한 "사회적 평화란 그것이 사회적으로 공고하게 기초되었다면 노동자계급의 엘리트로부터 스스로를 조직할 능력을 요구한다"는 것이다.[22] 이 시기에 이르면 '건전한' 노동조합을 장려한다는 것은 국가관리들과 개혁주의자 간에 공유된 정책 방향이었다.

"노동"(travail)이라는 용어는 노동자들의 조직을 정당한 사회적 범주로 말하는 방법이었다. 새로 생겨나는 노동자 조직들은 이러한 용어를 사용함으로써 자신의 정당성을 항변하였다.[23] 또한 혁명적 생디칼리즘의 기본 전략

---

[22] Elwitt, *Third Republic Defended*, pp. 128-9.
[23] 제3공화정 시대에 대부분의 노동 조직은 노동자(ouvriers), 노동조합 (syndicats), 일꾼 (travailleurs) 등의 용어를 조직 이름에 사용하였다. 첫번째는 마르크스주의에서 유래된 것이고 둘째는 조합을 의미하며, 셋째는 개혁주의자들이 사용한 용어였다. 한편 생산자(producer) 라는 용어도 많이 사용되었다. Perrot, *Workers on Strike*, pp. 211-43. 노동기금(Bourse du Travail)도 처음으로 노동(travail)이라는 용어를 Paris Commune의 노동교환위원회 (Commission du travail et l'échange)의 예를 따라 사용했다. 후자의 이름은 Fourier적인 용어였다. 처음 파리에 노동기금이 만들어진 것은 노동자들이 자유롭게 노동을 공급할 수 있는 시장을 만들자는 의도에서였다. 노동기금(Bourse du Travail)라는 이름은 다분히 경제학적 의미를 지닌 것으로, 파리 시평의회 즉 공권력이 붙여준 이름이었다. Lefranc, *Mouvement syndical*, p. 50. Michelle Perrot는 단어선택의 중요성에 대하여 이렇게 말하고 있다. "어휘는 문제의 특수성을 끄집어내는 데 이러한 어려움을 보여준다. 여기서 조사된 이름에는 노동자 (ouvrier)라는 용어가 1831-1832년 사이에만 등장하며, 노동자계급(classes laborieuses), 프로레타이아(prolétaires), 노동자(travailleurs) 등의 다른 용어들과 경쟁 관계에 있었다. 용어 선택의 중요성은 다음과 같은 예를 통해서 잘 알 수 있다. 1872년에 유지들의 모임은 마지못해 '프랑스의 노동자 실태'라는 조사를 하려고 했는데 때마침 Audiffred Pasquier 공작이 '노동자(ouvrier)'라는 단어를 사용하여 모임을 자극했다고 하여 연기되었다 한다. 그들은 적어도 범주의 복잡성을 제시하고 문제를 세분하는 복수 즉 'la classe ouvrière'가 아니라 'les classes ouvrières'의 사용을 권하였다. 또 같은 시기에 Gambetta는 "사회문제는 하나가 아니라 여러 개가 있다"(il n'y a pas *une mais des* questions sociales.)고 선언한 일도 있었다. 이러한 경우에 언어는 이데올로기를 증언하는 것이다." Perrot, *Enquêtes sur la condition*

인 총파업(general strike)을 펠루티에와 브리앙(Aristide Briand)이 지지한 것은 총파업이 노동자계급이 벌일 수 있는 정통적이고 합법적인 투쟁의 수단이라는 이유에서였다.[24] 이와 같이 노동자 조직의 구상과 천명된 행동양식은 노동자계급의 사회적 정통성의 문제에 초점을 맞추어 고안된 것이었다. 그런가 하면, 노동행정의 창설은 노동자계급의 문제에 또 한 차례의 부르주아들의 개입 즉 국가권력의 개입이 임박했음을 예고하는 것이었다. 이러한 국가기구의 개입에 대한 노동계 지도자들의 대응책은 계급을 전국적으로 조직함으로써 '노동자주의'(ouvrièrisme)의 계급적 자율성을 견고히 방어한다는 것이었다.[25] 그간 오랫동안 '조직'이라는 문제에 회의를 품고 있던 프랑스 노동자들은 이제 조직되지 않으면 안 되도록 강요당한 것이다.[26] 그러나 그들의 조직은 연방주의적인 틀로 제한적인 것이었다.

---

ouvrière, p. 11.

[24] Brian은 1892년 9월 Marseilles에서 열렸던 전국노조연합(Fédération Nationale des Syndicats)의 총회에서 총파업의 결의를 주장하는 연설에서 이점을 강조하였다. Pelloutier 또한 1892년 10월 4일 서부지역 노동자 연합회에서 거의 같은 내용의 연설을 하였다. Lefranc, *Mouvement syndical*, pp. 46-7. 총파업이라는 전략은 이들이 처음 발명한 것은 아니었다. Perrot, *Workers on Strikes*, pp. 90-5.

[25] 전국노동기금연맹은 1892년 다음과 같이 결의하였다. "노동기금은 노동자들이 기대하는 일들을 제대로 수행하기 위하여 노동기금이 철저하게 독자성을 유지해야만 한다고 고려하여...." 총회는 다음과 같이 선언한다. 노동자들은 절대적으로 행정과 정부 권력의 노동기금 업무에 대한 간섭을 물리쳐야 한다. 국가기구의 간섭은 공공이익의 선언에 의하여 명백해지고 있다. 그들의 간섭은 노동기금의 발전을 저해할 목적으로만 정부에 의하여 제안되는 것이다." Lefranc, *Mouvement syndical*, p. 51; Jacques Julliard, "Theorie syndicaliste revolutionnaire et pratique gréviste," *Le mouvement social* 65 (Oct-Dec, 1968), p. 56.

[26] Cottereau는 다음과 같이 말했다. "비공식적이고 작은 규모의 집단행동과 전국적인 정치문제로 나아가는 노동운동의 분출 사이에는 놀라운 평행선이 발견된다. 양쪽 모든 경우에 권위의 위임에 대한 깊은 의혹의 눈길이 작용하는 것이다.... 흩어진 소규모 조합이 지역이나 국가 수준의 협력에 응한다는 것은 그들의 단일성이 의사 결정이나 정치적 강령의 단일성을 추구하지 않고 오직 단일성이 저항에 근거한 경우에만 이루어진 것이다. 이것은 1880년대 말의 노동기금의 성공과 1892년부터의 노동기금연합으로의 신속한 재집결을 설명하는 것이다." Cottereau, "Distinctiveness of Working-Class Cultures," p. 145.

CGT의 기원은 1880년대 말에 시작된 노동기금 운동에서 그 연원을 찾을 수 있다. 노동기금은 노동운동의 주도권을 확립하였다. 1892년에 결성된 전국노동기금연합(Fédération Nationale des Bourse du travail)의 4가지 임무중의 하나는 "모든 통계자료를 수집하여 소속된 모든 노동기금에 발송하고, 동시에 일자리를 원하는 모든 남녀를 막론하고 국가의 모든 집단의 노동자들에게 직장을 무료로 알선한다"라고 기술되어 있다.[27] 노동통계는 노동자계급의 자율성을 보장해 줄 것이라는 것이다. 프랑스의 혁명사상 중에서 특히 아나키즘(anarchism)의 전통에서 통계지식은 진정한 공공 권력을 상징하는 것이었다.[28] 통계를 수집한다는 것은 비억압적 공공 권위의 핵심적 행위로 여겨졌다. 다시 말해 통계자료는 노동 교환에 있어서 필수적인 수단이었고, 노동자계급의 자율성을 상징하는 것이었다. 어쨌든 프랑스의 노동운동에 있어 통계의 역할은 이중적이며 애매한 것이었다. 통계는 노동 교환에 있어서 합리적인 수단인 동시에 사회주의혁명의 이념적 상징이었고 후자의 경우에는 주로 프로파간다에 사용되었다.[29]

페르낭 펠루티에의 생애와 사상은 노동통계와 CGT의 등장 그리고 프랑스 특유의 혁명적 생디칼리즘의 관계를 보여준다. 그는 노동기금 운동을 주도했으며 혁명적 생디칼리즘의 창시자였다. 그는 대학예비고사(baccalauréat)에 낙방하고 언론계로 투신한 부르주아 지식인이었다. 그는 한때 급진 공화주의자였고 다음으로 게스드주의자(Guesdiste)가 되었다.

---

[27] Lefranc, *Movement syndical*, p. 51.
[28] 이 시기에 "'anarchist'란 마르크스주의 규율된 정당을 합리적이고 과학적인 철학으로 부정하는 사람은 누구에게나 적용되던 말이었다." James Joll, *The Second international, 1889-1914* (London: Routledge and kegan Paul, 1955), p. 24.
[29] Pelloutier는 노동기금을 4개의 분과로 만들 것을 제안했다. 그는 통계와 경제분석의 과제를 선전분과(Service de la propaganda)에서 맡도록 했다. Lefranc, *Mouvement syndical*, pp. 57-8.

후에 그는 아나키스트로 변신하였다. 그는 입버릇 처럼 "노동자에게 가장 부족한 것이 있다면 그것은 그의 불행에 대한 과학이다(Ce qui manque le plus à l'ouvrier, c'est la science de son malheur)"라는 말했으며 이 말은 그의 묘비에 새겨졌다. 전국노조연합에 관하여 펠루티에는 다음과 같이 말하였다.

> 전국연합은 여러 노동기금에게 여러 가지 일을 서로 일깨워 주고, 그들의 수를 늘리고, 견실한 조사를 통하여 노동의 실상을 확실히 보여주고, 천연 자원과 생산 양식에 대하여 수집한 지역의 자료들을 모으고 조정하고, 과학적 발견에 의하여 생성된 변화들을 기록하고, 그리고 마지막으로 지역의 직업 알선 통계를 출판하여 실업자의 이주를 규제해야 한다.[30]

1897년 2월에는 노동입법과 사회경제학의 월간 비평지인 「두 세계의 노동자」(L'Ouvrier des Deux Mondes)라는 잡지를 창간하였다. 또한 그는 사회박물관에 대항하여 노동박물관(Musée du Travail)을 설립할 계획을 갖고 있었다.[31] 그는 또한 그의 저서인 『노동기금역사』(Histoire des Bourses)에서 통계직업알선실(Office de statistique et placement)을 창설하려 했다는 점도 밝히고 있다. 1899년 그는 가난과 건강악화로 인하여 그의 친구인 조레스, 밀랑, 조르지 쏘렐(Georges Sorel)이 노동실의 조사관직을 맡으

---

30 Jacques Julliard, "Fernand Pelloutier et les origines du symdicalisme d'action directe," *Le Mouvement social* 75 (April-June, 1971), p. 19.
31 "그것은 노동기금 안에 공업생산품들의 구체적인 발전 단계를 보여주는 가운데 이해를 돕는 생산품들의 원자재 가격, 생산에 필요한 노동시간, 임금율 등의 통계도 것들인 공업 생산품의 역사를 실현시키자는 것이었다... 그는 또한 노동자들에게 '그들의 불행의 과학'을 제공할 수 있는 노동 착취의 체계적 도표를 만들고자 하였다." Ibid., p. 24.

라는 권고를 받아들였다.³² 그는 1901년 고질병인 폐결핵으로 죽었다.

1890년대부터 국가 관리들은 노동자계급 조직들을 국가의 규제 범위 안으로 수용하기 위한 정책을 펴나가기 시작했다.³³ 프랑스 행정부의 특징적인 접근 방식은 상호부조주의(mutualism)였다. 20세기에 들어서면 국가는 진지하게 회원들에게 보험혜택을 제공하는 상호부조조직을 도와주는 정책을 추진하였다.³⁴ 나아가서 나폴레옹 3세 시절과는 달리 단합주의자들(solidaristes)은 상호부조 조직들에게 단합을 촉구하고 과격한 노조들도 이러한 협동적인 관계에 수용하려고 하였다. 최초의 사회주의 장관인 밀랑이 추진한 정책은 노조의 힘을 강화하여 노동자와 고용주 간에 힘의 균형을 형성하여 노사관계의 안정화를 꾀하는 것이었다. 그는 고등노동평의회의 노조 대표 의석을 확대하였으며 노조들이 사용주와의 단체 협상을 확대하기 위하여 지역별 지부를 만들어 나갔다. 그의 정책은 노동조합을 반(半)-공공기관

---

32 노동실에 들어가자 그는 『프랑스 노동자의 생활』(La Vie Ouvrière en France, Paris: Labrairie C. Reinwald Fr res, Editeur, 1900)라는 책을 출판하였다. 이 책은 그의 입장에서 노동자계급을 위해 노동통계를 평이한 언어로 풀어 설명한 책이었다. 1900년 총회에서 그는 그의 관직에 대해 비판을 받았다. 그는 개인적인 가난과 건강 그리고 직책은 비정치적인 성격이라는 점을 들어 입장을 설명하였고 총회는 그의 여건을 감안하여 그의 노동실에서의 직책과 전국연합의 총무직은 상충되지 않는다고 만장일치로 결의하였다. Lefranc, *Le Mouvement syndical*, p. 62.
33 Fontaine은 다음과 같이 주장하였다. "상기해야할 일은 프랑스에는 아직도 몇몇 지역과 많은 직종 가운데 자유로운 결사에 충분한 경험이 없이 잘 조직되지 못한 노동자들의 파업에만 호소하는 노조가 존재한다는 사실이다. 이러한 직업 집단은 노동자들에게 힘을 느끼게 하며 따라서 그러한 힘을 남용하는 경향이 있다. 심지어 그들은 노조가 교육적인 역할의 발전에는 별로 신경 쓰지 않는 경향이 있다는 것을 인정하기도 한다. 이에 자연스러운 반응으로 노동자 조직의 그러한 원리에 대한 고용주들의 불신은 증가하고 있으며 그들은 그러한 남용에 저항하고 서로를 돕기 위하여 조직되고 있다." 나아가서 그는 고용자와 고용주들 간의 상설 위원회를 설립하고 항구적인 교신과 대화를 제시하였다. Fontain, *Les Grèveset la conciliation* (Paris: Armand Colin, 1897), p. 29, pp. 31-2.
34 보험제도 발전에 결정적 조건인 질병과 사망률에 대한 통계표는 1852년에 발행하기로 공약하였으나 이루어지지 않았고 1898년에 다시 공약하였으나 1907년에도 나오지 않았다. 영국의 경우는 1845년에 이미 꽤 믿을만한 통계가 만들어지기 시작했다. Theodore Zeldin, *France, 1848-1945: Politics of Anger* (Oxford: Oxford University Press, 1973), p. 299.

으로 만들겠다는 의도였다.[35] 그의 노동 입법은 노조에게 법적 인격을 부여하는 것이었으며 이러한 조치는 사회의 광범위한 지지를 획득하였다.

프랑스 노동운동의 또 하나의 중요한 역사적 변화는 이미 지적한 바 1900년대부터 시작된 높은 물가 상승의 문제였다. 노동자들은 식품과 주거비의 높은 인상에 대하여 투쟁을 시작했지만 그들의 투쟁은 자발적인 것이었다고 할 수는 없다. 사회주의 언론 매체들은 통계 분석으로 그러한 문제를 제기하였고 생디칼리스트 조직들은 1900년 말부터 이를 문제 삼아 대중동원을 시작하였다.[36] 다음해에는 높은 식품 값에 항의하는 시위(示威)와 저항 운동이 전국을 휩쓸었다. 노동자들의 분노는 갈수록 확대되었고 그들의 소요는 노동계 지도자들의 통제를 벗어난 단계에 이르게 되었다. 특히 이러한 운동은 노동자들의 '부인', '소비자', '세입자' 등을 동원하게 되었다. 노동운동의 대중적 기반은 이러한 물가문제를 계기로 하여 엄청나게 확대되기에 이르렀다.[37] 이에 대부분의 지방이나 지역 수준의 노조에는 통계 위원회가 설립되고 변화하는 생계비를 통계로 추적하기 시작하였다. 노동기금은 가정경제에 대한 강좌를 열기도 했고 술 등 생활에 본질적으로 필요치 않은 상품의 소비를 억제하라는 지시와 함께 가정 경제에 예산을 세우도록 강력히 권고하였다.[38] 전문가들의 도움 아래 노조 간부들은 노동운동과 사회주의 혁명이라는 명분 하에 노동자들의 하루하루 일상생활에까지 영향력을 증대시켰다.

20세기 초반에 이르기까지 노동조합의 전국적인 조직은 기본적으로 다원주의적(pluralist) 수준에 머물러 있었다. 전국 연합들은 작은 규모의 동질성이 강한 노조들을 대표하는 기관이었고 실질적인 힘은 지역 특히 노동기금

---

35 Stone, *Search for Social Peace*, pp. 141-5; Derfler, *Millerand*.
36 Flonneau, "Crise de vie chère," p. 59.
37 Ibid., p. 62ff.
38 Ibid., pp. 77-9.

에 위치해 있었다. 지역 조직은 거의 완전히 독립적이었으며 전국 조직의 기능은 상호 조정과 선전 활동에 제한되어 있었다. 그러나 CGT는 노동자계급의 앞으로의 제도화에 이미 틀을 잡아 놓고 있었다고 볼 수 있다. "대부분 기능공들이었던 노동자들의 상당한 부분은 영국식 노동조합을 선호하였고 짧은 기간 동안 주저했지만 그러한 방향은 CGT 안에서 제1차대전 전야(前夜)의 시점에 확립되었다."[39]

프랑스의 경우 노동운동에 대한 노동통계의 효과는 이 시점에서의 노동통계를 만든 사람들의 의도와는 반대로 나타나고 있었다.[40] 과격한 생디칼리스트들은 국가 권력에 흡수되지 않고 거울에 비친 국가의 역상(逆象)을 만들었던 것이다. 생디칼리스트들은 국가의 어떤 요소들을 임의로 취(取)하여 대항국가(對抗國家, counter-state)를 만들었던 것이다. 이러한 시각에서 보면 노동통계는 다음과 같은 방법으로 노동자계급이 전국적인 조직을 형성하는 데 일조했다. 첫째 노동통계는 정당한 계급 이해(利害)를 형식화하였다. 둘째 노동통계는 생디칼리스트들에게 노동자들을 계급 자율을 위하여 조직하도록 자극하고 강요하였다. 셋째 합리적 과학지식의 일부로서의 노동통계는 노동자계급 조직에게 이념적 상징을 제공하였다. 마지막으로 노동통계의 개혁주의자, 국가 관리 그리고 노동자계급 조직들에 의한 사용은 그들의 조직을 안정화하는 데 기여하였다.

1893년에 프랑스 정치에 사회주의의 출현은 역사적인 사건이었다. 뒤이

---

39 Perrot, *Workers on Strike*, p. 137.
40 이에 대한 결과는 CGT를 창설한 사람들의 의도와도 반대였다고 말할 수 있을 것이다. 후일 Aristide Briand은 Clemenceau정부의 교육부 장관이 되었고 그는 교사 노조와 그들의 CGT 가맹을 반대하였다. 이에 Jaurès는 Briand의 배신을 공격하였다. Briand의 답변은 그는 자신의 입장을 바꾼 일이 없으며 혁명적 쌍디깔리즘에 동의한 적이 없다고 하고 Jaurès에게 답변하였다. "그것은 당신으로 하여금 다수를 만들 수 있게 하기 위함이었고… 그것은 당신으로 하여금 개혁주의 정당을 만들 수 있게 하기 위해서 였다." Goldberg, *Jaurès*, p. 367.

은 사회주의 정당들의 확장은 노동통계의 확립과 그에 따른 정치적인 분위기의 변화 그리고 사회주의자들이 선거에 참여하기로 한 새로운 전략에 힘입은 것이었다. 또한 이때가 뤼시앙 에르(Lucien Herr)의 영향아래 후일 프랑스 사회주의를 이끈 장 조레스(Jean Jaurès)가 사회주의자로 개종한 시기이기도 했다. 조레스에게는 "사회주의는… 공화주의의 논리적 절정이며 급진 개혁의 자연스러운 종착점, 즉 단체주의였다."[41] 사회주의의 팽창 과정에는 지식인, 공무원, 교사 그리고 화이트 칼라 (white collar)들의 참여는 눈에 띠게 증가하였고 이들 부류들은 사회주의 정당의 간부진을 차지하게 되었다.[42] 1890년대 중반에 이르면 '쌍망데 연설'(discours de Saint-Mandé)에 의하여 프랑스 사회주의의 단일성과 경계선이 윤곽을 드러내게 되었다. 그들의 단일성의 기반은 이념이나 강령보다는 실질적 사회개혁을 바탕으로 형성되었다. 나아가서 통계지식은 직접적으로 농업 분야와 연합을 형성하는 데 직접적인 매체의 역할을 하였다. 세기말에 이르면 사회주의자들은 농업 노동자들에 관한 통계수집을 시도하였고 그들을 위한 개혁안을 구상하였다.[43]

프랑스에서의 개혁적 사회주의의 정착 과정에 있어 기술직의 국가 관리들은 사회주의자들의 연계망에 속하게 되었다. 아르튀르 퐁텐은 에르나 밀랑의 지지를 받고 있었고 밀랑의 전기 작가는 밀랑과 퐁텐 양인의 업적을 구별하기는 힘들다고 토로하고 있다. 더구나 퐁텐은 후일 국제노동기구

---

[41] 1892년에 이르면 그는 사회주의자로 등장하게 된다. 그가 Carmaux 파업 때 노동자들을 대표할 때에도 노동운동이나 노동자들의 생활상과는 소원한 상태였다. 그의 사회주의는 책자, 신문 등의 독서와 당시의 일반적인 지식인들 간의 분위기 그리고 철학적 지식 특히 Marx의 글 등을 읽음으로 인하여 형성되었다는 것이다. 특히 이 과정에서 Herr와 Toulouse 지역의 사회주의자들의 많은 대화가 중요했다는 것이다. Jaurès는 사회주의를 노동운동이나 계급투쟁이라기보다는 humanism의 연장으로 이해하고 있었다. Ibid., pp. 92-3.
[42] Perrot & Kriegel, *Socialisme français*, p. 43.
[43] 1897년 의회에서의 농업문제에 관한 M line정부와의 대정부 질의와 논쟁에서 Jaurès는 실제 통계 조사를 위하여 농촌에 질문서를 보냄으로 하여 이러한 노력이 시작되었다. Goldberg, *Jaurès*, pp. 134-6, p. 187, pp. 190-4, pp. 501-2.

(International Labour Organization)를 창시하고 이끈 프랑스 사회주의의 거두 알베르 토마(Albert Thomas)의 정신적 스승이었다.[44]

1880년대에는 사회주의는 혁명적 마르크스주의자들과 아나키스트들이 주류를 이루는 가운데 정치계에서는 소수에 불과했다. 1890년대의 팽창기에는 사회주의는 다양한 모습을 띠게 되었다. 조직된 부분만 해도 게즈디스트(guesdiste), 브루씨스트(broussistes), 알레마니스트(allemanistes), 블랑끼스트(blanquistes) 등이 노동자들의 관심을 끄는 일에 경쟁을 벌이고 있었고 기타 조직화되지 않은 아나키스트 운동 외에 독립 사회주의자 등 복잡한 상황이었다. 일반적인 흐름으로서 이러한 광범위한 사회주의라는 테두리 안에 혁명주의자는 서서히 소수로 전락하고 있었다. 20세기 벽두에는 두 개의 라이벌인 두개의 '프랑스사회당', 즉 'PSdeF'와 'PSF'가 있었다.[45] 전자는 혁명주의적인 게스디스트와 블랑끼스트들의 모임이었고, 후자는 독립 사회주의자들의 모임이었다. 이 시기부터는 사회주의의 통합을 위한 노력이 본격화되었고 1905년에는 드디어 노동자 인터내셔널 프랑스 지부(Section Française de l'Internationale Ouvrière: SFIO)가 결성되어 통합을 이루게 되었다. 이 당시의 사회주의 지지표는 꾸준히 증가하고 있었다. 1906년에는 877,000표에 54의석이던 것이 1914년에는 1,400,000표 (약 17%)에 103석을 차지하여 급진 공화주의자들에 이어 제2의 정당이 되었다.

19세기의 마지막 몇 해부터 국가의 경제 개입과 노조 파업에 대항하여 강력한 자본가 조직들이 출현하게 되었다. 기존의 중공업자 조직들이 확대되고 1901년에는 '금속공업광업연맹'(Union des Industries Métallurgiques et Minières: UIMM)이 결성되었다. 또한 전통적인 상

---

44 Derfler, *Millerand*, pp. 166-7.
45 그중 하나의 이름은 'Parti socialiste de France(PSdeF)'였고 다른 하나는 'Parti socialiste français: PSF'였다. 두 이름은 우리 말로는 모두 '프랑스 사회당'이라 번역할 수밖에 없다.

공회의소(Chambres du Commerce) 조직들이 강화되고 전국화되었다. 이러한 노조에 대항하는 고용주들의 조직의 수는 제1차대전 전야까지 계속 증가 추세에 있었다.[46] 나아가서 경제이해동맹(Union des Intérêts Economisques)과 같은 노골적인 정치 조직들은 부르주아의 계급이해를 수렴하여 보수주의자들을 의회에 보내는 일을 위해 만들어졌다. 양차대전 간의 기간에 이르면 이러한 계급조직들은 통계학, 경제학, 노동입법의 전문가인 로베르 피노(Robert Pinot)와 같은 참모진에 의해 운영되기에 이르렀다. 이들 조직들의 경제 노동정책 입안과 집행에 있어서의 영향력은 갈수록 증가 추세에 있었다.[47]

1890년대를 통하여 보수주의권에도 새로운 정치진영이 성립되고 있었다. 불랑제(Boulanger) 사건을 기화로 전통적 보수주의 즉 왕당파, 오를레아니스트(Orléaniste) 그리고 보나파르티스트(Bonapartiste)들은 거의 완전히 몰락하였다. 이에 공화주의자들은 확대일로에 있는 사회주의에 대항하여, 부르주아의 이해를 재조직하려 했고 공화주의자들은 서서히 우익으로 흘러가고 있었다. 특히 기회주의자들(Opportunistes)은 '가담자'(Rallié)들과 심지어는 전통적 보수 진영의 지지에 의존하게 되었다. 멜린(Méline) 정부는 그야말로 '부르주아 공화국 찬미(apotheosis of the bourgeois republic)'를 방불했다. 보호주의(protectionisme) 애국 그리고 '사회 방어'(social defense)는 온건파 공화주의와 우익 진영이 합의할 수 있는 명분

---

[46] Peter N. Stearns, "Against the Strike Threat: Employer Policy toward Labor Agitation in France, 1900-1914," *Journal of Modern History* 40, No. 4 (December, 1968), p. 489ff.

[47] Kuisel, *Capitalism and the State in Modern France*, pp. 23-9; Georges Lefranc, *Les Organisations patronales en France* (Paris: Payot, 1976); John M. Sherwood, "Rationalization and Railway Workers in France: Raoul Dautry and Les Chemins de Fer de l'Est, 1928-1937," *Journal of Contemporary History* 15, No. 3 (July, 1980), pp. 443-74.

이었다.[48] 사회주의자들의 우향 전환으로 급진파들은 1890년대 '드레퓌스 사건'(Dreyfus Affair)의 와중에 프랑스 정치이념의 스펙트럼의 중간 부분으로 자리잡게 되었다. 이러한 시점에서부터 거대한 중도정당은 발덱-루소를 비롯한 급진 공화주의자들의 꿈이 되었다. 급진파는 1901년 정식으로 정당으로 출범하였고 또한 우리의 공화주의자들은 델까쎄(Delcassé), 바르뚜(Barthou), 그리고 포앙까레(Poincaré)에 의하여 1901년에 민주주의동맹(Alliance démocratique)이나 좌파 공화주의자(République de gauche)를 형성하였다.[49]

1906년에는 독립 사회주의자들과 좌익 급진파들은 다음의 총선거를 위하여 사회민주주의위원회(Comité de la Démocratie Sociale)을 결성하였다. 그들의 지도자는 발덱-루소의 비서를 지냈고 노조 변호사이며 독립사회주의자인 조셉 뽈-봉꾸르(Joseph Paul-Boncour)였다. 이 조직은 급진당의 경쟁자로서가 아니라 "개혁주의적 입장을 강화하기 위한 잠재적 동맹체"로서 출범한 것이었다. 폴-봉꾸르는 "개혁은 정치적이 아닌 기술적(技術的인) 문제"라는 제안으로 밀랑, 비비아니(Viviani), 브리앙, 꼴리아르(Colliard), 르나르(Renard), 뷔쏭(Buisson), 부글레(Bouglé), 에리오(Herriot), 끌레망소 등의 유수한 정치가들을 포섭할 수 있었다. 그러나 1909년부터 새로운 정치계의 분위기에서 위원회는 살아남지 못했다. 이 조직은 단지 20세기 초창기의 새로운 정치계의 분위기를 증언하는데 그쳤다. 즉 많은 급진파들은 개혁이 촉박함을 느끼고 있었으며 1907년에는 정식으로 그들의 개혁안을 내놓게 되었다. 당시 사회개혁 문제의 비정치적 성격은 급진파들과 사회주의자들의 일시적이나마 연합이 가능한 기반을 제공했

---

48 Anderson, *France, 1870-1914*, pp. 17-8.
49 Ibid., p. 21.

던 것이다. CGT의 입장과 급진 공화파 간의 거리와 간격을 통하여 노동자 계급 이해의 사회적 정통성의 정도를 계측할 수 있다. '좌파연합(Cartel de gauche)'의 패퇴 이후 달라디에(Daladier)가 이끄는 신급진운동은 사회주의자들과 경쟁 아래 CGT의 노선을 강력히 지지하였다.[50]

1880년대부터 제1차대전 전야에 이르기까지 프랑스 정치의 세력 판도는 구조적 변화를 경험하였다. 물론 이러한 변화는 점진적인 것이었고 한시도 정치 무대는 단순한 대결 형태를 띤 적은 없었다. 그러나 전통적인 좌우의 대립 형태의 의미는 개인들의 기질(氣質)의 문제에서 계급이해의 대변의 문제와 사회 경제에 대한 사상의 문제로 본질적인 변화를 겪은 것이다. 이러한 상황은 1898년의 선거전에 이미 뚜렷이 보이기 시작했다. 제1차대전의 전야에는 노동자계급 조직과 사회주의 정당은 앞으로의 발전 방향에 이미 길을 정한 상태였다. 노동조합의 세력은 점차 증가하고 있었고 제도화의 과정에 접어들어 있었다. 다른 한편에서 보수주의자들은 공화주의자들을 중심으로 서서히 조직의 힘을 발휘하고 있었다.

1930년대에 들어서면 대부분의 정치가들은 통계지식의 정치적 중요성에 대하여 잘 이해하고 있었다. 소르본느 대학의 뒤르께임의 후계자이며 CGT 활동에 적극 참여했던 부글레(Célestin Bouglé)는 1936년에 다음과 같이 쓰고 있다.

> 노동자들의 생활 조건에 관한 조사 활동은 목하(目下) 날로 증가하고 있으며 점차 더욱 조직적으로 추구되고 있다. 보수주의자들이나 개혁주의자들이나 혁명주의자들이나, 그들의 정책 혹은 그들이 추구하는 대중

---

50 Mildred Schlesinger, "The Development of the Radical Party in the Third Republic: The New Radical Movement, 1926-1932," *Journal of Modern History* 46, No. 3 (September, 1974), p. 485ff.

의 '생활수준(niveau de vie)'을 이룩할 수 있는 아이디어를 유지하려 하던지 또는 변화시키려 하던지 간에 노동자들의 임금의 증감뿐이 아니라 그들의 임금이 어떻게 작용하고 소비되는가에 관하여도 상당히 정확한 지식을 필요로 하고 있다.[51]

---

[51] C. Bouglé, "Préface", *Les Enquêtes ouvrières en France entre 1830 et 1848*, by H. Rigaudias-Weiss, p. iii.

3. 행태의 변화

1891년 노동실의 창설은 프랑스 정부의 사회개혁과 노동문제에 대한 태도 변화를 전제로 하는 것이었다.¹ 따라서 노동실이 창설된 이후 개혁 입법들은 합리적인 근거에서 신중하게 이루어지기 시작하였다. 1892년 공장감독에 관한 법은 감독관들에 대한 국가의 통제를 한층 강화하였다. 같은 해에 까르모(Carmaux)에서의 대규모 파업의 경우에는 중재재판소가 설치되는 사례를 남겼다. 아울러 산업재해(industrial accidents)와 거중조정에 관한 개혁안이 노동실과 고등노동평의회(Conseil Supérieur du Travail)에 의하여 추진되었다. 1896년에 이르면 이러한 개혁의 흐름은 보수적인 멜린정부가 들어서자 중단되었다. 그럼에도 불구하고 1898년에는 산업재해에 대한 보상은 1892년부터의 산업재해에 대한 통계 발달에 힘입어 입법화되기에 이르렀다.²

1899년에는 발덱-루소(Waldeck-Rousseau) 정부의 급진 공화주의자들의 득세는 보수주의 조류를 다시 역류시켰다. 급진파들은 파격적으로 사회주의자인 알렉상드르 밀랑을 상업부 장관으로 입각시켰다. 활동적인 장관으로서 밀랑은 여러 가지 중요한 개혁을 추진하였다. 그의 개혁 노선은 급진 공화주의자들과 본질적으로 다를 바 없었다. 우선 그는 일련의 행정 개혁에 착수하였다. 그는 노동국(Direction du Travail)을 확대 조직하고 국

---

1 Perrot, *Workers on Strike*; Perrot, *Enquêtes sur la conditions ouvrières*, pp. 18-20.
2 1892년 11월 하원에 작은 보고서를 제출하였다. 즉, *Etudes statistiques des accident de travail après les rapports officiels sur l'assurance obligatorire en Allemagne et en Autriche*. 이 보고서는 산업재해에 관한 법의 재정적 효과를 보여주고 있다. 이 책자의 주장은 산업재해에 대하여 통계를 수집하는 법이 필요하다는 것이었다. AN, C5433, Doc 2, p. 112. 그리하여 1898년의 법에 의하여 고용주는 모든 사고를 市에 보고하는 것이 의무화되었다. 이렇게 수집된 통계는 1899년부터 출판되었고 그 통계는 사고의 숫자가 극적으로 증가하고 있음을 보여주었고 다시 이러한 숫자는 보다 확실한 개혁의 필요성을 증명하였다.

장에 아르튀르 퐁텐(Arthur Fontaine)을 임명하였다. 또한 사회보험예비국 (Division de Assurance et Prévoyance Sociale)도 창설되었다. 밀랑은 노동조건을 향상시키고 정부지원 계획을 추진하는데 의회를 우회하는 행정명령 (administrative decrees)을 즐겨 사용하였다. 나아가 고등노동평의회도 선거 기관으로 개혁되었다. 끝으로 1900년에는 여성과 유아노동에 대하여 10시간 노동 법안을 통과시켰다. 이 법안의 경우는 통계자료와 경제학을 이용한 합리적인 주장이 '노동의 자유(liberté de travail)'를 내세운 원칙론적 주장에 대해 승리를 거둔 전형적인 예에 속한다. 다음해에 그는 노후연금 법안을 제출하였고 소득세법안을 다시 상정하였다.³ 10시간 노동법 이후에도 노동 시간에 관한 개혁이 계속적으로 확대되었다. 1905년에는 광부들에 한하여 8시간 노동제가 도입되었고 1919년에 이르면 8시간제는 모든 노동자들에게 적용되었다. 1906년에는 주 6일 근무제 법안이 상하원에서 거의 만장일치로 통과되었다.⁴

이러한 발덱-루소 정부에 의한 개혁 이후 꽁브(Combe) 정부의 급진 공화주의자들은 독특한 정치 전략을 갖고 있었다. 이 전략은 사회주의자들도 반대하지 않았다. 급진파들은 정치를 좁은 의미로 정의하였다. 즉 그들의 주관심사는 외교정책 그리고 반의회주의와 교회에 대한 투쟁에 국한되었다. 그들은 긍정적이건 부정적이건 경제나 사회 문제에는 거의 관심을 기울이지 않았다.⁵ 1909년에는 의회에서 사회개혁에 관한 토론이 갑자기 중단되는 일

---

3 Stone, *Search for Social Peace*, p. 75; Paul Pic, *Traité élémentaire de la législation industrielle. Les Lois ouvrières* (Paris: Rousseau, 1903); Derfler, *Millerand*.
4 Stone, *Search for Social Peace*, pp. 108-9, pp. 129-34.
5 "그들 급진 공화주의자들은 사회 개혁에 관하여 절대 열성을 보이지 않았다. 1908년과 1909년에는 당에 세 개의 보고서가 제출되었다. 그중 하나는 자유방임주의에 관한 것, 또하나는 재산권과 계급투쟁에 관한 것 그리고 무엇보다 마지막 하나는 Debierre의 급진주의의 사회 사상과 당 강령에 관한 것이었다. 1909년에는 그들의 총회에서 장문의 사회 강령이 채택되었는데 그것은 광산과 철도의 국유화, 지방적 성격의 공공사업의 시유화, 사망세, 소득세, 연금, 보험지원, 평등

이 벌어지기도 하였다. 이러한 유형의 공화주의 정치에는 두 개의 동기가 작용하고 있었다. 우선 사회주의자들과 공화주의 좌파 간에는 이러한 정치는 보다 나은 개혁을 위한 선행조건을 다진다는 것이었다. 즉 "칼이나 교회에 절대 굴하지 않는 민주적 정부"를 건설한다는 것이었다. 특히 교육 개혁의 문제는 정치 무대에서 보수적 왕당파들을 몰아내기 위한 것이었다.[6] 둘째 특히 끌레망소 같은 공화주의자들에게는 이러한 전략은 공화주의자들을 분열시키는 사회개혁의 문제를 우회하거나 억압하는 방법이었다. 그리하여 공화주의자들에 의하여 '정치'란 분리되고 제한된 국가의 권력의 문제에 국한된 사회의 한 영역으로 등장하게 되었다.[7] 결국 정치와 사회개혁의 문제의 연결은 사회주의자들에게 맡겨졌으며 사회주의자들을 견제하는 일은 공화주의 우파들에게 맡겨지게 되었던 것이다.

'공화국 방어(défense de la république)'라는 고도의 정치(high

임금 등을 포함하는 것이었다. 이 강령은 총회에서 빠르게 만장일치로 통과되었고 총회는 별로 흥미 없다는 것을 명백히 드러냈다. 총회에서 사회문제에 관한 발언자들은 빨리 끝낼 것을 종용받았고 기어이 1911년에는 생계비에 관한 토론에서 의장은 항의을 제기하기도 하였다. '당신들은 급진당은 순전히 정치 문제에만 관심이 있고 경제문제에는 관심이 없다는 말이 나오는 것을 원하는 것은 아니겠지요.'" Zeldin, *France*, p. 352; Goldberg, *Jaurès*, pp. 395-6.

6 Stone, *Search for Social Peace*, pp. 69-72, p. 76.
7 Ashford는 프랑스 공화주의자들과 사회 개혁가들은 국민들의 복지의 문제보다 국가의 구조의 문제에 더 많은 관심을 기울였고 그리하여 프랑스에서는 복지국가의 형성 과정이 느렸지만 결국 프랑스 사람들은 복지를 위하여 단합되고 일관된 국가의 구조를 갖고 있다는 주장을 제시하였다. Douglas E. Ashford, *The Emergence of the Welfare State* (Oxford: Basil Blackwell, 1986); Kenneth H. F. Dyson, *The State Tradition in Western Europe: A Study of an Idea and Institution* (New York: Oxford University Press, 1980).
그러나 공화주의자들에게 정치적인 문제는 복지국가나 사회정책의 문제에 종속되어 있는 문제가 아니었다. 이 두 가지 영역은 두 가지로 연관되어 있었다. 첫째 공화주의적 국가 형태는 아직 확고하게 자리잡지 못한 상태였다. 그들 국가의 정통성은 사회의 많은 부분에서 계속적으로 도전받고 있었다. 둘째 사회 문제나 계급 문제는 공화주의 국가에 반대하는 정치 세력들을 부추기고 있었다. 결국 국가의 문제는 공화주의자들 뿐만이 아니라 개혁주의적 사회주의자들에게도 사회정책의 문제보다 앞서는 문제였다. 또한 Jaurès 같은 사회주의자들에게는 두개의 문제는 같은 문제의 앞뒷면에 불과한 것이었으며 많은 공화주의자들에게는 정치 문제는 사회 문제 보다 엄청난 우위를 갖는 문제였다.

politics)의 와중에 1910년의 노후연금제도의 입법은 통계 분석 발달의 또 하나의 쾌거였다. 전통적인 상호부조제도의 접근법에서 탈피하여 정부 중심의 전국적인 연금제도를 선택하게 된 것은 경제학자들의 노력에 힘입은 바 컸다. 또한 보수주의자들의 고용주들을 중심으로 한 연금제도를 배제한 데는 퐁텐의 주도하에 이루어진 통계분석이 결정적인 역할을 했다.[8]

노동통계의 확립과 그에 따른 일련의 정책 변화는 프랑스 사회주의에 즉각적으로 돌이킬 수 없는 영향을 미쳤다. 1880년대를 통하여 다섯 개의 주요한 사회주의 분파 가운데 넷은 마르크스주의자들을 포함한 혁명주의자들이었으며 오직 브루스(Brousse)가 이끄는 가능주의자들(possibilistes)만이 개혁주의 노선을 따르고 있었다. 1890년대에 이르면 노동통계의 발달로 인하여 개혁주의자들은 유리한 고지를 점하게 되었다. 당시 대부분의 사회주의자들은 사회개혁은 곧 혁명으로 연결될 것이라고 믿고 있었다. 1880년대의 혁명적 사회주의자들은 국가에 대하여 공통적인 태도를 갖고있었다. 즉 그들은 국가의 모든 권위를 부정하였고, 국가는 그들의 적이었다.[9] 1890년대에 들어 노동실의 창설을 계기로 국가가 사회개혁 문제에 대해 유연한 반응을 보이기 시작하자 때맞춰 사회주의자들은 선거에 참여하기로 결의하였다. 이러한 변화는 바로 억압적인 권력에서 사회주의로의 전이를 위한 잠재적 수단으로의 국가에 대한 시각의 변화에 연유한 것이었다. 그들은 "국가에 대한 사회주의의 깊은 침투"를 시도하였다.[10] 선거 민주제를 통한 개혁의 정

---

8 Fontaine은 전체 1,000만의 노동 인구 중에서 불과 60만이 고용주들의 연금 체제에 참가하고 있다는 것을 밝혔다. Stone, *Search for Social Peace*, pp. 113-4. 1910년의 연금법안은 심하게 손상된 상태로 상원을 통과하였고 이것은 노동자들로부터 원성을 사게되었다. 1912년 당시의 노동부 장관이던 Leon Bourgeois는 연금법을 좀더 노동자들에게 유리한 형태로 수정하였다. 1912년까지 자격을 갖춘 노동자들 중에 약 반 정도만이 노후연금을 신청하고 있었다.
9 Perrot & Kriegel, *Socialisme français*, p. 13, p. 20.
10 Ibid., pp. 53-5. 그러나 이들의 설명에는 약간의 불완전한 점이 없지 않다.

치는 혁명적 전환의 수단이 될 수 있으며, 조레스(Jaurès)는 이러한 과정을 "혁명적 진화(l'évolution révolutionnaire)"라고 표현하였다.

사회주의자들은 노동행정을 더욱 확대하고 체계화 시킬 것을 요구하였다. 1894년 혁명적 마르크스주의자인 에두아르 바이앙(Edouard Vaillant)은 노동위원회(Commission du Travail)를 제안하였고 위원회는 1897년에 보고서를 제출하였다. 급진 사회주의자에 의하여 작성된 이 보고서는 노동행정의 중앙통제화를 요구하였다. 보고서의 주장은 공공 구호와 그 감독은 내무부의 소관업무이고 노동자와 고용주 간의 중재는 법무부의 소관업무로 분리되어 있는 상황에서는 사회 개혁이 적절하게 이루어질 수 없다는 것이었다. 이러한 여러 행정 분야를 중앙통제 형태로 조정하기 위하여는 '노동부'가 설치되어야 한다는 것이었다. 또한 "행정부서와 정부에 상공회의소(Chambres du Commerce)가 할 수 없는 노동계의 현장감을 전달하기 위하여" '노동회의소 (Chambres du Travail)'가 조직되어야 한다는 것이었다.[11]

또한 밀랑이 발덱-루소 정부에 참여하게 된 것도 이러한 국가에 대한 새로운 이미지의 결과라 할 수 있다.[12] 그가 사회주의 동료나 당에 사전에 협

---

[11] Tournerie, *Ministère du Travail*, p. 126; Holyon Howorth, *Edouard Vaillant: La Création du l'unité socialiste en France* (Paris: Syros, 1982).

[12] Millerand의 전기는 다음과 같이 말한다. "그리하여 프랑스 맑시스트들에 의한 개혁주의의 수용은 암묵적인 수준을 넘고 있었다. 그들은 폭력의 사용을 포기하지 않은 채 국가를 기존의 합법성을 대표한다고 보고 국가로 하여금 노동자계급을 위하여 봉사하도록 하기 위하여 노력하였다. 후일 Lagardelle은 Guesde의 국가주의(statism, étatisme)를 'incontestable'이라고 하였다. 그 元老 사회주의 지도자[Guesde]는 1893-1898 의회에 불만 민원 기구의 창설, 노동자 개인들에게 파업에 대한 찬성 반대 투표권, 지역 노동위원회의 창설과 개선, 평의원의 반이 노조에서 선출되는 고등노동 평의회의 설치 그리고 노사 간의 조정을 위한 여러 기구의 설립을 위한 입법안을 제출하였다. 그는 또한 최저 임금제, 샵 스튜어드, 전국 임신 기금, 완전 비밀 투표, 그리고 군인들에 대한 무료 우편 등도 추진하였다. Lagargelle에 의하면 그는 민주주의로 '충만' 되어 있었다. Guesde와 Millerand이 의회를 이용하는 것이 유리하다는데 대하여 유사한 의견을 갖고 있었다는 것은 Millerand이 상업부 장관이 되어 Guesde에 의하여 처음 제안되었던 계획들을 행정명령이나 입법을 통하여 실행하려 하였다는 점에서 놀랍게 확인된다." Derfler, *Millerand*, p. 100.

의하지 않았다는 비판에 대하여 조레스는 밀랑을 옹호하였다. 프랑스 사회당 총회에서 조레스는 행정부에의 참여를 '내일의 정치(la politique de demain)'라고 제시하고 더욱 유연성 있는 전략을 강력히 호소하였다.[13] 나아가서 혁명에서 개혁으로의 사회주의 전략의 수정은 통계를 통하여 '모니터'되는 노동자들의 경제 조건의 향상되고 있다는 사실로 정당화되었다. 1890년대부터 "서구 자본주의의 생산성의 증대나 점차적으로 개선되는 노동자들의 여건이나 변화하는 사회·정치적 현실을 상기시키는 것은 [혁명주의자들에게는] 매우 불편한 일이었다."[14]

20세기에 들어서면 사회주의자들은 노동자들의 표를 얻기 위해 공화주의자들과 경쟁을 벌이고 있었다. 1906년에 끌레망소가 제시한 8시간 노동제, 소득세, 그리고 자연적 독점의 국유화 등의 개혁안은 사회주의자들의 개혁안과 거의 동일한 것이었다. 양측 모두 저작권을 주장하며 서로를 표절이라 비난하였다. 사실 이 양측의 실질적 개혁안은 겉으로는 지극히 상반된 사회철학에 기반한 것이었다.[15] 게다가 생디칼리스트들이 사회주의 정치가들을 지지하지 않음에 따라 사회주의자들은 결국 표를 얻기 위하여 다른 사회계급에 호소하게 되었다. 그들은 보편주의적 전략을 수립하고 그들의 표밭을 도시 노동자들 외에 농민, 소상인, 수공업 집단 할 것 없이 "현대 사회의 도덕적 혼란과 경제적 무질서 속에서 고통 받는 양심 있는 모든 사람들"로 확대해 나갔던 것이다. 사회주의는 결국 노동자계급의 운동이라기보다는 더욱

---

13 Jaurès는 다음과 같이 말하였다. "어떤 경우나 어떤 방향이나 당신들이 사용하는 행동의 수단을 끝까지 밀어부쳐야 한다. 우리는 우리가 경작하는 땅의 최대한의 작물을 얻어야 한다. 일단 당신들이 의회에 있는 이상, 의회의 게임이 존재하는 한 그 게임의 규칙을 알아야하고 그리고 가능하다면 장관이라는 패를 활용할 수 있어야 한다. 이러한 개혁적이자 혁명적인 생동하는 정치는 어떤 일이 있어도 '내일의 정치'가 될 것이다." Perrot & Kriegel, *Socialisme français*, p. 69.

14 Goldberg, *Jaurès*, p. 263.

15 Ibid., pp. 356-7.

더 국민운동의 형태로 변화하게 되었다. 이러한 프랑스 사회주의의 변화 단계에 통계지식은 결정적인 역할을 하였다.[16]

20세기 벽두에 혁명주의자들과 개혁주의자들의 갈등은 표면화되었다. 밀랑에 대한 논쟁은 오히려 더욱 치열해 졌으며 이것은 '쌩망데 연설'을 계기로 단일화되었던 사회주의자들을 첨예하게 분열시켰다. 과격주의자들은 계속하여 개혁주의자들을 공격하였다. 이른바 '장관주의자(ministerialistes)'들은 프랑스 사회당(Parti Socialiste Français: PSF)로 집결하고 게즈디스트, 블랑끼스트 등의 과격 혁명주의자들은 프랑스 사회당(Parti Socialiste de France: PSdeF)으로 조직되었다. 1905년에 사회주의의 통합을 위해서 SFIO가 결성되었을 때 혁명과 개혁은 조레스를 빼고 나머지 사람들에게는 모두 양립할 수 없는 것이었다.[17] 그러나 대세는 조레스가 이끄는 개혁주의 노선이 주도하고 있었다. 1890년대부터 이미 "프랑스 사회주의자들은 휴일에만 혁명을 이야기한다"는 농담이 널리 퍼져 있었다.[18] 20세기에 들어와서 사회주의자들에게 가장 급박한 논쟁은 부르주아들의 개혁노선에 동참할 것인가 그리고 동참한다면 어떤 정도로 할 것인가 하는 문제였다.[19]

1890년대에 게즈드와 그의 추종자들은 밀랑과 조레스같은 개혁주의자들을 한편으로 비난하면서도 이용하고 부추기고 있었다. 후자들은 중산층 간에 사회주의에 대한 공포심을 없애주는 구실을 하였다.[20] 그들은 전술적으로 유용하였다. 조레스는 훌륭한 웅변가였고 밀랑은 솜씨 있는 법률가였다. 특

---

16 1890년대 후반부터 Jaurès의 지도 하에 사회주의자들은 농촌의 경제 조건에 관한 통계 분석을 시작하였으며 이로 인한 새로운 정책 수립은 농촌지역에 성공적으로 침투하는 데 있어 결정적인 역할을 수행하였다. Ibid., pp. 190-3.

17 Ibid., p. 341.

18 Derfler, *Millerand*, p. 98.

19 Perrot & Kriegel, *Socialisme français*, p. 84.

20 Derfler, *Millerand*, p. 120.

히 밀랑은 당시에 전형적인 정치인 상을 대표하였다. "프랑스 법률가[밀랑을 위시하여]의 변론은 재판정을 설득하기 위하여 준비되는 것이다. 꼼꼼하게 준비하고 조직하고 어떤 부분도 우연에 맡기지 않고 각 부분은 분석되고 최고의 체계를 위하여 재구성되는 것이다. 보통 사실들을 제시하고, 절차를 설명하고 상대의 주장을 반박하고 자신의 주장을 개진하는 것이다." "밀랑은 이론의 문제는 조레스와 게즈드에게 맡겼다. 그는 전술가였고 아이디어보다는 인물들과 그들의 움직임에 관심이 있었고 가치의 문제보다는 숫자에 관심을 갖는 편이었고 이론보다는 정당의 문제에 흥미를 갖고 있는 사람이었다. 결과적으로 그는 새로 만드는 일보다는 무엇을 고치는 일에 관심을 가진 사람이었다. 그는 프로그램에서 그가 이길 수 있는 부분을 계속 추구했고 이러한 부분에서 온건파의 지지를 성공적으로 획득할 수 있었다. 법률가는 승리를 추구하고 그리하여 전술가이며, 전술가는 기회주의적이고 이 모든 것을 갖춘 밀랑은 급진 공화주의자이자 동시에 사회주의자였다. 사회당을 떠난 후에도 그는 같은 전술을 계속 구사하였다." "그는 이데올로기를 주장하는 일이 별로 없었고 그의 사회주의는 사실들로 이루어진 것이었다. 그에게 이것은 불가피한 일이었으며 그의 몇 안 되는 이론적인 말들도 모두 경험적인 것이었다."[21]

프랑스의 혁명적 생디칼리스트들은 의회주의와 정당에 대한 절대적인 거부로 알려져 있다.[22] 이러한 이념 하에 조직된 노동자계급은 "직접 행동"을

---

[21] Ibid., pp. 112-4.
[22] Syndicaliste들의 정당에 대한 입장에 대하여 Ridley는 다음과 같이 말하고 있다. "정당들은 그들이 노동자계급의 이해를 대표한다고 주장할 때도 본연의 성격으로 인하여 계급투쟁을 부정하는 것이다. 정당의 구성원은 계급의 경계를 가로지르며 여러 다른 사회적 배경의 심지어는 다른 이해를 가진 인물을 끌어들이는 것이다. 사회주의 정당은 주로 지식인들과 직업 정치인들이 지배하는 것이다. 그들 정당의 기반은 이데올로기적이며 철학 문제에 대한 일시적이고 피상적인 합의에 의존한다. 계급과는 달리 정당은 직접적인 경제적 이해의 유대가 없는 인위적 조직인 것이며 따라서 단합이 결여된 것이다." Ridley, *Revolutionary Syndicalism*, pp. 171-2.

취해야 한다는 것이었다. 이것은 생디칼리스트들이 고용주나 국가와의 협력을 배제하는 것은 아니었다. "중요한 것은 노동자들은 그들의 손에 법을 장악하도록 준비하여야 한다는 것이었다. 그들 나름의 투쟁의 형태를 창조하여 그들은 헌법적 (선거나 의회적)인 체제를 그들이 원하는 입법이라 하더라도 우회했다는 것이다. 파업이나 다른 형태의 선동을 통하여 그들은 고용주와 국가를 그들의 요구에 응하도록 강제한다는 것이었다. 이러한 의미에서 그들의 운동은 자율적인 것이며 혁명적인 것이었다."²³

1900년대 초까지 노동자계급의 조건과 파업에 관한 통계들은 파업이나 다른 형태의 부분적인 투쟁은 노동자계급 전체의 조건을 향상시키지 못한다는 것을 보여주고 있었다. 통계는 '임금의 철칙(iron law of wages)'을 뒷받침하고 있었다. 이러한 입장은 국가 노동행정관리들이나 생디칼리스트들이나 공통적으로 갖고 있었다.²⁴ 이러한 임금의 철칙은 펠루티에의 지도하에서 총파업의 원칙을 고수하며 지엽적 부분적 투쟁을 억제하게 되는 직접적인 이유였던 것이다. 부분적인 파업이나 어떤 투쟁도 노동자계급 전반의 조건을 향상시키지 못하며 더욱이 투쟁이 패배할 경우에는 노동자계급의 사기가 떨어지는 결과를 초래하므로 노동자계급의 생활을 향상시킬 수 있는 유일한 방법은 전체 노동자계급의 힘을 일시에 결집하여 총파업으로 혁명을

---

23 Ibid., p. 96.
24 1905년의 파업에 관한 통계분석의 문서철에는 다음의 Victor Turquan의 글들이 보관되어 있다. "Résultats statistiques d'une enquête sur les grèves en France communiqués par M. Turquant," "Les Grèves ouvrières depuis 1852." *Le Monde conomique*. 그는 당시에 가장 영향력 있는 통계학자였고 SGF를 이끌고 있었다. 이 두개의 글에서 모두 파업은 노동자들의 요구를 만족시켜주지 못한다고 확인하고 있다. 또한 아래도 참조. Arthur Fontaine, *Conciliation industrielle. De la nécessité et des formes des conseil mixtes de conciliation et d'arbitrage*. Conférence faite de 24 Novembre 1895 à le Société Industrielle d'Amiens (Amiens: Imprimeri Typographique et Lithographique et Jeunet, 1896).

이룩하는 방법밖에는 없다는 것이었다.[25] 기존의 지도층은 이러한 비관적이고 암울한 혁명 노선을 통계을 통하여 강화해 나갔다.[26]

20세기 초에 CGT에는 원칙과 노선의 수준에서 일연의 변화가 있었다. 펠루티에가 죽자 고집스러운 혁명주의는 빅또르 그리푈(Victor Griffuelhes)과 메르앵(Merrheim)의 지도에 의하여 침식되기 시작하였다. 이들 새로운 지도자들은 산업전선에서의 적극적인 행동을 주장하였다. 특히 1900년대 말의 몇몇 대규모 분규에서 패하자 CGT의 전략은 총파업에서 특정 목적을 위한 투쟁으로 전환하게 되었다.[27] 더구나 에두아르드 베른슈타인(Edouard Bernstein)의 수정주의에 뒤이어 통계자료들은 자본주의 하에서 노동자들의 조건이 향상될 수 있다는 것을 보여주었다.[28] 그러나 프랑스의 생디칼리스트들은 노동자계급의 생활여건이 향상되는 것을 두려워하지 않았다. 그들은 노동자들의 생활 개선이 "노동자들에 의하여 정복된 것이고, 고용주나 국가에 의하여 베풀어지거나 아무리 사회주의자라 하여도 정치권의 개입 덕분에 얻어진 것이 아니라면" 적극적으로 추진하였다.[29] 이론적으로 혁명의 매개자로서의 노동자계급의 자율성이 손상되지 않는다는 조건 하에서 CGT는 사회·경제적 개혁과 물질적인 개선을 적극적으로 추구하였다.

---

[25] Julliard, "Théorie syndicaliste révolutionnaire," pp. 57-8.
[26] 1897년의 제9차 Toulouse 총회에서 CGT의 총파업위원회(Commission de la grève générale)은 다음과 같이 보고하였다. "부분적 파업에 관하여 본 위원회는 통계숫자에 근거하여 부분적 파업은 우리의 이해에 상충되며 따라서 파업이 불가피할 경우도 있다는 점에 의심치 않지만 파업의 빈번함이 사라지는 것을 보면 다행스러운 일이겠다고 선언합니다." Ibid., p. 57. 총파업은 이미 Pelloutier가 등장하기 이전에 프랑스 노동자계급 운동의 전략으로 확립되었다. Larry S. Ceplair, "La Théorie de la grève générale et la stratégie du symdicalisme. Eugène Guérard et le cheminots français dans les années 1890," Le Mouvement social 116 (July-Sept, 1981), pp. 25-8.
[27] Julliard, "Théorie syndicaliste révolutionnaire," pp. 58-60.
[28] 이러한 현상은 1910년대 초에 물가 상승에 대한 투쟁 때 이미 널리 알려져 있었다. Flonneau, "Crise de vie chère," p. 70.
[29] Julliard, "Théorie syndicaliste révolutionnaire," p. 62.

프랑스 생디칼리스트들은 그들의 성공적인 투쟁을 위하여 자본주의 경제 논리에 대한 이해의 중요성을 인식하게 되었다. 노조들이 단기적인 물질적 이득을 위한 투쟁을 벌이기 시작하자 통계의 의미는 이제 혁명과 노동자들의 자기 발전이라는 상징으로부터 자본가들과 자본주의 경제와의 하루하루의 투쟁을 위한 무기로 변하게 되었다. 1900년대까지 노조들의 경제 지식은 보잘것없는 것이었고 대부분 사회주의자들의 신문들이 이를 공급하고 있는 형편이었다.[30] 1907년과 1908년부터 노동조합이 발행하는 신문에 경제적 집중과 경제 상황에 관한 글들이 실리기 시작하였다. 1908년에는 「인민의 소리」(La Voix du peuple)지에 푸제(Pouget)는 정부의 노동실이 발표한 통계를 비판하는 논문을 실었다. 이 시점을 전후하여 CGT 내의 혁명주의자들과 개혁주의자들 간의 투쟁은 첨예화되었다. 이 투쟁의 와중에 메르앵과 그리퓔은 모험주의와 오랜 투쟁주의 사이에서 제삼의 입장을 취하였다. "자본주의 체제에 통합되느냐의 문제가 아니다. 더 잘 싸우려면 대상에 대하여 더 잘 알아야 한다(Il ne s'agit pas de s'intégrer au système capitaliste, mais de mieux le connaître pour mieux l'abattre)"는 말은 그들의 입장을 단적으로 표현하였다.[31]

이러한 노동계의 이념의 변화는 변화하는 경제 조건 하에서 노조들의 투쟁 행태의 변화로 나타나게 되었다. 20세기 벽두의 몇 년간 파업율의 변화와 실업률의 변화는 평행을 이루고 있었다. 그러나 이후의 시기에는 반대방향으로 움직이고 있었다. 이러한 현상을 샤를르 리스트(Charles Rist)는 "도덕적 정치적 그리고 감정적 요소"에 의한 것이라고 설명하였다. 이에 다시 후일 장 부비에(Jean Bouvier)는 다음과 같이 설명하고 있다. "파업의 움직임

---

[30] Dominique Baillaud, "La C.G.T. et les problèmes économiques (1905-1914)," Memoire de Maitress, Université de Paris VII, 1974, p. 25.
[31] Ibid., p. 33.

을 따라가 본 노동운동의 곡선은 노동운동이 이데올로기적인 관심사에 별로 오염되지 않고 넓은 의미의 직업의 문제에 대한 투쟁에 관심을 가진 개혁주의적 성격이었던 만큼 경제 상황의 우여곡절에 끌려 다니지는 않았다는 것이다."[32] 프랑스의 노조들은 1900년대 중반부터 파업을 통하여 즉각적인 물질적인 이득을 추구했을 뿐만 아니라 그들의 투쟁을 위하여 실업률을 위시한 각종 경제 지표들을 추적하는 가운데 투쟁 방향을 설정하였던 것이다.

앞서 지적하였듯이 1910년부터의 '비싼 생활 위기'에서 CGT는 회원수와 전문지식 분야에서 엄청난 확장을 이룩하였다. 전투적인 혁명주의자들도 이러한 위기를 이용하여 투쟁에 기선을 잡으려고 시도하였다. 1910년에 물가상승에 대한 대중의 항거는 혁명적인 색채를 한때 띠기도 했으나 이후에는 결국 변화하게 되었다. 대중 집회가 물가를 낮추는 데 효과가 있을 리 없었다.[33]

더구나 고물가에 대한 대중의 저항은 노동자들의 부인뿐만이 아니라 소비자, 세입자 등을 동원하게 되었다. 이론적으로는 이들이 모두 노동자계급에 속하는 사람들이었지만 원래의 노동운동의 아이디어와는 다른 식으로 노동자계급이 대표되고 동원되기 시작하였던 것이다. 생산자로서의 노동자들을 조직한다는 것은 오히려 전 보다 더 복잡한 문제가 되었다. 일단 노동자들은 생산자와 소비자라는 이중적인 동일성(identity)을 갖게 되었고 나아가서 식품업에 종사하는 사람들과 농민은 '도둑'이라 불리우고 계급은 분열의 틈을 보이기 시작하였다. 1912년에 이르면 대중 동원은 가라앉았다. 생디칼리스트들은 투쟁의 전선을 더욱 넓히지 않으면 안 되었고 한 필자는 「인민의

---

[32] Jean Bouvier, "Mouvement ouvrier et conjoncture économique," *Le Mouvement social* 48 (July-Sept. 1964), p. 6; Charles Rist, "Relation entre les variations annuelles du chômage, des grèves et des prix," *Revue d'économie politique* (1912); Luciani, "Chômage au XIXe siècle en France," pp. 267-9.

[33] Flonneau, "Crise de vie chère," p. 60ff.

소리」에 다음과 같이 썼다. "높은 생활비는 경제적 변화에 관한 진지한 연구를 부과하고 있다. 생계의 문제는 이론과 실천을 통하여 노조의 신중한 선동을 통하여 극복되어야 한다." 또한 1912년 4월에는 「인민의 소리」에서 루딘(V. Roudine)이라는 필명의 저자는 물가 상승에 대한 선동적 접근법을 비판하며 "문제는 과도하게 단순화되고 있으며 높은 물가를 프랑스 경제 발전 전체와 밀착시키는 넓은 연계에 대한 시각을 놓치고 있다"고 CGT의 노선을 통박하였다.[34]

1911년에는 CGT 지도자들은 새로운 잡지 「생디칼리스트전투」(La Bataille Syndicaliste)를 창간하며 르루와-볼리유(Leroy-Beaulieu)같은 저명한 경제학자들과의 논쟁에 뛰어들었다. 이번에는 메르앵과 그리퓔 사이에 이견이 심각해졌다. 그리퓔은 메르앵을 향하여 "생디칼리스트는 행동하는 인간이지 연구하는 인간이 아니"라고 비난하였다.[35] 이제 혁명가로서 메르앵과 그의 추종자들은 이번에는 개혁주의자들과 같은 배에 타고 있음을 알고 연합을 시도하여 1913년에 이르러 CGT의 재편을 추진하였다. 그러나 CGT의 지도부가 제1차대전 전까지 이들의 손에 완전히 장악된 것은 아니었다. 어쨌든 일련의 사건들 즉 부분적인 투쟁, 경제분석, 고참 혁명주의자들과의 논쟁 등은 혁명적 생디칼리즘의 원래의 혁명적 정신을 수정하는 결과를 초래하였다. 전투적 혁명주의자들은 그들의 신조를 계속 지켜나갔고 CGT의 소수파를 형성하였다. 메르앵과 개혁주의자들은 다수파를 구축하였다.

1910년대 초부터 메르앵은 "심층적 원인(les causes profondes)"은 "우연적 원인 (les causes occasionnelles)"과 구별되어야 한다고 주장하였다.[36] 경제적 제도와 체계야말로 투쟁의 진정한 목표라는 것이었으며 노동자

---

34 Ibid., pp. 65-6, p. 69.
35 Baillaud, "CGT et les problèmes économiques," pp. 62-7.
36 Flonneau, "La Crise de vie chère," p. 72.

계급의 경제적 여건은 경제체계 전체의 부분적인 수정을 통하여 개선될 수 있다는 것이었다. 또한 이러한 종류의 개혁은 경제의 다른 부분들과의 어느 정도의 협력을 포함하는 것이었다. 게다가 동시에 노동자계급의 이데올로기는 중대한 항구적인 변화가 수반되었다. 즉 이제 노동자계급은 생산자와 소비자라는 두개의 다른 동질성을 갖게 되었고 특히 소비자로서 노동자계급의 이해는 다른 계급의 이해와 밀접히 연결되었다. 피에르 모나트(Pierre Monatte)는 "무산계급과 소부르주아와의 접근을 위하여 협력관계는 최고의 시점에 있다"고 말하였다. 물론 이러한 입장이 전적으로 받아들여지지는 않았지만 레옹 주오(Léon Jouhaux)는 계급간의 협력은 생산의 영역에 제한되어야 한다고 주장하며 타협점을 찾으려 하였다.[37]

노동통계의 생산과 사용 그리고 노동자 투쟁의 개혁주의적 전략 간의 선택적 친화성(elective affinity)은 프랑스 광부들의 경우에 더욱 명백해졌다. 세기말에 이르면 광부들은 프랑스에서 가장 잘 조직된 부분의 노동자들이었으나 노동기금 운동이나 CGT에는 참여를 꺼리고 있었다. 광부들은 그들의 과격한 투쟁뿐만이 아니라 고용주와의 협력을 이루어나가는 과정에 통계 자료를 수집하고 사용하였던 최초의 노동자 조직이었다. 또한 광부 연합은 사회주의자들의 개혁 정책을 꾸준히 지지하였다. 20세기 초에 이르면 광부들의 경제조건과 회사의 재정 조건을 연구하는 활동은 다른 노조들에게 모범이 되었다.[38] 그런가 하면 과격한 혁명주의적인 집단에는 제2차대전이 끝나

---

37 Ibid., pp. 76-7.
38 Rolande Tremp , "Le Réformisme des mineurs francais à la fin du XIXe siècle," *Le Mouvement social* 65 (Octo-Dec, 1968), pp. 93-107; Joel Michel, "Syndicalisme minier et Politique dans le Nord-Pas-de-Clais: le cas Basley (1880-1914)," *Le Mouvement social* 87 (April-June, 1974), pp. 9-34; Joel Michel, "Le Mouvement ouvrier chez les mineurs d'Europe Occidentale (Grand Bretagne, Belgique, France, Allemagne). Etude comparative des années 1880-1914," Thèse doctorat d'Etat, Université de Lyon, 1987.

던 시기까지 통계나 경제 연구기관이 발전을 이루지 못하고 있었다.[39]

제1차세계대전 직전의 몇 년간은 폭력적인 계급간의 투쟁이 전개되던 시기였다. 노사관계에 파업, 파업에 가담한 인원, 파업의 총 시간 수 등은 현저하게 줄어들지 않았다. 단체협상 과정은 몇몇 업종에만 확립되었을 뿐이었다. 노동자계급의 조직의 국가에 대한 적대감 또한 별로 크게 누그러들지 않았다. 말하자면 새로운 양태의 계급간의 정치 형태가 완전히 받아들여졌다고 말할 수는 없다. 첫째, 프랑스의 경우 출발점에서의 조건이 영국과는 많은 차이가 있었다. 프랑스에서는 과격한 혁명주의가 영국보다 더욱 깊은 뿌리를 내리고 있었고 이러한 조건은 프랑스 노동자들의 낮은 조직율과 연관되어 있었다. 둘째 이러한 면들은 프랑스의 국가 기관의 개혁정책이 제한적이었다는 면에서도 연유되는 것이었다. 특히 영국의 경우와 비교하여 프랑스 정부는 밖으로부터의 요구에 따라 합리적인 근거에서 개혁을 허용하는데 그쳤다. 프랑스의 정부 관리들은 개혁안을 만들어 내는데 창의적이나 주도적인 역할을 하지 않았다.[40] 나아가서 사회주의자와 생디칼리스트들은 자유주의자들과 공화주의자들보다 통계에 대하여 더욱 열렬한 신앙을 가지고 있었다. 프랑스의 공화주의자들은 실로 그들이 노동통계부를 설치하여 계급정치의 새로운 전선을 형성하자마자 사회주의 진영의 선공에 수비 태세에 들어가지 않을 수 없었다. 더구나 보수주의자들이 주종을 이루던 프랑스의 학계는 사회의 다른 분야와 거의 단절되어 있었다. 20세기에 한참 들어오기까

---

39 Baillaud, "CGT et les problèmes économique," pp. 7-8.
40 Henri Hatzfeld는 프랑스에서 사회보장 정책의 발달이 늦은 주요한 원인은 정치에 협소한 경제적 이해를 대표하는 집단이 많았기 때문이었다는 것이다. Henri Hatzfeld, *Du Paupérisme à la security sociale* (Paris: Armand Colin, 1971). 그러나 여기서 지적할 사실은 프랑스에서는 정치에 있어서 이익집단의 출현도 다른 나라에 비하여 늦었다는 것이다. 이러한 사실은 프랑스 정치에는 경제적 이해가 더욱 중요한 요인이었다기보다는 '합리적 계급정치'의 발달이 다른 나라보다 늦었기 때문이라 말할 수 있다.

지도 노동통계는 그랑제꼴(grandes écoles)을 중심으로 조직되어 있던 학계의 지지를 받지 못하고 있었다. 그러나 피터 스턴스(Peter Stearns)에 따르면 노조들이 노사관계에 통계지식을 본격적으로 활용한 제1차대전 직전의 시기에는 "노동과 경영자들 간의 첨예한 긴장은 조용한 타협에 자리를 내주게 되었다"는 것이다. 또한 계급투쟁은 대규모로 벌어지고 있었지만 다른 전략과 다른 색채를 띠고 있었고 "분노에 찬 파업, 예상치 못했던 파업, 그리고 끝없이 계속되고 물리적 폭력의 위협이 상존하던 그러한 종류의 파업은 이시기에 이르면 거의 없어졌다"고 주장하고 있다.[41]

1914년 전쟁이 발발하자 CGT의 다수 집단은 전쟁 동원 체제에 참가하고 CGT 내부의 과격파들을 보호하기 위하여 '행동위원회(Comité d'action)'을 창설하였다. 이 위원회는 점차 프랑스 생디칼리스트들의 개혁주의 다수파의 중심지가 되었다.[42] 우선 위원회가 당면한 긴급한 문제는 생활비 특히 석탄 값의 상승과 외국인 노동자들의 유입이었다. 또한 대전의 끝날 무렵부터는 재건 계획의 문제로 인하여 장기적으로 사회·경제 체제에 노조들이 참여할 수 있는 범위는 엄청나게 확대되었다.[43] 전국 전시 비상체제에 노조가 가입한 것은 1910년부터 등장하기 시작한 새로운 스타일의 개혁주의가 자리를 굳히는데 결정적인 계기가 되었다. 이러한 개혁주의자들은 옛날의 '단편적 개혁주의자들(fragmentary reformists)'과는 달랐다. 새로운 개혁주의자들은 "프랑스의 산업이 전쟁을 위해서 동원될 수 있다면 또한 마찬가지로 평화를 위해서도 동원될 수 있다. 이것은 국가에 무엇보다도 상

---

[41] Peter N. Stearns, "Against the Strike Threat: Employer Policy toward Labor Agitation in France, 1900-1914," *Journal of Modern History* 40, No. 4 (December, 1968), pp. 499-500.

[42] John Horne, "Le Comité d'action (CGT-PS) et l'origine du réformisme syndical du temps de guerre," *Le Mouvement social* 122 (Jan-March, 1983), pp. 3-60.

[43] Ibid., p. 45ff.

위의 권리를 갖고 있다고 주장해온 노동자계급에 유리한 것이다"라고 믿는 사람들이었다.⁴⁴ 프랑스에서 노동운동의 전시체제 참여는 후일의 노동 '계획주의(planisme)'의 모태가 되었다.

전쟁이 끝나가자 혁명적 생디칼리즘의 이념 변화는 현저한 것이었다. 위에서 언급한 사회주의자들 간의 국가에 관한 애매모호한 관점과 평행을 이루며 대부분의 프랑스 생디칼리스트들은 정치적 혁명이 일차적인 과제라는 것을 부정하였다. 메르앵은 진정한 혁명은 경제적인 것이며 "길거리에서 탕진하고 파괴하는 욕망과 즐거움만을 위해 고삐 풀린 광란적인 군중에 의하여 이루어지지 않는다"라고 주장하였다.⁴⁵ 또한 과격한 혁명주의에서 개혁주의로 개종한 조르지 뒤물랭(Georges Dumoulin)은 조레스 식의 용어인 "혁명적 개혁주의(réformisme révolutionnaire)"라는 말을 만들어 내기도 했다. 뒤물랭은 "프롤레타리아가 타락한 상태에서 해방에 이르지 않기 위해서는 우선 본질적 경제적인 개혁의 방향으로 이끌어가야 한다. 이러한 개혁들의 기초가 되어 있지 않은 혁명은 프랑스에서는 파산일 수밖에 없다"고 주장하였다.⁴⁶ 프랑스의 노동운동은 "의혹의 시대(l'ère de soupçon)"에서 "계산의 시대(l'ère du calcul)"로 넘어오게 되었다.

---

44 "Jouhaux는 개혁주의의 정의를 공식화하려 하였다. 그는 최소한의 목표와 최대한의 목표를 명확히 구별하였다. 그는 여태까지의 CGT (그리고 행동위원회)가 전쟁기간 중의 여러 문제점과 가능성에 대하여 실용적 방법으로 반응하려고 했던 단편적 노력들을 기저와 형태에 동시에 해당하는 중요한 강령의 변화를 포함한 일반적인 새로운 오리엔테이션으로 재조직하기를 원했다. 전시에 태어나 더욱 강력해지고 잘 연계되는 노동운동에 의하여 지지되는 이러한 새로운 개혁주의는 전쟁전에 CGT가 처해있던 (....) 질곡으로부터 탈출할 수 있을 것이었다..." Ibid., pp. 48-51. 나아가서 Horne은 노동운동이 전시체제에 참여하기 이전과 이 시기 이후의 개혁주의의 확립간에는 불연속은 없었다고 주장한다. 즉 전쟁과 그에의 참여는 기존의 요소들을 발전시키고 확립시킨 것에 불과하다는 것이다.

45 A. Merrheim, *La Révolution économique Publication de l'information ouvrière et sociale*, n. 1 (Paris, n.d.), p. 6.

46 Peter M. Arum, "Du Syndicalisme revolutionnaire au réformisme: Georges Dumoulin (1903-1923)," *Le Mouvement social* 87 (April-June, 1974), p. 56.

전쟁 이후의 기간은 통계발달의 관점에서 보면 무기력증에 빠진 시기였다. 대부분의 정부 센서스나 통계조사는 불완전하였으며 노조를 포함한 통계는 전반적으로 질적으로나 양적으로나 낮은 수준이었다. 악화되어가는 경제 여건은 그 일부를 설명할 지도 모르나 이러한 무기력증 뒤의 결정적인 요소는 통계의 웅변적 혁명적 상징적 의미가 이 시기에는 상실되었기 때문이었을 것이다. 위에서 누차 지적했듯이 사회통계와 노동통계는 혁명뿐만이 아니라 사회의 여러 계층에게 사회발전과 개혁의 상징이었다. 전쟁이 끝나자 통계는 이제 순수하게 현실적으로 특히 노조에게는 하루하루의 경제생활과 투쟁에 쓰이는 만큼만 필요해진 것이다.

양차대전 간의 시기에는 합리적 계급 정치는 사회 개혁의 강제적인 패턴으로 확립되었다. 이 시기에는 알베르 토마(Albert Thomas)나 마르셀 데아(Marcel Déat)와 같은 기술관료 타입의 사회주의자 집단이 등장하게 되었다. 그들은 노동자계급의 조건과 경제에 관한 통계는 사회적 행동에 필수불가결의 수단이라고 확신하고 있었다.[47] 나아가서 여러 가지 의미를 지니는 과학적 경영과 '합리화(rationalisation)'의 사상은 당시 부르주아 양심의 수호자로서 동시에 자본과 노동의 완충제로서 기술적 전문가와 '카드르(cadre)'의 이데올로기를 한층 강화시켰다.[48] 폭력적 파업의 빈도는 이 시

---

[47] Madeleine Rebérioux & Patrick Friedenson, "Albert Thomas, Pivot du réformisme social," *Le Mouvement social* 87 (April-June, 1974), pp. 85-97; Donald D. Baker, "Two Paths to Socialism: Marcel Déat and Marceau Pivert," *Journal of Contemporary History* 11, No. 1 (January, 1976), pp. 107-28, etc.

[48] Charles S. Maier, "Between Taylorism and Technocracy: European Ideologies and the Vision of Industrial Productivity in the 1920s," *In Search of Stability* (Cambridge: Cambridge University Press, 1987), pp. 22-55; John M. Sherwood, "Rationalization and Railway Workers in France: Raoul Dautry and Les Chemin de Fer de l'Etat, 1928-1937," *Journal of Contemporary History* 15, No. 3 (July, 1980), p. 453ff.; Kaplan & Koepp, *Work in France*; Luc Boltanski, "Taxonomies sociles et luttes des classes: La mobilisation de 'la classe moyenne' et l'invention des

기에 현저하게 줄어들었다.⁴⁹ 1925년에는 레옹 주오(Léon Jouhaux)의 요구에 의하여 CGT가 휴전시부터 요구해 오던 국가경제평의회(National Economic Council)가 좌파연합(Cartel des Gauches)에 의해 창설되었다.⁵⁰

1930년대에 들어서자 프랑스의 경제는 흔들리기 시작하였다. 이 시기에는 사회 경제 통계는 세기말과는 전혀 다른 관점에서 다루어지기 시작하였다. 생디칼리스트, 사회주의자 그리고 급진 공화주의자들에 의하여 경제계획에 대한 여러 가지 연구 집단과 기관이 등장하였다. 특히 이른바 계획주의자(planistes)들은 통계의 문제에 특별한 관심을 기울이는 사람들이었다. 당시에 좌파들에게는 파시즘은 일차적인 위협이었고 조직을 보호하기 위해서는 경제 전반 특히 중산층의 살림살이를 보호하는 것이 좌파들의 급선무였다. 1934년 CGT는 연구국(Bureau d'Études)를 설치하고 노동국과 긴밀한 협조체제를 유지하였다. 이 집단은 로베르 라꼬스트(Robert Lacoste), 조르지 르프랑(Georges Lefranc), 뤼시앙 로라(Lucien Laurat), 장 뒤라(Jean Durat), 아쉬으 도팽-뒤니에(Achille Dauphin-Deunier), 프랑시스 들레시(Francis Delaisi) 등으로 이루어져 있었다. 1935년에는 CGT가 정식으로 경제계획안을 받아들이게 되었다. 이들 외에도 이른바 이공대 출신들을 중심으로한 '엑스-크리즈(X-Crise)'라는 집단은 경제 통계 발달에 결정적인 역할을 하였다. 1931년부터 1939년까지 그들은 매달 총회를 개최하

'cadres',″ *Actes de la recherche en sciences scociales* 29 (September, 1979), pp. 75-103.
49 Edward Shorter & Charles Tilly, "The Shape of Strikes in France, 1830-1960," *Comparative Studies in Society and History* 13, No.1 (January, 1971), pp. 60-86; Shorter & Tilly, "Le Déclin de la grève violente en France de 1890 à 1935," *Le Mouvement social* 76 (July-Sept, 1971), pp. 95-118.
50 Kuisel, *Capitalism and the State*, pp. 60-85.

였고 이들은 폴 발레리(Paul Valéry), 자크 뤼프(Jacques Rueff), 폴 레이노 (Paul Reynaud), 마르크 블로흐(Marc Bloch) 같은 학자들을 위시하여 쥘 모크(Jules Moch) 루이 발롱(Louis Valon)과 같은 좌파 정치가들 그리고 베르나르(Bernard), 퓌쉐(Pucheu) 그리고 베르랭(Berlin)과 같이 후일 비시(Vichy) 정부에 가담한 기술 관료들도 포함되어 있었다.

합리적 계급정치의 확산과 노동운동 내의 계획주의는 기존의 사회주의 사상에 심각한 도전을 제기하였다. 앙리 드 망 (Henri de Man)에 의하여 확산된 생디칼리스트 계획의 사상은 마르크스주의자들의 혁명의 개념과 정면으로 반대되는 것이었다.[51] 마르셀 데아(Marcel Déat)가 대표하는 신사회주의자들은 전통적인 프랑스 사회주의의 돌격형 인간형인 '엘랑(élan)'을 조롱하였다. 그것은 "수동적이거나 멸종되어 가는 종교"이며 위험한 자세라고 통박하였다. "경제 불황이 사회주의에 이득을 준 것은 하나도 없다. 혼란 속에 퇴조하는 자본주의와 사회주의도 함께 끌려 떨어지고 있다."[52] 1934년의 사회주의 정당 총회에서는 전통적 프랑스 사회주의의 '권력(pouvoir)' 이념과 전략은 공개적으로 계획주의자들의 공격을 받았다.[53] 이번에는 실패하였지만 프랑스 사회주의의 중심적인 정치적 전제가 최초로 심판대에 올려진 것이다.[54] 이미 레옹 블랑(Léon Blum)이 "권력의 정복"과 "권력의 행사"를 구별한 것은 결국 이러한 상황에 대한 전조였던 것이다.[55]

1936년에는 드디어 인민전선(Front populaire)은 정권을 잡았고

---

51 Henri de Man은 유명한 『마르크스식 사회주의의 심리학』이라는 사회주의 비판서의 저자이기도 하다. Henri de Man, *The Psychology of Marxian Socialism* (London: Transaction Books, 1985), 또는 Hendrick de Man, *Zur Psychology des Sozialismus* (1928).
52 Ibid., pp. 110-3.
53 프랑스 사회주의의 권력 이념에 관하여는 Perrot & Kriegel, *Socialisme français*.
54 Kuisel, *Capitalism and the State*, pp. 114-6.
55 Joel Colton, *Léon Blum: Humanist in Politics* (Durham: Duke University Press, 1966).

블랑이 이룩한 최초의 개혁은 국가경제부(Ministère de l'Économie Nationale: MEN)의 창설이었다. 정부 내에 산재해 있던 여러 통계부서들은 새로 조직된 부로 이전되어 중앙적으로 통제되었다. 결국 프랑스의 좌파들은 통계의 계급 정치적 의미를 누구보다도 잘 알고 있었던 것이다. 1936년 힐데 리고디아스-바이스 (Hilde Rigaudias-Weiss)는 19세기 중반의 통계적 사회조사에 관한 역사적인 업적을 출판하였다. 이 작품은 통계조사는 노동자계급 소요의 결과였으며 어떤 조사들은 노동운동을 도와주는 결과를 초래했으나 어떤 것은 억압하는 결과를 초래하였다는 것을 보여주었다. 그녀는 또한 박애주의적(philanthropic)인 연구와 사회주의적인 연구를 구별 짓고 전자(前者)는 최소한의 개혁으로 노동운동을 억압하기 위한 것이었으며 후자(後者)는 기본적인 사회개혁을 위한 것이었다고 주장하였다. 나아가서 사회조사 활동은 국가에 의존할 수밖에 없다는 것과 계급의 동원을 억제한다는 한계를 보여주었다. 그 책은 다음과 같은 말로 끝맺고 있다.

 이러한 조사들에서 비참함을 드러낸 것은 그러한 한계 내에서 이루어진 것이었다. 이러한 한계를 초래한 것은 박애주의자들, 비에르메(Villermé) 그리고 '어제의' 사회주의자들의 미래에 관한 열린 시각이 없었기 때문이었다. 이러한 모든 조사가들의 비판의 정신은 본질적으로 비관적인 것이었다. 그것은 사회적인 조건을 비난하는 그 너머를 보지 못하였고 자본주의 사회를 너머의 인간 사회의 가능성을 보지 못하였다. 낙관적인 모든 해결은 이러한 한계를 벗어나 순수한 명상 외에 다른 무엇 즉 세상을 변화시키려는 노력을 촉구하고 있다. 노동조사는 비참함과 그 원인들의 정확히 드러냄으로써 노동자들로 하여금 그들의 진실한 상황을 알도록 도와주어야 하는 것이다. 노동자계급의 역사적 행위의 목적은 자본주의 사회의 모든 사회조직과 같이 프롤레타리아의 삶의 조건에서 주

*어지는 것이다.*⁵⁶

제2차대전 이후에는 국가의 통계체제에 일대 변화가 있었다. 1946년에 프랑스 일반통계국(Statistique Générale de la France: SGF)은 이전보다 수백 배의 인력과 재원이 뒷받침된 국가통계경제연구소(Institut National de la Statistique et des Études Économiques: INSEE)로 재조직되었다. 르 브라(Hervé Le Bras)에 의하면 이러한 제도적 변화는 프랑스 민족에 대한 이념적 변화의 표현이었다는 것이다. SGF는 그 시대에 "사람들의 공동체와 인민들(des communauté d'hommes et de peuples)"로서의 민족을 기호화(記號化)한 것이었다면 INSEE는 이제 "거대한 경제적 장비들(gigantesques appareils économiques)"로서의 민족을 표현하고자 함이라는 것이다.⁵⁷

프랑스에 있어 혁명주의가 합리적 계급정치와 개혁주의로 대체되어 가는 과정의 특이한 양태는 '정치적(the political)'과 '경제적(the economic)'을 두개의 삶의 독자적인 영역을 구분짓는 구조주의적 이념의 등장이라 할 수 있다. 초기 단계에 국가는 사회현실로서 통계를 생산하며 노조의 활동을 정치영역 즉 권력의 문제의 영역 밖으로 밀어내었다. 한편 노동조직들은 이러한 정치와 경제의 양분법을 받아들이고 비정치주의를 선언하게 되었다.⁵⁸ 이

---

56 Rigaudias-Weiss, *Enquêtes ouvrières en France*, p. 246.
57 Le Bras, "Statistique Générale de la France," p. 319.
58 Peter Schöttler에 따르면 혁명적 생디칼리즘의 '비정부주의'는 무정부주의적 영향 때문만이 아니라 동시에 국가정책의 결과였다는 것이다. 국가는 노동자계급 조직에게 경제적 정의와 동일성을 부과하려 하였으며 그들의 활동을 경제적인 영역에 제한시키려 하였다. 그들의 단일성은 정치적인 논란과 갈등에 의하여 곤경에 빠져있었으며 이러한 경제적인 동일성은 이러한 상황에서 노동조직의 지도자에 의하여 받아들여지게 되었다는 것이다. Schöttler, "Politique sociale ou lutte de classes: Notes sur le syndicalisme 'apolitique' des Bourses du Travail," *Le Mouvement social* 116 (July-Sept, 1981), pp. 16-8.

것은 말하자면 그들의 요구와 투쟁을 기존의 의회에 자리잡은 사회주의 정치가들에게 매개시키지 않겠다는 것이었다. 다른 한편으로는 20세기 벽두의 과격 공화주의자들은 '정치적'이라는 배타적인 영역을 구분짓는 역할을 하였다. 그들에게 '정치적'이란 국가권력의 형태의 문제 또한 사회주의자들에게는 '공화국 방어(Défense de la République)'에 관한 문제 영역을 의미하게 되었다.

혁명이론의 차원에서 보면 마르크스주의자들의 전통적인 '경제적 계급투쟁'과 '정치적 계급투쟁'의 구별은 레닌과 마찬가지로 프랑스 사회주의자들에게도 진지하게 받아들여졌다. 프랑스의 경우는 양자 중에서 전자는 후자에 대항하여 그 자신의 혁명 즉 경제적 혁명을 이룰 것을 주장하게 되었다. 이것의 최소한의 의미는 혁명과정은 대중봉기나 제도의 파괴의 형태를 띠어서는 안 된다는 것이었다. 프랑스의 생디칼리스트들은 이 시점에서 무언가 건설적이고도 혁명적인 것을 생각하고 있었던 것이다. 경제적이라는 것은 임금이나 소득의 양의 문제에 관한 것을 의미한다. 그러나 노동자들이 힘든 하루 일의 대가로 손에 쥔 돈 외에 사회적인 또는 거시 사회적인 시각에서 '경제적'이라는 것은 현실적으로 '통계 숫자의 바다(a sea of statistics)'를 의미할 수밖에 없었다.

제4장

/

미국의 지식국가

1. 노동통계의 발달과 사용

　미국은 세계 최초로 정기적인 노동통계의 생산을 위한 국가 행정기관을 창설한 나라였다. 그러나 미국의 노동통계와 행정의 역사적 발전 과정은 어려운 상황에서 여러 적대적 이익 집단들과의 투쟁으로 점철되는 험난한 길이었다. 결국 뉴딜(New Deal) 시기에 이르러서야 노동통계는 공공지식의 지위를 확보하고 노동부(Department of Labor)와 더불어 국가 정책과 전국적 정치 구조에 영향을 미치기 시작하였다.

　노동통계국(Bureau of Labor Statistics)은 1871년 최초로 매사추세츠(Massachusetts) 주에서 창설되었고 1879년에 이르러 상설기관이 되었다. 1870년대 후반에는 펜실바니아(Pennsylvania), 커넥티커트(Connecticut) 그리고 오하이오(Ohio) 주 등에 노동통계를 위한 유사한 행정기관이 설치되었다.[1] 1884년에는 연방정부의 내무부(Department of the Interior) 산하

---

[1] John Lombardi, *Labor's Voice in the Cabinet: A History of the Department of Labor from Its Origin to 1921* (New York: Columbia University Press, 1942), p. 25.

에 연방노동국(Federal Bureau of Labor)이 조직되었다. 1873년 이래 매사추세츠 노동국을 이끌어오던 캐롤 라이트(Carroll D. Wright)는 초대 연방 노동위원(Commissioner of Labor)으로 임명되었다. 연방 노동국이 창설되자 대부분의 통계 조사활동은 점차 주나 시 정부에서 연방정부로 서서히 이관되게 되었다. 주의 노동국은 공장감독(factory inspection) 등의 "주의 이해(利害)"(interest of the state)라 여겨지는 부분에 제한되게 되었다.[2] 연방 노동행정의 주요 임무는 첫째, 관세 문제 등의 당시의 정치적 문제들을 과학적 기반 위에 재정립하는 것이었고 둘째, 산업과 생산 전반에 관하여 2년에 한번씩 조사 활동을 하는 것이었다.[3] 1888년 노동국은 내각에 자리를 갖지 않는 노동부(Department of Labor)로 승격되었다. 그러나 그의 업무의 범위나 성격에는 이전에 비하여 변화가 없었다.

1903년에는 상업노동부(Department of Commerce and Labor)가 새로 조직되면서 노동행정은 이에 편입되고 결국 노동행정은 격하되어 상업행정에 종속되게 되었다. 이어 10년 후인 1913년에는 다시 독자적인 노동부(Department of Labor)가 재조직되었다. 당시 우드로 윌슨(Woodrow Wilson) 대통령은 윌리엄 윌슨(William B. Wilson)을 초대 노동부장관에 임명하였다. 노동부는 세 개의 부서로 나뉘어 있었다. 첫째는 이민귀화국(Bureau of Immigration and Naturalization), 둘째는 후에 노동통계국(Bureau of Labor Statistics: BLS)으로 이름이 바뀐 노동국 (Bureau of Labor) 그리고 마지막으로 아동국(Children's Bureau)으로 구성되었다.

연방정부와 주정부에서의 노동통계국의 확산은 센서스 및 각종 경제지수와 통계의 발달과 불가분의 관계를 가지고 있었다. 1875년 캐롤 라이트는

---

2 James Leiby, *Carroll Wright and Labor Problem: The Origins of Labor Statistics* (Cambridge: Harvard University Press, 1960), pp. 80-4.
3 Ibid., pp. 112-3.

매사추세츠 센서스를 감독하였다.[4] 그는 또한 노동통계 분야에 특히 역점을 두었던 제11차 미국 센서스(Eleventh U.S. Census)를 감독하기도 하였다.[5] 1898년에 노동부에 의하여 상설적인 센서스 부서를 조직해 보려고 시도하였으나 법안은 상원에서 부결되고 말았다. 1899년의 센서스법은 결국 다시 독자적인 임시 부서에서 행하여질 수밖에 없었다. 1903년에 이르러서야 새로 조직된 상업노동부에 상설 센서스국이 설치되었다.[6] 그러나 이 기간 동안 미국의 전국 인구 센서스 체계는 양적으로나 질적으로나 엄청난 발전을 이룩하였다.

19세기말에 이르러 통계는 사회개혁의 논의와 계급 갈등의 장에서 사회 지식의 권위 있는 형태로 인정되고 사용이 시도되었다.[7] 그럼에도 불구하고 BLS에서 만들어지는 실제 통계는 공공지식의 권위를 인정받지 못하고 있었다. BLS와 다른 공공기관에서 생산되는 통계는 당파 권력과 이익 집단들에 의하여 왜곡되었다고 알려져 있었다.[8] 심지어는 의회는 BLS에게 어떤 특

---

4 Ibid., p. 29.
5 1891년 상원은 내무장관에게 센서스를 위한 상설 부서를 설치할 법안을 고려할 것을 요청하였다. 1893년 법안이 제출되었으나 의회는 다시 반응을 보이지 않았다. 결국 1897년까지 라이트는 센서스를 위한 임시 부서를 맡을 수밖에 없었다.
6 Leiby, *Carroll Wright and Labor Reform*, pp. 125-9.
7 Davis R. Dewey, "The Study of Statistics," *Publications of the American Economic Association* 4, No. 5 (September, 1889), pp. 37-52. 1900년에는 George Shibley 가 창설한 경제연구국(Bureau of Economic Research)은 개혁주의 경제학자인 John R. Commons)와 Edward Bemis를 고용하여 bimetallism을 지지하고 McKinley대통령 치하에서 경제가 침체한다는 것을 증명하기 위하여 주간 도매물가지수를 출판하였으나 이 계획은 통계가 의도와는 반대로 나오는 관계로 실패하고 말았다.
8 예를 들면 Michigan의 노동국은 인구의 100분의 1이 Michigan 부동산의 60%를 소유하고 있다는 통계를 발표하였다. 나중에 알려진 바에 의하면 통계는 주 내의 다른 지역에 비하여 재산이 유난히 집중되어 있는 지역을 선별하여 만들어졌다는 것이다. 1893년에는 고용주들로 부터의 자료의 숫자를 조작하여 상원 재무위원회는 1860년부터 1891년까지 임금이 70%나 증가했다는 발표를 한 일도 있었다. Bremner, *From the Depths*, p. 73; Smith, "American Labor Statistics," pp. 51-5, pp. 67-9.

별한 조사활동을 요청한 적도 없었다.⁹ 역사학자인 로버트 브렘너(Robert Bremner)에 의하면 당시에 사회 경제 문제들에 관한 통계 정보에는 커다란 격차가 있었다는 것이다.¹⁰ 당시에 신뢰할 만한 공공지식의 부재(不在)는 심각한 문제로 인식되고 있었다.¹¹ 그러한 신뢰할 만한 공공지식에 대한 여망은 1890년대를 통하여 강하게 대두되던 대학개혁운동(university reform movement)과 사회과학(social science) 전문화운동(professionalist movement)의 배경을 이루게 되었다.¹² 19세기를 통하여 BLS의 노동통계는 공공지식을 확립시켰다기보다는 그의 필요성과 부재를 확인시키는 자극제의 역할밖에 하지 못하였다.

미국의 경우 20세기 초까지 정부통계의 주요 문제는 통계방법론의 불적절함이나 미비함에서 기인된 것은 아니었다. 그것은 오히려 통계를 생산하는 공공기관들이 정당이나 이익집단의 영향으로부터 적절히 격리되어 있지 못하고 실제로 통계는 이러한 이해관계에 의하여 가공 또는 조작된다고 알

---

9 Leiby, *Carroll Wright and Labor Statistics*, p. 103.
10 Bremner, *From the Depths*, pp. 72-3.
11 제11차 센서스도 다른 이전의 센서스 못지않게 비판의 대상이 되었다. 이러한 비판들을 토론하며 William Steuart는 딜렘마를 다음과 같이 간략하게 표현하였다. "누락, 불완전 등에 관한 추측은 이러한 통계들을 수정할 수 있을 만큼 신뢰할 수도 없다. 이 통계들은 개인적 생각과 당시에 알려진 최고의 통계 방법의 적용인 것이다." 그는 나아가서 "이러한 통계를 비판한 저자는 나아가서 공공보고서에 공업생산 가치에 관하여 두개의 수치가 제시되었는데 그중 하나는 다른 것보다 66%나 크다고 지적하고 있으며 결국 대중은 동일한 물건에 대하여 두개의 가치를 모두 받아들일 것으로 기대되고 있다는 상황이다. 그 저자가 어느 하나를 참고한다고 해도 공공 대중은 둘 중 어느 것도 받아들이지 않을 것이다." William M. Steuart, "Official Statistics," *American Journal of Sociology* 3, No. 5 (March, 1898), p. 622, p. 630; Richmond Mayo Smith, "The National Bureau of Labor and Industrial Depression," *Political Science Quarterly* 1 (1886), pp. 437-48.
12 Burton J. Bledstein, *The Culture of Professionalism: The Middle Class and the Development of Higher Education in America* (New York: Norton, 1976); John Higham, "The Reorientation of American Culture in the 1890s," *Writing American History: Essays on Modern Scholarship* (Bloomington: University of Indiana Press, 1970).

려져 있었기 때문이었다. 이러한 왜곡의 문제 외에 더욱 심각한 문제점은 "주정부나 연방 정부나 규제 기관은 말할 것도 없이 사실을 조사하는 기관의 권한은 대단히 약해서 고용주들을 설문지에 답변하도록 하고 또 답변할 경우 정확한 데이터를 제출하도록 강제할 수 있는 방도가 전혀 없었던 것이다. 나아가서 그러한 기관에 대한 예산 배정은 작은 일을 하나 하는 데도 모자랄 지경이었다."[13] 노동통계의 생산은 적절한 국가권력에 의하여 지원되지 않고 있었다. 분명히 여기에는 두 가지 문제가 있었다. 첫째는 정당에 의한 권력의 남용의 문제요 둘째는 형식적 국가권력의 부족의 문제였다. 그러나 당시 미국의 정치구조에서 동원 가능한 국가권력의 요소는 정당의 권력이 유일한 것이라면, 즉 당시 미국이 정당국가(party state)라는 것이 타당한 것이라면 결국 두 가지 문제는 동전의 앞뒷면에 불과한 것이었다. 국가권력의 일반적 성격의 문제는 즉 정당국가의 문제는 여러 방면에서 제기되고 있었으며 이는 공무원제도 개혁운동(civil service reform movement)과 당시 법행동주의(judicial activism)의 배경과 근거를 이루는 것이었다.[14]

1902년에는 노동부는 해산되고 새로운 상업노동부(Department of Commerce and Labor) 산하에 노동행정은 재조직되었다. 원래의 제안은 상업공업부(Department of Commerce and Industry)에 노동행정을 묶어 둠으로서 '노동'이라는 상징적인 단어를 연방정부의 현판에서 떼어버리고자 함이었다. 실제 새로운 부서의 이름인 '상업노동'(Commerce

---

13 Bremner, *From the Depths*, pp. 160-1; Smith, "American Labor Statistics," pp. 58-60.
14 Ari Hoogenboom, *Outlawing the Spoils: A History of the Civil Service Reform Movement, 1865-1883* (Urbana: University of Illinois Press, 1968); Jungwoon Choi, "Professionalization of American Lawyers: Capitalism and Democracy in the United States 1870s-1920s," Unpublished Manuscript, University of Chicago, March, 1986.

and Labor)은 의회 내의 노동계의 강력한 저항에 이은 타협의 소산이었다. 새로운 상업노동부는 연방정부 내의 통합 정보 센터로서 고안된 것이었다. 최근 신설된 센서스국(Bureau of the Census)은 내무부(Department of the Interior)로부터 그리고 통계국(Bureau of Statistics)은 재무부(Treasury Department)로부터 이관되어 해외상업국(Bureau of Foreign Commerce), 어업위원회(Fish Commission), 증기선 감독원(Steamboat Inspection Service)과 함께 상업노동부를 이루었다. 이러한 미국의 노동행정 역사의 변천은 미국 사회에서의 '노동'의 개념에 대한 재정의의 역사적 우여곡절을 나타내는 것이었다. 이전에는 19세기를 통하여 사회개혁을 주도하는 시민의 의미에서 경제와 산업의 요소로 재정립되었던 것이며 이제 경제의 요소인 이상 노동은 자본 또는 상업으로부터 반드시 종속되지는 않는다 하더라도 분리될 수는 없다는 뜻이었다.[15]

20세기 벽두에는 노동통계 발달에 강력한 촉진제가 될 새로운 조류들이 나타나기 시작하였다. 이 시기는 미국의 국가행정이 빠른 속도로 증가 보완되던 시기였다.[16] 국가기관 밖에서는 의학, 법, 사회과학의 전문화

---

[15] 노동지도자들의 일부는 이러한 재조직에 동조하고 있었다. 예를들어 Knights of Labor의 John W. Hayes는 그의 편지에서 법안에 찬동하고 있었다는 것이다. Lombardi는 그의 편지에 대하여 다음과 같이 말한다. "그는 새로운 部는 올바른 방향으로 문제를 해결했다고 믿었다. 그것은 새로운 조치는 산업을 확대시키고 생산물의 판매를 증진시켜 노동계에 도움을 줄것이며 또한 행정 부서를 내각에 좀 더 가깝게 위치시킬 것이기 때문이다. 이 편지의 진의는 법안을 지지하기 위한 것이 아니라 Hayes 자신의 그간 Wright에 대한 불평을 늘어놓기 위한 것이었다. Hayes의 의견은 그간 노동부는 감독관[Wright]의 사유재산처럼 운영되었다는 것이다. 노동부는 그것이 도움을 주려는 사람들에게 전혀 도움이 되지 못했고 보고서의 반 이상은 오류이거나 곡해에 찬 것이었다. 비상시에 행동할 권한을 가진 새로운 부는 Wright가 이끌던 엉터리 기관과는 비견할 수 없을 것이다." Lombardi, *Labor's Voice in the Cabinet*, pp. 53-7.

[16] Jerry Israel, ed., *Building the Organizational Society: Essays on Associational Activities in Modern America* (New York, 1972); Barry D. Karl, *Executive Reorganization and reform in the New Deal* (Chicago: University of Chicago Press, 1963); Stephen Skowronek, *Building A New American State: The Expansion of National Administrative Capacities* (New York: Cambridge University

(professionalization)의 움직임이 고조를 이루고 있었다. 그 외에 산업 경영과 조직에 관한 과학화도 커다란 반향을 일으키며 추진되고 있었다.[17] 현실주의자로써의 진보주의자들(progressivists)은 기존의 도덕주의적 정통론을 넘어서 사회문제로서의 빈곤의 경제적 요인에 특별한 관심을 기울이고 있었다. 이러한 여건에서 노동통계는 새로운 시각에서 재조명되게 되었다. 미국의 민주주의의 성패에 의문을 제기하고 정당독재와 부패를 공격하는 진보주의적 개혁가와 사회과학 전문가들이 국가의 새로운 행정 능력의 발달을 지원하기 시작하면서 노동통계의 새로운 단계로의 도약이 이루어지게 되었다.

1903년에 BLS는 크기와 지역 별로 분리된 25,000 가족의 소비 유형과 생활 습관에 관한 상세한 연구 조사를 실시하였다. 다음해에 BLS는 1890년까지 거슬러 올라가 연도별로 식품 소매가격 지수를 출판하였다. 1905년에는 캐롤 라이트가 은퇴하고 찰스 닐(Charles P. Neill)이 뒤를 이었다. 닐은 미국의 노동통계 발달에 남다른 공헌을 한 사람이었다. 그가 BLS를 맡게 된 이후로 연방 정부의 조사활동은 양적으로 증가하고 조사의 범위가 넓어진 것뿐만이 아니라 표현에 있어서도 특정화하고 무엇보다도 비판적인 자세가 견지되었다.[18]

찰스 닐은 노동통계를 새로운 방향으로 발전시켰다. 가장 중요한 변화는 BLS의 주된 활동이 특별 연구들로부터 서서히 연속적인 통계 조사 활동에

Press, 1982).

[17] Magali Sarfatti Larson, *The Rise of Professionalism* (Berkeley: University of California Press, 1977); Haskell, *Emergence of Professional Social Science*; William Nelson, *The Roots of American Bureaucracy* (Cambridge: Harvard University Press, 1982); Reinhard Bendix, *Work and Authority in Industry* (Berkeley: University of California Press, 1956); Jungwoon Choi, "A Critical Review of American Administrative Theories and Doctrines from the Late Nineteenth Century to World War II," Unpublished Manuscript, University of Chicago, 1984.

[18] Bremner, *From the Depths*, pp. 157-8.

중점을 두게 되었다는 것이다. 예를 들어 1907년에는 BLS는 20여개 도시들에 있어서의 지역별 노동 임금 통계를 매년 수집하기 시작하였다. 또한 전국에 걸쳐 약 150개 도시의 식품 가격 통계를 계속 수집하였다. 또한 파업과 직장폐쇄에 대한 정기적인 통계도 시작되었다. 무엇보다 닐의 지휘 하에 사회보장과 여성 유아 노동에 관하여 이전의 어떤 조사보다도 철저한 조사가 실시되었다.[19] 나아가서 1912년 통계 출판제도를 재정비하게 되자 생산되는 통계의 범위는 괄목할 만큼 넓어지고 각종 경제 통계와 지표에까지 확대되었다. BLS의 통계에는 가격 변화의 연구에 사용되는 도매물가 지수 그리고 노사간 단체 협상과 일반적 경제 사회적 고찰에 사용되는 소매물가 지수, 생계비, 임금 그리고 노동시간 등에 관한 통계들이 포함되었다. 또한 조사활동에는 기타 고용, 노동쟁의, 거중조정, 노동법, 지표, 문헌 목록, 산업재해, 보건, 보험, 직업 훈련, 여성 유아노동 등도 포함되었다.[20]

1913년에는 노동부(Department of Labor)가 재조직되고 윌리암 윌슨(William B. Wilson)이 초대 노동부 장관에 임명되었다. 찰스 닐은 1914년 3월에 사임하였고 로얄 미커(Royal Meeker)가 뒤를 이었다. 미커의 특징은 그의 경제학 및 통계학 전문가 동료들을 대거 정부 사업에 참여시키는 관행을 확립했다는 것이다. 1914년 콜럼비아 대학(Columbia University)의 저명한 경제학자인 웨슬리 미첼(Wesley Mitchell)이 도매물가 지수의 연구조사를 맡게 되었다. 또한 생계비 지수는 전쟁기간 동안의 노동통계 확대의 산물이었다.[21] 1920년 미커는 BLS를 떠나고 이후 BLS는 직업 관료들의 손

---

[19] Ewan Clague, *The Bureau of Labor Statistics* (New York: Praeger, 1968), p. 13; Bremner, *From the Depths*, p. 158.
[20] Leiby, *Carroll Wright and Labor Reform*, p. 130.
[21] Clague, *Bureau of Labor Statistics*, pp. 14-5; Lucy L. Mitchell, *Two Lives: The Story of Wesley Clair Mitchell and Myself* (New York: Simon and Schuster, 1953); Joseph Dorfman et al, *Instituasional Economics: Veblen, Commons and Mitchell*

에 맡겨지게 되었다.

BLS의 노동통계의 주된 사용처는 노조와의 단체협상과 중재의 과정이었다.[22] 1890년대에는 목공노조를 이끌던 사회주의자인 피터 맥과이어(Peter McGuire) 같은 노조지도자는 통계의 사용에 많은 관심을 가지고 있었다. 그러나 대부분의 노동자들과 그들의 지도자들은 통계의 사용에 전혀 관심을 갖고 있지 않았다.[23] 20세기 초부터는 일관적으로 이루어지지는 않았으나 생계비에 대한 통계는 중재 과정에서 노조의 임금 인상 요구에 쓰여지기 시작하였다. 1902년의 무연탄광파업(Anthracite Coal Strike)의 경우는 대표적으로 중재 과정에서 통계가 효과적으로 사용된 경우였다. 결국 통계가 노사 갈등 해결에 사용된 것은 당시 인쇄공 노조 등의 일부에 제한되어 지배적인 관행이라 할 수는 없는 대단히 초보적인 단계였다.[24] 1910년대에 들어서

(Berkeley: University of California Press, 1964).

22 Leiby, *Carroll Wright and Labor Problem*, pp. 112-3.
23 P. J. McGuire, "Statistical Work of Labor Organizations," *Proceedings of the Eighth National Convention of Officers of Bureaus of Labor Statistics in the United States*, Held at Philadelphia, Penn, May 19-22, 1891 (Topeka: The Hall & D'Donald Litho, 1891), p. 119. 나아가서 McGuire는 노조원들은 "그들과 가깝지 않은 사람이나 비슷하지 않은 사람들을 대체로 의심하기 때문"이라고 설명하고 있다. 그는 계속해서 "당신이 확인하려고 하는 사실이 그들에게 해롭게 쓰여지지 않을까 하는 또한 그들이 제공하는 통계로부터의 유추가 그들에게 불리하게 쓰여지지 않을까 하는 마음속에 감정이 있다. 그리하여 당신들은 노동조직에서 통계를 얻고자 하는 시도에서 다소의 어려움을 발견할 것이다." Ibid., p. 120. McGuire에 대하여는 다음을 참조 Mark Erlich, "Peter J. McGuire's Trade Unionism: Socialism of a Trades Union Kind?" *Labor History* 24, No. 2 (Spring, 1983), pp. 165-97. 그는 1902년 노조에서부터 구세대 지도자들에 의하여 추방되었다.
24 생계비조정제도(cost-of-living escalator: COLE)는 1950년대에 와서야 임금 협상에서 확립되었다. 이 이전의 시기에는 생계비 통계의 사용이 체계적이지 않았다는 것이다. COLE은 미국의 특이한 제도인데 그것은 미국이 다른 나라에 비하여 임금 협상의 기간이 길었기 때문에 가능한 것이었다. Sanford M. Jacoby, "The Development of Cost-of-Living Escalators in the United States," *Labor History* 28, No.4 (Fall, 1987), pp. 519-20. 1891년 McGuire는 "몇몇 직종의 노조는 통계를 장악하고 있다"고 하였다. 즉 유리창 노동자, 철과 강철, 인쇄공, 시가공, 모자공 그리고 기타 오래된 산업들. 그러나 그의 말에서 이러한 노조들이 실제 통계를 갖고 있었다는 것인지 수집할 능력이 있다는 것인지 어느 정도 수준인지 또는 과장

면 생계비 통계는 여러 주에서 최저임금 책정에 널리 쓰이기 시작하였다.

20세기에 깊숙이 들어와서도 미국노동연합(American Federation of Labor: AFL)의 지도자들은 주로 수공업 이데올로기(artisanal ideology)를 갖고 있었고 임금 인상 요구와 결정에 통계수치를 사용하려 들지 않았다. AFL 지도자들은 최저임금제의 입법에도 반대하고 있었다. 대신 그들은 통계적인 산출을 완전히 배제한 자의적 기준의 '생활 임금'(living wage)이라는 원칙을 주장하고 있었다. 물론 이것은 생계비통계 기준을 배제한 것이었다. 제1차세계대전 이후에도 노동 지도자들은 생계비 통계의 사용은 "전쟁 전의 비참한 상태를 영구화하는" 결과를 초래한다고 하여 이를 거부하였다. 1920년대에 이르면 생계비는 비교적 안정되어 있었고 산업의 기계화의 추세에 맞추어 일부 노조는 임금요구에 생산성에 관한 주장을 사용하기도 하였다.[25] 그러나 이러한 경우에도 노동조합은 BLS등 공공 통계 기관에 단 한 차례도 연구나 조사 활동을 의뢰한 일이 없었다. 1920년대까지 노동과정의 통제가 미국에서의 투쟁의 초점이었다.[26]

미국 노동계의 통계에 관한 이러한 태도는 한편으로는 뿌리 깊은 미국 노동계의 반지성주의(anti-intellectualism)에 의한 것이라 할 수 있으며 다른 한편으로는 초기 노동통계의 특이한 구조에서 기인하였다 할 수 있다.[27]

된 것인지는 확인할 수 없다. McGuire, "Statistical Work of Labor Organizations," pp. 121-2.

25 Clague, *Bureau of Labor Statistics*, pp. vii-viii. 이 저자는 생산성 계산 문제 때문에 이시기에 BLS에 University of Wisconsin에서 채용된 사람이었다.
26 David Montgomery, *Workers' Control in America: Studies in the History of Work, Technology, and Labor Struggles* (Cambridge: Cambridge University Press, 1979); Montgomery, *The Fall of the House of Labor: The Workplace, the State and American Labor Activism* (Cambridge: Cambridge University Press, 1987).
27 Richard Hofstadter, *Anti-Intellectualism in American Life* (New York: Vintage Books, 1962).

제임스 리비(James Leiby)에 의하면 캐롤 라이트 시대의 '노동문제'(labor problem)는 주로 다섯 가지 범주의 '현저한 해악'(apparent evils)으로 논의되고 있었다는 것이다. 즉 1) 여성과 유아 노동으로 인한 가정의 파괴, 2) 건강을 해치는 노동 조건, 3) 증가하는 폭음과 낭비(intemperance and dissipation), 4) 증가하는 범죄와 매춘, 그리고 5) 노동자들의 지적 타락(intellectual degeneracy) 등으로 문제가 정의되어 있었다. 웬델 필립스(Wendell Phillips) 같은 급진 개혁주의자들도 미국 노동 문제의 중핵을 이루는 절제운동(temperance reform; 금주운동)에 초점을 두고 있었다. 이러한 차원의 사회문제는 개혁가들의 "기존의 자본과 임금 노동자들 간의 관계"에 대한 공격으로 발전되게 되었다.[28] 그러나 이러한 개혁 문제의 발전과정은 미국의 특이한 여건이라 보아야 할 것이다. 1890년대에 노동국은 라이트의 주도하에 1) 산업 침체 (Industrial Depression), 2) 죄수 노동(Convict Labor), 3) 파업과 직장폐쇄, 4) 대도시의 여성노동자, 그리고 5) 철도 노동 등 5가지 연간보고서와 결혼과 이혼에 대한 특별보고서를 출간했다.[29]

위에서 보면 20세기 벽두까지 미국의 노동통계는 노동자들의 도덕성에 관한 것과 경제적 조건에 관한 것 등 두개의 이질적인 요소로 구성되어 있었다.[30] 문제는 이 두 가지 요소에서 전자는 노동자계급의 도덕적, 정신적 조

---

[28] Leiby, *Carroll Wright and Labor Reform*, pp. 40-4. 그러나 이러한 본질적인 비판은 실제 라이트의 주도하에 생산되는 통계에는 반영되어 있지는 않았다. Ibid., pp. 112.

[29] W. F. Willoughby, "Statistical Publications of the United States Government," *Annals of the American Academy of Political and Social Science* 2 (September, 1891), pp. 97-8.

[30] 미국의 노동통계는 그 시작에 있어서 '노동'이라는 추상적 개념에 대하여 어떠한 정의도 내리지 않았다. Wright는 1883년에 이렇게 말하고 있다. "본 부서를 설립하는 법은 그의 임무를 노동에 관련된 '통계적 세목'(statistical details)을 발표하는 것이라 규정하고 있다. 노동국은 조사할 주제에 대하여 스스로 결정한다. 그러나 몇 번은 의회가 노동국에 특별한 조사를 지시한 적도 있었다." Carroll Wright, "Commonwealth of Massachusetts," *Report Made to the National Convention of Chiefs and Commissions of State Bureaus of Statistics*

건에 의문을 던짐으로써 그들 요구의 타당성과 나아가서는 인간적 존엄성을 잠식하는 의미를 갖는다는 것이다.³¹ 통계의 이러한 구조는 결국 상충하는 계급정치적 의미를 갖도록 하였고 이러한 의미는 통계자체의 변화에도 불구하고 오랫동안 지속되었다. 더욱이 미국의 노동통계와 인구 센서스의 기본적인 인구 분류는 각 산업별로 이루어지고 있었다. 1930년대 중반까지도 피고용자와 자영인(employees and self-employed) 간에도 명백한 구별이 이루어져 있지 않았다.³² 미국의 경우 한마디로 노동문제라는 것은 노동자계급의 문제를 일관된 시각에서 제기하지 못하고 있었고 이는 노동통계에 그대로 반영되어 있었다.

또한 의회 내의 보수적 정치 세력들의 노동행정과 노동통계에 대한 불신은 사회개혁의 정치에 특이한 양태를 만들어내고 있었다. 비당파적 공정한 조사활동은 오히려 사회개혁 법안을 저지하는 데 주로 사용되었다. 이러한

---

of Labor, Held at Columbus Ohio, September 26, 1883 (Boston: Wright & Potter Printing Co., 1883), p. 8.

31 서유럽 나라들의 경우는 후자가 노동통계의 내용을 형성하는 반면 전자는 노동통계 등장 이전에 사회통계 또는 도덕통계라는 이름으로 수집되던 것이었다. 노동통계의 경우 사상의 국제적 파급의 흥미 있는 경우이다. Carroll Wright의 노동통계는 영국에서는 사회통계에 해당하는 부분이 압도적이다. 그러나 1890년대 영국에서는 노동통계의 발달에 Wright의 작업이 모델이 되었던 것이다. 결국 노동통계라는 이름은 미국에서 유래한 것이나 영국의 경우는 상당히 다른 경제적 조건을 그 내용으로 하는 것이었다. 그러나 이전에 미국의 노동통계 형성에는 영국 개혁주의자들의 19세기 중반의 사회통계가 그 영향을 미쳤던 것이다. E. H. Phelps & H. H. Browne, "Carroll D. Wright and the Development of British Labor Statistics," *Economica* 30 (1963), pp. 277-86.

32 새로운 인구 구분은 W. S. Woytinsky가 1934년에 Central Statistical Board에 채용되면서 처음 제안한 것이었다 한다. 그러나 그는 반드시 자신의 제안 때문에 이루어진 것인가는 확신하지 못하고 있었다. 평의회의 여러 고참 위원들은 반대했다고 한다. W. S. Woytinsky, *Stormy Passage: A Personal History Through Two Russian Revolutions to Democracy and Freedom, 1905-1960* (New York: The Vanguard Press, 1961), pp. 510-1; Woytinsky, *Labor in the United States: Basic Statistics for Social Security* (Washington: Committee on Social Security, Social Science Research Council, 1938), pp. v-vii.

전술은 민간 연구가를 포함하는 헤아릴 수없이 많은 수의 특별위원회를 만들어 엄청난 시간을 소모하도록 하였다. 브렘너에 의하면 전문 연구는 "연구가 아니라 시간을 보내고 이해(利害)를 파괴하는 수단이었다."[33] 그러나 한편 통계는 국가 관리나 정치가들에게 노동자계급의 불만과 집단행동의 능력을 파악하는 모니터로서는 유용하게 사용되고 있었다. 제1차대전 기간 동안 정부가 노동문제에 대하여 아무런 조치도 취하지 않고 노동부를 전시(戰時) 동원체제의 핵심으로부터 몰아낼 수 있었던 것은 전쟁 이전 기간 동안의 낮은 파업율이 감지되어 노동 세력의 상대적 무기력이 노출되었기 때문이었다는 것이다.[34]

뉴딜 시기 이전에는 법이 자본과 노동의 관계에 있어 유일한 비폭력적 상호관계의 교신과 갈등의 수단이자 틀이었다.[35] 고용주들은 그들의 이해를 관철하는 데 '사유재산권'을 주장하였고 노동계는 '인간의 기본권'을 주장하여 맞섰다. 문제는 이러한 법원칙 간의 대립 상황에서 협상이나 타협이 가능하지 않다는 것이었다.[36] 또한 법원의 판결에 있어서도 통계 지식의 사용은 대단히 제한되고 1950년대 이전까지는 법 원칙에 대한 고려에 종속되어 있었다.[37] 서유럽 제국의 경우와 같이 미국의 노동 지도자들은 정부 노동 행정 관

---

[33] Bremner, *From the Depths*, p. 162.
[34] Robert D. Cuff, "Politics of Labor Administration During World War I," *Labor History* 21, No. 4 (Fall, 1980), p. 563.
[35] Carroll D. Wright, "Consolidated Labor," *North American Review* 174, No. 542 (January, 1902), pp. 40-5.
[36] Haggai Hurvitz, "Ideology and Industrial Conflict: President Wilson's Industrial Conference of October 1919," *Labor History* 18, No. 4 (Fall, 1977), p. 511. 그러나 1920년대 경에는 미국 대법원은 그의 결정에 있어 원칙(principle)과 표준(standard) 이라는 두개의 기준을 사용하기 시작하였다. 말하자면 공공언어에서 법 원칙과는 별개로 현실과 타협하는 표준을 인정함으로써 한편으로 불가피한 개혁을 인정하고 다른 한편에서는 원칙을 양보하지 않고 보호하였던 것이다. Duncan Kennedy, "Form and Substance in Private Law Adjudication," *Harvard Law Review* 89, No. 8 (June, 1976).
[37] Noreen L. Chananels, *Social Science Methods in the Legal Process* (Totowa, N.J.:

리들 보다 법관들을 더 증오했지만, 미국의 국가 구조와 뿌리 깊은 헌정주의(constitutionalism)로 인하여 제도화된 계급 갈등의 장은 법의 영역으로 제한되고 있었던 것이다.

결국 뉴딜 시기에 이르러서야 경제통계와 함께 노동통계는 정치가, 관료 그리고 노동지도자 간에 그의 사용이 의회에서나 공공토의에서 요구되는 타당한 사회지식으로 확립되었다. 본격적 통계적 경제 진단의 선구는 1929년 후버(Hoover)대통령의 지시 하에 준비되어 1933년에 출간된 기념비적인 업적이라 할 수 있는 『최근사회동향』(Recent Social Trends)이었다. 이 연구는 당시 권위 있는 사회과학자인 윌리암 옥번(William Ogburn)이 주도하였다. 프랭클린 루즈벨트(Franklin D. Roosevelt) 대통령도 이러한 사회과학 지식의 새로운 위치를 잘 이해하고 이용하였다. 그는 노동부 장관에 프란시스 퍼킨스(Frances Perkins)라는 여성을 임명하였고 퍼킨스는 즉시 미국통계학회(American Statistical Association)에 노동부의 통계생산을 재검토하기 위한 자문위원회의 구성을 요청하였다. 내각의 다른 장관들도 유사한 요청을 하였고 이에 사회과학연구협의회(Social Science Research Council: SSRC)는 연방정부의 통계를 재검토하기 위한 미국통계학회의 정부통계정보업무위원회(Committee on Government Statistics and Information Services)의 구성을 지원하기 위한 프로젝트를 록펠러 재단(Rockefeler Foundation)의 지원 하에 추진하였다.[38] 이러한 움직임들은 미국의 정부통계 역사에 새로운 시대를 여는 것이었다. SSRC는 곧 당시 준비작업이 한창이던 사회보장법안을 지원하는 의미에서 경제조건과 노동조건에 대한 연구 서적을 계속 출간하였다. 또한 퍼킨스는 새로운 노동통

Rowman & Allanheld, 1985), pp. 5-15.
[38] Clague, *Bureau of Labor Statistics*, p. 19.

계 감독관에 당시에 젊고 탁월한 경제학자이자 통계학자이던 브루킹스 대학원(Brookings Graduate School)의 이사도르 루빈(Isadore Lubin)을 임명하였다. 요약하면 뉴딜 시기에 이르러 노동통계는 19세기말부터 대두되기 시작하던 사회과학 전문직(professionalism of social science)의 조류의 도움으로 뉴딜 시기에 이르면 공공지식으로서 확립되었다.

미국 의회에서의 사회정책과 법안의 심의에서 통계와 경제학 전문 참모를 고용하고 전문지식을 동원하는 데 앞장선 사람은 상원의원이던 와그너(Robert F. Wagner)였다.[39] 특히 그가 1935년에 제출한 법안은 노동의 이해를 증진시키고 새로운 국가권력과 사회통제를 확립하는 데 통계는 필수불가결의 제도라는 것을 확신시키게 되었다. 이어 1937년 의회는 제1차 실업센서스(Census of Unemployment)를 위한 예산을 승인하였다.[40] 또한 위에서 언급한 정부통계정보업무위원회는 1941년 연방보고법(Federal Reports Act)의 입법을 추진하였고 나아가 각 통계의 중앙 통제와 조정을 위한 현재 예산국(Bureau of the Budget) 산하에 있는 통계표준실(Office of Statistical Standards)의 조직에도 기여하였다. "위원회는 공공정책의 도구로서의 통계 사용의 기초를 제공하였다."[41]

---

[39] Wagner의 스타일에 대하여는 아래를 참조. Leon H. Keyserling, "The Wagner Act: Its Origin and Current Significance," *George Washington Law Review* 29, No. 2 (December, 1960), p. 206, pp. 218-22. Wagner는 그의 주장에서 경제 현실과 단체 협상의 결과를 강조하였다. 당시 Wagner의 법과 경제 담당 참모를 지낸 저자는 "나는 평생 그토록 '비정치적인' 정치가는 처음 보았다"고 말한다. Ibid., p. 213.

[40] 이 특별 센서스는 전국의 우체국을 이용하여 이에 등록 자료로 이루어졌다. 1940년부터는 정규 센서스에 실업이 포함되게 되었다. 질문은 지난 주에 고용되어 일을 했는가하는 것이었다. Philip Hauser, *Social Statistics in Use* (New York: Russell Sage Foundation, 1975), p. 108. 이러한 정규 센서스는 BLS의 월간 Sample Survey로 단기간의 동향이 보충되었다. 여기에서 지적할 것은 1935년의 사회보장법은 적절한 통계에 근거하지 않고 입법되었다는 것이다. Paul Webbink, "Forward" to W. S. Woytinsky, *Labor in the United States*, pp. v-vii.

[41] 특히 제2차대전 중과 전후 복구사업에 통계는 경제자문평의회(Council of Economic

미국의 노동 지도자 중에서 최초로 통계와 경제학의 전문 지식을 활용한 사람들은 광부연합(United Mine Workers: UMW)의 존 루이스(John L. Lewis)와 통합의류노동자회(Amalgamated Clothing Workers: ACW)의 시드니 힐만(Sidney Hillman)이었다. 존 루이스는 원래 보수적인 노조주의자에서 1930년대에는 가장 혁신적인 노조지도자로 변신한 인물이었다. 그가 통계 자료를 사용한 것은 그의 현실주의와 전통적인 노동계의 반지성주의를 극복할 수 있도록 한 그의 탁월한 기회주의적 재치 덕분이라 할 수 있을 것이다. 그런가하면 힐만은 러시아계 유태인으로 "반(半)-지식인"(half-intellectual)의 부류에 속하는 노동지도자였다. 뉴딜 시기는 미국의 전통적 AFL 스타일의 노조주의로부터 전혀 다른 산업조직총회(Congress of Industrial Organizations: CIO)를 중심으로 한 과격한 산업 노조주의가 강력히 대두되는 시기였다. 이러한 CIO 중심의 새로운 노조들은 그들의 조직과 투쟁에 통계 조사와 연구활동에 상당한 관심을 쏟았다. 결국 통계자료의 사용과 생산은 새로운 세대의 CIO 노조들에 의하여 제2차세계대전 시기에 이르러서야 제도화되었다.

Advisors) 의회공동경제위원회(Congressional Joint Economic Committee)에 의하여 본격적으로 사용되었다. Clague, *Bureau of Labor Statistics*, p. 20.

2. 구조적 행태적 변화

　미국의 경우 노동통계가 공공지식으로서 확립되는 데 복잡한 과정을 겪은 만큼 그의 정치 구조와 행태에 대한 효과 또한 서유럽 나라들보다 늦게 나타났고 또한 특이한 양상을 띠게 되었다. 우선은 국가행정의 규모와 권위의 확장을 논하고 둘째로 사립대학을 중심으로 한 사회과학 전문직의 등장에 이어지는 자본가계급 조직의 구조적 행태적 변화를 토론할 것이다. 사회과학 전문직은 미국의 자본가계급의 합리적 계급정치의 중요한 측면을 이루어 왔다. 셋째로는 노동계 측의 변화를 토의할 것이고 마지막으로 노동통계 발달의 결과로서의 미국의 정치 행태의 일반적 양태들을 관조해볼 것이다.

　1880년대 중반의 대규모 노동파업의 소용돌이 속에서 노동국 관리들은 각종 조사나 거중조정 등의 활동에 관여하고 있었다. 이러한 활동은 그들이 노동통계의 생산에 관여하여 얻어진 해당 분야에 관한 전문 지식과 경험에 의한 것이었다.[1] 1898년에는 철도 분쟁에 대하여 거중조정 위원회를 설치하도록 규정한 어드만법(Erdman's Act)이 제정되었다. 거중조정 위원회는 노동감독관과 주간상업위원회(Interstate Commerce Commission: ICC)로 구성되도록 하였고 거중조정이 실패할 경우에는 분쟁 당사자들을 중재로 유도하도록 하였다. 1913년에는 어드만법은 뉴랜드법(Newland's Act)으로 대체되었다. 새로운 법은 노동부장관은 "그의 판단에 산업 평화를 위하여 긴요하다고 생각될 때는 언제나 조정자로 행동할" 권한을 부여하고 있다. 그러나 산업 거중조정의 효과는 이 시기에 대단히 제한적인 것이었다.[2]

1　1886년의 Southwest Railway 파업 때 Cleveland대통령은 노동국이 산업 분쟁의 원인들을 조사하고 중재할 것을 권고한 바 있었다. 1888년에는 의회는 주간(inter-state) 노동 분쟁에 대하여 Commissioner of Labor를 포함한 3인의 중재위원회를 만들고 중재의 내용을 출판하도록 결의한 바 있다.
2　법이 제정된 첫해에는 75건의 요구가 있었을 뿐이었다. 다음 2년간은 8,000건의 파업과 직장폐

미국에서 이 시기에 노동통계가 생산되고 있음에도 불구하고 산업분규의 와중에 국가의 권위가 확대되지 못한 것에는 몇 가지 원인이 있었다. 우선 첫 번째 원인은 애초에 개혁가나 통계의 생산자들에 의하여 정의된 바의 '노동문제'가 애매모호한 성격을 띠었다는 데 있었다. 위에서 논의한 바 노동문제와 노동통계의 박애주의적 사상은 국가개입을 억제하고 있었다. 박애주의적 노동개혁의 개념으로 캐롤 라이트는 유아노동이나 산업재해 문제 등의 매우 제한된 분야에만 국가권력에 호소한 반면 대부분의 문제에 관하여는 민간부문의 자발적인 개혁을 권고하고 있었다. 그가 산업 분쟁에 대한 거중조정에 참여한 것도 그의 개인적인 입장에서였다. 박애주의적 관점은 이미 이러한 문제에 관한 한 국법의 집행은 비효율적일 뿐더러 반자유주의적이라 판단했다.[3]

둘째로 정부의 노동행정은 초기 단계에 노동조직들과 대단히 불편한 관계에 있었다.[4] 20세기에 들어와서도 BLS와 노동부는 노동조합들 보다는 고용주들과의 협력관계를 추구하고 있었다.[5] 실제로 정부의 통계는 고용주들로부터의 자료에 의존하고 있었고 노동조합들은 스스로 통계에 별 관심이 없는 이상 BLS가 그들의 자료에 의존할 수는 없었다. 몇 년 동안 노동계에서는 정부에게 노조 회원들에 관한 통계를 수집해 줄 것을 요구하였다. 그것

쇄 중에서 605건의 요구가 있었다. Lombardi, *Labor's Voice in the Cabinet*, pp. 95-9.

3 Leiby, *Carroll Wright and Labor Reform*, pp. 143-6.

4 일예로 1892년 National Association of Officials of Bureaus of Labor Statistics의 제9차 총회에 당시 노동계의 거두이던 Samuel Gompers와 Terence Powderley가 초청되었다. 그러나 그들은 정중한 편지로 참석을 거부하였다. *Proceedings of the Ninth Convention of the National Association of Officials of Bureaus of Labor Statistics in the United States*, Held at Denver Colorado, May 24-28, 1892 (Topeka: The Hall & O'Donald Litho, 1892). pp. 13-4.

5 Royal Meeker, "The Work of the Federal Bureau of Labor Statistics in its Relation to the Business of the Country," *Annals of the American Academy of Political and Social Science* 63 (January, 1916), pp. 263-71.

은 노조회원 통계는 그들의 조직운영에 유용하게 쓰일 통계자료였기 때문이다.[6] 현재의 인구 센서스에는 노동조합 회원에 관한 통계가 포함되어 있다. 통계는 회원의 숫자뿐만이 아니라 성별, 연령, 인종, 연평균 수입, 고용 상태, 주거 등의 광범위한 자료를 제공하고 있다. 그러나 이러한 통계는 1966년에 이르러서야 비로소 생산되기 시작하였다.[7]

정부 노동행정과 노동조직들 관의 관계는 오히려 특이한 형태로 발달하였다. 1913년 노동부가 내각에서 독자적인 지위를 확보하자 장관인 윌리엄 윌슨은 AFL과의 협력을 추구하였다. 윌슨은 광부로서 노조 조직을 운영하던 경험을 가진 사람이었다. 예를 들면 새뮤얼 곰퍼즈(Samuel Gompers)의 아들은 노동부의 서기장으로 영입되었다. 이러한 식의 관계는 노동부로 하여금 친노동계의 이미지를 갖도록 하였으며 이러한 이미지는 노동부가 의회나 고용주 조직들에게 의도적으로 따돌림을 당하는 결과를 초래하였다.[8] 위에서 지적한 문제는 뿌리 깊은 미국 국가 행정의 정실주의원칙(patronage principle)에 근거한 것이었다. 이러한 방식으로 임명된 노동행정 관리들의 무능의 문제뿐만이 아니라 그러한 관계가 노조와 형성되어 있다는 것은 자연히 고용주들과 여타의 국가 행정부처와의 관계를 악화시킬 수밖에 없었다.[9] 결국 윌슨 장관은 노동계의 사람이라던가 대통령의 사람으로 여겨질 수

---

6   1916년까지 실업에 관한 통계도 선별된 지역별 조사에서 수집되고 있었다. BLS는 통계를 노동조합의 자료에 근거하려 하였으나 구체적인 계획을 갖고 있지는 않았다. Ibid., p. 268. BLS가 AFL로 부터 얻은 최초의 통계 자료는 1930년 실업에 관한 것이었다. 1930년대 말까지 어떤 미국의 노조도 자기 회원에 관한 신빙성있는 통계를 갖고있지 않았다.

7   Hauser, *Social Statistics in Use*, p. 126.

8   일예로 노동부의 조직법은 1908년의 Federal Workmen's Compensation Act의 집행은 1916년 9월에 조직된 Employers' Compensation Commission에서 맡도록 규정하고 있다. 이러한 조치는 노동부의 팽창을 직접접으로 억압하는 조치였다. Lombardi, *Labor's Voice in the Cabinet*, p. 68.

9   이에 대한 좋은 예는 윌리엄 윌슨이 Densmore를 고용사업부(Employment Service)의 長에 임명한 경우라 할 수 있다. Ibid., pp. 193-5.

밖에 없었고 행정부 내에서는 그는 대통령의 신임은 얻고 있었다 하여도 의회나 고용주 단체 쪽의 신임을 얻을 수는 없었다. 윌슨 장관 본인 또한 그런 식으로 이해하였다. 반면 차관인 루이즈 포스트(Louis F. Post)는 항상 다른 역할을 수행한다고 생각하고 있었다.[10] 결국 노동행정은 정부의 여타 기관으로부터 고립되어 있었고 노동행정은 정치나 행정 구조 전반에 전혀 영향을 미치기는 어려운 형편이었다.

새로 조직된 노동부의 노조조직과의 특수한 관계로 인하여 노동행정은 미국 노동계의 특수적인 이해를 반영하는 방향으로 발전하였다. 1913년 새로 조직되면서 이민귀화국은 노동부로 이관되었다.[11] 이민귀화국은 노동부 전체 예산의 70% 이상을 사용하였고 전체인원의 약 80%이상을 차지하고 있었다. 1914년 당시 노동부의 약 2000명의 직원 중에 이민귀화국에 속하지 않은 사람은 불과 200명 정도에 불과하였다. 롬바르디에 의하면 "이민법의 행정은 포스트 차관으로 하여금 그의 업무 수행에 있어 "처음부터 끝까지 구름에 떠서 허우적대는" 식으로 만들었다. 포스트 차관에게는 노동부는 "그저 외국인을 쫓아내기 위한 정부 기관"일 따름이었다."[12]

결국 노동행정부가 할 수 있는 노동정책은 대단히 부분적이고 선별적일 수밖에 없었다. 초대 장관인 윌슨은 AFL 조직과는 각별한 협력관계를 유지하였으나 여타 다른 IWW 같은 노동조직과는 전혀 관계를 형성하지 못하고 있었다.[13] AFL은 사실 협력관계를 통하여 많은 도움을 얻고 있었다. 노동자계급의 보편적 이해에 관련된 첫 번째 노동정책의 결과는 노조 활동을 반

---

10 Ibid., pp. 240-4.
11 이전에는 이민국이 상업노동부(Department of Commerce and Labor)에 속해 있었고 이는 노동조직들의 노동행정에 관한 당시의 적개심의 대상이었다. Ibid., pp. 145-9.
12 Ibid., p. 132.
13 Ibid., p. 93.

(反)트러스트 법의 적용에서 제외시킨 1914년의 클레이튼 반(反)트러스트법(Clayton Antitrust Act)이었다. 또한 우드로 윌슨 대통령의 재임 기간 시에는 유아노동, 주간(州間) 철도업체에 대한 8시간 노동제 등의 부분적인 사회 개혁이 이루어지기도 했다.

미국 노동행정의 본격적인 활동이 개시된 것은 미국이 제1차세계대전에 참전하자 1917년 9월에 발족한 대통령거중조정위원회(President's Mediation Commission)였다. 윌슨 장관이 위원장에 그리고 하바드대학의 법학 교수 필릭스 프랭크프루터(Felix Frankfurter)가 사무장 및 자문으로 임명되었다. 콜로라도의 버너 리드(Verner Z. Reed)와 펜실바니아의 존 스팽글러(John L. Spangler)가 고용주를 대표하고 워싱턴주 노동연합(Washington State Federation of Labor)의 마쉬(E. P. Marsh)와 일리노이노동연합(Illinois Federation of Labor)의 존 워커(John H. Walker)가 고용자 측을 대표하여 임명되었다. "여러 가지 의미에서 위원회의 일은 미국의 노사관계의 역사에서 중요한 이정표를 이룬다. 위원회는 결정적인 시기에 미국 산업의 큰 부분에 평화를 가져왔고 또한 8시간제 운동에 부가적인 힘이 되었다. 나아가서 많은 산업 분야에 이론적으로만 알려져 있던 효과적 집행을 위한 기구를 갖춘 단체 협상의 원칙을 소개하였고 통합된 전시 노동행정을 제안하였다. 또한 위원회의 보고서들은 당시 산업 소요의 원인을 명쾌 간략하게 분석함으로 대단한 가치를 갖는 것이었다." 한편으로 별도의 위원회를 구성한 것은 기존의 노동부의 부적절함을 인정한 것일 수도 있었다. 그러나 다른 한편으로는 윌슨 장관이 위원장직을 맡은 것은 나름대로 노동부의 위상이 상승된 것으로 해석되기도 했다.[14]

노동행정의 위상과 권위는 당시 전시동원(戰時動員) 기구의 일부로써 더

---

14 Ibid., pp. 210-22.

욱 향상되었다. 1918년에는 고용사업부(Employment Service)는 이민국에서 분리 독립되어 종전까지 급속히 팽창하였다.[15] 거중조정부(Division of Conciliation)의 경우도 의회가 예산 배정을 거부하였음에도 불구하고 크게 팽창하였다. 그러나 전시임에도 불구하고 노동행정의 팽창은 자본가들의 이해와 정부의 타 부처에 의하여 끊임없는 견제를 받았다. 전시 행정부는 노동의 중앙통제의 일원화를 위해 전시노동정책위원회(War Labor Policies Board)을 구성하도록 되어있었다. 그러나 전시자문평의회(Wartime Advisory Council)는 위원회를 노동부장관을 제외하고 만들도록 했다. 그러자 결정은 다시 번복되어 이번에는 전시노동정책위원회가 노동부장관은 포함하는 대신 고용주 대표와 고용자 대표를 포함시키지 않고 구성되었다. 이것은 또한 전시 노동행정이 정규 노동행정 기관과는 별도로 구성되는 모양이 되었으며 더욱 심각한 문제점은 고용주들은 그들이 참여하지 않는 노동정책위원회의 권위를 인정하려하지 않았다는 것이다.[16] 노동계에서도 그들의 대표가 참석치 않는 위원회를 "반(反)노동계의 입김이 노동부 안으로 밀려드는 주요 통로"라고 비판하고 나섰다.[17]

전쟁이 끝나자 노동부는 복구 계획에 참여하게 되었다. 모든 복구 계획의 목적은 전쟁 이전의 상황으로 하루빨리 돌아가는 것이었다. 그러나 전시노동행정의 거의 모든 비상 부서는 예산 배정이 끝나는 회계 연도 말에 해체되게 되었다. 심지어는 상당 부분의 고용주들에게도 지지를 받은 고용업무부(Employment Service)마저도 해체되었다.[18] 고용업무의 방대한 전국적 조

---

15 Ibid., pp. 190-2; John S. Smith, "Organized Labor and Government in the Wilson Era: Some Conclusions," *Labor History* 3, No. 3 (Fall, 1962), pp. 265-86.
16 Lombardi, *Labor's Voice in the Cabinet*, p. 277; Cuff, "Politics of Labor Administration During World War I," pp. 550-60.
17 Lombardi, *Labor's Voice in the Cabinet*, p. 282.
18 Ibid., pp. 308-11.

직망은 1920년대에 완전히 고사(枯死)했다.

노동부 차관이던 루이스 포스트가 전시에 고용 업무 조직에 기여한 바를 보면 당시에 노동행정이 왜 그의 권위를 확대시키지 못하였던가에 대하여 많은 것을 제시하고 있다. 포스트는 노동계의 사람이라기보다는 전문 관리라고 인식되고 있었으며 또 그의 그러한 이미지에 근거한 활동이 윌슨 장관이 노동계의 이해에 대한 헌신적 활동보다 훨씬 노동자계급의 이해 증진에 효율적이었던 것이다.[19] 미국에서는 20세기에 들어와서도 뉴딜 시기 이전까지는 노동행정과 노동통계는 노동과 자본의 갈등을 수용한 것이 아니라 양쪽으로부터 공격을 받고 있었다.[20] 노동계 간부들은 행정부에 직장을 요구하였고 행정부 관리들에게 늘 그들의 편에 서줄 것을 요구하였다. 결국 노동감독원이나 장관은 노동계의 친구 아니면 적이 되는 수밖에 없었다. 윌슨 장관은 그 자신을 노동계를 내각에서 대표한다고 여겼고 다른 사람들도 또한 그를 그렇게 이해하고 있었다.[21] 그러자 고용주들은 노동행정에 대하여 노골적인 적대감을 나타내고 있었다. 그들은 윌슨 장관을 '노동 선동가', '아나키스트', '사회주의자' 등으로 불렀다.[22]

후버(Hoover)의 대통령 재임 중, 경기침체는 소비의 문제라기보다는 생

---

[19] Cuff, "Politics of Labor Administration," pp. 550-60.
[20] Bremner에 의하면 Carroll Wright의 보고서의 문제점은 그의 개인의 문제 외에 다른 차원이 있다는 것이다. "부서에서 행한 조사활동에 대한 그의 요약은 보고서의 본 부분을 형성하는 관찰과 통계 자료와 늘 일관된 것은 아니었다. Wright는 30년 동안의 주 연방 정부 관리로서의 경험을 통해 논쟁이 많은 문제에 대한 논의에서 모호함의 가치를 배운 것이다." Bremner, *From the Depths*, p. 72.
[21] Wilson의 위치에 대하여 한 내각의 동료가 다음과 같이 증언하였다. "1월 3일 Council of National Defense에서 문제도 토의되고 있을 때 [윌슨]장관은 War Labor Administration이 노동부의 중앙에 위치하여야 하는가에 대하여 의문을 제기하였다. 그가 지적하기를 어떤 사업계 일부에서는 자신의 부서를 노조 부서로 여기고 있음을 토로하였다. 그의 양심은 뚜렷한 것이었으나 그는 새로운 행정부서가 자신의 부서 한가운데 위치함으로써 문제를 어렵게 만들지 않을까 우려하고 있었다." Lombardi, *Labor's Voice in the Cabinet*, p. 244.
[22] Ibid., p. 109.

산의 문제로 다가오고 있었다. 국가에서 신뢰할 만한 실업 통계가 나오고 있지 않는 이상 경기침체와 누적되는 실업 등의 당시 첨예한 문제들은 행정부와 의회에 의하여 쉽게 무시되고 말았다.[23] 당시 많은 경제학자들은 새로운 거시경제적 전략을 주장하였으나 별 소용이 없었다. 타당한 통계의 부재 특히 실업 통계의 부재는 뉴딜 시기 이전까지 사회개혁가들로 하여금 설득력 있는 주장을 마련하고 거시경제적인 정책을 위한 정치적 세력을 결집하는 데 대단히 불리한 조건이었다.

새로운 형태의 도시자유주의(urban liberalism)의 새로운 스타일은 상원의원 로버트 와그너(Robert F. Wagner)에 의하여 창시되었다. 노조의 권리에 관한 뉴딜 시대의 입법들은 루즈벨트나 퍼킨즈 같은 사람들이 개인적으로 좋아서 한 일은 결코 아니었다.[24] 와그너와 같은 뉴딜 주도세력들에게는 새로운 노동입법은 소요하는 노동자계급 조직들을 책임감 있는 사회제도로서 유도할 의도에 근거한 합리적인 정책이었으며 또한 이러한 입법은 신속한 경제 부흥을 위한 것이기도 하였다. 그의 법안에 대하여 와그너는 다음과 같이 말하였다.

> 정부로 하여금 결국 모든 일을 도맡게 할 때까지 계속 증가하는 일의 한 부분씩 떼어주는 악순환을 피하는 유일한 방법은 대규모의 협력과 현명한 행동을 위한 공동의 노력을 정부 밖으로 확대시키는 수밖에 없다. 짧게 말하면 공업, 농업, 노동이 더욱 효과적으로 협력할수록 그들이 그들이 대하고 있는 경제 조건들을 이해하고 더욱 적절하게 대응할 것이며,

---

[23] Caroline Grin, "The Unemployment Conference of 1921: An Experiment in National Cooperative Planning," *Mid-America* 55 (1973), pp. 83-107.

[24] Milton Derber, "The New Deal and Labor," *The New Deal*, Vol. 1: *The National Level*, J. Braeman; R, H, Bremner & D. Brody, eds. (Columbia: Ohio State University Press, 1975), pp. 111-2.

나아가서 정부가 아니라 바로 그들이 경제 문제에 가장 큰 영역을 차지해 나가기를 기대하는 것은 더욱 현실성이 있는 것이다.[25]

뉴딜 기간 중에 국가행정의 권위는 극적으로 증가일로에 있었다. 1930년대 중반에 이르면 노동부는 열 개 가까운 노동규제법의 집행을 책임지고 있었다. 노동규제법이 다수 제정된 외에도 1935년의 와그너법과 전국노동관계평의회(National Labor Relations Board: NLRB)는 효과적인 집행 기구를 갖게 되었다. 이러한 국가 기구와 권위의 발달은 통계학 사회과학 전문직의 지원을 받은 새로운 노동부 장관 프란시스 퍼킨스가 주도한 전반적인 정부 통계 지식의 증가와 발달이 없이는 도저히 불가능한 일이었다. 1946년의 고용법(Employment Act)은 경제자문위원회(Council of Economic Advisors)를 설치하고 경제 상황에 관한 연간 보고서를 의무화하였다. 이러한 조치는 경제 조건에 관한 정부 통계 자료의 전문가에 의한 해석과 정책 결정에 있어서 대통령에 의한 그러한 지식의 사용을 법제화한 것이다.[26]

---

[25] Keyserling, "The Wagner Act," p. 222에서 인용. 또한 Wagner의 참모였던 Keyserling은 다음과 같이 말하고 있다. "Wagner법이 제정된 이후의 미국의 역사를 사실적으로 조사해야 한다는 것이 나의 의견이다. 우리의 제2차대전 기간의 성과는 Wagner 상원의원이 말한 '훈련되고 책임 있는' 노동운동이라는 자산이 없었다면 불가능했던 것이다. 또한 그 후의 혹독한 경기 순환을 손질해 나간 우리의 성공은 우리의 생산력과 우리의 소비 능력의 전통적 고질적 격차를 줄이지 않고서는 불가능했다. 이러한 격차를 줄이는 데 효과적인 단체협상은 사회보장이나 기타 연관된 공공사업보다 훨씬 대규모의 기여를 하였다. 그리고 부과적으로 이러한 조치의 성과와 발전 뒤에 있는 가장 중요한 힘은 교육되고 훈련되고 사회의식을 갖는 노동운동이었다." Ibid., pp. 228-9. 이러한 의견은 Keyserling과 Wagner가 공유하고 있던 확신이라 짐작할 수 있다. 아울러 아래 문헌도 참조. Howell Harris, "The Snares of Liberalism? Politicians, Bureaucrats, and the Shaping of Federal Relations Policy in the United States, ca. 1915-47," *Shop Floor Bargaining and the State*, Steven Tolliday & Jonathan Zeitlin, eds. (Cambridge: Cambridge University Press, 1985), p. 148. Tomlins, *The State and the Unions*, pp. 121-4.

[26] 같은 법에 의하여 대통령 또한 년간 경제보고서를 제출하도록 되었다. 이 보고서는 의회에 제출하여 다른 전문가들의 증언이 개진되는 청문회에서 상하 양원의 합동경제위원회(Joint

뉴딜 시대 이전에는 합리적 계급정치(rational class politics)는 주로 자본가 계급과 중산층에 의하여 시도되었다. 그들의 합리적 계급정치는 여러 가지 형태를 띠었다. 우선 1886년을 정점으로 한 대규모 소요 사태 이후부터 고용주들은 노동계 특히 노동기사단(Knights of Labor)에 대항하여 조직되기 시작하였다. 조직된 양 계급간의 대결은 1890년대 초의 일년의 대규모 폭력적인 파업 즉 1892년의 홈스테드(Homestead), 쾌르달렌(Coeur d'Alene) 그리고 뉴올리언즈(New Orleans) 부두파업 그리고 1894년의 풀만(Pullman)과 역청탄광파업(Bituminous coal strike)으로 절정을 이루었다.27 20세기 벽두에 이르면 고용주들의 집단행동은 미국 노동계의 존립을 위협하는 사태에 이르게 되었다. 1902년에는 전국제조업자협회(National Association of Manufacturers: NAM)가 결성되었다. 이들은 공공연히 노동조직에 반대하는 친 공화당 집단이었다.

이러한 노동계와의 정면대결과 병행하여 미국 자본가들은 1890년대부터 사회개혁과 선전활동을 통한 주도권 체제의 구축을 위하여 전선을 확대시켜 나갔다. 전국시민연합(National Civic Federation: NCF)은 노동계를 사회개혁 운동에 수용시키려는 고용주 계급의 새로운 시도를 대변하고 있었다. 많은 정부 노동행정관리들 뿐만이 아니라 노동계 지도자들도 NCF의 회합이나 총회에 참석하고 있었다.28 또한 제1차대전이 임박하자 지도급 자본가 계급은 노동계의 저항을 평정한다는 장기적인 목적 하에 전국산업총회평의회

Economic Committee)에 의하여 검토되게 되어있다. 이에 다시 합동경제위원회는 대통령 보고서의 제안과 내용에 관한 보고서를 제출하게 되어있다.

27 Linda Schneider, "The Citizen Striker: Workers' Ideology in the Homestead Strike of 1892," *Labor History* 23, No. 1 (Winter, 1982), pp. 47-66.
28 Margerite Green, *The National Civic Federation and the Labor Movement, 1900-1925* (Washington: Brookings Institution, 1956); James Weinstein, *The Corporate Ideal in the Liberal State* (Boston: Beacon, 1968).

(National Industrial Conference Board)를 발족시키게 되었다. 그들에게 가장 긴박한 프로그램은 공공에 '정확한 정보'(accurate information)를 제공하기 위한 선전활동이었다.²⁹

당시 자본가계급 정치의 가장 결정적이고 성공적이었던 분야는 사립대학의 창설과 확장 그리고 사회과학전문직(professional social science)과 연구 기관의 조직이었다. 이러한 전문직 기관들은 '건전한 의견'(sound opinion)을 조성하기 위한 타당한 사회적 '사실'을 생산하기 위한 것이었으며, 여기서 통계지식은 그 핵심을 이루는 것이었다. 1890년대부터 대자본가들은 시카고 대학(University of Chicago)이나 스탠포드 대학 (Stanford University) 등의 명문 사립대학을 창설하기 위하여 엄청난 돈을 기부하였다. 아울러 여러 다른 기존의 명문 사립대학들도 이 시기에 재편 확장되었다.

1870년대의 급속한 사회 변화와 증가하는 위기의식 속에서 사회과학(social science)은 프랭크 샌본(Frank Sanborn)이 이끄는 미국사회과학협회(American Social Science Association: ASSA)를 중심으로 사회 개혁과 개량을 위한 실천적 지식으로서 뿌리내리기 시작하였다.³⁰ 1880년대에 이르면 사회과학계는 독일에서 훈련받은 새로운 세대의 사회과학자들에 의하여 주도되었다. 그들은 엄격한 과학적 방법론을 적용할 것을 주장하였으며 구세대들의 부정확한 연구 방법에 공격을 가하기 시작하였다. 결국 사회개혁주의적인 구세대들과 새로운 사회과학도들 간에 갈등이 첨예화하게 되었다.³¹ 후자들이 냉정한 현실주의자들이었다면 전자들은 낭만주의적인 지

---

29 Howard M. Gitelman, "Being of Two Minds: American Employers Confront the Labor Problem, 1915-1919," *Labor History* 25, No. 2 (Spring, 1984), pp. 197-200.
30 Haskell, *Emergence of Professional Social Science*.
31 Dorothy Ross, "The Development of the Social Sciences," *The Organization of Knowledge in Modern American, 1860-1920*, Alexandra Oleson & John Voss, eds. (Baltimore: The Johns Hopkins University Press, 1979), p. 115: Charles

식인들이었다. 새로운 세대들은 자유방임주의적 경제 이론을 흡수하고 있었고 그로 인하여 자본가 계급의 지지를 얻게 되었다. 자본가 계급들은 당시 이미 주요 대학의 이사회(board of trustees)를 장악하고 있었다. 결국 구세대의 사회개혁 위주의 실천적 사회과학은 19세기말에 이르러 사라지게 되었다. 이러한 주류 속에서 영국의 경우와 같이 사회적 범주로서의 사회개혁가들은 종교적인 인간형에서 합리적 사회과학자들로 바뀌어가고 있었다.

경제학자들은 1885년 최초로 전국적인 전문직종 조직인 미국경제학회(American Economic Association: AEA)를 발족시켰고 이어 다른 사회과학 분야의 전문직종 조직은 20세기 초에 이루어졌다.[32] 이 시기부터 주요 사립대학에서 대학원 과정이 개설되었고 학술전문지들이 출간되기 시작하였다. 이러한 미국의 사회과학 운동은 당시의 사회 정치적 소요와 각종 과격주의에 대한 반작용으로서 합리적 지식의 기반 위에서 새로운 비당파적 사회적 권위체를 확립하고자 하는 의도에서 이루어졌다.[33] 나아가서 사회과학 연구를 위한 많은 수의 민간 기관들이 유사한 방법으로 창설되었으며 이들

Dunbar, "The Reaction in Political Economy," *Quarterly Journal of Economics* 1 (October, 1886), pp. 1-27; Dunbar, "The Academic Study in Political Economy," *Quarterly Journal of Economics* 5 (July, 1891), pp. 397-416; Marry O. Furner, *Advocacy and Objectivity: A Crisis in the Professionalization of American Social Science* (Lexington: University of Kentucky Press, 1975); Haskell, *Emergence of Professional Social Science*.

[32] AEA는 최초에 친노동적인 개혁주의적 경제학자인 Richard Ely의 주도하에 만들어졌다. 초기에 그들의 모델은 독일의 Verein f r Sozialpolitik이었으며 자유방임주의에 반대하는 입장을 표명하였다. Bari J. Watkins, "The Professors and the Unions: American Academic Social Theory and Labor reform, 1883-1915," Ph. D. diss, Yale University, 1976, pp. 105-8.

[33] G. H. Shibley, "The University and Social Questions," *Arena* 23 (March, 1900); Albion Small, "Scholarship and Social Agitation," *American Journal of Sociology* 1, No. 5 (March, 1896), pp. 564-82; Ross, "The Development of the Social Sciences," *Organization of Knowledge*, pp. 127-9.

은 다양한 방법으로 대학이나 전문직 협회와 관련되어 있었다.[34]

20세기 초에는 사회과학의 주요 분야들이 수량적인 기반에서 재조직되었다. 제1차대전 중에는 콜럼비아 대학(Columbia University)의 웨슬리 미첼 같은 젊은 제도주의자들의 집단이 경제학의 새로운 주류를 이끌었다.[35] 사회학에서는 1920년대에 이르러 시카고 대학의 로버트 파크(Robert Park)는 도시연구(urban research)를 주도하였다.[36] 1923년, 시카고 대학의 정치학자 찰스 메리암(Charles Merriam)에 의하여 조직된 사회과학연구협의회(Social Science Research Council: SSRC)는 역사학 통계학 등을 포함한 "사회과학과 연관되어 있으나 전통적으로 독자적 연원을 유지하고 있는 여러 학문 분야들"을 망라하는 통괄적 조직으로 형성되었다.[37]

그들 중 몇몇 연구 기관은 특정적으로 노동문제를 위하여 세워졌다. 워싱턴의 카네기연구소(Carnegie Institution)와 더불어 미국산업연구국(American Bureau of Industrial Research: ABIR)은 1904년 리차드 엘리(Richard Ely)에 의하여 매디슨의 위스콘신대학 (University of

---

[34] 민간 통계 수집 출판 기관으로는 National Conference Board, National Bureau of Economic Research, Dodge Corporation, Standard & Poor, Den & Bradstreet, 그리고 McGraw-Hill 등이 만들어졌다. 또한 여론조사 단체로는 Gallup, Roper, Harris 등이 있었고, Survey를 위한 기관은 Audits and Survey, National Analysis, University of Michigan Survey Research Center, University of Chicago National Opinion Research Center 등이 만들어 졌다. Hauser, *Social Statistics in Use*, p. 15.

[35] Dorfman et al, *Institutional Economics*.

[36] Martin Bulmer, *The Chicago School of Sociology* (Chicago: University of Chicago Press, 1984); Robert C. Bannister, *Sociology and Scientism: The American Quest for Objectivity, 1880-1940* (Chapel Hill: The University of North Carolina Press, 1987); Dennis Smith, *The Chicago School: A Liberal Critique of Capitalism* (New York: St. Martin's Press, 1988).

[37] Ross, "The Development of the Social Sciences," *Organization of Knowledge*, p. 107; Barry D. Karl, *Charles E. Merriam and the Study of Politics* (Chicago: University of Chicago Press, 1974).

Wisconsin at Madison)에 창설되었다.[38] 연구소는 진보적 입장을 표방하였으며 연방 노동행정 및 다른 기관에 노동 문제 전문가의 주요 공급자의 역할을 하였다. 이러한 연구 기관들은 미국노동입법협회(American Association for Labor Legislation)와 같은 실천적 조직을 만드는 데도 많은 도움을 주었다. 이러한 일련의 작업들은 노동통계와 공공지식의 발달 문제와 따로 생각할 수 없는 일들이었다.

사립대학에 뿌리박은 이러한 사회과학 전문직 조직들은 신속히 미국 사회에서 권위의 새로운 원천으로 등장하였다. 도로씨 로스(Dorothy Ross)는 다음과 같이 말하고 있다. "비록 전문 학자들은 그들의 대중적 라이벌들을 쫓아내는 일을 하였지만 가장 놀랄 만한 것은 그들의 역할이 사회에서 받아들여지고 그들의 지식이 추구된 신속성에 있다. 상대적으로 용이하게 내용도 별로 바뀜이 없이 중산층 대중은 성직자들의 도덕적 권고에서 대학의 사회과학자들의 전문적 권고로 구식 엘리트들의 덕망에 따른 성층구조로서의 사회 개념에서 새로운 엘리트들의 능력에 따라 성층화한 실력주의(meritocracy)로서의 사회 개념으로 바꾸어갔다." 아울러 전문화(professionalization)의 과정에서 대학의 학자들에게는 정치적인 압력이 가해지기도 했다. "그들은 대학에서와 직종에서의 자리가 걸려있는 지위를 놓고 모험을 하기보다는 그들의 가치가 현저하지 않은 자유주의의 중앙부에 정치적 주장을 제한시키게 되었다. 1900년 이후에 사회적 영향력을 발휘할 기회가 중도파적 진보주의(progressive) 정치에 의하여 주어졌을 때 그들은 새로운 목표를 설정하도록 사회를 지도하기보다는 사회의 정치적 목적을 수

---

[38] Harold L. Miller, "The American Bureau of Industrial Research and the Origins of the 'Winsconsin School' of Labor History," *Labor History* 25, No. 2 (Spring, 1984), pp. 165-68. 이 연구소의 건립에는 Carroll Wright도 관련되어 있었다.

행하는 학문적 전문가의 역할을 완수하게 되었다."[39]

이러한 제도적인 변화와 함께 사회개혁의 윤리적 차원에 심층적 변화가 더불어 일어나고 있었다. 새로운 전문직의 이념은 윤리의 독자적 존재를 부정하고 과학적 방법론은 그의 도구로서 사용될 수는 없다는 것이었다. 윤리는 과학적 연구의 결과이지 그의 사전 조건이 될 수는 없다는 것이다. 이러한 입장은 이미 1890년 경제학자들이 명확히 밝히고 있다.[40] 이러한 재편성 과정에서 미국의 대학은 "사회질서와 재산권 존중의 요새"로 등장하였다.[41] 과학적 엄밀성의 기준은 이러한 상황에서 사회과학의 이론적 내용을 통제하는 도구로 사용되기도 하였다. 그리하여 새롭게 부상하는 사회과학 전문직의 주도적 이데올로기가 형성되었고 경제학계는 1890년대에 들어 노동개혁의 입장에서 서서히 멀어지게 되었다. 예를 들어 존 커먼즈(John R. Commons) 같은 진보적 친노동계 경제학자들은 대학 당국에 의해 여러 가지 형태로 제재를 받기도 했다. 그들은 사회과학 전문직의 주류를 따라야 했으며 '엄밀한 과학 방법론'을 사용한다는 조건하에서 전문직에서 살아남을 수 있었다.[42] 그러한 진보적 자유주의자들은 미국의 친노동주의의 경계선 상에 존재하고 있었다. 사실 위스컨신학파 보다 더 왼쪽에 위치한 인증받은 사회과학자들은 별로 없는 형편이었다. 그곳은 바로 미국 사회과학 전문직 이

---

39 Ross, "The Development of the Social Sciences," *Organization of Knowledge*, pp. 121-3; Furner, *Advocacy and Objectivity*.
40 이러한 입장은 1880년대 후반 신세대 경제학자들에 의하여 제시되었다. Charles Dunbar, "The Reaction in Political Economy," *Quarterly Journal of Economics* 1 (October, 1886), pp. 23-4.
41 Watkins, "The Professors and the Unions," pp. 156-75; Christopher Lasch, *The New Radicalism in America, 1889-1963* (New York: Knopf, 1965).
42 Watkins, "Professors and Unions," pp. 120-50; Harold U. Faulkner, *The Quest for Social Justice: 1898-1914* (Chicago: Quadrangle Books, 1959); Layfayette G. Harter, *John R. Commons: His Assault on Laissez-Faire* (Corvallis: Oregon State University, 1962); Shibley, "The University and Social Questions," pp. 293-300.

데올로기의 경계선이었다.

　미국의 사회과학 전문직과 NCF와 같은 조직의 활동은 긴밀히 연관되어 있었다. 당시의 주도적 경제학자들은 다수 노동자 복지 등의 주제 연구에 관여하고 있었다. NCF는 당시 NAM, 시민동맹(Citizens' Alliance), 미국반보이코트협회(American Anti-Boycott Association) 등의 소자본가 조직들의 전통적인 노조파괴 공작이나 오픈숍 등의 전략 노선을 피하고 있었다. 위스컨신대학의 ABIR은 노동문제 전체를 관조하는 시각을 정착시키는 데 결정적인 공헌을 하였다. ABIR의 친노동계적 학자들은 노동조합은 사회를 재구성하는 일 보다는 회원들의 즉각적인 물질적 이익에 관심을 갖는 조직이라는 관점을 제시하였다. 이러한 관점은 경험적이자 동시에 규범적인 것으로 이러한 이론은 자유주의적 시각으로 노동조합을 일종의 버릇없는 아이로서 그들의 요구와 이해를 제한적으로 그리고 선별적으로만 정당화시키는 의미를 갖는 것이었다. 리차드 엘리와 그의 동료들은 어떤 종류의 개혁으로 극단주의를 추방할 수 있다고 믿고 있었다. 엘리는 다음과 같이 말하고 있다.

> 몇 백만이 일반적인 조건을 향상하겠다는… 보람 없는 노력으로.. 희생되어 왔다. 우리가 쓰려고 하는 진정한 역사는 건설적 노력의 줄기를 보여주고 이러한 줄기의 운동을 장려하는 것이어야 한다. 물론 우리의 연구가 산업 분쟁을 없앨 수 있다고 기대할 수는 없다 그러나 확실하고 정확한 지식은 좀더 낳은 힘이 전진할 수 있게 도움을 줄 것이다.[43]

---

[43] Miller, "American Bureau of Industrial Research," p. 166. ABIR의 또 하나의 중요 인물인 John R. Commons에 관하여는 다음을 참조. David Montgomery, "To Study the People: The American Working Class," *Labor History* 21, No. 4 (Fall, 1980); Maurice Isserman, "God Bless Our American Institutions: The Labor History of John R. Commons," *Labor History*, 17 (1976).

제1차대전 이후 이러한 전문 사회과학자들은 대자본가들과 협력하여 화합에 찬 산업문명의 건설을 위한 청사진을 시도하였다. '복지 자본주의'니 '회사 노조주의'니 하는 수사(修辭)들이 요란스럽게 나돌았다. 테일러주의(Taylorism)적 과학적 경영과 궤(軌)를 같이하여 새로운 시대의 합리적 노동 경영은 노동자들의 인간적 심리적인 측면을 다루고 있었다. 이러한 인간관계 경영자(human relations managers)들은 정부 노동행정과 긴밀한 협력 관계를 유지하고 많은 양의 통계자료를 활용하고 있었다.[44] 그러한 작업들이 전쟁기간 동안 새로운 단계에 접어든 노동운동을 약화시키기 위한 전략으로써 노동자들에 대한 유화정책임을 부정할 수 없다. 그러나 이러한 고용자들의 복지를 책임진다는 운동은 후일 노동자들의 이해가 수용되는 새로운 종류의 헤게모니의 장(場)을 마련하는 결과를 낳았다. 1920년대의 복지 자본주의 운동은 1930년대에 들어 노동운동의 새로운 단계로의 전진을 위한 길을 터놓은 것이었다.[45]

1870년대와 1880년대를 통한 주 및 연방 정부에서의 노동통계국의 설치는 강력한 유권자 집단으로서 그리고 독점자본에 반대하고 사회 개혁을 위한 노동하는 시민으로서의 '노동'의 기존의 지위를 인정한다는 의미를 갖는 것이었다. 19세기말까지의 미국에서의 노동의 개념은 노동기사단(Knights of Labor)의 경우에서 단적으로 드러난다. 이 경우에 '노동'의 경계는 마르크스주의적 노동자계급의 개념이나 경제학에서의 노동의 개념보다 훨씬 넓은 것이었다. 노동 기사단은 중산층의 상당한 부분과 농민들도 포함하고 있었으며 실로 "은행가, 주식 중개인, 도박꾼, 술장수"를 제외한 모든 사람이

---

[44] David Brody, "The Rise and Decline of Welfare Capitalism," *Workers in Industrial America: Essays on the Twentieth Century Struggle* (Oxford: Oxford University Press, 1980), pp. 53-5, pp. 63-5.

[45] Ibid., pp. 48-81. Harris, "Snare of Liberalism," pp. 161-3.

회원이 될 수 있다는 것이었다. 그들이 적을 '독점'이라 내세운 것은 소규모 상점 타입의 중산층의 공통적 이념을 반영하고 있었다. 노동통계국의 창설은 기사단의 선거 정치와 개혁 입법에의 깊은 관여에 상징을 제공하는 것일 수도 있다. 기사단의 개혁 정치는 결국 농민들과의 연합을 통하여 1880년대 말에 민중당(Populist Party)을 창설하였다. 기사단은 노동자들이 자본가가 되도록 하는 경제협력 정책을 지지하였으며 이것은 실제로는 주로 중산층이 자본가가 되고자 하는 여망을 반영하는 것이었다.[46] 1894년 '민중주의'(populism)는 공화주의와 격돌하였다. 공화당의 대승과 함께 민중주의는 미국에서 영원히 몰락하였다.[47]

1886년부터 미국의 노동계는 크게 세 개의 노선으로 갈라져 갈등의 소용돌이에 휘말리게 되었다. 첫째는 전통적인 노동기사단이었으며, 둘째는 서유럽식 사회주의 노선이었고, 셋째는 새뮤얼 곰퍼스(Samuel Gompers)가 주창한 "순수하고 단순한"(pure and simple) 노동조합주의였다.[48] 결국은 세번째의 곰퍼스의 노동조합주의만이 살아남아 미국노동연맹(American Federation of Labor: AFL)으로 발전하였다. 이러한 적자생존은 결국 당시 미국 사회의 정치 지도자, 경제적 이해 그리고 노동자계급의 중요한 부분들의 공통의 선택으로 모두에게 받아들일 수 있는 흐름이었다.[49] AFL은 비노

---

[46] Leon Fink, *Workingmen's Democracy: The Knights of Labor and American Politics* (Urbana: University of Illinois Press, 1983).

[47] Morton Keller, *Affairs of State* (Cambridge, MA: The Belknap Press of Harvard University Press, 1977).

[48] Gerald N. Grob, "The Knights of Labor and Trade Unions, 1878-1886," *Journal of Economic History* 18, No. 2 (June, 1958), pp. 176-92; Grob, *Workers and Utopia: A Study of Ideological Conflict in the American Labor Movement, 1864-1900* (Evanston: Northwestern University Press, 1961); Hubert Perrier, "The Socialists and the Working Class in New York: 1890-1896," *Labor History* 22, No. 4 (Fall, 1981), pp. 485-512.

[49] Martin Shefter는 당시의 상황에 대하여 다음과 같이 주장하고 있다. "노동조합의 제도

동자 즉 비임금노동자를 회원에서 제외하였다. 새뮤엘 곰퍼스는 노조는 조직에 "완벽(perfect)을 기하여야" 하며 회원들에게 실업 수당, 사망 보험, 의료수당, 파업수당 등의 물질적 이득을 제공하여 "영구한"기반에서 확립되어야 한다고 주장하였다. 그는 이른바 '사업 노조주의'(business unionism)를 제창하였다. 나아가서 곰퍼스는 전국조직 간부의 손에 권력의 집중화의 추세를 이끌었다. 1898년 AFL의 회원 수는 노동기사단이 절정에 이르렀을 때의 3분의 1수준인 278,016명에 불과했다. 그 후 6년 후에는 회원이 약 여섯 배로 증가하여 백만을 훨씬 상회하였고 1914년에는 다시 그 수의 두 배가 되었다. AFL의 등장은 그 시대에 있어 미국 노동자계급의 지배적인 조직 형태가 제도화되었음을 뜻하는 것이었다.

20세기 벽두에 이르기까지 노동문제와 노동통계의 모호성은 노동계의 탄압과 맞물려있는 문제였다. 위에서 언급한 바대로 경제적 조건 외에도 통계 지식 체계는 노동자계급의 정신적 도덕적 조건에 의문을 던지고 있었으며 이는 그들의 요구의 정당성을 파괴하는 것이었다. 또한 20세기 초 노동의 경제적인 개념의 등장으로, 노동자의 이해는 자본가의 이해에 종속되는 한 정당하다는 유추를 동반하게 되었다.[50] 더구나 노동자의 경제적 조건에 대한 노동통계는 AFL 노조에 조직되어 있는 노동자계급의 중상위권에 위치한 수공업적 노동자들의 이해를 정당화시켜주는 것은 아니었다. 차라리 노동의 경제적 개념과 노동통계는 노동자계급의 중하위층에 초점을 맞추고 있었다.

화와 정당 조직은 미국에서의 계급투쟁이 유도되고 수용될 수 있는 독특한 양상을 확립하였다." Shefter, "Trade Unions and Political Machines: The Organization and Disorganization of the American Working Class in the Late Nineteenth Century," *Working Class Formation*, p. 199.

50 1890년대 극심한 노동 투쟁의 시기에 투쟁의 가장 중요한 문제는 임금, 노동시간 외에 노조 인정(union recognition)의 문제였다. 1897년부터 1901년 사이에 27%의 파업은 노조 인정의 문제에서 기인하였고 1904년에 이르면 그 숫자는 40%나 되었다.

그리하여 노동통계과 사회과학적 연구는 이민(移民) 노동자와 인종적인 문제와 연관되지 않을 수 없었다. 이러한 특이한 개념적인 위상은 정부의 통계자료만이 아니라 민간 분야에서 이루어지는 여러 종류의 사회 조사활동에도 공통적인 것이었다.[51]

이 시기에 미국 법원은 노동계에 적대적이었다. 이러한 법원과 법전문직(legal profession) 전체의 입장은 제1차대전 이후까지 지속되었다. 20세기 초반 상업노동부에 편입된 노동행정은 노조들을 억압하는 방향으로 이용되었다. 이민귀화국의 정보부(Division of Information)는 실상 고용주들에게 파업시 대리노동력(strike breaker)을 제공하는 일을 주로 맡고 있었다.[52] 그러나 20세기에 한참 들어와서도 AFL은 경제적 조건을 그들의 동질성의 기반으로 삼고 있지 않았다. 오히려 노동의 경제적 개념과 노동조직의 경제적 동질성은 정부의 노동통계를 위시하여 외부에서 그들에게 부과되기 시작하였다. 미국 노동계와 노동자계급의 내적 그리고 외적 동일성(identity)의 상이함과 갈등 관계는 점차 확대되어 나갔다.[53]

미국 노동계의 일반적인 모습 즉 노동자들은 계급으로서가 아니라 특정한 기능의 보유자로서 조직되었다는 것 외에도 일부에서는 계급적 이데올로기로 조직되어 통계지식의 발달과 연관된 경우도 있었다. 19세기 말 위에서 언급한 피터 맥과이어의 목공노조는 그러한 경우에 속한다. 맥과이어는

---

[51] Allen F. Davis, *Spearheads for Reform: The Social Settlements and the Progressive Movement* (New York: Oxford University Press, 1967).
[52] 상업노동부는 사실상 NAM의 이해에 좌우되고 있었다. 또한 의회도 반노동적인 분위기였다. 당시 공교롭게도 이민귀화국 정보부장은 노동기사단의 거두 Terence Powderly가 맡고있었다. Lombardi, *Labor's Voice in the Cabinet*, pp. 60-1.
[53] Michael Kazin은 미국 노동사의 문제로서 사회과학자나 역사가가 보는 미국 노동자계급의 'in-itself'와 미국의 노동자들이 실제로 스스로를 정의하는 계급의 'for-itself'의 'wide gap'을 제시하고 있다. Kazin, "Struggling with the Class Struggle: Marxism and the Search for a Synthesis of U.S. Labor History," *Labor History* 28, No. 4 (Fall, 1987), p. 510.

1880년대에 아이오와(Iowa) 주의 노동통계국을 창설하였고 노동통계 등을 활용한 그의 노조는 전임 간사제도와 보험제도 등을 갖춘 안정된 조직이었다. AFL 노조와는 달리 그는 직종 내의 미숙련공들도 조직하여 계급적인 노조를 조직하려 하였으나 결국 그러한 정책을 반대하는 구세대에 밀려 노조에서 축출되고 말았다.[54]

미국은 조직된 노동자계급이 없이 나름대로의 독특한 노동조직 형태를 발달시키게 되었다. 역사가인 리차드 호프스태터(Richard Hofstadter)는 다음과 같이 미국의 노동운동을 평가하고 있다.

> 다른 곳과 마찬가지로 미국에 있어서의 노동운동은 진정한 의미에서 지식인들의 피조물인 것이다. 그러나 그 자식은 그의 독특한 성격을 만들어 내는데 그의 아버지를 내쫓고 말았다. 미국에서 항구적 조직을 만들어 내면서 성공할 수 있는 성격의 노동 지도력이 발달하는 데는 흥미 있는 변증법적 과정을 밟기 전에는 가능하지 않았다. 첫째 지식인들과 그들의 자본주의에 대한 체계적 비판의 영향이 노동운동의 가능성과 필요성에 대한 의식을 만들어내고, 그러나 다음 단계에서는 이러한 영향은 노동운동이 정신적 혼란과 자연적 무용지물을 제거하고 직업의식을 갖는 노동조합 조직에 매진하고 견고하고 성공적인 발판을 마련하기 전에 타파되어야 하는 것이었다.[55]

그러나 미국의 노동운동의 역사는 여기에서 끝나는 것은 아니었다. 이러한 미국 노동계의 반지성주의와 수공업적 직업의식은 노동지도자들이 정치

---

54 Erlich, "Peter J. McGuire's Trade Unionism," pp. 165-97.
55 Hofstadter, *Anti-Intellectualism*, p. 282.

적인 문제에 눈을 돌리게 되자 변질하지 않을 수 없었다. 다른 말로 정계와의 연루는 재차 지식인들과의 접촉의 기회를 확대시키게 되었다.

1906년부터 공화당 정권에 의해 탄압받고 민주당에 의해 유혹을 받으면서부터 AFL은 민주당 소수파의 충실한 지지자가 되었다. 이렇듯이 AFL은 애초의 정치문제에 관한 비참여주의(voluntarism)의 입장은 서서히 변화되어 정치적인 세력으로 등장하기 시작하였다. AFL은 우선 그들에게 직접적인 문제인 법관들과 그들의 파업중단명령(anti-strike injunction)을 공격 목표로 삼았다. 노동 지도자들은 의회와 대통령에게 법원의 파업중단명령을 금지하는 입법을 탄원하는 공개서한을 계속 보냈다.[56] 이때 이미 AFL의 회원은 150만을 돌파하고 있었다. 그러나 정치 비참여주의 입장은 여성 노동자의 노동시간 규제, 정부 노동자들의 임금과 노동시간 규제 그리고 유아 노동에 관하여는 입법 규제를 인정하고 있었다. 이 시점에서 그들의 정치적 관심의 폭은 넓어지고 있었다. AFL은 적극적이지 않았지만 은퇴한 회원들의 충성심은 큰 문제가 아닌 관계로 노후연금제를 지지하게 되었다. 나아가서 AFL은 여성 투표권, 연방 상원의원 직선제, 공공사업 확장, 전화 전보 체계의 국유화, 공공사업과 공익사업의 시(市) 소유권 등의 정치적 문제를 지지하고 나서게 되었다. 1910년대는 격렬한 노동자계급의 투쟁 시기였다.[57] 1912년에는 AFL은 농민들과 진보적 중산층과 연합을 이루었다. "이러한 급진적이라기보다는 온건한 개혁은 중요한 진보주의적 중산층으로부터의 지지를 받았다. 동시에 정부 측의 도발 특히 파업중단명령은 효율적 조직 운영에 있어 정치의 상관관계를 보여주는 것이었다. 요약하면 순수한 조직 생존의 문제를 넘어서자 AFL은 스스로의 조직 영향력을 보호하고 증가시키기 위해 정치

---

56 Tomlins, *State and the Unions*, pp. 62-5.
57 David Brody, "The American Workers in the Progressive Era: A Comparative Analysis," *Workers in Industrial America*, pp. 5-20.

로 눈을 돌리게 된 것이다." 이제 AFL은 공화당에 반대하고 민주당을 지지하여 적극적으로 선거 운동에 참여하였고, 우드로 윌슨(Woodrow Wilson)을 대통령 후보로 선택하면서 그들의 정치활동은 절정에 이르렀다.[58] 제1차 대전이 끝나자 진보주의 지식인들은 AFL 총회에서 곰퍼스의 반대를 물리치고 철도의 정부 통제를 위한 결의안을 통과시키기에 이르렀다.

이러한 과정 속에서 전통적인 AFL의 기능자립(craft autonomy)의 이념적 입장은 침식되어 갔다.[59] 1913년경에 이르면 곰퍼스가 우드로 윌슨과 가까워지자 적어도 그의 마음속의 지식인에 대한 적대감은 상당히 완화되었다.[60] 제1차대전 중에는 미국 노동계의 사회 정치적 지위는 현저히 향상되었다. 정부는 전시 동원 체제에 조직된 노동계를 이용하려고 하였다. 곰퍼스는 자문위원회의 노동위원회의 의장에 임명되었다. 1917년 3월에는 곰퍼스에 의하여 전쟁에 대한 AFL의 입장이 공식적으로 선포되었고 7월에는 미국노동민주주의동맹(American Alliance for Labor and Democracy)이 곰퍼스에 의하여 조직되었다. 이에 대한 반대급부로 윌슨 행정부는 노동계에서의 곰퍼스의 위치를 지지하였다. 그러나 한편 전시 동원의 다른 분야에서는 노동계나 노동행정은 지위를 인정받지 못하고 또한 참여하지도 못하였다. 즉 제1차대전 간의 노동의 위치는 불균형을 이루고 있었으며 전쟁이 끝나자 바로 정부와의 협력 체제는 수포로 돌아가고 말았다.[61]

1923년 AFL은 그의 적에게 공식적으로 휴전을 선포하였다.[62] 1920년대

---

58 Greenstone, *Labor in American Politics*, pp. 27-32.
59 Tomlins, *State and the Union*, pp. 70-2.
60 Hofstadter, *Anti-Intellectualism*, p. 285.
61 Lombardi, *Labor's Voice*, pp. 205-9.
62 AFL 집행위원회(Executive Council)는 "산업의 명백한 의무"(Industry's Manifest Duty)라는 성명에서 다음과 같이 말한다. "산업 집단들은 상호 충돌하고 투쟁하는 것을 의무로 삼지는 않는다. 그러한 투쟁들은 상호 이해의 여명의 신호이며 산업의 질서가 고통스러운 경험을 통하여 스스로를 발견하고 적절한 기능을 발견하는 출산의 고통인 것이다. 산업 집단들의 진정한 역

를 통하여 AFL은 쇠퇴기 맞이하였다. 그것은 일부는 공화당 정권이 노동계에 대적하여 모든 사회·정치적 힘을 동원하여 공격해왔기 때문이었고 또 다른 일부는 열악한 경제적 조건 때문이기도 했다. AFL의 회원수는 줄어들었고 결과적으로는 어느 때보다도 동질적이었다. AFL은 다시 보수적 전통으로 되돌아 왔고 정치적인 행동을 자제하였다. 결국 노동계가 그간 정당으로부터 보호받아 왔다면 역으로 노동계는 정당의 손아귀에 있었던 셈이다. 미국의 노동계가 스스로의 지적인 방어를 통해 미국 사회의 광범위한 주도권 구조에 자리 잡지 못한 이상 전쟁 기간 중의 지위는 일시적인 것이었다.

전쟁 기간 중에 정부 관리들이나 진보주의 지도자들과의 협력의 경험을 통해 새로운 종류의 노동 지도자들이 나타나게 되었다. 직물 노조의 시드니 힐만(Sidney Hillman)같은 '반지식인'(half-intellectual) 부류들은 전국적인 노동 지도자로 부상하였다.[63] 더구나 UMW의 존 루이스 (John L. Lewis) 같은 전통적 노동 인사들도 경험을 통하여 통계학, 경제학 등의 전문 지식은 노조의 투쟁과 정치에 없어서는 안 될 수단이라는 것을 알게 되었다. 1930년대 초에는 루이스는 젯 록(W. Jett Lauck)이라는 개인적 경제 전문 참모를 갖고 있었다.[64] 또한 시드니 힐만은 노동계 밖의 여러 인사들과 적극적인 친분 관계를 만들어 놓았다. 라폴렛(La Follett), 노리스(Norris), 와 그녀와 같은 진보적 상원의원들, 할로우 퍼슨(Harlow Person)이나 모리스 쿡(Morris Cook)과 같은 테일러 협회 (Taylor Society)의 진보적 지도자들

할은 인간의 필요를 충족시키는 데 최선을 다하는 것이다." Tomlins, *State and the Union*, p. 78.

[63] Steven Fraser, "Sidney Hillman: Labor's Machiavelli," *Labor Leaders in America*, Melvyn Dubofsky & Warren Van Tine, eds. (Urbana: University of Illinois Press, 1987), pp. 210-5.

[64] John Lewis은 그가 전국적인 지도자로 부상하기 전에 제1차 대전 기간 중 UMW의 통계관으로 있었다. Melvyn Dubofsky & Warren Van Tine, "John L. Lewis and the Triumph of Mass Production Unionism," *Labor Leaders in America*, p. 189, p. 193.

나아가서 프랭크프루터, 턱웰(Tugwell), 퍼킨스 같은 루즈벨트 측근의 경제정책결정자들과도 넓게 연결되어 있었다.[65] 이러한 새로운 노동계 지도자들은 공업 노동자들로 하여금 노동자계급을 조직해야한다는 아이디어를 발달시켰고 이러한 사람들의 경제 지식은 그들의 조직 활동과 정치인 그리고 전문적 국가관리들과의 협력 관계를 형성하는 데 중요한 자원이 되었다.

다른 한편에서는 1920년대부터 머스트(A. J. Muste), 사포스(David Saposs), 월만(Leo Wolman) 들의 급진 지식인들에 의하여 노동국회사(Labor Bureau Inc.)가 설립되었다. 그들은 노동운동에 "노조 평회원들을 위하여 직접 사용할 수 있도록 노조 지도자들의 손에 사실과 숫자의 무기를 쥐어준다는" 목적에서 회계 서비스와 자문을 제공하였다. 나아가서 그레이스 번함(Grace Burnham)이나 해리엣 실버만(Harriet Silverman) 같은 여성들은 같은 맥락에서 노동자건강국(Workers' Health Bureau)을 만들었다. 이 단체는 노조를 통한 노동자 건강진단을 제공한 것뿐만 아니라 과학적인 지식을 사용하여 의료 분야뿐만이 아니라 전반적인 사회개혁을 위한 운동에 참여하였다. 한마디로 그들은 정치와 의학의 융합을 시도하였다. 이러한 지식인들은 주로 유태인들이거나 사회적 소수(minorities)의 지위에 있던 사람들이었다. 그러나 이러한 지식인들의 활동은 과학 전문직(scientific profession)으로부터의 압력과 AFL 지도부와의 갈등 등으로 인하여 1920년대 말에 중단되고 말았다. 아직 이러한 시점에서 지식인들이 기존의 AFL의 전통적 노조주의와의 여러 차원의 갈등에서 존속하기는 힘들었던 것이다.[66]

1930년대에는 힐만이나 슈나이더만(Rose Schneiderman) 같은 지식인의 등장은 전통적인 AFL 노조주의에 대항하여 보편적 계급 조직을 건설하

---

[65] Fraser, "Sidney Hillman", pp. 216-9.
[66] Angela Nugent, "Organizing Trade Unions to Combat Disease: The Workers' Health Bureau, 1921-28," *Labor History* 26, No. 3 (Summer, 1985), pp. 423-46.

는 데 필요한 여러 인종적, 민족적, 성적 차별과 경계선을 타파하는 데 결정적으로 기여했다. 특히 월터 뤼터(Walter Reuther) 같은 사람은 지식인들에 의하여 존경받고 노조 측에서는 불신의 대상이 되었다. 새로운 세대의 지도자들이 보편적 계급노조를 건설하는 데 있어 지도부의 성격은 공동체 기반의 권위주의적인 성격에서 관료적 합리주의로 변화하게 되었다. 예를 들어 여러 상이한 민족 집단들 간에 노조 총회에서 영어가 공용어로 쓰이게 된 것도 이 무렵이었다.

뉴딜 시대는 후일 산업조직총회(Congress of Industrial Organization: CIO)로 이름을 바꾼 산업조직위원회 (Committee of Industrial Organization: CIO)의 등장과 함께 3백만에서 8백만 이상으로 조직화된 노동자계급의 극적인 증가를 목도하였다. "CIO 산하의 새로운 산업 노조들과 일부 AFL 산하의 산업분야들은 노동운동의 이질성을 상당히 확대시켰다. 이들 새로운 노조원들은 전통적 AFL 기능 노조 식의 유사한 기능과 인종에 근거한 자아의식이 아니라 어떤 특정 공장의 임금 노동자라는 지위에 대한 공통의 의식을 갖고 있었다." 또한 사회적으로 동질성이 강한 작은 도시에서는 AFL 노조들이 강했던 것과는 대조적으로 CIO 노조들은 동북부, 중서부 그리고 다소 태평양 연안의 대도시 지역에 집중되어 있었다. 1930년대 후반에 공업 노조들의 성장기에 외부적인 정치여건 또한 노동자들에게 조직에 대한 자신감을 주었다. 특히 1936년의 선거에서의 민주당의 대승은 노동조합 운동에 큰 힘이 되었다.[67]

데이빗 몬트고메리(David Montgomery)에 따르면 미국의 노동운동에서 가장 중요한 것은 작업통제(the control of work)의 문제였다는 것이

---

67 Greenstone, *Labor in American Politics*, pp. 41-8; Irving Bernstein, *The Turbulent Years: A History of the American Worker, 1933-1941* (Boston: Beacon, 1970); Milton Derber, "The New Deal and Labor," *The New Deal*, Vol. 1, pp. 110-32.

다.[68] 만약 이것이 사실이라면 미국의 노조들은 국가에 의하여 생산되고 있는 통계자료를 별로 사용하지 않았을 것이라는 추론이 가능하다. 설사 그들이 통계자료를 사용했다 하더라도 미국의 경우는 노조지도자들은 노동자계급의 형성에 별로 관심이 없으리라는 추론 또한 가능하다. 그러나 1930년대에 이르면 새로운 노동운동의 지도자들은 기술혁신과 작업 자동화를 지지하고 나아가서 케인즈 식의 경제 정책과 경제 계획을 지지하기도 하였다.[69] 뒤보프스키(Dubofsky)와 밴 타인(Van Tine)에 의하면 국가산업부흥법(National Industrial Recovery Act: NIRA)에 'Section 7a'를 삽입하게 된 것은 루즈벨트의 참모진과 협조했던 루이스와 그의 경제자문관의 결정적인 공로였다는 것이다.[70] 더구나 루즈벨트 만큼이나 루이스는 선전활동을 위해 대중매체(mass media)를 십분 활용하였다. 1940년 루이스가 공화당 대통령 후보 윌키(Wilkie)를 지지하기로 돌아선 것은 1938년과 1939년의 선거 결과들을 자세히 분석한 결과 공화당이 다시 복귀한다는 것을 발견하였기 때문이라는 것이다.[71] 우리는 이러한 역사적 과정에서 노동자계급 의식을 수반하는 CIO의 대량생산 노조주의의 대두와 새로운 세대의 노동 지도자들에 의한 과학적 지식의 활용 간에 밀접한 관계를 발견할 수 있다. 그러나 1930년대 중반까지 AFL은 전통적인 이념과 행태를 유지하고 있었다.[72]

---

[68] Montgomery, *Workers' Control in America*; James R. Green, *The World of the Worker: Labor in Twentieth-Century America* (New York: Knopf, 1980).

[69] Dubofsky & Van Tine, "John L. Lewis," & Fraser, "Sidney Hillman," *Labor Leaders in America*, pp. 185-206, pp. 211-12. AFL 노조와 CIO 노조 식의 작업통제에 있어서의 차이점에 관하여는 다음을 참조. Robert H. Zieger, "Toward the History of the CIO: A Bibliographical Report," *Labor History* 26, No. 4 (Fall, 1985), pp. 506-7.

[70] Dubofsky & Van Tine, "John L. Lewis," pp. 193-4.

[71] Ibid., pp. 201-2.

[72] Robert Zieger는 Lewis가 지도부에 도전을 제기했던 1935년의 AFL 총회장 모습을 다음과 같이 기술하고 있다. "보통 적어도 약 2주일 정도 걸리는데 AFL 총회는 술집이나 음식점 주인들이 잘 대접했다. 노조 사람들은 보통 술꾼들이고 팁도 많이 주는 사람들이 많았다. 노동 관계

미국에서는 노동자계급 조직들이 독자적인 정당으로 발전하지 못하였다. 그러나 1930년대를 통한 노동계의 민주당과 루즈벨트에 대한 지지는 사회조직으로서의 노동계의 전체적인 성격을 바꾸어놓았다. 특히 1930년대 후반 CIO의 정치적 개입은 괄목할 만한 것이었다.[73] 신세대 노동 지도자들이 독자적인 정치 세력으로 발전하려는 시도는 힐만에 의하여 조직된 노동비정당동맹(Labor's Non-Partisan League: LNPL)으로 대표되었다. 그러나 그 조직이 사회주의를 지향한 독립 정당을 창설할 결의를 갖고 있었는가는 확실치 않다. 그들은 계속 이전의 공화당과 민주당의 친구들에 대해 대단히 애매모호한 자세를 취하고 있었다. 결국은 제3당을 만들지도 모른다는 선택의 여지는 공화당, 민주당 양당에 대한 위협으로 사용하였던 것이다. 특히 CIO 정치행동위원회(Political Action Committee of CIO: PAC-CIO)는 독립된 정당을 만들기 위한 것이 아니라 기존의 양당 간에 경쟁을 붙여 이용하려는 의도에서 만들어진 것이었다. 그러한 과정에서 결국 제2차세계대전의 종전 무렵에는 "미국 역사상 최초로 기본 산업에 있는 보통 생산 노동자들은 노조 회원"이 되는 단계에 접어들게 되었다.[74]

그러나 미국 노동계의 이러한 발전에도 불구하고 심각한 취약점이 있었다. 새로운 경제·사회개혁 정책은 주로 학계, 사설 연구소 정부 등의 경제학자 행정관료 법률가 등을 포함하는 느슨하게 임시로 조직된 집단들에 의해 주로 만들어지고 있었다. 1930년대를 통하여 CIO로서는 존 루이스와 그의 UMW가 전문지식의 주요 공급자였다. CIO가 루이스와 광부연합의 손

기자들은 계획된 일정들에는 별로 신경을 쓰지 않지만 어떤 얘기의 실마리를 발견할지도 모르는 까십의 한편을 줏어 듣기 위해 끊이 없이 계속되는 카드놀이나 술판에 끝까지 신경을 곤두세우고 있었다." Robert H. Zieger, *American Workers, American Unions, 1920-1985* (Baltimore: The Johns Hopkins University Press, 1986), p. 43.

[73] Greenstone, *Labor in American Politics*, pp. 49-52.
[74] Montgomery, "To Study the People," p. 511.

아귀에서 자유로워지고 중앙화한 경제정책과 강령의 구상과 정비 그리고 그들 지도자들의 의회 증언을 준비하기 위한 CIO의 독자적인 연구부서를 만들게 된 것은 제2차대전이 발발한 이후였다.[75] 그러나 CIO의 연구 능력은 심히 제한되어 있었다.[76] 연구 기능 확대는 시도되었지만 당시 미국 사회에서 항상 이용 가능한 엄청난 수의 조직된 중산층 전문지식인들이 존재했다는 사실은 CIO로서 자신의 연구 기구를 확대 발전 시켜야할 급박한 동기를 약화시킨 결과를 초래하였다. 단체 협상에 직접 임하는 개별 노조들에도 독자적 연구기관은 별로 발달되어 있지 않은 상태였다. 사실 스스로의 연구 기관을 가진 미국의 노조는 별로 없었다. 이러한 제한된 연구 기능 때문에 미국의 큰 노조들의 서유럽의 노조들에 비해 고용주들과 더 장기적인 계약을 체결하는 경향이 있었다. 보통 약 3년에 이르는 계약 기간 때문에 임금 순응률의 일종인 생계비상승제(cost of living escalator: COLE)가 사용되었다. COLE는 미국에서 1950년대에 이르러서 계약 형태로서 확립되었다.[77] CIO 산하의 몇 개의 노조들 예를 들어 직물 노조, 통신 노조, 강철 노조, 자동차 노조 등은 어떠한 규모로든지 스스로의 연구 기구를 가지고 있었다.[78] 그러

---

[75] CIO로서는 당시 전문 참모진을 구성하는데 단체 협상보다는 국가정책 형성이 일차적인 관심이었다. 단체 협상은 중앙 기관이 아닌 하부 개별 노조들의 관심이었으며 당시는 전쟁 상황으로 인하여 단체 협상은 중요한 문제가 아니었다. Zieger, "Toward the History of the CIO," pp. 512-3. 이 논문에서의 Zieger의 주장은 노동역사가들은 CIO의 이러한 제도적인 측면에 관하여는 전혀 무관심했다는 것이다. 그런데 그가 토론하는 본문은 각주를 전혀 쓰지 않고 있으며 자료의 소재도 밝히지 않고 있다.

[76] Tomlins, *The State and the Union*, p. 317.

[77] Jacoby, "The Development of Cost-of-Living Escalators," pp. 515-33. 영국의 경우는 이러한 순응률제도는 1880년대까지 임금 계약에 널리 쓰였다. 그러나 1890년대에 이르러 노조들의 조직이 발달하자 그러한 제도는 노조의 행동의 자유를 억제하는 관계로 쓰이지 않게 되었고 대신 거중조정으로 대체되었다.

[78] Jack Barbash, *The Practice of Unionism* (New York: Harper & Brothers, 1956), pp. 276-81. 자동차노동자연합(United Automobile Workers: UAW)의 경우는 1946년부터 이듬해까지의 뤼터 투쟁(Reuther causes) 이후에 단체 협상을 위한 전문 참모진이 발달하였다

나 무엇보다도 놀라운 것은 프랑스나 영국의 경우와는 달리 그러한 노동계의 연구 활동을 위한 기관에 관한 역사가 누구에 의하여도 전혀 쓰여진 일이 없다는 사실이다.

일반적으로 사회·노동개혁의 결정적인 시기였던 뉴딜 시대에 미국의 노동계는 국가정책 수준에서 그들의 이해를 반영시킬 수 있는 전문지식이나 참모 등의 자원을 갖고 있지 못했다. 특히 1935년 사회보장법(Social Security Act)이 제정되고 그를 위한 행정기관이 확충되는 가운데도 의회의 보수 세력들은 계속 한발 한발씩 그들의 입지를 넓혀오는 반면 노동계는 그들의 이해를 의사 결정과정에 전혀 참여하지 못하였다.[79] 1930년대 말까지 새로운 CIO 노조이건 AFL 노조이건 간에 스스로의 회원들에 관한 신빙성 있는 통계를 갖고 있지 못했다.[80]

미국에서 우리가 보는 노동통계의 생산과 사용 간의 심한 불균형은 주로 국가권력의 성격의 계속적인 변화에서 유래하였다. 적어도 19세기말까지의 미국의 국가권력은 치밀하게 조직된 정당의 권력이 대신하였다. 20세기에 들어오면 정당의 지배를 상당 부분 특히 노동문제에 관하여는 법원이 대체하게 된다. 노동에 관한 국가 정책을 결정에 행정조직과 관료가 주된 책임을 맡은 것은 뉴딜 시기에 이르러서야 벌어진 일이었다. 이러한 국가권력의 성격이나 내용이 변화하는 상황에서 관리들이나 자본가계급이나 노동 조직이나 장기적인 시각에서 노동통계를 생산하고 활용한다는 것은 복잡하고 기구한 역사를 겪을 수밖에 없는 것이었다. 미국 노동계의 사회·정치적 지위 그

고 한다. 또한 연합철강노동자협회(United Steelworkers' Association)의 경우는 Philip Murray의 지도 하에 그때 그때 CIO 전문 참모진의 도움을 받았다. 저자 Barbash는 CIO의 연구분과(Research Department)의 참모를 오래 지낸 사람이었다. Zieger, "Toward the History of the CIO," pp. 512-4.

[79] Woytinsky, *Stormy Passage*, pp. 512-4.
[80] Zieger, *American Workers, American Unions*, p. 60.

리고 그들의 이념적 전략적 노선은 국가권력 변화에 대한 적응의 역사일 수밖에 없다. 보통 이러한 변화에 적응하는 데 주요 사회조직 가운데 노동계는 빠른 편에 속하지 못한다.

뉴딜 시기에 건설된 미국의 행정국가는 영국이나 프랑스의 행정 국가와 매우 달랐다. 미국의 관료 제도는 19세기말부터 발달해온 국가 밖의 민간 전문직들(professions)과 불가분의 관계를 맺고 있으며 어떤 의미에서 의존되어 있는 것이다. 미국의 노동 조직이 1930년대에 그들의 투쟁에 통계를 비롯한 전문지식을 이용하기 시작하였을 때 노동계는 이미 축적된 전문지식을 가진 중산계급 전문가 계층에 의하여 즉시 수용되었다. 노동계가 이렇듯이 쉽게 수용되자 그들은 정통적 공공 담론이나 여론에 그들의 항구적인 지위를 마련하고자 그들 스스로의 전문지식을 힘들여 발전시켜야할 급박한 필요성을 느끼지 않았던 것이다. 전문지식에 있어 노동계와 중산층 전문가 집단의 격차는 이미 극복할 수 없는 상태에 도달해 있었다. 더군다나 그들은 변화하는 경제 여건에 적응할 새로운 전략적 노선을 구상할 여력은 잔존하던 미국 노동계의 정당 정치나 법적 보호에 대한 낡은 이념으로 인하여 흩어질 수밖에 없었다. 뉴딜 주동자들은 노동자들의 조직된 힘에 강요되고 있었지만 노동자들 자신 또한 그들 스스로에게 강요받고 있던 사람들에게 의존되어 있었던 것이다. 미국 노동계의 민주당과의 밀월이나 프랭클린 루즈벨트의 신화는 모두 사실 미국 노동운동의 후진성을 대변하는 것이었다.[81]

뉴딜 시대에 자리 잡은 미국의 자유주의적 지식인들의 노동계에 대한 일반적인 지지는 제2차대전이 끝난 후에도 지속되었다. 태프트-하틀리법(Taft-Hartley Act)에 대항한 투쟁 과정에서는 자유주의와 노동계의 연합

---

81 Mike Davis, "The Barren Marriage of American Labour and the Democratic Party," *New Left Review* 124 (Nov-Dec, 1980), PP. 43-84.

전선은 견고했다. 지식인들과 노동계의 불화는 1950년대 말에 이르러서야 눈에 띠기 시작했으나 일단 불화가 나타나자 그것은 특정한 사건에 연유한 것이 아니라 뿌리 깊은 본질적인 문제였다는 사실을 피할 수 없었다.[82] 미국에서 과학적 사회지식을 독점하던 전문 사회과학계는 노동계와는 애초부터 별개였으며 그간 양부모의 노릇을 한 것에 불과했다. 마이클 캐진(Michael Kazin)이 지적하듯이 미국의 노동운동이 위기에 처하자 비로소 노동에 대한 사회과학 연구는 제철을 만난 듯 활기를 얻었다.[83]

---

[82] James R. Schlesinger, "Organized Labor and the Intellectuals," *Virginia Quarterly Review* 36 (Winter, 1960), pp. 36-45.
[83] Kazin, "Struggling with the Class Struggle," p. 498.

제5장

/

각국의 비교

1. 미국 예외주의와 지식국가

미국에서는 노동조직들의 노동통계를 위시한 과학적인 지식의 사용이 영국이나 프랑스의 경우보다 현저하게 낮은 수준이었다. 미국에서의 통계학이나 경제학의 연구는 사립대학과 각종 전문직협회(professional associations)들을 중심으로 조직된 중산층과 전문 학술인 층에 집중되어 있었다. 또한 이러한 전문협회조직들은 자본가계급의 후원에 의해 운영되고 있었다. 뉴딜시대에 이르러서는 와그너 상원의원을 필두로 정치가들은 의회에서 그들의 주장에 통계수치를 사용하기 시작하였다. 뉴딜시대 이후 제2차 세계대전 시기에 이르면 노동조직들에 의한 과학적 지식의 사용은 증가하였으나 기존의 격차를 해소할 수 있는 수준은 되지 못했다. 태프트-하틀리법이 의회에서 통과되었을 때 미국의 노동계의 지적 방어선이 취약했음이 여지없이 드러나고야 말았다.[1]

---

[1] Howell Harris는 다음과 같이 말한다. "노동운동 전반이 내다보지 못하고 있었던 것은, 일단 노조가 공공정책의 대리인이 되면 그의 목적이 노동자의 권익을 보호하기 위해서건 협상 능력을 '평등화'(equalization) 또는 여하한 와그너법의 자유주의적 목표를 위해서건 그들은 공공이해 (public interest)의 영향을 피할 수 없다는 것이었다. 따라서 그들은 계속적인 공공권력의 간섭을 받아야 했고 또 그들은 적절한 지적 방어선을 갖지 못하였고, 원하지 않는 방향으로의 진전

미국 노동 운동에서의 과학적 지식의 부재에는 이른바 반지성주의(anti-intellectualism)라는 문화적 요인 외에도 여러 가지 이유가 있었다. 첫째 민주주의 정치제도는 최초로 미국에서 확립되었으며 이러한 민주주의 제도는 노동자들의 이해를 이미 어느 정도 흡수하고 있었다. 19세기 말에 이미 미국 노동계는 정치적인 지위를 획득하고 있었다. 이후의 시기에도 노동자들의 이해관계의 정당성이 결정적인 문제로 등장한 적은 없었다. 미국의 정치가들은 이미 1880년대 ~ 1890년대에 선거운동에서 노동계를 동원해 왔다. 또한 전통적인 정당에 의한 지방, 주 및 연방 정부의 군소 관직 배분(Party Patronage)의 관행은 미국의 노동운동을 무력화하는 데에 지대한 기여를 했다. 일반적으로 노동운동의 등장 이전부터 강력한 조직력을 갖춘 양대 정당은 노동자계급의 독자적인 정치참여를 허락하지 않았다. 결국 미국의 노동자계급은 정당조직에 의해 비정치화(depoliticization) 된 채 사회적인 지위만을 부여받은 것이다. 제1차세계대전 이전의 시기에 미국의 노동조직은 국가권력에 도전한다든지 대중에게 직접 호소하는 전략을 사용할 필요가 없었다고 볼 수 있다.

둘째로 노동통계는 미국에서 세계 최초로 등장하였다. 미국에서 노동통계는 1870년대에 매사추세츠에서 그리고 1880년대에 연방정부에서 만들어지기 시작하였다. 그러나 미국의 노동통계는 서유럽 각국에 비해 그 내용에서 상당한 차이가 있었다. 영국에서의 노동통계의 발달이 미국의 캐롤 라이트의 영향이라 말하는 것은 명백한 과장이다. 초기 미국의 노동통계는 영국이나 프랑스의 것보다 훨씬 포괄적인 것이었다. 미국의 노동통계에는 일반적으로 사회통계나 도덕통계의 범주에 해당되는 음주와 이혼에 관한 통계까

을 반전시킬만한 독자적인 정치권력을 갖고 있지도 못했다." Harris, "Snares of Liberalism?" pp. 181-2.

지 포함하고 있었다. 결과적으로 미국의 초기 노동통계는 노동자들의 이해를 정당화해주는 한편, 동시에 그들의 도덕성의 문제를 제기함으로서 그들의 이해의 정당성을 파괴하고 있었던 것이다. 이러한 통계 내용의 구성은 미국의 노동 지도자들이 통계를 적극적으로 활용하지 않았던 중요한 이유라고 할 수 있다.

셋째 인종과 이민의 문제는 노동조직들이 과학적 사회지식을 사용하는 데 심각한 걸림돌이었다. 미국 사회에서 인종의 언어는 특히 노동의 문제와 복잡하게 얽혀있는 것이었다. 첫째 이민의 문제는 조직된 노동계의 이해와 직접 연관되어 있었다. 갓 이민온 노동자들은 파업시 대체노동력으로 투입되곤 했으며 노동 지도자들은 그러한 "검은 다리"(black-legs)의 공급과 투쟁하기 위해 연방정부의 노동행정에 참여하고 이민 문제에 직접 관여하게 되었다. 결국 정부 정책 차원에서 이민문제는 노동의 여타 문제를 완전히 압도하고 말았다. 그러한 이유에서 정부의 노동행정은 조직화된 노동계의 단기적 이해의 대리인으로 보여지게 되었고 이로 인해 노동행정은 국가의 다른 행정 기관으로부터 소외당하는 결과를 초래하게 되었다. 나아가서 새로 들어온 이민들의 도시 주거환경의 문제는 중산층 사회개혁가들과 사회과학자들의 중요 관심사였다.[2] 사회과학자들과 사회개혁가들의 그러한 이민과 그들의 가난에 대한 관심은 노동계가 중산층 지식인들과의 연합에 등을 돌리게 된 또 하나의 이유였다.

마지막으로 미국 지식인들은 특이한 조건에 처해있었다. 19세기 후반부터 전개된 전문화운동(professionalist movement)은 지식인들로 하여금 노동운동에 동참하지 못하도록 억제하는 경향이 있었다. 미국의 사회과학

---

[2] Davis, *Spearheads for Reform*; John Higham, *Strangers in the Land: Patterns of American Nativism, 1860-1925*, 2nd ed. (New Brunswick: Rutgers University Press, 1988).

은 서유럽의 경우보다 강한 '과학주의'(scientism) 이념에 사로잡혀 있었다. 미국의 사회과학 연구와 노동통계는 그 방법론의 수준에서 서유럽 나라들보다 높은 수준이었다.[3] 또한 전문학계 형성의 초기 단계에 우익(右翼)의 통제는 상당히 억압적이었다. 친노동적 성향이 있는 사회과학자들은 대학 당국에 의해 노골적인 제재를 당하기도 했다. 그러한 이념 통제는 주로 과학적 방법론의 기준에 의해 정당화되었다. 이러한 양태들은 사회 전반과 사회과학 전문지식의 관계를 통제하기 위한 것이었으며 후자는 노동자계급의 이해보다는 자본가계급의 이해를 선호하는 경향이 뚜렷했다. 나아가서 19세기 중반까지 대부분의 미국 지식인들은 서유럽 대학에서 공부한 사람들이었다. 1890년대부터 사립대학 중심의 대학개혁운동은 미국식 고등교육 제도를 성립시켰고 이는 자본가계급의 노동계에 대한 이념적 반격이었다. 결국 이러한 일련의 개혁운동의 결과로서의 미국 전문사회과학은 1920년대에 들어서면 자본가들로부터 상대적으로 자율적인 제도로 발전하게 되었다.

미국의 노동계가 노동통계 및 기타 과학적 지식을 충분하게 활용하지 못한 결과로서 출발점에서 상대적으로 높은 노동계의 사회·정치적 지위에도 불구하고 그들 이해의 사회·정치적 정통성은 시간이 흐를수록 저하되었다. 이와는 반대로 중산층과 자본가 조직들은 과학적 지식을 독점하고 경제적 통계지식을 대규모로 생산하고 활용하였으며 결과적으로 그들 이해의 사회적 지위는 상승하게 되었다. 많은 노동계의 사회개혁에 관심 있는 지도자들은 스스로의 조직을 만들기보다는 고용주들의 사회개혁조직에 동참하는 길을 택하게 되었다. 사회의 보편적 이해(universal interest)에 대한 정의는 거의 자본가계급의 관점에서 결정되었다. 뉴딜 이후에 팽창한 CIO는 자

---

3 Martin Bulmer, "Science, Theory and Values in Social Research on Poverty: The United States and Britain," *Comparative Social Research* 6 (1983), pp. 353-69; Bannister, *Sociology and Scientism*.

신의 연구 기관 설립을 추진하였지만 결국 그 발전은 제한적일 수밖에 없었다. 뉴딜시대의 노동계의 특권적 지위는 결국 일장춘몽이었다. 1938년부터 시작된 노동계에 대한 공세에서 중산층과 자본가계급의 헤게모니는 유감없이 발휘되었다. 나아가서 1880년대의 노동기사단은 광범위한 사회·경제개혁에 관심을 가졌던데 반하여 20세기 이후의 노동계는 그들의 '직업적인 문제'(occupational problems)에만 몰두해 있었다. 서유럽의 노동조직들은 합리적인 사회·경제정책의 개발과 함께 광범위한 계급적 성격을 갖게 된 반면 미국의 AFL을 위시한 주요 노동 조직들은 그들의 기능집단적 이념을 추구해 나갔을 뿐이었다.

미국의 지식국가의 정치형태의 가장 중요한 특징은 과학적 지식이 자본가계급의 지지를 받는 중산층 위주의 전문직(profession)에 집중되어있다는 것이다. 미국의 경우 국가기관과 더불어 사립대학들과 연구기관들이 사회·경제이론 외에도 상당한 양의 사회·경제통계를 직접 생산하고 있다는 것은 특이한 측면이라 할 수 있다. 그러한 국가기관 바깥의 사적 기관이 생산하는 지식의 지위는 그들의 높은 수준의 과학적 방법론으로 보상하고 있다고 할 수 있다. 또한 노동 조직들은 그러한 전문지식 생산에 영향력을 발휘할 수 있는 여지는 전혀 없는 것이 미국의 현실이었다. 사실 통계는 노동자계급 이해의 타당성을 객관적으로 측정하는 거짓말 탐지기의 기능을 하고 있다고 해도 과언이 아니다. 미국의 경우 노동계는 사회계급이라기보다는 "조건부 정통성"(conditional legitimacy)만을 갖는 '이익집단'(interest group)에 속하며 이러한 유형의 집단 형성은 미국의 지식국가의 특이한 정치 구조를 이루고 있다. 라이트 밀즈(C. Wright Mills)에 따르면 미국의 노동조합들은 미국 정치에 독립 변수가 되지 못한다.[4] 미국의 국가는 노동자계

---

[4] C. Wright Mills, *The Power Elite* (New York: Oxford University Press, 1956), pp.

급의 이해를 대변할 수 있으며 그러한 의미에서 자율성을 갖는다. 그러나 대표되는 그들의 이해는 전문 지식체계에 의해 뒷받침되어 정의되는 바의 사회의 보편적 이해의 범위에서 결정될 수밖에 없다.

미국 노동계의 일반적 성격에 관해서는 다른 시각과 이미지를 갖는 몇 가지 상이한 이론적 틀이 존재한다. 첫번째 이론은 노동계는 노동조합 회원들의 물질적인 이해를 대표한다는 것이다. 이 이론은 위스컨신 학파(Wisconsin School)에 의해 처음으로 확립되어 셀릭 펄만(Selig Perlman)에 의하여 제시되었고 미국 사회과학의 주류인 다원주의(pluralism)로 발전하였다.[5] 이러한 이익집단적 시각에 반하여 데이빗 그린스톤(J. David Greenstone)은 미국의 노동계는 적어도 2차대전 이후의 시기에는 서유럽 스타일의 사회민주주의 정당으로 발전했다는 것이다.[6] 한편 마르크스주의자들의 견해는 미국의 경우는 노동자계급 형성이 낙후된 예외적인 경우라는 것이다.[7] 최근 들어 지배적인 이론으로는 데이빗 몬트고메리(David Montgomery)의 시각이 있다. 그는 미국 노동계의 가장 일관된 이해는 작업통제(work control)라고 주장하고 있다. 주로 뉴딜 이전 시기에 초점을 맞추어 그는 미국의 노동을 수공업자 조직(craft organization)의 유형으로 파악하고 있다.[8] 이러한 상이한 이론들은 사실 미국 노동계의 모호한 성격을 반영하고 있으며 그러한 의미에서 모두 일편의 진실을 갖고 있다고 할 수 있다.

미국 노동계가 이익집단이라 하기에는 서유럽의 노동자계급을 닮은 점이

263-5; Tomlins, *State and the Union*, pp. 317-9.
5   Selig Perlman, *A Theory of Labor Movement* (New York, 1968, originally in 1928).
6   Greenstone, *Labor in American Politics*.
7   Mike Davis, *Prisoners of the American Dream: Politics and Economy in the History of the U. S. Working Class* (London: Oxford University Press, 1986). Ira Katznelson & Aristide R. Zolberg, eds., *Working Class Formation* (Princeton: Princeton University Press, 1986).
8   Montgomery, *Worker's Control in America*.

많다면 분명히 미국 예외주의라는 말이 성립된다. 이에 대해서는 역사가들이 제시하는 몇 가지 설명이 있다. 첫 번째로 지적되는 요소는 당시 국가권력을 잡고 있던 루즈벨트와 뉴딜 주도세력들의 지도력의 성격과 그들의 관직 분배 (patronage)의 문제이다. 두 번째 요소는 특히 대공황 시대의 노동자계급 내의 객관적 여건이다. 노동자계급 저변의 투쟁주의(militantism)는 새로운 공업 노조와 CIO의 등장에서 대단히 중요한 요소였다.[9] 셋째 요소는 둘째와 관련되어 고용주들과 국가권력이다. 미국의 억압적 국가권력은 법원과 간혹은 관료들로 대변된다. 즉 국가권력은 노동자계급을 탄압하였고 현재의 애매모호한 형태로 노동자계급을 길들였다는 것이다.[10]

우선 마르크스주의자들의 노동자계급과 계급형성이론에 관해서는 이 글의 마지막 부분에서 심도 있게 다루려고 한다. 무엇보다 흥미로운 것은 앞서 지적한 바 있는 두 개의 요소, 즉 루즈벨트라는 지도자의 문제와 "억압적 법원국가"(repressive court state)는 미국 사회에서의 국가성격 문제의 복잡성을 잘 보여주고 있다는 점이다. 즉 국가의 민주주의적인 부분은 미국의 노동 지도자들에게 오랫동안 희망을 주어 왔으며 이러한 루즈벨트 이론은 깊은 뿌리를 갖고 있다. 그러나 위에서 지적하듯이 루즈벨트 자신은 특별히 친노동적 성향은 없는 사람이었다. 차라리 그의 정치적인 입장은 당시에 크게 팽창하던 노동자조직의 힘에 밀린 상태라 보아야 할 것이다. 특히 존 루이스 같은 노동 지도자들은 노동자들을 조직하는 데 루즈벨트 개인의 카리스마를 이용한 측면도 있다. 1940년에 루이스는 루즈벨트와 결별하게 된다. 아마 많은 노동자들에게는 그들의 조직에서 루즈벨트는 진정으로 중요한 존재였는지도 모른다. 어쨌든 루즈벨트의 카리스마는 노동 지도자들의 조직전술에

---

9 Staughton Lynd, "The Possibility of Radicalism in the Early 1930s: The Case of Steel," *Radical America* 6 (Nov-Dec, 1972), pp. 37-64.
10 Tomlins, *State and the Labor*, pp. 317-28.

대단히 중요한 부분이었던 것은 확실하다. 정당정치적 차원에 관한 한 마틴 쉐프터(Martin Shefter)의 고도로 섬세한 이론이 뉴딜 시기에도 상당한 설득력을 갖는다. 어쨌든 뉴딜 시대의 미국의 국가는 정당국가라는 측면만으로 볼 수는 없다. 이미 정당 외에도 법원 특히 관료주의의 발달로 상당히 복잡한 양상이었다. 1890년대부터 미국의 법원은 보수적이었으며 노동문제에 관하여는 대단히 억압적이었다. 그러나 그러한 면이 모든 것을 말해줄 수는 없다. 뉴딜의 후반에 이르면 법원은 단순한 억압에서 입장을 바꾸어 대단히 세련된 차별적이고 합리적인 정책으로 전환되었다.

결국 우리가 미국 국가의 문제를 다루는 데는 미국의 여러 국가기관, 의회, 법원 그리고 행정부를 망라하는 국가 관리계급 또는 지배계급 전반의 입장을 고려해야 하는 것이다. 뉴딜 시대의 주요한 변화는 미국의 국가관리계급이 합리적인 노동정책을 만들어내기 시작했다는 것이다. 직설적으로 노조타파를 주장하던 정치가, 행정가나 사업가의 수는 현저하게 줄어들었고 당시 노동문제에 관한 공공 언어의 주제는 1920년대에 등장한 용어인 "책임 있는 노조"(responsible unions)라는 말로 대변되었다. 그 어의는 다음과 같은 것이다. 즉 노조의 조직, 단체협상 및 파업의 권리들은 국가 경제에 도움이 된다는 조건하에서 보장되어야 한다는 것이다. 이것이 와그너 및 자유주의자들의 기본 입장이었다. 이러한 그들의 입장은 구태의연한 온정주의나 조합주의적인 언어나 전통적인 자연권주의적 입장과는 다른 것이었다. 말하자면 그것은 경제통계적 분석들을 사용한 고도의 합리적인 입장이었던 것이다. 또한 그러한 주장은 루즈벨트, 법조계, 행정 관리 등의 인물들이 각종 통계자료 등과 친숙하고 국가 경제가 친노동적인 입법을 통해서 향상되리라는 신념을 통해서만 설득력을 가질 수 있었다. 최소한 경제가 그러한 입법으로 악화되지는 않으리라는 신념은 필수적인 것이었다. 그러나 루즈벨트와 와그너가 정치 무대에서 사라졌을 때는 미국의 노동계는 자체 힘만으로는 그러한 논법의 설득력을 유지하지 못하였다. 양 정치가들의 존재는 국면적 또는 우연적인 존재였으나 결과적으로는 구조적인 효과를 가져왔으며 그러한 의미에서 필수적인 요소라 볼 수도 있다. 그러나 개인적인 요소보다는 그들 활동의 무대이자 도구였던 구조적, 제도적인 조건들이 더욱 중요했다고 보아야 한다.

미국의 노동자계급의 도전을 길들인 것으로 보이는 국가의 노동정책은 노동자계급의 생활조건과 경제에 관한 통계의 발달 없이는 도저히 불가능한 일이었다. 보다 큰 틀에서 말하면 통계의 발전상태는 새로운 노동정책 출현의 필요조건이었으며 여러 다른 시기에 기능한 정책의 범위를 결정짓는 구조적인 조건이었다. 뉴딜시기에 미국에서는 노동통계가 즉시 사용가능한 거리에 있었고 역사가들은 그러한 새로운 사실을 당연한 것으로 받아들이고 있다. 노동통계의 발달은 특정시기에 나타난 독특한 역사적인 현상이며 그의 발전은 합리적인 국가정책의 요구에 따라 가속적으로 이루어진 것이다.

대공황 시절에 미국의 노동계가 통계적 도구들을 사용하자 그들의 지도자들에게 강력한 계급조직을 창조할 수 있는 전략적, 전술적인 가능성이 열리게 되었다. 통계란 그들에게 조직의 관리를 위한 유용한 도구일 뿐만아니라 수백만의 잠재적 노조원들, 이를테면 노동자계급 전체에 대한 조감도를 제시했던 것이다. 다른 여러 분야의 이해관계를 조정하고 타협하는 것뿐만이 아니라 노동자계급의 이해를 창출해 내는데 있어 통계는 필수불가결의 수단이었다. 그러나 미국의 노동조직들이 기존의 다른 계급에서 만든 통계를 가지고 기존의 사회적, 계급적인 편견을 불식시킬만한 강력한 합리적 대안을 제시할 능력을 가질 수 없었다는 것은 미국의 노동자계급 형성에 장애가 되었다.

미국의 노동지도자들은 전문적인 지식인들과 연대하기를 원하지 않았고 또한 미숙련공들과의 연합도 원치 않았다. 흔히 말하는 미국 노동계의 반지성주의는 기존의 노동지도자들이 지성적이 아니었다는 뜻이 아니라, 그들 자신들의 지성만을 믿었다는 것이다. 미국의 노동자들은 그들의 매일 매일의 일에 쓰이는 소외되지 않는 지식의 소유자로서 조직되어 있었다는 뜻이다. 그런 의미에서 그들 개개인의 일과 그들의 조직활동은 분리하기 어려운 것이었다. 결국 그들의 반지성주의는 그들의 지성이나 지식으로서 그들 스스로의 운명을 개선할 수 있다는 적극적인 믿음을 뜻하는 것이다.[11] 그렇듯이 그들의 전통적인 직종 노조(craft unions)는 노동자들의 즉각적인 조건과 관점으로서 조직되어 있었다. 그들은 스스로의 물리적인 위치를 넘는 조감도를 갖고 있지 않았고 그러한 이유에서 그들은 인종문제, 성문제 그리고 노조의 관할권 문제들을 초월할 수 없었던 것이다. 현재의 관점에서 보면 이상하게 보일지 모르지만 그들은 나름대로 다른 계급의 지식의 도입에 적극적으로 반대하는 일관된 원리에 근거하고 있었다고 말할 수 있다.

그러나 노동지도자들이 그들 조직을 위하여 전문지식을 필요로 하였을 때 그러한 지식은 이미 1930년대에 상당히 발달되어 즉시 사용할 수 있는 상황이었다. 결국 미국의 노동계는 그들의 하루하루 일과 관련이 없는 전문지식을 스스로 개발할 필요를 느끼지 못했다. 그 결과, 미국 노동자들은 계급으로 자리잡지 못하고 말았다. 노동계와 중산층간의 전문지식 분야에서의 불균형은 이미 극복할 수 없는 단계에 이르렀다. 비록 미국의 많은 노동자들이 이제는 스스로를 계급으로 이해하고 있다고 해도 당분간은 실제로 계급으로 형성되기는 어렵다고 판단할 수밖에 없다. 미국에는 노동자계급의 "class in-itself"와 "class for-itself"의 격차가 상존하고 있다.

---

11 Schlesinger, "Organized Labor and the Intellectuals," pp. 43-4.

2. 계급정치로의 길

앞에서 토론한 이론적 틀 내의 공통점 외에 영국과 프랑스의 경우에는 명백한 차이점들이 발견된다. 일반적으로 영국의 경우를 노동자계급의 국가권력에의 흡수(incorporation of the working class into the state power)라고 말할 수 있다면 프랑스의 경우는 계급투쟁의 합리화(rationalization of class struggle)라고 특징지을 수 있다. 각각의 경우 출발점에서의 여러 조건이 달랐고 따라서 과정과 결과도 다를 수밖에 없었다. 프랑스의 경우 계급간의 적대감은 대단히 높았고 노동자들은 잘 조직되지 못한 상태였다. 그리하여 정치 행위자로서의 프랑스의 노동자계급은 하부보다는 상부가 발달한 형태이며 통합되지 못하고 분리되었다. 또, 노동자계급의 투쟁은 그들의 소득(income)을 높인다는 목표에 집중되어 있었다. 이에 비해 영국의 경우 노동조합은 이미 상당한 수준으로 발달되어 있었지만 프랑스에 비해 계급간의 적대감은 높은 편이 아니었다. 영국의 노동자계급은 하부에서 발달한 형태로 통일되어 형성되었으며 고용(employment)의 문제가 주된 관심사였다.

영국의 경우 노동통계는 주로 노동자들의 즉각적인 조건에 연관된 실질적인 목적으로 노동지도자, 사회개혁주의자 그리고 정부 관리들에 의해 사용되어 왔으며 1890년대부터 통계는 단체협상 과정에서 사용되기 시작하였다. 세기말부터는 개혁주의자와 국가 관리들은 노동문제 해결에 통계를 대량으로 사용하기 시작하였고 노동지도자들도 뒤를 따르게 되었다. 제1차세계대전 이후에는 TUC, 노동당 그리고 고용주 조직들도 통계와 경제학을 사용하였다. 1930년대에 이르면 TUC는 실효성 있는 경제정책을 고안해내기 위해 통계와 경제학을 광범위하게 사용하였다. 노동계로서는 노동통계의 사용은 국가권력과 협조하기 위한 방편이었다. 20세기 초부터 영국의 국가권력은 노동자계급 형성과정에 개혁을 통해서건 억압을 통해서건 개입하는 데 있어 정책결정에 통계를 사용하였다. 결국 국가는 이리하여 노동자계급 내에 TUC의 지배와 계급의 대표성을 유지하는 데 결정적인 공헌을 하게 되었다. 합리적인 국가정책이란 두 개의 정책목표 즉 온건파를 강화시키고 과격파를 억압하는 것이었고 이를 달성하는 데 있어 통계지식은 핵심 수단이었다.

프랑스의 경우와 비교하면 영국 지식인들의 노동운동에의 동참의 정도는 낮았다고 볼 수 있다. 영국의 지식인들이 노동조직들은 도와주었다면 프랑스의 지식인들은 그들을 이끌었다고 말할 수 있다. 영국의 경우 그러한 지식인의 역할을 일관되게 한 집단은 페이비안들밖에 없었다. 제1차세계대전 종전 이후에 이르러서야 주요 사회주의 지식인의 집단이 나타나며 노동계 정치인의 구성과 스타일이 현대의 모습으로 등장하였다. 1930년대에 이르면 영국의 최고 수준의 지식인들이 대거 노동운동에 동참하였고 특히 공산주의에 많은 수가 가담하였다. 하지만 영국에서는 통계라는 과학적 지식은 어떤 종류의 과격주의와도 연관되어 있지 않았다. 많은 역사가들은 영국 노동계의 유약함과 창조적 능력의 결여를 노동계의 구조로서 지식인 참여의 부족, 그리고 역으로 "노동주의"(labourism)로 인한 '하부 비대'(bottom-heaviness) 등으로 설명해왔다.

프랑스에서는 노동자계급의 형성은 지식인들에 의한 노동통계의 사용과 긴밀하게 연관되어 있었다. 노동통계는 제1차세계대전 이전부터 마르크스주의자, 아나키스트 그리고 혁명적 생디칼리스트 등에 의해 공통적으로 혁명운동에 사용되었다. 그것은 주로 기존의 높은 수준의 계급 간의 적대감과 노동자들의 조직력 부족 등에 기인한 것이었다. 앞에서 언급한 혁명주의 집단들에게 노동통계와 과학적 지식은 노동자계급의 힘과 사회주의 이상향의 궁극적인 상징이었다. 그러나 대다수의 자유주의, 사회주의 지식인들은 과학적 통계 지식에 근거한 사회개혁을 부르짖고 있었다. 제한된 정도로나

마 광부들과 같은 일부의 노동자들 또한 통계를 사용하고 있었다. 일반적으로 통계의 사용은 사회주의와 공산주의 선전 그리고 노동자 권리의 옹호 수준에 집중되어 있었다. 크게 보면 통계는 자본주의에 대항하는 헤아릴 수 없이 많은 사회주의 그리고 노동운동의 분파들에서 공통적으로 제기되는 상징이었다. 반면에 높은 수준의 계급적 적대감 그리고 노동통계와 연관된 혁명적 선동으로 인해 정부 관리나 기성학계와 같은 보수적인 집단들은 통계의 사용이나 사회 개혁의 문제에 소극적인 자세를 취하게 되었다. 결국 프랑스 노동계의 고질적 구조라 할 수 있는 낮은 수준의 조직화와 그들의 분열된 구조는 노동자들의 조건과 조직 향상을 위한 개혁 입법의 지연에 그 원인이 있었던 것이다. 프랑스에서 "노동자계급"이 대중적인 기반을 갖추어 등장하고 노조들이 국가정책 입안에 발언권을 비로소 갖게 된 것은 1936년 이후의 일이었다. 프랑스는 지식인들에 의한 통계와 과학적 언어의 사용이 "노동자계급의 이해"를 만들어낸 전형적인 경우라 할 수 있을 것이다. '상부비대형'(top-heaviness) 구조는 그러한 과정의 결과였다.

20세기에 들어서면 노동통계의 발달과 사용은 노동운동과 사회주의에 심오한 영향을 미치게 되었다. 첫째 노동자계급의 경제 조건에 관한 통계적인 분석으로 인하여 이른바 "임금의 철칙"(iron law of wages)은 단적으로 부정되었다. 이러한 이론상의 변화는 다시 혁명적 생디칼리즘의 중추인 총파업(General Strike)의 이론을 붕괴시키고 말았다. 이러한 변화는 다시 1910년대의 과격한 노조 투쟁의 파고를 몰고 왔다. 나아가서 이 시기의 이른바 '비싼 생활 위기(crise de vie chère)'는 노동운동 내에서의 통계수치의 실질적 사용을 크게 확대시켰다. 위에서 토론한 바와 같이 제1차세계대전 직전에 이르면 계속적으로 증가하는 그들의 통계와 경제학의 사용은 노동 지도자들로 하여금 자본주의의 논리를 수용하도록 하는 결과를 초래하였다. 말하자면 혁명주의자들은 개혁주의자로 변신하였다. 제1차세계대전 이후에는 노사협의, 경제정책결정 그리고 경제계획 등의 장에서 사회주의자나 노조간부들에 의한 노동통계의 사용이 더욱더 실질적이 되어갔다. 이 시기에 이르면 혁명주의자는 소수에 불과하게 되었다.

프랑스의 국가기관에서는 1890년대부터 노동통계를 생산하기 시작하였다. 그러나 국가기관은 사회·경제개혁과 연관하여 통계를 광범위하게 사용하지는 않았다. 이러한 모순적 측면은 프랑스에서의 계급투쟁의 자율적인 합리화 과정의 결정적인 요인이 되었다. 프랑스에서 적극적인 사회개혁과 노동자계급 조직과의 협력은 1936년 이전에는 별로 이루어지지 못하였다. 프랑스에서 지식국가는 제2차세계대전 이후에야 본격적으로 확립되었다고 말할 수도 있다.

영국과 프랑스는 모두 노동자계급의 이해가 대표되는 개혁주의 정치가 나타나게 되었다. 그러나 이 두 나라는 노동자계급 형성의 과정에서 서로 다른 길을 걸었던 관계로 계급정치의 성격 또한 달라질 수밖에 없었다. 영국에서 노동자계급의 흡수과정은 고용(employment)의 문제를 계급정치의 중심적인 문제로 만들었다. 이에 비해, 프랑스에서의 중심 문제로서의 소득(income)의 문제는 계급투쟁의 합리화의 과정을 투영하고 있었다.

영국에서는 1880년대까지 런던지역에서 급속히 팽창하는 폭동의 문제로 중산층 사회개혁가들이 노동자계급의 중심 문제로서 실업의 문제를 제기하였다. 전술한 바와 같이, 이러한 문제 제기는 임시노동자(casual workers)를 사회의 위험 요소로 간주하고 있었다는 사실을 표현한다. 통상청은 실업에 관한 통계를 수집하는데 주력하였다. 초기 통계의 주요 원천은 대규모 노조와 실업수당 제도를 갖춘 상조회(friendly societies)들이었고 부두 노동자나 여타 노동자계급의 주변부에 관한 통계 자료는 믿을만한 수준이 되지 못하였다. 게다가 실업은 1930년대까지 정기적인 전국 인구조사의 항목에 포함되지 않았다. 결국 영국 정부는 경제 상황에 대한 지표로서 노조의 통계에 의존하게 되고, 이러한 사실은 노동계의 취업에 관한 요구를 장기적으로 지원해주는 결과를 낳았다.

1880년대부터 영국의 노동계 지도자와 사회주의자들은 8시간노동제와 노동권을 강력히 요구해 왔다. 그들은 투쟁에서 전략적으로 실업의 문제를 이용하였다. 즉 실업의 문제는 8시간제와 공공사업의 확장으로 해결할 수 있다고 주장하여 사안을 연결시켜온 것이다. 1911년 실업보험제도가 창설될 무렵에는 노동계 지도자들은 정부 관리들과 사회개혁가들이 정의한 바의 실업의 문제를 전적으로 수용하고 있었다. 1920년 이후부터는 실업의 문제는 공공 토론의 주제가 되었고 국가는 오랫동안 추진해 오던 노동력 정착화 정책(decasualization policy)을 중단하게 되었다. 1930년대에 TUC는 케인즈 식의 경제 정책을 제안하게 되었다. 영국에서 사회·노동문제의 정치에서 실업 문제의 중요성은 그들의 노동자계급 형성 과정의 결과라 할 수 있다. 1930년대에 이르면 영국에서 고용의 문제는 노동자계급 이해의 핵심을 형성하였다.

프랑스의 경우는 소득의 문제가 사회주의 정치의 핵심이었다. 1930년대까지 실업의 문제에는 별다른 관심을 기울이지 않았고 실업에 관한 한 통계 발달도 미미한 상태였다.[12] 여기에서 임금(wage)의 문제와 소득(income)의 문제는 아주 다른 성격을 지닌다는 것이 강조되어야 한다. 노동자들이 임금의 문제는 즉각적으로 스스로 제기할 수 있지만 소득의 문제는 생계비(cost of living)와 구매력(purchasing power) 등 대단히 복잡한 통계적 계산을 거치지 않고는 밝힐 수 없는 지수이기 때문이다. 통계는 결국 소득, 생계비

---

[12] 프랑스에는 두개의 실업에 관한 법이 있었다. 1904년의 입법에 의하여 시 당국은 직업소개소를 설치하게 되었고 1905년에는 상조회 (mutual aid societies)의 실업 구제 기금은 일정 조건하에서 정부의 지원을 받게 되었다. 이러한 조치들은 실업의 문제에 이렇다할 성과를 거두지 못했다. Luciani, "Chômage au XXIXe si cle en France," pp. 295-310.

그리고 구매력의 문제를 제기하는 데 필수불가결의 수단이 되는 것이다.

프랑스의 노동자계급 형성의 시각에서 보면 소득과 구매력의 문제는 단순한 임금의 문제보다 몇 가지 중요한 전략적 장점을 갖고 있었다. 첫째 1910년대 사회주의에 대한 정치적 지지가 급등하던 시점에서 전술한 바 있는 물가상승의 문제는 공공 토론과 격렬한 노동자계급 투쟁의 핵심적인 문제였다. 둘째 이러한 물가문제는 중산층의 이해와 공유되는 부분이었다. 셋째 같은 맥락에서 생활수준의 문제는 사회주의 운동을 이전부터 이미 국가적으로 민감한 인구(population) 문제 그리고 출산(natalité) 문제와 연관시키게 되었다. 1904년에는 사회보건연맹(Alliance d'hygiène social)이 창설되었다. 연맹의 회원은 보수적인 사회공학자들로부터 사회주의자들에 이르는 광범위한 사회·노동개혁 집단을 포함하고 있었다.[13] 이러한 사회정치적 여건과 사용가능한 통계의 조건 등에 따라 1930년대까지 소득의 문제는 프랑스 사회주의의 중심적인 이슈가 되었다.

결국 프랑스의 사회주의자들에게 소득의 문제는 자본가계급과 국가권력에 대항하여 노동자계급이 여타 사회계급들과 연합할 수 있는 합리적인 수단이었다. 이러한 의미에서 그러한 이슈는 인민전선(Front populaire)의 촉매였던 것이다. 실제로 프랑스에서는 가족보조금 등의 여타 인구보호에 관

---

[13] 이미 이전에도 1877년에 설립된 Société protectrice de l'enfance de Reims 그리고 1884년에 창설된 Bureau d'hygi ne d'Amien은 이미 출생, 사산, 결혼, 질병 (특히 결핵) 사망 등에 관한 주간 통계를 출판하고 있었다. Elwitt, *Third Republic Defended*, pp. 143-4; Teitlebaum & Winter, *Fear of Population Decline*; Bernard-Pierre L cuyer, "Les Maladie professionnelles dans les 〈Annales d'hygiène publique et de médecine légale〉 ou une première approache de l'usure au travail," *Le Mouvement social* 124 (July-Sept, 1983), pp. 45-69; Andr Armangaud, "Mouvement ouvrier et néomalthusianisme au d but du XXe siècle," *Annales de démographie historique* 1966 (Paris: Sirey, 1967); Francis Ronsin, "La Class ouvrière et le néomalthusianisme: l'éxemple français avant 1914," *Le Mouvement social* 106 (Jan-March, 1979), pp. 85-117.

한 개혁은 다른 서유럽 국가들보다 일찍 실현되었다.[14] 나아가서 프랑스의 경우는 인구나 경제 일반 등에 관한 연관된 부분의 통계도 노동통계 못지않게 노동운동이나 사회주의 운동에 중요한 기반을 제공한다는 것을 보여주고 있다. 결국 노동통계라는 것은 국가가 생산하는 사회·경제에 대한 방대한 통계의 한 부분에 불과한 것이다.

영국과 프랑스에서의 노동자계급의 제도화의 문제는 단연 마르크스주의 이론의 틀로 설명되어왔다. 노동자계급 형성에 관한 마르크스주의 이론은 이 글의 마지막 부분에서 충분히 토론될 것이다. 그 외에도 역사가들은 노동자계급 형성에 대하여 몇 가지 요인들을 특정 국가에 대하여 제기하고 있다. 영국의 경우에 대하여 일부 역사가들은 선거권의 확장 특히 제4차 선거법 개정을 노동당의 등장에 결정적인 요인으로 제기하고 있다.[15] 그러나 몇 년 후 이에 대하여 덩컨 태너(Duncan Tanner)는 반론을 제기하였다.[16] 그의 주장은 노동자계급 유권자의 비율은 제4차 선거법 개정에 의하여 크게 변화하지 않았다는 것이다. 이전의 선거법은 오히려 독신자들에게 차별적이었다는 것이다. 노동자계급의 상당 부분은 이미 자유당에 의하여 지역구 수준에서 선거권이 주어졌다는 것이다.

또 다른 설명은 제1차세계대전이 영국과 프랑스에서 노동계의 사회·정치적 지위 신장에 결정적인 요소였다는 것이다. 전쟁의 영향은 여러 나라에

---

[14] Mildred Schlesinger, "The Development of the Radical Party in the Third Republic: The New Radical Movement, 1926-1932," *Journal of Modern History* 46, No. 3 (November, 1974), p. 500.

[15] H. C. G. Matthew; R. I. McKibbin & J. A. Kay, "The Franchise Factor in the Rise of the Labour Party," *English Historical Review* 91, No. 361 (October, 1976), pp. 723-52.

[16] Duncan Tanner, "The Parliamentary Electoral System, the 'Fourth' Reform Act and the Rise of Labour in England and Wales," *Bulletin of the Institute of Historical Research* 56, No. 134 (November, 1983), pp. 205-19.

서 각각 다르게 나타났다. 보통 전쟁에서의 패배는 더 큰 변화를 가져온다. 더구나 제1차세계대전과 제2차세계대전은 단적으로 상반된 방향의 변화를 가져왔다. 이미 위에서 논의한 바대로 영국과 프랑스에서 노동자계급의 조직과 이념에 대한 전쟁의 영향은 기존의 흐름을 가속화하고 제도화한 것이지 새로운 흐름을 만들었다고 볼 수는 없다.

무엇보다 미국의 경우는 세계대전의 영향은 대단히 제한적이었다. 양차 대전이 모두 끝나기가 무섭게 노동계는 전쟁 중에 누렸던 특권을 박탈당하고 말았다. 이 세 나라의 정부는 제1차세계대전 직후 정치적인 제스쳐로서 노동계와 자본가들 간의 화합을 상징하는 회담을 공통적으로 주최한 반면 세 정부는 공통적으로 그러한 "정상(正常)에의 복귀"(Return to normalcy)를 시도하였다. 영국과 프랑스에서는 이러한 시도가 지식인들의 지원을 받은 노동조직들에 의하여 성공적으로 저지되었다. 반면 미국에서는 사회·정치적 주도권이나 지적인 방어선을 확보하지 못한 노동계는 국가의 그러한 정책을 저지하지 못하였다. 미국의 노동계는 그들의 잠정적인 지위를 영구한 정치적 지위로 발전시킬 능력을 갖고 있지 못했다. 영국과 프랑스의 경우 노동계가 국가 정책에 저항하는 데 필요한 결정적인 자원은 전쟁 이전에 이미 존재하던 것이었다. 국가와 사회계급의 관계에 관한 한 전쟁은 사회에 역사적 경험을 집약적으로 부과하는 것이지 전혀 새로운 경험을 부과한다고 볼 수는 없다.

프랑스의 경우 노동자계급의 등장은 과격한 혁명이념인 혁명적 생디칼리즘의 산물로 설명되기도 한다. 이러한 이데올로기 이론의 초점은 비합리적인 신념과 상징이 노동자들에게 의미(meaning)를 주었다는 점이다. 과격하면 과격할수록 노동자들에게 더더욱 의미 있는 것이었다. 이러한 이론은 인간의 비합리성에 대한 편견적인 시각에 불과한 것이다. 혁명적 생디칼리즘은 통계적 과학지식에 대한 신념에 근거한 합리주의적인 사상이었다. 프랑스의 생디칼리스트들에게는 위에서 누차 주장한 바 총파업과 혁명은 노동자계급의 생활여건을 향상시킬 수 있는 유일한 합리적 수단이었다. 통계지식의 발달이 임금의 철칙을 붕괴시켰을 때 그들은 총파업과 혁명에 집착할 수 없게 되었다. 프랑스의 생디칼리스트들은 혁명을 일으키기에는 너무 합리주의자들이었는지 모른다.

그런가 하면 미국의 경우는 통계의 수집과 출판은 노동자계급이 정치행위자로 발전하는데 있어 충분조건은 아니라는 것을 보여준다. 바로 그 이유는 노동조직에 의하여 통계라는 수단이 충분히 활용되고 발전되지 못했기 때문이었다. 그런가 하면 영국과 프랑스의 경우는 노동통계는 어떤 계급의 이해에도 활용될 수 있는 중립적인 제도는 아니라는 것을 보여준다. 이 나라들에서 고용주들의 조직과 국가기관은 노동계나 사회주의 정당보다 노동통계를 훨씬 많이 사용하였다. 미국과 서유럽 두 나라의 차이점은 미국의 경우는 자본가 조직은 통계를 광범위하게 활용한 반면 노동조직은 별로 사용하지 않았다는 것이다. 위에서 토론한 바와 같이 노동통계는 그 자체 다른 계급의 이해보다 노동자계급의 이해에 더 잘 활용될 수 있는 성격을 갖고 있다. 그러나 통계의 궁극적 효과는 그것을 누가 잘 휘두르느냐에 따라 좌우되는 것이다.

각각의 세 경우는 모두 특이성을 나타낸다. 노동통계는 공통적으로 계급 간의 정치에 도구와 장(場)을 제공하고 있다. 그러나 궁극적인 결과를 초래하는 데는 다른 요소들도 개입하고 있다. 이러한 경우들을 비교해 보면 출발점에서의 상이한 조건들은 인과 과정의 정도와 형태의 제한 요소로 작용해 왔고 특이성을 형성했음을 알 수 있다.

3. 분류의 시도

다음에서 보는 가로 세로 2칸씩의 도표는 앞에서 토론한 3나라의 경우와 2개의 경우를 분류하는 지식국가의 정치형태를 나타내고 있다. 2개의 경우란 위에서 논의되지 않았던 사회주의 혁명이 발발한 러시아의 경우와 조지 오웰 (George Orwell)의 소설에 나오는 상상의 「1984년」의 경우이다.

		국가 / 자본	
		높음	낮음
노동	높음	영국	프랑스
	낮음	미국 / 1984	러시아

우선 첫 번째 가정은 오른쪽 아래 칸의 경우를 제외하고는 국가기관은 노동통계를 적절한 방법을 사용하여 상당한 양을 생산한다는 것이다. 현 단계에서는 효과적으로 보여주기 위하여 국가에 의한 통계 사용과 자본 또는 자본가 조직에 의한 통계 사용을 구별짓지 않았다. 이들의 차이는 왼쪽의 아래 칸의 경우에만 해당된다.

만약 노동 측과 국가 측이 모두 노동통계를 광범위하게 높은 수준으로 사용한다면, 노동자계급의 형태는 윗쪽의 왼쪽 칸 즉 영국 같은 형태를 띨 것이다. 신축적이고 합리적인 개혁과 억압 정책의 적용은 노동자계급을 통일되어 조직하게 하고 합리적 계급정치(rational class politics)는 노동자계급의 정치 참여를 가능하게 한다.

다음으로 만약 노동 측은 통계를 광범위하게 사용하는 반면 국가와 자본가 측은 별로 사용하지 않는다면 노동자계급의 형성은 오른쪽 윗칸 즉 프랑스 경우의 형태를 띠게될 것이다. 경직된 국가정책은 조직적이고 통일된 노동자계급의 발달을 저해하는 경향이 있다. 그렇다면 여기에서 프랑스의 경우와 같이 노동 측이 통계를 광범위하게 사용하였다 함은 모순일 수밖에 없다. 그런데 만약 지식인들이 노동운동에 동참하여 통계의 사용을 도와준다면, 이 모델은 성립할 수 있는 것이다. 그러나 만약 지식인들이 자본가들 편에 가담한다면 이러한 경우는 왼편 아랫쪽의 경우 즉 미국의 경우와 같이 될 것이다. 이때에 만약 국가가 통계를 노동계만큼 광범위하게 사용한다면 이 경우는 왼쪽으로 옮아가 영국의 경우와 같아질 수도 있다.

그러나 만약 노동 측이 통계를 적합하게 사용하지 않는 반면 자본가 측이 많이 사용한다면 정치 구조는 미국의 형태 즉 왼쪽 아래의 경우에 해당하게 된다. 노동자계급은 분열되지는 않지만 매우 제한적으로 조직될 것이다. "노동"(labor)은 정당한 특정적인 이익집단의 지위를 갖는다. 만약 노동자나 자본가나 모두 통계를 사용하지 않고 오로지 국가만 사용하게 된다면 국가는 「1984년」의 경우와 비슷한 고도로 통제된 사회가 될 것이다. 이러한 가설적인 경우는 이후에 토론할 것이다. 하여튼 국가가 사용하는가 또는 자본가들이 사용하는가는 각 조직구조의 차이에 의하여 상당히 다른 결과를 초래하게 될 것이다. 만약 자본가 측이 주로 사용하게 된다면 통계라는 지식은 공공적인 성격을 강하게 띨 것이다. 이러한 경우는 비록 사회의 보편적인 이해가 자본가계급을 위하여 정의된다 해도 특정적인 이해는 그 안에서 일정한 지위를 부여받게 된다. 그러나 그러한 사회지식이 고도의 관료적인 국가에 의해 독점된다면 사회 전체는 국가관리 계급의 엄격한 통제 하에 놓이게 될 것이다.

마지막으로 만약 사회의 어떤 정치 행위자도 통계를 사용하지 않거나 사용할 통계가 존재하지 않는다면 오른쪽 아래의 경우 즉 제정 러시아의 경우와 같이 혁명이 가능한 조건이 이루어질 것이다. 예를 들어 혁명 직전까지 러시아의 짜르(Zsar)는 경제 여건은커녕 전국 인구의 숫자도 알지 못했다고 한다.[17] 국가 정책은 경직되어 있었고 따라서 지식인들의 역할이 결정적일 수밖에 없었으며 노동자들은 통합된 형태로 조직될 수 없었다. 지식의 절대적 부재로 인한 국가의 무능은 혁명의 가능성을 결정적으로 높였다고 보여진다.

위의 상태에서 만약 국가가 통계를 본격적으로 생산하기 시작한다면 상황은 상당히 달라질 것이다. 첫째 국가가 통계를 독점하고 스스로만 사용한다면 이 경우는 왼쪽으로「1984년」의 형태로 옮아갈 것이다. 그러나 국가가 정통성의 이유만으로 생산하여 스스로 별로 사용하지 않는다면 그리고 만약 지식인들이 노동계에 동참하여 통계가 사용된다면 이 경우는 위로 올라가 프랑스의 경우와 유사하게 될 것이다. 그러나 지식인들이 자본가의 편에 가담한다면 이번에는 왼쪽의 미국의 경우와 유사해질 것이다. 이러한 다양한 가능성들은 여타의 다른 사회 정치적 요소에 의하여 결정된다.

위의 도표에는 경우 간에 법칙성이 엿보인다. 만약 국가나 자본가 측이 통계를 적절히 사용하여 합리적인 입장을 견지한다면 노동자계급은 분열되지 않고 통합적으로 조직된다. 그러나 국가가 통계를「1984년」의 경우와 같이 독점적으로 사용한다면 국가는 노동자들 간의 집단행동을 분쇄할 수도 있을 것이다. 만약 국가가 역으로 통계를 생산하지 않거나 적합하게 사용하지 않는다면 노동자계급은 단일한 노조나 정당 하에 조직되지 못할 공산이 크다. 이러한 오른편의 경우에는 개혁적이건 혁명적이건 지식인들의 역할은 결정적이다. 만약 통계가 사용 가능하다면 지식인들은 개혁적이 될 것이다. 그러나 적절한 통계적 지식이 존재하지 않는다면 지식인과 노동자들은 혁명 외에는 다른 선택의 여지가 없어질 것이다. 더 나아가서 만약 노동 측이 국가가 사용하던 안 하던 간에 통계지식을 활용한다면 노동자계급은 궁극적으

---

[17] Alterman, *Counting People*, pp. 54-7.

로 사회·정치적인 정당성을 획득하고 사회주의도 가능할 것이다.

가설적인 사회인 「1984년」은 경우를 체계적으로 배열해보기 위하여 포함된 것이다. 그러나 「1984년」과 같은 사회는 가능하지 않을 것이다. 그 이유는 통계와 사회과학 지식 일반의 성격에 근거한다. 첫째 사회과학의 제한된 합리성으로 인하여 완벽한 사회통제는 불가능하다. 이러한 공상과학적인 상태와 유사한 사회를 만들어 내는 데 결정적인 수단은 폭력밖에 없다. 나아가서 통계와 사회과학 지식의 생산은 비공공적(非公共的) 비밀의 형태로는 효율적으로 생산될 수 없다.[18] 만약 통계가 공공화되지 않고 독점화된다면 우리가 프랑스의 구체제나 짜르 치하의 러시아에서 보듯이 통계 지식의 정확성을 유지한다는 것은 불가능할 것이다.[19] 사실 비밀은 통계의 형태를 띨 필요가 없으며 비밀통계란 별로 의미가 없는 것이다. 「1984년」의 경우란 현실에서는 어설픈 폭력에 의존하는 독재국가에 불과할 수밖에 없다.

---

[18] Edward Shils, *The Torment of Secrecy* (Glencoe, Ill: The Free Press, 1956).
[19] Alterman, *Counting People*, pp. 42-52, pp. 54-5.

제2부

노동통계 발달의 원인

제6장

영국의 경우

1. 행위자와 그들의 의도

　로저 데이빗슨(Roger Davidson)에 의하면 영국에서는 두 종류의 개혁가들이 노동통계의 창시와 발달에 기여했다. 첫 번째 집단은 "적절한 노동통계의 공급의 교육적인 효과로서 노동자계급의 자기 발전의 수단으로 인식하던 중산층 노동조합 지지자"들이었고 두 번째 집단은 사회적 낭비의 정도와 비용을 계량하는 데에 관심을 갖던 사회와 행정부의 통계가들"이었다는 것이다.[1] 데이빗슨의 이러한 의견은 틀렸다고 볼 수는 없지만 사실은 그는 행위자를 객관적인 근거에서라기보다는 그들이 표출한 바의 의도를 분류함으로써 역(逆)으로 행위자를 파악하고 있는 것이다. 결국 이러한 명제는 동의어반복(tautology)일 뿐이다.

　우선 통상청 내에 노동통계국을 설치하려는 각종 압력이 가해지던 과정을 보면 노동통계를 지지하던 집단의 정확한 그림을 얻을 수 있을 것이다. 우선 가장 열렬하던 지지자의 집단은 왕립통계협회의 회원들과 협회와 오

---

[1] Davidson, "Llewellyn Smith, the Labour Department and Government Growth," p. 230; Davidson, *Whitehall and the Labour Problem*, p. 80.

랫동안 관계를 유지해 오던 통상청의 관리들이었다. 그들은 또한 그들의 계획에 국제통계학원(International Statistical Institute)도 참여시키려 하였다. 1885년에는 왕립통계학회는 산업보수회의(Industrial Remuneration Conference)를 주최하였고 이것은 노동행정부의 창립을 위해 부가적인 압력을 넣으려는 목적에서였다.[2] 1885년의 총선거에서는 자유당이 승리하였고 무엇보다 노동조합을 대표하는 하원의원의 수가 둘에서 열 하나로 극적으로 증가하였다. 이들 '립-랩(Lib-Lab)' 의원들은 적어도 관심을 끌기에 충분한 규모가 되었다. 드디어 1886년 3월 2일 친노조 과격주의자인 찰스 브래들로(Charles Bradlaugh)는 하원에서 노동통계국의 설치를 제안하였다.[3]

결국 통상청 관리들과 통계협회의 힘만으로는 충분하지 않았다. 그들은 정치적 고위 관료들로부터의 지지가 필요했던 것이다. 크게 보아 그들의 주요 지지자들은 자유주의 정치가들이었다. 그러나 이러한 새로운 행정기구는 국가관료제 전체의 지지를 받아내지 못하고 있었다. 1891년까지 재무성의 통제는 통계국을 거의 고사(枯死)상태에 이르게 하였고 계속되는 견제는 양차대전 간의 시대까지 많은 문제를 제기하고 있었다. 나아가서 1891년부터 1894년까지의 노동에 관한 왕립위원회(Royal Commission on Labour) 또한 통계국의 발달을 일관되게 지지하지 않았다. 위원회는 1892년의 총선거 결과 등의 정치적인 요소에 크게 영향받고 있었다. 본격적인 노동통계와 노동행정은 영국에서 1894년 이후에야 등장하게 되었다.

영국의 노동통계 발달에 가장 탁월한 인물은 휴버트 루웰린 스미스(Hubert Llewellyn Smith)였다. 그는 또한 영국의 인구조사 발전에도 지대

---

2 Davidson, "Llewellyn Smith," pp. 230-2.
3 Bradlaugh는 그의 세속주의적 입장 때문에 1870년대까지 의석을 얻지 못하던 극단적 과격주의자였다. 1880년대에는 Annie Besant와 연합하였고 사회주의자들과 심한 갈등관계에 있었다. 그의 반사회주의적 입장은 극단적이었다.

한 공헌을 하였다. 그의 경력과 개인적인 교류관계를 추적해 보면 그가 대표하고 있던 집단을 밝혀낼 낼 수 있을 것이다. 루웰린 스미스는 옥스포드 대학(Oxford University)을 졸업한 경제학자였다. 그는 조웻(Jowett)과 그린(Green)에게 배웠으며 토인비(Toynbee)의 영향을 받았다. 그는 또한 대학거류지(University Settlement)인 토인비홀(Toynbee Hall)에 거주하였고 아서 애클란드(Arthur Acland)가 이끄는 핵심 집단인 내부동맹(Inner Ring)의 일원이기도 하였다. 또한 루웰린 스미스의 경제사상은 윌리엄 스탠리 제본스(William Stanley Jevons)의 영향을 받고 있었다. 루웰린 스미스는 왕립통계협회와 여러 경제학회와 넓은 교류관계를 갖기도 하였다. 또한 그는 신노조주의(new unionism)의 신봉자였고 먼델라(A. J. Mundella)와 같은 친노동계 정치인들의 신망을 얻고 있었다. 그는 한때 찰스 부쓰(Charles Booth)의 사회조사를 돕기도 하였다. 루웰린 스미스는 웹(Webb) 부부와 친교를 갖기도 하였으나 후일 그들의 선전주의(propagandism)에 실망한 나머지 결별하게 되었다. 1890년에는 "건설적이고 사회적으로 의미있는 경제학의 재건"에 목적을 둔 경제학회(Economic Society)의 창립에 참가하였다. 그 첫번째 회합은 통상청의 로버트 기펜(Robert Giffen)의 사무실에서 열렸다. 1890년 12월에는 알프레드 마샬(Alfred Marshall)의 권고에 따라 옥스포드 대학의 경제학 교수직의 후보에 오를 정도의 높은 명성을 얻게 되었다. 1893년 그는 초대 노동위원(Labour Commissioner)에 임명되었다. 그것은 그의 두 가지 요건 때문이었다. 즉 그는 통계와 경제학의 전문지식을 인정받고 있었고 또한 필수불가결한 노조 지도자들의 신망을 얻고 있었던 것이다.

윌리엄 베버리지(William Beveridge) 또한 옥스포드 출신이었고 토인비홀에 거주하였고 루웰린 스미스하고는 오랫동안 가까운 사이였다. 그는 많은 의미에서 COS류의 사회봉사 활동과 뜻을 같이하는 사람이었다. 그는 한

때 런던경제학교(LSE)의 임시 학생이기도 하였다. 그는 통상청 관리에 임명되기 이전부터 직업소개소제도(labour exchange)와 예비노동력(reserve of labour)의 조직의 문제에 관한 아이디어를 오랫동안 간직해오던 사람이었다.[4]

국가기관 바깥에는 두 개의 중요한 조직이 있었다. 즉 통계학회들과 경제학계는 대단히 중요한 역할을 하고 있었다. 앞서 언급했듯이 통계학회들은 1830년대에 들어서 '통계운동'의 일환으로 설립되었다. 맨체스터통계협회와 후일 왕립통계협회로 이름을 바꾼 런던통계협회는 그들의 일차적인 임무로 사회개혁을 주도하고 있었다. 이들 협회의 회원들은 여러 상이한 직종으로 이루어져 있었다. 즉 그들의 대부분은 성직자, 의사 정치가 법률가 등이었고 그들은 통계학의 전문가라 할 수 없는 사람들이었다. 한마디로 그들은 사회개혁가들이었다. 19세기 후반에 이르기까지 통계학은 방법론이라기보다는 실제과학 즉 사회개혁의 학문이라 여겨지고 있었다.[5]

노동통계의 확립에 기여한 사람 중에서 상당히 많은 사람들은 경제학을 배운 사람들 특히 옥스포드 출신이었다.[6] 한마디로 그들은 전문 지식을 갖춘 사람들이었다. 19세기 후반에 들어서면서 "사회문제"에 관하여 전문적 지식을 갖춘 "귀족"이 서서히 형성되어 가고 있었다. 1857년에는 사회과학 전문직종 협회의 원시적 형태라 할 수 있는 전국사회과학진흥협회(NAPSS)가 발족되었다. 나아가서 학술적 전문직종이 조직되기 시작하였고 이러한 움직임은 같은 시기에 대학개혁운동과 깊은 연관을 맺고 있었다. 1860년대에 들어

---

4 William Beveridge, *Power and Influence* (London: Hodder & Stoughton, 1953), pp. 26-32.
5 통계학은 20세기 초기까지도 전문학계로 조직되지 못하고 있었다.
6 Alon Kadish, *The Oxford Economists in the Late Nineteenth Century* (Oxford: Oxford University Press, 1982).

서면 이러한 전문직종 계급들은 COS를 이끌고 사회개혁을 새로운 방향으로 이끄는데 많은 영향을 미쳤다. 노동자계급의 생활에 관한 직접적인 지식과 경험이 없는 상황에서 이러한 전문가계급은 '과학적 박애'라는 기치하에 그들의 계급적인 편견이 발휘되고 있었다.[7] 1880년대에 이르르면 제본스와 마샬의 한계효용 이론을 중심으로 경제학의 전문화 경향이 케임브리지와 옥스포드에서 가시화(可視化)되고 있었다.[8] 1860년대에는 이미 경제학자들이 통계협회들에 대거 참여하기 시작하였고 이에 따라 통계협회들의 애초의 개혁주의적 분위기는 바뀌어가기 시작하였다.[9] 1880년대에는 이미 왕립통계협회의 분위기는 사회개혁을 주도하던 때와는 거리가 멀었다.[10] 통계학은 이 시기에 있어서 개혁의 학문이라기보다는 과학방법론으로 간주되기 시작하였다. 통계는 이제 개혁주의자뿐만이 아니라 그에 반대하는 사람들 특히 개혁에 '신중한 태도'를 취하는 사람들에게 널리 쓰이게 되었다. 1880년대에는 한마디로 통계협회와 경제학 전문직은 괄목할 만큼 접근해 있었다.

노동통계에 기여한 사람들 간의 또 하나의 중요한 연결망은 새뮤얼 바넷(Samuel Barnett)이 창설한 대학거류지(大學居留地)였다. 루웰린 스미스, 에이브스(Aves), 말론(Mallon), 토니(Tawney) 그리고 베버리지 등이 그곳에 거주하였다. 1880년대의 새로운 세대의 개혁가들은 그곳의 거주자로 잘 대표될 수 있었다. 그곳에는 내부동맹이라는 비공식적인 집단이 만들어졌다. 그들은 옥스포드 내의 노동개혁을 지향하는 소수의 친교를 맺은 집단이

---

7 Jones, *Outcast London*, pp. 269-70.
8 John Maloney, *Marshall, Orthodox and Professionalization of Economics* (Cambridge: Cambridge University Press, 1985).
9 Asa Briggs, "Human Aggregate," *Collected Essays of Asa Briggs*, Vol. 1, pp. 64-65.
10 1891년 Booth가 왕립통계협회에서 그의 노후연금 제도를 주장하는 첫 번째 논문을 발표하였을 때 그는 통계학자들로부터 적대적인 반응을 얻었다. Charles Booth, *Charles Booth: A Memoir*, Mrs. Booth, ed. (London: Macmillan, 1918), pp. 22-3.

었다. 이러한 개인적 친소관계와 조직들, 무엇보다도 노동통계의 발달에 기여한 대부분의 사람들은 이미 사전(事前)에 결집되어있던, 예를 들어 옥스포드 출신 등의 전국적 엘리트 지식층에 속하는 사람들이었으며 또 이들은 나름대로 내적으로 조직되어 있었던 상황이었다. 둘째 그들의 핵심적인 인물은 두 개의 흐름 즉 전문지식과 사회개혁 세력에 동시에 속해있던 사람들이라는 것이다. 말하자면 그들은 19세기 후반까지 독립적으로 존재하던 두 개의 흐름의 접근이라는 시대성을 대표하고 있었다. 셋째로 1880년대에는 이 개혁가와 전문지식의 귀족들은 이전과는 다르게 연관되어 있었다. 즉 전문지식의 귀족층이 대체로 개혁집단을 압도 내지는 내포하고 있었다.

노동통계의 확립과 발달을 주장하고 실제로 기여한 사람들이 표현한 의도는 크게 두 가지 스타일로 나누어 볼 수 있다. 첫째는 노동계급의 조건에 대한 통계지식의 보편성과 합리성을 강조하는 타입이었고, 둘째는 과학적 지식의 합리적 권위와 독점적 타당성에 촛점을 맞추고 있었다. 그중 후자(後者)는 전문적인 훈련을 받은 경제학자들 가운데 지배적인 스타일이었고 전자(前者)는 개혁의 실천적 활동에 관계하던 사람들 가운데 널리 퍼져있었다고 할 수 있다. 그러나 이 두가지의 논의 방법이 다른 측면들을 강조하고 있지만 두 개의 서로 다른 의도의 표현이라 보기는 힘들다. 각각 광범위한 문제들을 다루고 있었고 그들 간에는 많은 공통점이 있었다.

노동통계국의 신설에 관하여 보편성과 관련된 주장을 맨 처음 제시한 사람 중의 대표적인 사람은 친노동계열의 자유주의 정치가인 조지 호웰(George Howell)이었다. 그는 1876년 「벌집(Beehives)」이라는 잡지에서 다음과 같이 주장하였다.

노동문제와 관련된 모든 움직임은 하루하루 그 중요성을 엄청나게 더해가고 있으며 특히 많은 그러한 움직임의 입법의 경향은 결론적으로 노동통계청의 필요성에 촛점이 모아지고 있다. 그곳을 통해서 정치가 개혁가 작가 언론인 또는 모든 시민들이 늘 그러한 문제를 다루려할 때 확실한 정보와 신뢰할 만한 통계자료를 얻을 수 있을 것이다.[11]

분명히 호웰은 노동문제에 관하여 여러 다른 집단 간에 공통의 지식으로서의 통계의 필요성을 주장하였던 것이다. 또한 이러한 식의 주장은 찰스 부쓰의 글에 많이 나타나고 있다. 그는 가난의 문제에 관하여 과학적인 조사를 시작하였고 또한 그의 연구는 노동통계와 아울러 전국 인구조사의 발달에 엄청난 영향을 미쳤다. 그 외에 베아트리스 웹(Beatrice Webb), 루웰린 스미스, 베버리지 등도 부쓰의 조사에 조력하였고 20세기에 들어와서도 오랫동안 부쓰의 연구는 국가의 노동통계 발달의 기준을 형성하였다.[12]

부쓰의 연구의 직접적인 목적은 영국의 당시 대표적인 마르크스주의자였던 하인드만(Hyndman)의 주장을 런던의 이스트엔드(East End) 지역에 대한 본격적인 조사를 통해 부정하기 위한 것이었다. 하인드만은 개인적인 조사를 통하여 왕립통계학회에서 런던 인구의 25%가 가난에 허덕이고 있다고 단언하였다. 하인드만의 조사가 「팔 말 가제트(Pall Mall Gazette)」에 발표되자 웨스트엔드(West End) 지역에서 폭동이 발생하고 당시 하인드만이 실업자들을 선동했기 때문이라는 소문이 돌고 있었다.[13] 부쓰는 애초에 가난의 비율이 하인드만이 제시한 것보다 훨씬 낮다는 것을 보여주려 했던 것이다.[14] 부쓰는 자신의 연구에 관해 다음과 같이 말하고 있다. "본인이… 시작

---

[11] Davidson, *Whitehall and the Labour Problem*, pp. 80-1.
[12] Ibid., pp. 155-8.
[13] Charles Booth, *On the City*, H. W. Pfautz, ed. (Chicago: University of Chicago Press, 1967), p. 22.
[14] Ibid., pp. 21-2; Jones, *Outcast London*, p. 306.

했을 때의 기본적인 생각은 본인이 알고자하는 것은 어떤 사람에게 이미 알려져 있는 것이고 그러한 정보는 단순히 모아서 연결시키면 된다는 것이었다."[15] 이러한 통계지식의 보편성의 문제는 계급간의 정치와 연결되어 있었다. 그의 보편적 지식은 또한 사악한 사회주의자들의 선동을 억제한다는 것이었다. 부쓰는 보수적 자유주의자였고 마르크스주의자들에 반대하는 입장이었다. 나아가서 그는 다음과 같은 말을 하고 있다. "통계가 아니라 농축된 감정에 세계를 움직일 수 있는 힘이 있다. 그러나 세계가 올바르게 되기 위하여는 이 힘은 통계에 의하여 지도되어야 한다."[16] 이러한 신념은 부쓰의 모든 추종자들도 함께 갖고 있었다. 또한 로운트리 (B. Seebohm Rowntree)는 통계자료가 "인간의 감정이나 정치적인 편견에 호소하는 것보다 정책 제안에 있어 덜 감정적인 기초를 제공한다"고 말하였다.[17]

부쓰와 그의 추종자들은 노동계급에 대한 통계조사에 관하여 일련의 목표를 가지고 있었다. 통계는 그것이 "견고한 사실"(hard facts)를 의미하는 것이다. 통계에 관한 이러한 인식적 전제는 그러한 지식을 보편적으로 만들며 "사실적 진실"(factual truth)을 제공한다는 것이다.[18] 그러한 의미에서

---

[15] Booth, *On the City*, ed. Pfautz, p. 19. Beatrice Webb은 Booth의 연구에 대하여 다음과 같이 말하였다. "이 연구 이전에는 개인주의자나 사회주의자나 마찬가지로 영국의 국민들이 정확히 어떻게 사는가에 대하여 어떤 정확성을 가지고 말할 수 없었다. 그것이 바로 논란의 현실이었다." Asa Briggs, "Human Aggregate," *Collected Essays of Asa Briggs*, p. 67.

[16] Bulmer, *Uses of Social Research*, p. 14.

[17] Briggs, "Human Aggregate," *Collected Essays of Asa Briggs*, p. 67.

[18] Booth는 그의 저작의 서론에서 다음과 같이 말한다. "본인 그의 엄청난 양에 그리고 자신이 양적인 가치를 부여할 수 없는 사실은 사용하지 않겠다는 결의에 정말 당황했다. 센세이셔널한 이야기를 위한 자료는 우리가 아는 모든 책에 얼마든지 있다. 본인이 그러한 자료를 그러한 방식으로 사용할 수 있는 기술, 즉 '현실적'이라 불리는 상상력의 재주를 갖고 있다고 해도 본인은 여기에서 그것을 사용하지 않을 것이다... 본인의 목표는 가난 비참함 그리고 박탈이 정기적 수입과 비교적인 안락함에 갖는 관계를 규명하고 각각의 계급이 살아가는 일반적인 조건을 기술하는 것이다." Booth, *Labour and Life of the People*, Vol. 1, p. 6. 통계는 19세기 초반부터 개혁에 대한 주장을 지지하는 데 사용되고 있었다. 1832년에 통상청에 통계부를 설치하는 것과 관련하여 Cullen은 다음과 같이 말하고 있다. "그것은 특정한 개혁안에 대한 찬성이나 반대의

통계는 대중의 계몽을 위한 것이었다. 나아가서 부쓰와 그의 추종자들은 매우 흥미 있는 관점을 갖고 있었음을 알 수 있다. 즉 통계는 사람 마음의 정신 상태로서의 합리성을 함양한다는 것이다. 다시 말하면 통계 지식은 위험한 감정적 분위기를 억제하고 합리적 정책 결정에 적절한 정신 자세를 만든다는 것이다. 이러한 사고 방식은 영국의 정치가와 개혁가들 사이에 널리 퍼져 있었다.[19] 당시 대표적인 통계학자이자 자유주의적 개혁에 반대하는 입장을 취하던 로버트 기펜(Robert Giffen)은 노동통계를 "당시의 노동자계급의 생활수준에 관한 논쟁과 헨리 조지(Henry George) 같은 '집단주의 선동자들'에 의하여 야기된 '감상적 정치학과 사회학'을 타파하는 수단"으로 간주하였다.[20] 또한 통계협회를 연구한 후세의 한 역사가도 통계조사와 연관된 과학적 자세를 강조하며 저서에서 다음과 같은 말을 하였다.

> 원인들을 다루거나 해결책을 생각하기 전에 사실에서 도출되는 경향들을 먼저 다루어야 한다. 통계적 논제는 그러므로 냉정하고 비감상적인 과학의 기초에 근거해야 하고 거기에 과학의 권위가 있는 것이다.[21]

찰스 부쓰의 사회계층 분석 등의 당시 지배적인 사회 연구는 계급 간의 정치 전략으로서 차별적 사회정책을 고안하기 위한 것이었다고 볼 수 있다.

주장을 지지하는 데 요구되는 통계를 생산하는 중앙 기구였다." M. J. Cullen, *The Statistical Movement in Early Victorian Britain* (New York: Harvester Press, 1975), p. 19.

19 이러한 정신상태로서의 합리성에 관한 얘기는 1830년대의 통계운동에 관한 문서에도 등장하고 있다. 1830년대의 통상청의 통계부의 설립에 관하여 Jacob은 다음과 같이 말하였다. "공공 사안의 상황에 관한 정확한 지식의 일반적인 확산은 거짓이나 과장에 의하여 만들어지고 통치에 문제를 야기하고 또는 공공 정신의 일탈케 하는 동요와 당파성을 억제하는 경향이 있다." Cullen, *Statistical Movement*, p. 20.
20 Davidson, *Whitehall and the Labour Problem*, p. 111.
21 Ashton, *Economic and Social Investigations in Manchester*, p. viii.

부쓰는 노동자계급 내의 여러 '계층'를 분리하여 토론하고 있는데 그들의 물질적 문화적인 조건만을 토론하는 것이 아니라 다른 계급에 대한 영향 그리고 계급투쟁에 대한 역할에 초점을 맞추고 있었다. 이러한 면은 그의 '클라스 A(Class A)'와 '클라스 B(Class B)'의 토론에서 두드러진다.[22] 첫째 특별한 종류의 가난들 없애려는 시도 예를 들어 노후연금제 같은 제도는 주변 계급 특히 지식인들의 과격주의를 없애기 위하여 고안된 것들이었다.[23] 둘째 노동자계급의 위험한 부분을 제거하기 위한 전략은 '실업' 문제를 해결해야 한다는 방향으로 정립되었다. 이것은 한편으로 노동계급의 조건을 향상시킨다는 문제이고 다른 한편으로는 임시노동자나 '산업 예비군' 등의 노동자계급의 위험한 부분을 무력화시키는 문제로 이해되고 있었다.[24]

---

[22] 1851년 Henry Mayhew도 "가난한 사람들"(the poor)의 분류를 시도하였으나 그의 분류법은 완전한 혼란상태였다. Thompson & Yeo, *Unknown Mayhew*, pp. 69-82. Mayhew의 분류는 가난한 사람들에 대한 체계적인 기술을 해보려는 목적에서 이루어진 것이었고 Booth의 경우는 계급정치적인 함의와 결과에 따라서 분류한 것이었다. Booth의 분류 외에는 사실상 계급정치적인 함의외에 다른 기준은 없다. 그는 8개의 계급을 제시하고 있는데 그중 3개는 중산층에 속한다. "A. 최저계급으로서 임시 노동자(occasional labourers), 건달 그리고 우범자. B. 자유(casual) 노동 수입-- '매우 가난'. C. 불연속적 수입 (intermittent earnings). D. 소량의 정규 수입 '가난'. E. 정규적인 표준 수득 -- '빈곤' 이상의 계층." "'가난'이라는 용어는 작지만 정규적인 수입을 갖는 사람 예를 들어 보통가정에서 일주일에 18s부터 21s의 수입을 갖는 사람을 기술하기 위한 것이다. 그리고 '아주 가난'하다는 것은 이러한 수준에 훨씬 못 미치는 사람들을 일컫는다." Booth, *Labour and Life of the People*, Vol. 1, p. 33.

[23] Booth는 'Class A'에 대하여 다음과 같이 말하고 있다. "이러한 야만적이고 우범자 계급은 런던의 모든 지역이 통째로 그들의 손아귀에 들어갔을 때 전성기를 맞고 있었다. 그들은 주로 간섭 받지 않기를 바라며 그야말로 그들의 자치국을 허용받고 싶어하는 것이다. 우리들의 눈으로 발전은 그들의 눈으로 파괴를 의미하는 것이다. 그들의 불만은 우리에게 성공의 척도인 것이다. 그런가하면 이러한 계급의 조건이 오늘날 공공의 마음속에 일으키는 공포의 인상은 그들의 실제적인 조건보다 훨씬 더 심각하다. 그리하여 이들과 연관된 문제를 다루어야 할 필요는 실로 급박해지고 있다. 이것은 더욱이 감상적인 문제뿐만이 아니라 생활 수준 향상의 절대적 필요인 것이다. 이전 시기에서 괜찮다는 상태는 이젠 더 이상 괜찮을 수 없는 것이다. 이러한 상태는 우리를 뒤로 끌어당기고 있으며 이것을 어떻게 끝장을 볼 것이냐의 문제에 일차적인 중요성이 부과되어야 한다." Ibid., p. 594.

[24] 주로 임시직으로 고용되는 부두노동자가 주종을 이루는 'Class B'에 관하여 Booth는 아래와 같이 말하고 있다. "이러한 불행한 임시 고용인들의 고난에 대한 관심은 증가일로에 있다. 그간

부쓰의 연구는 경제학자들의 새로운 세대에 괄목할 만한 영향을 미쳤다. 개인적인 친분을 통해서일 뿐만이 아니라 그의 저서는 주요 대학의 경제학 강좌에 중심 교재로 쓰이기도 했다.[25] 그러나 한편 노동통계의 발달에 기여한 전문 경제학자들은 통계와 과학적 방법론에 관하여 조금 다른 방향의 토론을 전개하였다. 경제학의 권위를 통계지식의 이용으로 회복하겠다는 새로운 세대의 경제학자들의 대표자는 스탠리 제본스(W. Stanley Jevons)였다. 다른 한편에서는 연역적 이론에 집중하고 있던 알프레드 마샬(Alfred Marshall) 또한 노동통계청의 설립과 노동통계의 발전에 대하여 지지를 아끼지 않았다.[26] 제본스의 입법에 대한 기본 입장은 공리주의(utilitarianism)적인 것이었다. 그는 입법은 궁극적으로 그 결과에 의하여 판단되어야 한다는 것을 강조하였다. 제본스는 말하자면 통계는 그 자체로서 충분한 입법의 정당성의 근거이며 입법은 본질적으로 증감적(incremental)이라는 점을 주장하였다.[27] 그는 또한 실험 입법도 시도해 볼 것을 주장하였다. 그것은 바로

의 자선체계가 불신을 받게되자 공공의 양심은 관습적인 무감각 상태를 유지할 수 없게 되고 다른 방법이 발견되지 않는 상황에서 동정적 감수성의 모든 부담을 지게되었다. 결과적으로 우리의 감정이 행동으로 구제받지 못하게 되자 우리의 감정은 더욱 충동적이고 변화무쌍해지는 것이다. 말하자면 과민적인 상태와 무감각한 상태를 넘나들고 있는 것이다. 이러한 가난한 사람들의 삶을 어떻게 치유할 것인가의 문제는 그러한 소용돌이 속으로부터 끄집어낼 필요가 있으며 이러한 목적에서 본인이 시도한 바 분석의 가능성을 넘어서는 복잡함이 연루된 그들의 고통의 어떤 종류의 측정과는 상관없이 그저 비율의 숫자나 생활 조건에 대한 명제도 나름대로의 가치를 갖는 것이다./ 여기 Class B에서 우리는 사회 문제의 절정을 목도하고 있다. 만약 이 Class B만 해결된다면 모든 다른 계급의 문제는 스스로 해결될 것이다. 이 불행한 사람들은 사회구조 저변의 수렁을 형성하고 있으며 이 수렁을 치우는 일이 우리의 최우선의 목표가 되어야한다." Ibid., p. 596.

25 Booth, *Charles Booth: A Memoir*, p. 25.
26 Maloney, *Marshall, Orthodox*, p. 167.
27 Jevons는 다음과 같이 말하였다. "동등하거나 더욱 큰 악이 초래되었다는 증거가 없다면 좋은 일이 행하여졌다는 것은 어떠한 법에도 충분한 정당화이다. 이를테면 사람이 자의에 따라 인(燐) 성분이 있는 곳에서 일을 못하게 한다면 그것은 인간의 자유라는 형이상학적인 실체에 대한 엄청난 간섭이 될 것이다. 그러나 부인할 수 없는 통계나 과학적 증거에 의하여 인(燐)의 오염하에서 일하는 것은 치명적인 병에 이르고 절차상의 약간의 수정을 통하여 예방할 수 있다는 것이

통계를 통하여 법의 정확한 결과를 예측할 수 있기 때문이었다.[28] 확률은 실험의 방법이자 이론과 실천의 연결점이라는 것이다.

제본스는 산업의 조정과 중재에 관하여 흥미있는 토론을 전개하고 있다. 그는 파업을 "약간의 의견의 차이가 곧 사회적인 질서의 감정으로 비화하여 복잡해질 수 있는 그러한 관계에 있는 계급들 간의 전쟁의 시작이고 교신의 중단"이라고 보았다. 조정자들의 일은 "그 경우에 관한 진실한 사실들을 조사하고 공평하고 권위있게 양 당사자들에게 알려주는 것에 불과한 것이다. 만약 어느 일방이 오해를 시인한다면 조정자는 명백히 정치경제[경제학]의 취지를 살린 것이다. 그는 경제적, 통계적 조사관의 역할을 수행하는 것이다. 이견이 아직 그들 간에 존재한다 해도 조정자는 상호에게 파멸적인 투쟁을 계속하기보다는 그들의 이해(利害)를 위하여 받아들일 수 있는 어떤 중간의 선택을 제시할 수 있는 것이다." 나아가서 그는 "상호 투쟁의 당사들이 어떤 안을 받아들이고 서로의 비방을 잊게 하기 위하여 노력하는 한은 조정자는 희생양[scapegrace]의 역할도 대신 할 수 있는 것이다."[29] 제본스는 여기에서 과학적 공정성을 상호 이해가 부족한 적대적 계급 간에 갈등을 일시적

증명된다면 본인은 입법을 통하여 사람들에게 그러한 수정을 하도록 의무화한다는 것은 그 자체로 정당하다고 주장한다. 인간의 자유라는 것은 어떤 목적을 위한 수단인 것이지 그 자체 목적이 아니다. 그것이 그러한 목적의 달성에 실패했다면 그것은 포기하고 다른 방법을 강구해야 하는 것이다. 마찬가지로 명백한 해악이 발생한다면 입법부는 그러한 해악이 특별한 입법에 의하여 해결될 수 있는지 조사할 의무는 없다하여도 그러한 조사활동은 정당화되는 것이다. 이러한 조사에서 제안된 입법의 모든 결과는 간접적이거나 불확실하거나 모두 고려되어야 하는 것이다. 그러므로 직접적인 관찰은 보통 충분한 것이 아니다. 어떤 행동의 결과는 향후 몇 년 안에 드러나지 않는 부수적일 수도 있고 이차적일 수도 있다." W. Stanley Jevons, *The State in Relation to Labour* (New York: August M. Kelley, 1968, originally 1882), p. 13.

28 Ibid., pp. 26-7. 나아가서 Jevons는 다음과 같이 말하였다. "과학과 사회입법의 관계는 이제 명백할 것이다. 모든 과학은 다소간의 일반성을 갖는 자연 법칙의 집합이며 그러한 법칙들은 형이상학적 포장을 벗기고 나면 전례의 어떤 관계로부터 어떤 결과가 나온다는 확률로 귀결되는 것이다. 입법자들이 어떠한 목표를 추구하던 간에 그러한 목적에 관계되는 확률들을 갖는 모든 과학을 참조해야 하는 것이다." Ibid., pp. 29-30.

29 Ibid., pp. 159-60.

으로라도 극복할 수 있는 완충제의 역할을 한다고 보았던 것이다.

이미 소개한 영국 노동통계의 선구자인 루웰린 스미스(Hubert Llewellyn Smith)는 제본스의 영향을 받은 사람이었다. 그들은 서로 과학적 방법에 관한 증감적, 인공두뇌적인 관점 등 여러 아이디어들을 공유하고 있었다.[30] 루웰린 스미스는 집단주의자는 아니었다. 그는 "자기의존(self-reliance)은 여전히 사회적 개선의 기초이며 국가에 의하여 보완될 수는 있을지 몰라도 그러한 원칙을 우회하는 것은 기존의 빈민법의 경우와 같이 빈곤화를 촉진시킬 뿐이다"고 굳게 믿고 있었다.[31] 또한 그는 흥미로운 근거에서 마르크스주의를 비판하였다.

> 그리하여 이러한 형태의 사회주의는 본질적으로 혁명적인 것이며 이러한 특징은 그의 신봉자들을 현사회의 발전을 희망하는 가장 진보적인 사회주의자들로부터 건널 수 없는 간격으로 분리하고 있다. 혁명이란 반드시 폭력적일 필요는 없다. 라쌀레(Lassalle)가 지적하듯이 평화적인 혁명도 있었고 피비릿내 나는 개혁도 있었다. 그러한 하여튼 평화적이건 폭

---

[30] Llewellyn Smith는 다음과 같이 말하고 있다. "우리의 결론은 적극적이기보다는 소극적이다. 우리는 사유재산과 계약의 자유에 대한 개입의 유익한 한계를 결정할 수 있는 보편적 법칙을 도출할 수 있는 가능성을 보아왔으며, 우리가 제시할 수 있는 몇 가지 원칙은 모든 경우를 자세히 검사할 수 있는 기존의 법칙들이라기보다는 어려움과 위험에 처할지도 모르는 방향에 대하여 지적해주는 성격이라 할 것이다. Jevons 교수의 말을 빌면, '우리는 한발 한발 조심스럽게 나아가야 하며 가는 길을 더듬어 느끼며 가야하고 사전의 결론에 의지하지 말고 단 하나의 과학에 기대지 말고 어떠한 절대적인 지침을 기대하지 말고…' 우리는 각각의 경우를 그 사안에 관계된 경험을 지극히 조심스럽게 해석하며 그의 특이성에 따라 판단할 것을 배워야하는 것이다." Hubert Llewellyn Smith, *Economic Aspect of State Socialism* (Oxford: Basil Blackwell, 1887), p. 119. 이 시기의 여러 사회과학 철학 중에서 Llewellyn Smith는 Stanley Jevons에 의하여 대표되는 경험론적인 입장을 취하고 있었다. 그들은 이론적인 또는 윤리적인 측면보다 경험적인 데이터의 중요성을 더욱 강조하는 입장이었다. Hobson이나 Hobhouse와 같은 신자유주의자들은 반대쪽의 입장이었다. Freeden, *New Liberalism*.

[31] Davidson, "Llewellyn Smith," p. 241.

력적이건 어떤 종류의 혁명은 있어야만 하는 것이다.[32]

　루웰린 스미스가 혁명을 반대한 것은 폭력의 사용 때문이 아니라 혁명의 그 자체의 비합리성 때문이었다.
　경제학자들은 많은 시각을 공유하고 있었다. 그들 논의의 출발은 경제학의 권위의 실추였다.[33] 첫째 통계방법론은 입법의 합리적인 도구였고 특정한 입법을 합리화할 수 있는 것이었다. 통계는 '경험'(experience)의 유일한 방법을 제공한다는 것이었다. 제본스에 따르면 보통 사람들은 어떤 행위 또는 입법의 정확한 효과를 경험할 수 없다는 것이다. 그는 '바스띠아의 격언'(Bastiat's maxim)을 원용하고 있다. 즉 "우리는 '보이는 것'뿐만이 아니라 '보이지 않는 것'도 감안하여 고려하여야 한다"는 것이다.[34] 말하자면 과학자란 '거인의 어깨 위에' 앉아 보통사람이 보지 못하는 것을 본다는 것이다. 통계는 그 자체로 국가정책의 정당성을 제공한다는 것이다. 둘째 과학적 지식은 두 개의 갈등 상태에 있는 적대적인 계급 간에 완충제의 역할을 할 수 있다는 것이다. 마지막으로 국가는 통계를 통해 스스로 중간 목표를 설정

---

[32] Smith, *Economic Aspect of State Socialism*, p. 68.
[33] 경제학의 위기는 각종 통계 조사에 관한 논의의 핵심적인 주제였다. 1830년대의 통계협회 결성에 있어서도 그러한 문제는 공공연한 이유로 제기되었다. Briggs, "Human Aggregate," pp. 57-8 참조. 1885년과 1886년의 산업 침체에 관한 왕립 위원회(Royal Commission on Depression of Trade)의 보고서에서도 명백히 이러한 문제가 제시되었다. Giffen, Marshall 과 같은 주요한 증인들 가운데 depression의 성격과 정도에 관하여 논쟁이 있었다. 통계학자인 Giffen은 침체의 정도는 많은 사람들이 느끼는 것만큼 심하지 않다고 주장하였고 경제학자인 Marshall은 상황은 침체의 일반적인 조건과 일관된다고 주장하였다. 위원회의 보고서는 생산에 관한 통계도 없고 취업에 관하여는 기능공 노조들의 실업에 관한 숫자에 제한되어 있고 비기능공에 대하여는 빈민 통계로부터 짐작하는 것 외에는 아는 것이 없다는 것에 강한 불만을 표현하였다. 나아가서 보고서는 경기 침체에 관하여 측정은 고사하고 定義를 내리지도 못한다고 토로하고 있다. 이러한 상황 진단은 노동통계 설립의 기저에 깔린 이유였다. Ford, *Social Theory and Social Practice*, pp. 50-1. Llewellyn Smith, *Economic Aspect of State Socialism*, p. 1도 참조.
[34] Jevons, *State in Relation to Labour*, p. 12.

할 수 있다는 것이다. 제본스의 추상적 원칙의 부정은 결국 통계방법의 결과에 그의 행동이 근거하는 새로운 합리적인 지도적 권위를 설정하게 되는 것이다.[35] 알프레드 마샬은 통계를 국가로 하여금 "조용하고 참을성 있는 다수의 이해를 시끄럽고 도발적인 소수로부터 지켜주도록 하는" 중요한 제도적인 장치라고 보았다.[36]

사회개혁에 있어 과학적 지식의 사용을 주장하던 또 하나의 집단은 신자유주의자들(new liberals)이었다. 노동통계의 발달에 있어 그들의 영향력이 결정적이었다고 할 수는 없으나 그들의 사상은 영국에서의 사회개혁 사상 발전에 지속적인 영향을 미쳤다. 신자유주의자들은 명제의 경험적 검증을 믿는 사람들이었고 사회지식의 계량화를 옹호하고 있었다.[37] 과학은 윤리적 선택에 수단을 제공하지만 윤리적 원칙은 과학에 의하여 주어지지 않는다는 것이 그들의 독특한 입장이었다. 신자유주의자들에 있어서는 과학은 합리적인 도구였다. 그들의 기본적인 입장은 생물학적 진화론에 근거하고 있었다. 그들은 진화론이 오랜 철학적인 인간과 자연 그리고 정신과 물체의 이분법을 극복하였다고 믿었다. 이러한 상황에서 이제는 사회에 대한 연구에는 과학적 연구만으로 족하다는 것이었다.[38] 나아가서 겉으로는 반윤리적인 것 같지만 이들의 진화이론은 다윈(Darwin)의 적자생존의 이론을 극복하고 있었다. 인간의 정신이 사회진화에 참여하는 이상 윤리적인 사회는 의식적인 개

---

[35] Llwellyn Smith의 입장은 국가는 "갈등적인 이해간의 중재자 이상의 것이며 교환가치의 총합으로 간주되는 국가적 부를 확장할 뿐만이 아니라 국가적 생산력의 확장의 기능을 갖는 위대한 통제 장치"여야 한다는 것이다. Smith, *Economic Aspect of State Socialism*, pp. 58-9.

[36] Alfred Marshall, "The Old Generation of Economists and the New," *Quarterly Journal of Economics* (March, 1897).

[37] Freeden, *New Liberalism*, pp. 8-9.

[38] Ibid., p. 79. 19세기를 통하여 사회과학에 있어 통계방법론의 사용에 대한 주된 저항은 자유의지의 이론에서였다. Porter, *Rise of Statistical Thinking*, pp. 150-63.

혁의 결과인 것이다. "정신의 진화는 사회 발전의 촉매제이다." [39] 신자유주의자들의 생물학적 시각은 경험주의적 과학적인 연구의 근본 이유를 제시하였다.

이러한 여러 다른 주장들을 비교해 보면 경제학자들과 신자유주의자들의 주장은 앞서 지적한 호웰과 부쓰도 제기하였던 보편적 지식으로서의 통계의 사상에 근거하고 있음을 알 수 있다. '견고한 사실'의 관념은 제본스의 입법의 합리적 정당성과 갈등하는 계급 간의 중재 조정자로서의 공평한 통계라는 아이디어의 기본 전제조건을 형성하고 있다. 이러한 관념은 신자유주의자들의 윤리적 선택의 개념에도 영향을 미쳤던 것이다. 이러한 다양한 종류의 토론은 결국 통계지식의 독점적 타당성을 말하고 있는 것이다. 이에 부쓰와 경제학자들은 다른 방식으로 논의를 전개하는데, 전자의 경우 통계란 전체 모습의 일부만을 보고 있는 모든 지식 원천으로부터의 모든 사실의 수집인 반면, 제본스의 주장은 적절한 방법론을 지닌 과학자는 다른 사람들이 보지 못하는 것을 본다는 것이다. 윌리암 베버리지는 1906년 2월 「모닝포스트」(Morning Post)에 게재된 그의 「노동당을 환영한다」(Welcome to Labour Party)라는 글에서 다음과 같이 말하고 있다.

그러나 그들[노동당의 지도층]은 스스로 속임이 없이 또한 노동당원들이 갖고 있지 않은 덕목을 갖고 있는 척하지 말고 그렇게 해야할 것이다.

---

[39] 이러한 이론화는 Hobhouse의 공헌이었다. "인간의 정신은 반드시 협조로 향한 자연의 행진을 가속시키기 위하여 있는 것만은 아니고 그 자체 자연의 현상이며 사회의 정신을 통한 합리적 자기 진행은 '자연적' 진보 과정의 일부인 것이다. 이러한 이론은 자유주의의 윤리적 집단주의 흐름과 두 가지 면에서 연결되었다. 사회 적응의 과정으로서 사회적 수준에서 기능하는 정신의 문제는 의식있는 실체로서의 사회의 중요한 문제를 부각시켰다. 나아가서 이러한 이론은 인간이 그의 여건과 자신을 합리적으로 통제하고 변화시키는 길을 보여줌으로써 진화에 적극적으로 참여하는 사회개혁자들의 과업을 정당화시켰던 것이다." Freeden, *New Liberalism*, pp. 89-90.

당원들 특히 그들이 진정한 근로자들이라면 사회개혁에 관한 누구보다 강렬한 동기를 갖고 있을 것이다. 그러나 그들이 사회개혁의 최선의 방책에 관하여 반드시 더 견실한 판단(sounder judgement)을 갖고 있는 것은 아니다. 그들이 진정으로 노동자로 자처할 수 있는 사람들이라면 경제문제에 관한 폭넓은 의견을 형성하고 사회적 해악에 대한 민감한 원인들을 이해하는 데에는 별로 기회를 갖지 못했을 것이다. 특정한 과정에서 평생동안 일했던 사람이나 특정한 산업의 생산 과정의 한쪽에서 노조 간부로 일하던 사람들은 사회의 복잡성을 충분히 이해하고 실(失)보다는 득(得)을 얻을 수 있는 사회적 조치를 형성하는데 오히려 최악의 조건에 처해있는 것이다. 다음 총선거는 의회에 사회지식에 새로운 지식의 원천을 제공할 훌륭한 기회를 제공하리라 믿는다. 모든 방법의 연구와 실험을 통하여 사회현상과 새롭게 가능한 발전에 관한 우리의 개념을 증가시킬 수 있는 지식을 획득할 필요성이 엄청나게 증대되어 왔다.[40]

그러나 이러한 두 집단은 상이한 사고의 유형을 발전시켰다. 전자는 일종의 정신상태로서의 형식적 합리성에 중점을 둔 반면에, 경제학자들은 국가를 인공 두뇌(cybernetic) 장치로 만들 수 있는 합리적 권위체의 형성을 기대하였던 것이다. 전자의 사람들이 개인의 발전으로서의 자유주의적 윤리와 일관된 사상과 일맥 상통하는 것이라면, 후자는 자기의존(self-reliance)의 원리에 근거한 자유주의적 사회를 재건할 수 있는 합리적 지도적 권위체의 형성을 주장한 것이다.

실제로 통계지식의 보편성의 문제는 여러 경우에 공개적으로 주창되었

---

[40] William Beveridge, "Welcome to Labour Party," *Power and Influence*, Appendix A, 2, p. 366.

다. 그러나 노동자계급의 문제에 대한 합리적 통제나 과학적 지식의 효율성의 문제는 제2차세계대전 시기까지 실제 통계생산에서 중심적인 문제는 되지 못하고 있었다.[41] 영국 노동부의 공식 간행물인「노동신문」(Labour Gazette)의 창간호에서 자신의 목적을 "노동자들 그리고 노동에 특별히 관계된 사항에 관한 신속하고 정확한 정보를 얻으려하는 모든 사람들을 위한 신문 … 다른 말로 하면 노동의 이해와 연관된 공식정보, 노동부가 출판의 목적을 위하여 정보처로부터 입수한 정보는 이를 통해 대중적 사용을 위해 재편성되어 공개될 것"이라고 천명하고 있다.[42] 결국 그러한 지식의 사용은 애초부터 국가 관리들이나 사회과학자들 또는 이른바 '감호적 권력'에 한정되어 있지 않았다. 즉 그러한 출판물의 목적은 다른 곳에서 만들어지는 지식의 타당성을 부정하고 노동자계급의 문제와 연관된 지배적 담론의 특정한 도구와 시각을 전파하기 위한 것이었다.

위의 모든 사람들은 거의 예외 없이 사회주의 혁명이론을 비판하고 있다. 통계에 관한 모든 사상은 당시의 혁명운동의 분위기와 불가분의 관계에 있었다. 과학적 지식의 다양한 아이디어와 주장은 이 논점에서 응축되고 있었던 것이다. 1886년 노동통계청의 설치에 즈음하여 자본가 계급 이해의 대변자라 알려지고 있던「디 이코노미스트」(The Economist)는 새로운 국가 기관에 대하여 다음과 같이 말하고 있다.

> 우리의 공동체는 선한 경제학과 악한 경제학의 전투와 갈수록 적대적인 국제시장의 여건 속에서 영국의 경제가 생존할 수 있도록 스스로 방어

---

[41] Richard Hyman & Bib Price, "Labour Statistics," *Demystifying Social Statistics*, p. 223.
[42] Labour Department of the Board of Trade, *Labour Gazette*, 1, No. 1 (May, 1893), p. 1.

하여야 한다. 건전한 경제원칙을 능멸하려 하는 파괴적 오류에 우리는 저항하여야 하며 노동문제를 대함에 있어 공공여론과 정책결정자들은 사회개혁에 대한 정당한 관심과 사회주의 경제학의 사악한 기운을 명백히 구별지어야 하는 것이다.[43]

찰스 부쓰는 혁명주의자들의 감정적이고 비합리적 사고방식을 비판하였고 루웰린 스미스는 사회발전의 합리적 단계에 의하여 도달할 수 없는 상태를 신봉하는 혁명주의자의 고유한 비합리성을 통계지식의 성립의 문제와 연관하여 비판하고 있었다. 이러한 과학적 지식에 관한 다양한 아이디어들은 각각 혁명의 허구성에 대해 다양한 이유를 들어 비판을 가하고 있었다.

이러한 노동통계에 관한 목적과 사회·정치적 이해들은 노동행정의 지위의 문제와 연관되어 있었다. 노동통계가 앞에서 보았듯이 합리적 정신상태, 합리적 행동양식 그리고 합리적 권위의 형성과 발전에 의도를 두고 있었던 만큼 노동통계의 생산과 사용은 임시적이 아니라 항구적인 제도가 되어야했다. 결국 노동통계는 특정적 국가의 개입활동의 인식적인 도구일 뿐만이 아니라 노동계급과 국가의 새로운 존재양태를 향하여 그 의도가 설정되어 있었던 셈이다.

---

[43] *The Economist* (September 11, 1886).

2. 사회 정치적 조건

　19세기 초반부터 통상청, 통계부를 이끌던 인물들은 노동통계를 포함한 다양하고 광범위한 통계에 대한 계획을 갖고 있었다.[44] 후반에 들어서는 1869년에 TUC 의회위원회 (Parliamentary Committee) 소속의 조지 호웰 (George Howell)은 하원에서 노동행정부의 설립을 주창하였으나 아무런 반응이 없었다. 다시 1876년에 재차 시도하였으나 역시 소용없는 짓이었다. 1879년에는 통상청의 요청에 의하여 공공통계위원회(Official Statistical Committee)가 재무성 (Treasury)에 의하여 성립되었다. 1881년의 위원회 보고서는 정부통계의 부적절함을 지적하였으나 보고서는 역시 별로 주목받지 못하였다.[45] 한마디로 1870년대까지는 노동통계의 설립을 위한 사회·정치적 조건이 갖추어져 있지 못했다.

　무엇보다 앞에서 논의한대로 특정한 사회·경제적 조건들이 노동통계의 필요성에 대해 환기시켰다고 할 수 있다. 부쓰는 사회주의자들의 선정적 선동, 사회적 해악의 증가 그리고 노동자들의 소요의 확산 등을 그의 연구 활동이 문제삼았던 정치·사회적 조건으로 제시하였다. 둘째 경제학자들은 경제학의 권위의 붕괴를 그들의 과업의 일차적인 조건으로 제시하였다. 나아가서 제본스는 정상적인 교신이 불가능한 사회계급 간의 격렬한 투쟁을 지적하고 있으며 또한 루웰린 스미스는 혁명적 이론의 확산에 민감한 반응을

---

[44] 통계부의 창시자인 George R. Porter의 후계자인 Poulett Thompson은 통계부의 활동 영역과 통계조사 기획의 범위에 대하여 다음과 같이 말하고 있다. "모든 가족의 식구들의 숫자, 연령, 성별, 취업 그리고 임금은 모두 확인될 수 있으며, 각 가족의 취업 인구의 수, 각 교구의 부양인과 혜택을 받는 사람의 수, 거주 상태 내지 편의 상태, 교육받은 자녀의 수⋯" Cullen, *Statistical Movement*, p. 26. 말하자면 Thompson의 생각은 어떤 특별한 강조점 없이 노동자계급에 관한 모든 것을 포함하자는 것이었다.

[45] Davidson, "Llewellyn Smith," p. 230.

보이고 있었다.

역사학자인 맥그리거(O. R. McGregor)는 영국에서 1870년대 이후의 사회과학 연구의 발전은 노동자계급의 소요와 사회주의 확산에 대한 공포에 의한 것이었다고 주장하였다.[46] 실제로 1880년대부터 1930년대까지는 '위기' 상황으로 특징지워 질 수 있다. 1880년대 후반에는 혁명의 위협이 심각하게 느껴지고 있었다. 경제적인 침체 또한 이전의 어느 경제 불황에 비하여 심각한 것이었다. '존경받는 노동자'(respectable workers)들은 심각한 타격을 받았고 그들 간에 급진적인 사상들이 확산되기 시작하였다. 혁명적인 이데올로기의 등장은 전례없는 것이었다. 더욱이 이 시기는 새로운 타입의 노조 즉 비숙련공들에 의한 계급조직으로서의 신노조주의(new unionism)가 폭발적으로 증가하던 시기였다. 무엇보다도 가난한 계층들의 저항적 폭동은 기존의 질서 그 자체에 대한 공격의 성격을 띠고 있었다.[47] 1884년의 제3차선거법개정에 의한 노동자계급의 투표권 확대는 오히려 중산층 내의 폭도와 사회주의에 대한 공포심을 더욱 확산시키게 되었다. "1870년대에 전문적인 잡지에서 전문가들의 논의에 국한되던 런던 빈민의 생활에 관한 토론은 이제 급박한 일반적 논쟁의 주제가 되었다. 1883년부터 계간잡지들과 신문 등은 즉각적인 개혁의 필요성과 다가오는 혁명의 위협에 대처해야 한다는 경고로 가득차게 되었다."[48] 1886년 이후에는 사회주의 혁명의 위협

---

[46] O. R. McGregor, "Social Research and Social Policy in the Nineteenth Century," British Journal of Sociology 8, No. 3 (1957), p. 146, pp. 156-7.

[47] "1880년대의 저항 폭동들은 1830년대와 1840년대 그리고 1866년의 선거권과 차티스트 운동 등과는 전혀 다른 것이었다. 이전에는 폭도들의 분노는 특정 개인들 즉 모든 양식있는 자유주의적인 사람들이 다함께 비난하는 반동적 정치가들을 향한 것이었다. 그러나 이번에는 공격의 화살은 기존의 질서 그 자체 즉 특정 개인들이 아니라 재산을 향한 것이었다. 빈민들을 만족시키기 위해서는 부자들은 그들의 부를 양도하는 도리밖에 없었다." Bentley B. Gilbert, The Evolution of National Insurance in Great Britain: The Origins of the Welfare State (London: Michael Joseph, 1966), p. 24.

[48] Jones, Outcast London, p. 290.

은 중산계급 일반의 보편적인 시각이 되었다. 결국 영국 사회에서의 계급분화는 노동자계급에 관한 각종 통계에도 지울 수 없는 흔적을 남기게 되었다. 1885년 산업보상회의에 참석한 경제학자 커닝햄(Cunningham)은 기존의 노동자계급에 관한 통계를 다음과 같이 비판하고 있다. "이 회의에 참석한 많은 회원들은 노동자들을 문명사회의 구성원으로 보려고 하는 반면 논문의 저자들은 노동자를 먹고 마시고 입을 것을 얻는 짐승으로 토의를 전개하고 있다."[49]

그러나 어떻게 노동자계급에 관한 통계지식이 혁명을 방지하는데 도움을 줄 것인가는 전혀 확실치 않다. 앞에서 보았듯이 노동통계의 생산의 의도는 혁명주의 이념에 초점이 맞추어지고 있었지만 사실 그들이 어떤 효과적이고 구체적인 전략을 제시한 것은 아니었다. 그들의 의도는 대단히 추상적이고 광범위한 것이었으며 앞서 행한 토론은 재구성의 성격을 갖는 것이었다. 더욱이 일반적인 경우에 지식의 여러 가지 문제에 대하여는 지식의 대상체가 아니라 지식의 주체 그리고 생산자와 소비자들의 조건과 더욱 밀접한 관련이 있는 것이다. 찰스 부쓰가 지적하였듯이 대부분의 통계자료는 노동자 자신들이 알고 있는 지식의 일부들이고 결국은 그들로부터 수집한 것들이었다.

혁명의 위협 외에도 노동통계가 만들어지게 되는 조건으로는 지배계급 내부의 관계의 변화가 못지않게 중요한 요인이었다. 우선 자유당(Liberal Party)의 분열은 사회개혁의 정치 양상을 결정하는 데 결정적인 요인이었다. 이러한 문제는 앞서 말한 경제학의 권위의 위기와 대동소이한 것이었다. 1860년대의 선거권 확대 이후에 자유당은 그들의 대중지지 기반에 대하여 우려하기 시작하였다. 이에 1879년과 1880년 글래드스톤(Gladstone)은 대중들에게 직접 지지를 호소하기 위하여 역사적인 미들로티안 선거운동

---

[49] *Report of the Industrial Remuneration Conference* (Aberdeen, 1885), p. 6.

(Midlothian campaign)을 전개하게 되었다. 결국 그는 노동자계급의 지지를 획득하게 되었고 노동자계급 내의 자유주의는 20세기에 이르러서도 계속되었다. 그러나 1880년대의 중반에 이르면 전통적인 양당제도는 흔들리기 시작하였다. 1885년에는 파넬(Parnell)의 아이리쉬당(Irish Party)이 결성되었다. 1886년에는 아일랜드 자치문제로 인하여 자유당은 양분되었고 유니오니스트(Unionists)들은 제국주의와 사회문제를 이용하여 지지를 넓혀나갔다. 더구나 보수당의 세력도 이 시기에는 전례 없는 파산 지경에 이르게 되었다. 곧 보수당은 쏠즈베리경(Lord Salisbury)의 지도력에 힘입어 복구되는 듯 했으나 보어 전쟁(Boer War) 이후 조셉 체임벌린(Joseph Chamaberlain)의 관세개혁 문제에 이은 경제문제로 인해 심각한 분열로 빠져들게 되었다.

노동통계의 여러 모습들은 이러한 악화일로의 정치적 상황에서 나타나게 되었다. 1886년 하원이 노동통계국을 설치하였을 때 노동국으로서는 정치적 중립보다 오히려 노조들과의 협력이 더욱 중요한 문제였다. 노동국의 첫 번째 연락관(labour correspondent)에는 통합기술자회(Amalgamated Society of Engineers)의 사무국장(General Secretary)이였던 버넷(Burnett)이 임명되었다. 글래드스톤이 제2차 아릴랜드 자치법안 (Irish Home Rule Bill)을 제출하였던 1893년에 이르면 노동통계는 이제 중요한 문제가 되었고 이에 루웰린 스미스는 노동국에 특채되었다.

1892년 8월부터 1893년 1월까지 논란은 정부의 어느 행정부서가 노동행정의 통괄적 임무를 맡을 것인가의 문제였다. 통상청은 통계 생산의 기능을 갖고 있었고 그런가하면 내무부와 지방정부청(Local Government Board)은 전통적으로 노동자계급 통제의 주요한 책임을 맡고 있었다. 결국 통상청을 선택하게 된 것은 다른 부처들이 하나하나 배제되었기 때문이었다. "'노동문제'가 공공토론의 중심에 등장하게 되면 내무성은 자체 정보 부서가 없다는 사실이 심각한 약점으로 등장하였다. 행정지도를 위한 통계의 준비에 내무성이 투여하는 시간과 재정의 양은 위태로울 정도로 미미했다." 지방정부청의 경우에는 "그의 감독임무에 객관적 테스트의 기술이 전무하였고 어느 특정 정책의 결과에 대하여 정확한 측정도 전혀 없었다."[50] 지방정부청의 경우 통계관은 있기는 하였으나 그들의 능력은 수준 이하였다. 각 부서는 상이한 문제들을 안고 있었다. 지방정부청은 빈민법 정통론에 얽매어 있는 관계로 그들의 문제는 위험스러운 정책이라기 보다는 무능과 비효율의 문제였다. 그런가 하면 내무성의 경우에는 감독관(inspectors)들의 광범위한 직접 경험에도 불구하고 충분한 통계분석의 뒷받침 없는 정책 입안은 위험할 수 있었다.[51]

노동행정 발달의 초기 단계에서 복잡한 정치적 상황은 노동행정 활동을 제약하게 되었다. 데이빗슨에 의하면 우선, 자유당의 분열로 인하여 노동행정은 독립된 부 (ministry)로 설치될 수 없었다. 둘째로 노동행정의 활동이 통계 수집이라는 하나의 임무로 제약되었다. 그 첫 번째 이미지 즉 "과격파의 잡무 조직" (machine for radical jobbery)이라는 명성은 노동행정 발달의 큰 장애물이었다. 노동행정의 중립성이라는 외형은 이러한 민감한 정치적인 상황에서 생존하기 위한 방편이기도 했다. 루웰린 스미스는 "[노동]부의 목적은 의견의 형성을 위한 건전한 기반을 마련하는 일이지 의견 자체

---

50 Davidson, "Llewellyn Smith," pp. 251-4.
51 Roger Davidson은 이 시기에 통계자료는 사회 정책 결정에 크게 말하여 3가지 이유 때문에 결정적으로 중요하게 되었다는 것이다. 첫째는 "사회적 산업적 문제의 정도를 일반인이 이해할 수 있는 형태로 요약하는 데 있어 정부가 입법하는 데 부딪쳐야만 하는 여론을 동원하는 데 도움이 되었다." 둘째 "후기 빅토리안 시기의 관리들은 '노동문제'의 복잡성에 대응하여 단순화된 그림이나 모델을 갖는다고 가정하고 이 경우에 국내외의 과거의 경험을 요약하는 통계조사를 통하여 미래에 대한 확률을 설정할 수 있고 그리하여 어떤 정책들은 실제 고려에서 제외하고 여타 정책들을 차별하는 가운데 그러한 모델들의 범위를 제한할 수 있게 되었다." 셋째는 사회 입법이라는 형태로 결정이 실행되었을 때 노동통계는 미래의 의사결정을 위하여 결과를 모니터할 수 있게 했다는 것이다. Davidson, "Llewellyn Smith," pp. 236-50.

를 공급하는 것이 아니다"는 의견을 피력하였다.[52] 결국 지식의 과학적 형태는 노동행정을 정치적으로 중립적인, 말하자면 당시의 당파 간의 갈등과 무관한 것으로 만들기 위하여 선택된 것이었다. 과학적 지식 그 자체는 의견이나 판단은 아닌 것이다. 정치권력 차원의 갈등 상황에서 통계적 근거가 없는 개혁안은 정치적인 폭발물이 될 수도 있었던 것이다.[53] 이러한 정치적인 여건은 노동통계의 확립에 소극적인 의미에서만 아니라 적극적인 의미에서도 오히려 유리한 여건을 제공했다고 할 수도 있다. 정치인들 특히 자유당 정치가들의 자기통제(self-censorship)는 이러한 노동개혁 문제에서 비정치적인 전문지식의 권위가 확대될 수 있는 여지를 제공하고 있었다.

영국의 경우에 노동통계의 발전은 자유주의 또는 자유당 정치인들의 공로였다고 해도 무방할 것이다.[54] 그러나 자유당의 주류파들(official liberals)은 노동통계나 사회개혁에 관하여 위에서 제시한 의도들을 공유하던 사람들은 결코 아니었다.[55] 그러나 노동자계급에 관한 모든 문제들은 자

---

52 Ibid., pp. 236-7, pp. 248-9.
53 당시 자유당 내에서 20세기초에 이르기까지 사회개혁의 문제는 정치적 결속보다는 분열을 야기하는 문제였다. Harris, *Unemployment and Politics*, p. 230.
54 이러한 측면은 이미 1830년대의 통계협회의 확산 시기에도 눈에 띠는 현상이었다. Cullen, *Statistical Movement*, pp. 81-2.
55 Balfour는 노조주의에 반대하던 사람이었다. Campbell-Bannerman이나 Asquith도 별로 다를 바 없었다. "자유당 지도자들은 사회적 과격주의자나 노동당으로부터의 임금, 고용 그리고 생산을 결정함에 고용주들에게 '비경제적'인 기준을 강요한다는 압력에 대항하는 사람들이었다. 그들이 노조주의자들과 협력하려는 것은 주로 일반 노조원들의 과격주의를 흡수하는 방편에서였다." Lloyd George의 주도하에 통상청은 산업 분규에 대하여 보다 적극적인 대응을 하였으나 그가 경제적 재앙을 피하고 자본을 보호함으로써 정치적인 명성을 얻겠다는 일차적인 비교하면 노동계의 요구라는 것은 대단히 부차적인 것이었다. Churchill의 정책은 "정치적 기회주의와 재산권과 산업투자를 보장한다는 목표"에 의하여 유발된 것이었다. "노동조합의 주요 기능은 노동운동 내부에 극단주의자들에 의하여 살포되는 '야만적인 공식'을 추방하고 사회적 화합과 생존 임금을 보장하는 단체협약 과정에 협조함으로써 자본주의 체계에 필수적인 보호막과 방책선을 제공하는 것이었다." Davidson, "The Board of Trade and Industrial Relations," pp. 577-80; Langan, "Reorganizing the Labour Market," *Crises in British State, 1880-1930*, p. 112; Ford, *Social Theory and Social Practice*, p. 201.

유주의의 언어로 포장되어 있었다. 노동자계급의 조직적인 폭력 외에도 '비도덕화'(demoralization) 니 '타락'(degeneration)이니 하는 등의 자유주의 특유의 어휘들이 문제를 정의하고 있었다.

또한 노동통계의 발전에서 자본가 사회(business community)의 신뢰는 노동행정의 발전과 임무수행에 결정적인 여건이었다. 1890년대 이전에 이미 영국의 고용주들은 "단체 협상이 본질적으로 산업 갈등의 제도화는 만약 적대적 시장 환경에서 중요한 경영의 권위를 확립하고 재생산하는 방향으로 움직인다면 노동조합의 '폭정'(tyranny)을 효과적으로 분산시킬 것으로 이해하고 있었다." "그 결과 많은 고용주들은 철도나 해운업계를 제외하고는 그 어느 때보다도 산업 평화, 생산의 지속성 그리고 유연적 생산비를 보장되기 위한 여러 형태의 조정, 중재 그리고 집단협상에 응할 용의가 있었다."[56] 1899년에는 통상청에 상업정보부 (Commercial Intelligence Branch)가 창설되어 전국 각지에서 경제 조건에 관한 정보를 수집하여 무료로 사업가나 고용주들에게 기밀의 형태로 배포하기 시작하였다. 이러한 활동들로 인하여 통상청은 여러 상공회의소(Chambers of Commerce)로부터 지지를 받게 되었고 이들 간에는 통상청을 상공부(Ministry of Commerce and Industry)로 확장 승격시켜야 한다는 생각이 널리 퍼져 있었다.[57]

일반적으로 노동행정 발달의 가장 강력한 적은 보수주의자들과 과격 사회주의자들이었다. 이 두 집단들은 공히 공공지식으로서의 노동통계의 함유를 알고 있었고 미래의 불확실한 정치적 입지에 대하여 민감한 편이었다.[58]

---

[56] W. R. Garside & H. F. Gospel, "Employers and Managers: Their Organizational Structure and Changing Industrial Strategies," *A History of British Industrial Relations*, C. J. Wrigley, ed., pp. 104-5.
[57] Harris, *Unemployment and Politics*, p. 283.
[58] Davidson, *Whitehall and the Labour Problem*, pp. 206-10.

그들 중에 특히 과격 보수주의자들은 노동통계에 대하여 적대적 공세를 펴고 있었다. 이 기간을 통하여 보수적인 언론이나 잡지들은 통상청의 활동 전반에 관하여 공격하였다.[59] 특히 자유재산수호동맹(Liberty and Property Defense League)이나 전국자유노동협회(National Free Labour Association) 등의 과격 보수 단체들은 노사관계에 대한 국가 개입을 저지하기 위한 공작 활동도 벌이고 있었다. 만약 그들이 당시에 충분한 힘이 있었다면 노동행정이나 노동통계는 결국 이루어지지 못했을지 모른다. 보수주의자들은 본질적으로 노동자계급의 조건을 측정하고 공공화한다는 생각 자체에 적대감을 갖고 있었다. 1880년대 중반 이후로 보수적인 재무성 관리들은 노동부에 대한 적대감을 노골적으로 드러내곤 했다. 그들은 노동통계를 "사회적 과격주의의 민중주의 전략(populist strategy)이며 사회주의적 경비 팽창의 얇은 쐐기날"이라고 언급하고 있다. 결국 노동부는 사회주의적 사치의 영구한 음모라고 공격받고 있었다.[60]

폭도 지배나 사회주의 혁명에 대한 공포 외에도 이와 연관된 영국 사회의 기존의 지배층의 분열은 분명히 노동통계 확립의 결정적인 조건이었다. 한편으로 이러한 여건들은 노동통계의 계급정치 전략을 성공적으로 이끈 유리한 조건이었다고 말할 수도 있으나 다른 각도에서 보면 이러한 여건들은 사회개혁의 정치가 노동통계를 통하여 독특한 형태로 나아갈 수밖에 없었던 제약조건을 형성하고 있었다.

---

59 *The Times*지는 Labour Department를 "신노조주의와 페이비안 사회주의의 대변자이며 그들의 목표는 자본주의를 혼내주는 데 있다"고 공박하였다. *The Times* (Septemer 13, 1897). 또한 좌파언론은 다음과 같이 쓰고 있다. "통상청의 첫째 목표는 값싸고 비굴한 노동력을 산업자본주의에 조달하는 데 있고" "구식 노조주의의 그릇된 의식을 영구화하고 전투적인 지도자들을 여론에서 소외시키려는 것이며" 나아가서 "소득 불평등의 기존 구조를 정당화하려는 것이다." Davidson, "Board of Trade and Industrial Relations," p. 572.
60 Davidson, *Whitehall and the Labour Problem*, p. 170.

노동통계 발달의 원인을 규명하기 위해서는 위에서 언급한 행위자들과 그들의 의도 간의 상관관계가 우선 검토되어야 한다. 주요 행위자들은 자유주의자, 경제학자, 개혁가 그리고 옥스포드 출신들이라 할 수 있으며 이러한 집단은 동심원 구조를 형성하고 있다. 당시 부상하는 전문직종으로서 경제학자들은 그들의 독특한 능력이 정통성의 기저가 되는 새로운 사회적 권위체를 구축하고자 하였다. 노동통계는 분명히 그들 전문직의 중요한 전략적 요충으로 보여졌다. 또 한편 영국에서 그들의 대부분은 옥스포드 출신 즉 기존의 지배계급의 중심축을 형성하는 집단이었다.[61] 이러한 경우는 사회적 동원이 연루된 집단의 이해의 이론에서 보이는 전형적인 경우와는 사뭇 다르다고 말할 수 있다. 오히려 이러한 영국의 경우는 기존의 엘리트 집단이 위기의 상황에서 새로운 양태의 사회통제 방식으로 그들의 지위를 복구하고 재천명하는 경우로 보아야 할 것이다. 아울러 노동행정 관리들과 그들의 지식체계의 권위확장 과정에서 장기간의 불연속이나 투쟁의 과정이 상대적으로 별로 없었다고 말할 수 있다. 말하자면 그들의 입장은 사회의 대부분에 의하여 즉시 수용되었다고 볼 수 있을 것이다.

행위자들의 의도와 위에서 언급한 사회정치적 조건과도 대부분 일관된 면을 보이고 있다. 비교의 시각에서 보면 행위자들의 의도 특히 독특한 정신적, 형식적 합리성의 문제는 대단히 온정주의적(paternalist)인 태도를 보이고 있다. 이러한 정신적 합리성은 양면의 의미를 가진다. 첫째 그것은 당파적 갈등에 처해 있는 사회개혁의 정책결정자들이 지녀야할 적절한 정신자세를 의미하는 것이다. 또는 과학적 전문성과 형식적 합리성은 개념적으로 사회개혁의 정치와 정당정치를 구별하고 있는 것이다. 둘째 그것은 나아가서

---

61 경제학의 전문화 과정에서 대부분의 개혁위주의 귀납법적인 발달은 Oxford를 중심으로 이루어졌고 연역적 이론화는 Cambridge를 중심으로 발달하였다. Maloney, *Marshall, Orthodoxy*.

계급투쟁의 선동적 분위기를 제거함으로써 혁명의 위협으로부터 기존의 사회질서를 지킨다는 것이다. 이러한 의미에서 노동통계는 그들의 언어로 "노동자계급의 자기 발전"(self-improvement of the working-class)과 "공공대중의 교육"(the education of the public)을 위한 것이었다. 영국에서 당시 널리 쓰이던 말인 "사회평정"(social pacification)은 노동통계의 본질적인 의도였다. 영국에서 비교적 다른 나라에 비하여 혁명사상이 낮은 수위였다고 본다면 노동계급의 폭동, 자유당의 분열 그리고 노동행정 발달의 시간적 일치는 결코 우연이라 할 수 없다.

결국 노동통계 발달의 충분조건은 기존의 지배계층의 분열과 인과적으로 연관된 노동자계급의 도전이라고 할 수 있다. 이러한 인과관계는 사회개혁의 문제를 계급에 관한 투쟁으로 만들고 다시 이것은 사회개혁의 정치가 이처럼 독특한 형태를 띠어야 하는 상황을 이루었던 것이다. 중산계급에게 인지된 위협의 형태 즉 독자적인 노동자계급이 만들어지고 있다는 위협은 개혁의 새로운 대상체 즉 '노동'을 정의하였고 날로 증가하는 파업, 임시노동자들의 폭동, 조직화 등의 구체적인 문제는 노동통계 내의 노사관계, 실업, 임금 그리고 생계비 등의 개별적인 관심 사항들을 하나하나 정의해 나가는 실천으로 이어졌다.

제7장

프랑스의 경우

1. 행위자와 그들의 의도

　행위자들의 구성과 의도에 관한 한 프랑스의 경우는 다른 두 나라의 경우보다 복잡한 양상을 보인다. 그것은 주로 사회과학과 통계에 관한 사상이 다른 어느 나라보다도 프랑스에서 일찍 발달하였다는 데서 원인을 찾을 수 있을 것이다. 더구나 그러한 사상이 사회에 널리 전파되는 과정에서 여러 사회 정치 행위자들에 의하여 계속적으로 조정되고 다른 사상과 융합되기도 하였다. 왕정복구적 보수주의자들을 제외하면 엘리트 집단은 대부분 노동통계의 생산에 반대하지 않았다고 말할 수 있다. 우선 이 장에서는 직접적으로 노동통계의 확립의 배후에 있던 사회 정치적 집단들을 토론하고, 다음으로 그들의 노동통계를 지지하는 의도를 분석한 뒤 마지막으로 프랑스 경우의 큰 그림 속에서 행위자와 그들의 의도 간의 관계를 토론할 것이다.

　노동통계국의 설치를 직접적으로 요구한 정치가들은 주로 급진 공화주의자들 (Radical Republicans)이었다. 당시 권좌에 있던 기회주의자들(Opportunistes)은 마지못해 급진파들의 요구를 수락하였지만 보수화하면서 차츰 노동행정을 억압하기 시작하였다. 노동행정을 그의 본격적인 성장기에 이끌던 대표적인 행정가는 아르튀르 퐁텐(Arthur Fontaine)이었다. 그는 선임자와 마찬가지로 기술대학(école de polytechnique) 출신이었다. 그가 처음 노동실(Office du travail)에 들어갔을 때 그는 제1분과인 노동통계를 맡게 되었다. 그는 1894년 노동실의 기관지인 「노동실월보」(Bulletin mensuel de l'Office du travail)를 창설하였고 곧 노동실의 부실장(Sous-Directeur)으로 승진하였다. 퐁텐은 후에 노동부의 초대 사무차관(Permanent Secretary)을 역임하고 후일 국제노동국(Bureau International du Travail)의 초대 회장이 되었다.[1] 자신은 사회주의자가 아니었지만 고등사범학교(École Normale Supérieur)의 사서이며, 조레스와 블랑을 사회주의로 이끈 프랑스 사회주의의 대부 루시앙 에르 (Lucien Herr)의 각별한 지지를 받고 있었다. 에르는 퐁텐의 "매일의 연구와 조사"을 도와주었다고 한다. 퐁텐은 또한 노동계의 행동가 이시도르 피낭스(Isidore Finance) 그리고 르쁠레(Le Play) 추종자 계열의 피에르 뒤 마루쌩(Pierre du Maroussem) 등과 긴밀히 협조하였으며 경제학자인 샤를르 리스트 (Charles Rist) 그리고 노동사 학자인 옥타브 페스티(Octave Festy)로부터 많은 도움을 얻었다.[2]

   프랑스에는 노동통계를 확립하는 데 결정적인 역할을 한 여러 다른 집단이 있었다. 첫째는 1880년대 중반부터 사회개혁에 주도권을 잡은 급진 공화파로, 노동실 창설의 주요 지지자였다. 둘째, 급진 공화파와 노동행정을 지지한 사회주의자들이 있었다. 즉각적인 봉기를 주장하던 게즈드(Guesde), 블랑끼(Blanqui)와 그들의 추종자들을 제외하고는 대부분의 사회주의자들은 노동통계의 발달을 지원했다. 셋째로는 여러 전문지식인의 집단이 있었다. 이들 집단중 국가 행정관리들은 중심적인 행위자들이었다. 노동행정

---

[1] Tournerie, *Ministère du Travail*, p. 210.
[2] Perrot, *Ouvriers en gréve*, Vol. 1, p. 20.

관리 선발의 일차적인 원천은 광산감독원단(corps de mines)이었다. 그들은 기술대학 출신(polytechniciens) 즉 프랑스 특유의 공통적 교육 배경을 갖는 기술 관료들이었고 국가평의회(Conseil d'état)나 재정감독원(Inspection de Finance) 등의 여타 고급 관료 집단과 구별되는 집단으로, 상당한 수준의 집단 의식을 갖고있었다.[3] 다른 전문 지식인들은 통계학회를 중심으로 연관되어 있었다. 1885년 통계고등평의회(Conseil Supérieur de Statistique)의 설립은 통계학회들이 1882년부터 요구하던 것이었다. 주요 협회로는 아돌프 께뗄레(Adolphe Quételet)가 창설한 국제통계학총회(Congrès International de Statistique)와 파리통계협회(Société Statistique de Paris)를 꼽을 수 있다. 그러나 그들의 요구가 과연 실제 노동행정을 설립하는 데 얼마나 효과적이었냐는 확실치 않다. 뒤에서 얘기하겠지만 이러한 통계학자들의 입장은 급진 공화파들과 과히 다르지 않았다.

우리는 프랑스의 경우에서 행위자의 집단 구성에 있어 몇 가지 특이한 면을 관찰할 수 있다. 첫째 프랑스에서는 중심적인 행위자 집단과 개인들을 영국의 경우와 같이 하나의 집단으로 취급할 수 없다. 프랑스에서 통계는 여러 상이한 집단의 정치가들과 전문 지식인들에게 노동자계급의 이해와 조건을 표현하는 적절한 방법으로 공통적으로 선택된 것이었다. 둘째, 프랑스의 경우는 경제학자들의 활동과 기여에 대한 흔적이 별로 보이지 않는다. 영국의 경우와는 달리 프랑스에서는 이 시기에 경제학 전문직이나 학계에 눈에 띠는 변화가 별로 없었다. 국가 행정부 내에서도 노동행정이 상공부(Ministère

---

3 초대 노동실장이던 Francis Lax는 보조원이 필요하게 되자 그는 적절한 자격을 가진 사람을 구하는데 주저치 않고 이 집단에서 찾았다. Lax와 Fontaine의 공통적인 교육 경력은 결코 우연이 아니었다. Lax는 의도적으로 광산감독원을 선발한 것이었다. Tournerie, *Ministère du Travail*, p. 209; Terri Shinn, *Savoir scientifique et pouvoir social: l'école polytechnique, 1794-1914* (Paris: Presses de la Fondation Nationales des Science Politique, 1980).

du Commerce et l'Industrie) 내에 설치되었지만 공공사업부의 광산감독원들이 새로운 노동행정을 담당하기 위하여 선발되었다. 셋째, 이러한 기술관료들은 긴밀하지는 않았다 하여도 사회주의자들과 폭넓게 연관되어 있었다.

중요한 실증과학 철학자들은 프랑스 출신들이 많이 있었다. 프랑스의 천재성(génie)의 전통과 공상적 사회주의의 전통은 19세기 초반부터 사회통제에서 과학의 사상을 전파하였다. 이러한 실증 사회과학과 통계학의 창시자들은 대부분 자연 과학도 출신들이었다. 아돌프 께뗄레는 벨기에 출신의 천문학자였고 프레드릭 르쁠레(Fréderic Le Play)는 광산 기술자였다. 경험적 사회과학과 통계학의 발달은 사회발전(social progress)과 사회공학(social engineering)의 사상과 밀접한 관계를 맺고 있었다. 통계는 사회적 행위의 합리적 도구였다.

노동통계의 확립을 위하여 제기된 공공적 언어를 보면 크게 네 가지 종류의 동기를 추출할 수 있다. 첫 번째로 가장 중심적인 통계의 사상은 통계는 합리적 사회적 행위와 사회통제의 수단이라는 것이다. 이러한 사회공학적 사유는 반혁명적(counter-revolutionary)이며 자유주의적 사회개혁가들로부터 19세기 초반부터 제기된 것이었다. 둘째, 통계는 객관적 사회지식이며 사회조건의 가장 적절한 표현이라는 것이었다. 이러한 객관성의 문제는 전형적으로 개량주의적 사회주의자들의 주장이었다. 셋째, 노동자계급의 조건에 관한 통계는 사회주의 혁명의 도구라는 것이다. 이것은 마르크스주의자들과 혁명적 생디칼리스트들의 주장이었다. 마지막으로 통계는 적절한 국가권력을 확립하는 데 필수적인 제도라는 것으로, 전형적인 공화주의자들의 입장이었다. 공적 언어들에서 확인되는 네 가지 의도들은 상호 독립적이지 않았다. 마지막 두개의 의도는 앞의 두 가지 의도에서 도출된 것이다. 나아가서 이들은 상호 배타적인 것도 아니었다. 공화주의자들은 첫 번째와 마지막 주장을 결합하여 사용하였고 가끔은 두 번째 주장도 결합되었다. 또한 사회주의자들은 둘째와 셋째를 병용하였다. 두 번째 주장인 객관적인 지식은 대부분의 정치가 혁명가 그리고 사회개혁가들에 의하여 공통적으로 사용되고 있었다.

통계에 관하여는 사회공학의 사상은 프랑스에서 가장 긴 역사를 갖는다. 통계를 통하여 께뗄레는 사회발전의 법칙을 발견하였고, 발전의 자연적 과정을 파괴하지 않도록 사회정치적 행위를 유도해 갈 수 있기를 기대하였다. 그는 사회의 발전이 점진적이고 연속적이라고 믿었다.[4] 경험적 사회과학의 또 한 사람의 창시자는 르쁠레라 할 수 있다. 학문에 대한 그의 일생의 목적은 1830년의 혁명의 와중에서 형성되었다. 그는 다음과 같이 쓰고 있다. "몇 천의 정치가와 저술가들은 보람없이 해결책을 찾아왔다. 비록 정치나 문학에는 문외한이지만 엄청난 시련의 부담을 안고 처음이나 마지막이나 피흘림이 없는 통치의 비밀을 찾기로 마음먹었다."[5] 이러한 사회공학의 주제는 많은 공화주의자와 개량주의 사회주의자들에 의하여 반복되었다. 1885년 고등통계평의회의 설립에 즈음하여 상무부 장관 루비에(Rouvier)는 다음과 같이 그의 대통령에 대한 보고서에 쓰고 있다.

우리의 사회 개량의 시대에 발전을 위한 어떠한 시도도 무시해서는 안 된다. 그러나 확실한 출발점이나 경험에서 얻어지는 자료를 가지고 있지 않다면, 또는 개혁의 결과가 절대적 권위를 지니는 문서에 의하여 추적할 수 없다면, 얼마나 많은 그러한 시도들이 위태로워질 것이고 후일 어떠한 결과가 올 것인가! 오직 통계만이 입법자들에게 귀납의 지혜를 통하여 결

---

[4] Porter, *Rise of Statistical Thinking*, pp. 55-70.
[5] Michael Z. Brooke, *Le Play: Engineer and Social Scientist* (London: Longman, 1970), p. 8.

함있는 제도를 개혁하고 유용한 것을 만들어내는데 사용할 요소를 제공할 것이다. 또한 오직 통계를 통해서만 상업, 인구, 범죄 등의 움직임을 알 수 있고 통계는 그 기반이 심각하게 잘못되지 않았다면 입법자를 속이지 않을 것이다.[6]

사회 통계의 선구자들은 그들의 입장을 명확히 하였다. 과학적 지식론은 합리적 사회통제를 위하여 고안된 것이며 그들의 이러한 사상은 사회개혁의 문제에 있어 과학적 지식의 주도권의 근거였다.

사회주의자들의 노동자들의 생활 조건에 관한 통계의 요구는 이미 1840년대에 등장하였다. 르드뤼-롤랭(Ledru-Rolin) 같은 노동계 지도자들이 정부의 노동자계급에 대한 조사를 요구한 것은 통계를 통하여 사실이 밝혀질 경우 사회개혁을 위한 사회주의자들의 요구가 강력한 지지를 얻을 것이라 믿었기 때문이었다.[7] 이러한 요구는 1848년 혁명이 발발하자 즉시 노동행정의 설치에 관한 요구로 반복되었다. 임시 정부의 반응은 당시 노동행정에 관한 일반적인 개념을 잘 나타내주고 있다. 정부의 답변은 "이미 노동계와 노동자를 잘 대표하는 상업부와 공공사업부가 존재하고 있다"는 것이었다.[8] 3월에 이르러 루이 블랑(Louis Blanc)의 주도 하에 뤽상부르위원회(Luxembourg Commission)가 발족하였으나 곧 실패하고 말았다. 오랫동안 사회주의자들은 노동에 관한 통계가 노동자계급을 대표하는데 가장 효과적인 방법이라고 믿고 있었다.[9]

---

6 "Institution d'un Conseil Supérieur de Statistique," *Journal de la Société Statistique de Paris* 26, No. 4 (April, 1885), p. 151.

7 Rigaudias-Weiss, *Enquêtes Ouvrières*, pp. 171-84.

8 Tournerie, *Ministère du Travail*, p. 32.

9 Marx는 노동자들의 노동행정과 "노동조직"(organization of labor)에 대한 요구를 아래와 같이 비판하였다. "...노동의 조직! 그러나 임금노동은 이미 부르주아의 노동조직으로 존재하고 있

노동행정은 실제로 파리 코뮌에 의하여 설치되었다. 파리 코뮌은 열 개의 위원회를 설립하였고 그중 하나가 노동과 교환위원회(Commission du travail et de l'échange)였다.[10] 위원회의 일은 첫째, 코뮌의 공공사업과 노동 관계에 대한 개혁을 제안하고, 둘째, 관세, 조세 등의 상업에 관한 개혁을 연구하고, 셋째, "산업에 노동의 과잉 공급을 피하고 자본가들에게 이익이 되는 노동자들 간의 무질서하고 자기파괴적인 상호 경쟁을 지양하는 것을 목적으로 어린이들의 자연적인 적성을 감안한 전문교육의 실시를 가능케하기 위한 신뢰할 만한 상공업에 관한 통계를 확립하기 위한 노동과 노동교환에 관한 포괄적인 조사를 실시"하는 일이었다.[11] 노동행정에 대한 사회주의자들의 사상적 입장은 노동행정이 "노동의 조직"이나 "노동교환" 등의 특정한 방향의 개혁을 주도해야 한다는 것이었다. 또한 노동행정은 노동자계급의 이익을 정당한 방법으로 대표해야 한다는 것이었다. 나아가서 꼬뮌에 있어서는 상공업에 관한 통계는 노동의 공급의 조정을 위한 노동행정의 주요 기능이라는 것이었다. 과학 지식에 대한 낙관주의는 이러한 계획의 특징이었다. 이러한 사고는 계몽사상, 공상적 사회주의, 아나키즘 등을 관통해 공유되는 전통이었다. 통계지식은 노동자계급의 이익을 지향하되, 사회 개혁에 있어서는 중립적이고, 무해한 합리적인 수단이었다.

칼 마르크스와 프리드리히 엥겔스도 통계에 대한 이러한 사상에 근거하

다. 그것이 없다면 자본도 없고 부르주아도 없고 부르주아 사회도 없다. 그들의 노동부! 그러나 재무부, 통상부, 공공사업부 등은 부르주아들의 노동부가 아닌가? 이러한 것들과 같이 있다면 프롤레타리아의 노동부는 무력부, 경건한 신앙부 또는 뤽상부르위원회에 불과한 것이다." Karl Marx, *Class Struggle in France, 1848-1850* (New York: International Publishers, 1964), p. 42.

10 '교환(l'échange)'라는 말은 직업소개소 제도를 뜻하는 말로써 당시에 유행하던 용어이며 1848년에 유행하던 '노동의 조직(l'organisation du travail)'라는 말과 유사하다. '교환'은 Prouhdon적인 용어라 할 수 있다.
11 Tournerie, *Ministère du travail*, pp. 56-61.

여 경험적 사회조사, 특히 통계를 그들의 혁명 사업에 이용하려 하였다.[12] 그들은 비참한 무산계급의 모습이 백일하에 드러난다면 자본주의는 흔들리고 사회주의 혁명이 발발할 것이라고 믿었다. 사회적 조건에 대한 지식은 자본주의에게는 '메두사의 머리'를 보는 것과 같이 치명적일 것이라고 생각했다. 국제통계학총회에서 영감을 얻는 마르크스는 제1차 인터내셔널의 가장 중요한 과제로 노동자계급의 조건에 관한 통계 수집을 제시하였다.[13] 어떤 의미에서 마르크스는 이전 시기의 사회주의자들의 "권위에 대한 청원"(Pétition aux autorités)의 양태를 떨쳐버린 것이다. 노동자들의 해방은 노동자 자신의 일이어야 하며 이에 통계는 노동자들의 교육에 결정적인 역

---

[12] 엥겔스(Engels)는 다음과 같이 말하고 있다. "사회주의 이론의 장점에 관한 정확한 판단을 형성하기 위하여는 무산자들의 생활 양태에 관한 적절한 지식을 갖는 것이 본질적이다. 그러한 지식은 사회주의에 대한 찬반 양측의 주장에 모두 깔려있는 노동자들에 대한 감상적 환상을 타파하기 위하여도 똑같이 필수적인 것이다. 노동자계급의 조건을 '고전적'인 형태로 연구하는 것은 영국(United Kingdom), 특히 잉글랜드(England)에서만 가능하다. 잉글랜드(England)에서만 우리는 많은 양의 공식 보고서를 우리 손안에 넣을 수 있다." Friedrich Engels, *The Condition of the Working Class in England*, W. O. Henderson & W. H. Chaloner, trs. (Stanford: Stanford University Press, 1968), p. 3. Engels 역시 통계에 관하여 "hard facts"라는 영국 자유주의 개혁가들의 언어를 사용하고 있다. 또 Karl Marx는 다음과 같이 말하였다. "영국에 비교하면 독일이나 다른 대륙의 나라에서는 사회 통계는 비참하게 쌓여 있다. 그러나 그러한 통계들은 뒤에 있는 메두사(Medusa)의 머리를 살짝 알아챌 정도로만 그 장막을 약간 올렸을 뿐이다. 영국의 경우와 같이 우리의 정부나 의회가 경제조건을 주사하기 위한 위원회를 정기적으로 임명했다면, 또 그러한 위원회들이 진실에 접근할 만한 전권을 갖고 있었다면, 또 영국의 공장 감독관들이나 공공위생에 관한 의학 보고원들이나 여성이나 유아의 착취 주거, 음식 등에 관한 조사 위원들 같이 유능하고 당파적이지않고 존경받는 사람들을 그러한 목적을 위하여 구할 수 있었다면, 우리는 필경 우리 고향의 현재 모습을 보고 경악을 금치 못했을 것이다. 페르세우스(Perseus)는 그가 죽이려는 괴물이 자기를 보지 못하도록 하기 위하여 마법의 모자를 썼다. 우리는 마치 괴물이 없는 것처럼 보지 않기 위하여 마법의 모자를 눈과 귀 아래까지 푹 덮어쓴 셈이다." Marx, "Preface to the First German Edition," *Capital*, Vol. 1, Samuel Moore & Edward Aveling, trs. (New York: International Publishers, 1967), p. 9.

[13] Ladislas Mysyrowicz, "Karl Marx, la première Internationale et la statistique," *Le Mouvement social* 69 (Oct-Dec, 1969), p. 51; Hilde Weiss, "Die 'Enquête Ouvrière' von Karl Marx," *Zeitschrift für Sozialforschung* 5, No. 1 (1936), pp. 76-98; Karl Marx, "Instructions for the Delegates of the Provisional General Council," *Karl Marx Frederick Engels Selected Works*, Vol. 2, p. 78.

할을 수행한다는 것이었다. 통계 수집을 통하여 노동자들은 "그들의 운명을 자신들이 장악할 수 있다는 것을 보일 것이다."[14] 통계라는 것은 실제 세상을 정복할 수 있는 수단으로 제시된 것이다. 이러한 새로운 통계에 관한 관념은 아나키스트들과 혁명적 생디칼리스트들에게 직접적인 영향을 주었다. 그러나 제1차 인터내셔널의 통계 수집 계획은 완벽한 실패로 끝났다. 이에 중요한 원인은 인터내셔널 회원의 대다수가 통계에 관한 이러한 새로운 혁명적 사상을 완전히 이해하지 못했기 때문이다.[15]

프랑스에서 이러한 새로운 사상은 "통합 사회주의"(integrated socialism)를 제시한 베누아 말롱(Benoît Malon) 같은 사회주의자들에게 자연스럽게 받아들여졌다. 1880년에는 말롱은 마르크스와 합동으로 정교한 설문서를 만들어서 그가 편집하던 『사회주의논평』(Revue Socialiste)에 '노동조사'(Enquête Ouvrière)라는 제목으로 게재하였다. 이 설문서는 네 개의 부분에 101개의 질문으로 구성되어 있었는데, 이는 본격적인 노동통계를 수집하려는 계획이었음을 알 수 있다. 질문들은 노동조건, 노동시간, 여가, 고용조건, 임금, 생계비 그리고 노동투쟁 등 광범위한 주제를 다루고 있었다. 이러한 계획의 목표는 한편으로는 프랑스 정부로 하여금 노동자계급의 조건에 관한 통계를 수집하도록 압력을 넣는 수단이었으며 다른 한편으로는 "모든 계파의 사회주의자들"(socialists of all schools)을 위하여 스스로 통계를

---

[14] Mysyrowicz, "Karl Marx, le première Internationale et la statistique," p. 63; Tom Bottomore & Maximilien Rubel, eds., "Marx's Enquête Ouvrière," *Karl Marx: Selected Writings in Sociology and Social Philosophy* (New York: McGraw Hill), pp. 203-12. 설문지 전에 짧은 서문에서는 영국 정부에 의하여 실행된 노동계급의 조건에 관한 언급이 있고 프랑스 정부에게도 이와 유사한 조사를 종용하고 있다. 그러나 설문지의 제3부는 계약, 임금, 생계비, 등에 관한 것인데 이는 이 기간까지 영국에도 존재하지 않던 종류의 노동 통계를 구하기 위한 것이었다. 즉 이 부분은 Marx는 단순히 영국의 통계를 따르는 것 이상을 생각하고 있었다는 것을 의미한다.

[15] Mysyrowicz, "Karl Marx, la première Internationale et la statistique," pp. 74-80.

생산하기 위한 것이었다.16 이 조사의 결과는 다음 해에 공개되도록 되어있었지만 결국은 실패로 끝났다. 설문에 답한 사람들은 극히 소수에 불과했다.

1880년대 중반에 이르면 공화주의 정치인들은 경제 불황의 와중에서 급격하게 증가하는 노동자 소요와 혁명운동에 대한 공포를 느끼게 되었다. 이에 급진파 공화주의자들은 개혁을 추진하는 데 주도권을 잡았다. 그들이 항구적인 통계국을 설치할 것을 주장한 직접적인 계기는 1884년 '44인 위원회'의 실패였다. 최종 보고서는 다음과 같이 쓰고 있다.

> 소음도 폭음도 일으키지 않고 노동이나 상업을 해치지 않고 일할 수 있는 일종의 항구적인 조사 기관을 창설할 생각을 해보아야 할 것이다. 산업의 위기는 그것을 간과하는 정적 속에 종종 그 모습을 드러내고 있다. 어떠한 경우라도 온 나라의 고통이 급박한 이때에 가까이 경계하지 않고 특히 그것을 직시하지 않으려 한다는 것은 이치에 어긋나는 일이다.17

기회주의자들(Opportunistes)의 개혁에 대한 거부에 화가 난 끌레망소(Clemenceau)는 「정의」(Justice)에 다음과 같이 쓰고 있다.

> 그렇다. 우리는 조사를 영속화하고⋯ 영구한 방향으로 조직하고⋯ 사회 관리(la gestion sociale)의 일반적 신뢰를 확립하기 위하여 특별한 사람들

---

16 Bottomore와 Rubel은 다음과 같이 말하고 있다. "[설문서의 서문]이 도시와 농촌의 노동자들에게 그들만이 '그들이 겪고 있는 해악에 관하여 완전한 지식으로' 기술할 수 있으니 설문지에 답할 것을 권고한 것은 '어떤 하늘이 주신 구원자가 아니라 그들 스스로만이 고통당하고 있는 해악에 대한 구제책을 강력하게 시행할 수 있었다'. 그러한 호소는 또한 '미래를 기대할 수 있는 계급인 노동자계급이 살고 일하는 조건에 관한 정확하고 적극적인 지식을 사회 개혁에 있어 요구하는 모든 계파의 사회주의자들'에게도 향한 것이었다." Bottomore & Rubel, *Karl Marx*, p. 203.

17 Tournerie, *Ministère du travail*, p. 71.

에 의하여 이루어지는 완벽하고 영구적인 사회통계의 조직이 필요하다.[18]

결국 효과적인 개혁안을 만드는 데 실패한 급진파들은 영구한 통계 기관의 설립이라는 새로운 요구를 하게 되었다. 소란스럽고 효율성 없는 파당 정치를 극복한다는 것이 그러한 요구의 일차적인 의도였다. 적절한 국가 권력을 확립하는 데 있어 정당정치의 남용에 대한 해독제로 과학적 지식이 등장한 것이다. 영구한 사회조사는 사회개혁을 "소란도 폭음도 일으키지 않고 노동이나 사업을 해치지 않고" 이루어지게 하기 위한 것이었다. 공화주의자들은 공통적으로 사회개혁에 있어 새로운 종류의 절차와 새로운 제도를 요구하게 되었다.

다음해에는 영국와 프랑스의 사회개혁자들이 국제적인 전선을 형성하여 노동통계국의 창설을 추진하게 되었다. 이에 「파리통계협회지」(Journal de la Société Statistique de Paris)는 1840년에 출판된 르쁠레의 글을 다음과 같이 요약 게재하였다.

이러한 이중적인 성격은 모든 경험과학의 분야들과 마찬가지로 통치의 과학을 두개의 주요 부분으로 나누어지도록 하고 있다. 첫째는 국가의 정부를 이끌고 가는 일반 법칙의 연구를 그 특정한 목적으로 하는 것으로 그것은 정치학(politique)이며, 다음은 정부의 관점에서 사회체(le corps social)에 관련된 사실들의 관찰과 그들의 연관을 본질적 목적으로 하는 것으로 그것은 통계학 (statistique)이다. 그중 첫째 것은 과학의 영혼 또는 이론적, 지적, 합리적인 부분이며, 둘째는 육체 또는 실제적, 물질적, 경험적인 부분이다. 이 두 가지의 요소는 동시에 똑같이 필요한 것이다.

---

[18] Ibid., p. 72.

> 통계학이 정치와 통치술(術)과 맺는 관계는 인간의 육체에 관한 연구에 있어 해부학과 생리학의 관계이며, 천체의 관찰이 천문학과의 관계이며… 사회와 관계된 중요한 사실을 알지 못하면서 통치하는 척하는 정치가의… 그것을 아는 사람보다 더욱 보람 없는 시도를 할 수밖에 없다.[19]

대부분의 프랑스의 지도적인 경제학자나 사회과학자들은 영국에서의 노동통계국 설치에 큰 관심을 기울였는데, 그들에게 있어서 노동통계국의 가장 큰 의미는 임시위원회 활용의 문제점을 극복한다는 것이었다.[20]

1886년 11월에는 급진 공화주의자인 까미으 라스빠이(Camille Raspail)는 하원에서 노동부의 창설을 위한 결의를 제안하였다. 라스빠이의 주요한 관심은 경제 위기와 프랑스의 국제 경쟁력을 저하시키고 있는 이웃나라보다 높은 임금율이었다. 그의 주장은 이러한 것들의 원인은 사회주의 사상의 전파에서 야기되는 고용주와 고용인 간의 관계의 파괴에 있다는 것이었다. 이러한 논리적인 맥락에서 라스빠이는 노동자들의 복지의 증진을 위하여 국가가 적극적으로 개입해야 한다고 주장하였다. 노동부를 만듦으로써 국가는 노동자들이 국가에 의존하게 만들고 또한 그렇게 함으로써 빈곤의 문제를 해결할 수 있다는 것이었다.[21] 노동행정은 라스빠이와 같은 급진 공화파에게는 국가주의(étatisme)의 표현이었다.

---

[19] Frédéric Le Play, *Vue général sur la statistique*, partially reprinted in *Journal de la Société Statistique de Paris* 26, No. 1 (Jan, 1885), p. 7. 여기서 지적해야 할 것은 Le Play는 통계에 관하여 적극적으로 지지한 사회과학자는 아니었다는 것이다. 오히려 그는 인터뷰 방법을 많이 사용하였다. 그의 통계에 관한 소극적인 태도는 통계가 사회주의자들이 좋아하는 방법론이었다는 데서 기인한다. Le Play, *On Family, Work and Social Change*, Chatherine Bodard Silver, ed. (Chicago: University of Chicago Press, 1982).

[20] Armand Li geard, "Le Bureau de statistique du travail en Angleterre," *Journal de la Société Statistique de Paris* 32, No. 3 (March, 1891), p. 86.

[21] Tournerie, *Ministère du Travail*, pp. 73-4.

그러나 당시 집권하고 있던 기회주의자들은 사회개혁에 대하여 못마땅해 하였지만 노동통계에 관하여는 나름대로 지지할 이유가 있었다. 1890년 1월에 급진파인 귀스따브 머쥐레(Gustave Mesureur)는 밀랑(Millerand), 록크루와(Lockroy), 끌레망소, 레옹 부르조아(Léon Bourgeois), 앙리 브리쏭(Henri Brisson), 뽀앙까레(Poincaré) 등의 제청을 받아 고등노동평의회 (Conseil Supérieur du Travail)의 설치를 제안하였다.[22] 의회는 곧 기회주의 정부에 의하여 조직되었다. 원래의 급진파들의 아이디어는 당시 상업부 장관이던 쥘 로쉬(Jules Roche)에 의하여 수정되었다. 평의회의 성격은 노동자계급의 이해를 국가 안에서 대표하는 기관에서 "독립적이고, 계몽된, 공권력에서 비편파적인 거점"으로 변화하게 되었다.[23] 로쉬는 평의회로부터 노동자계급의 이해와 사회주의자들을 밀어내려 하고 있었다. 그는 나아가서 평의회의 활동을 규정하였다. 그것은 주로 노동갈등 해소를 위한 중재를 위한 연구, 노동자의 임금 보호와 직장 알선 그리고 무엇보다 각종 노동입법과 연관된 정보를 집중하기 위한 노동실의 조직 등이었다. 평의회의 주요 임무는 결국 통계수집에 국한되었다.[24]

노동실(Office du Travail)의 창설을 위한 법안은 1891년 6월에 하원에 제출되었다. 기회주의 정부는 경제와 산업의 문제로서 노동실의 조직의 필요성을 정당화하였다. 하원에서 로쉬는 다음과 같이 말하였다.

---

[22] AN, C5461, Dos 542, N. 2.
[23] Mesureur의 원래 제안에 의하면 평의회는 90명으로 이루어지며 그중 60명은 노조대표로 이루어지고 15명은 노조와 고용주의 혼합 대표, 그리고 15명은 의회와 경제 사회 문제에 정통한 관계 당국으로 이루어지고 그외 8명의 고위 공직자로 구성한다는 것이었다. 이 사람들은 노조가 제공한 명단에서 내무부 장관이 임명하게 되어있었다. 그러나 Roche의 계획은 전체 50명으로 이루어지며 그중 3분의 1은 노조대표이며 나머지 3분의 1은 고용주 대표 그리고 나머지는 대학과 의회에서 선임한다는 것이었다. 그리고 9명의 고위관리가 포함된다. 이 계획에는 장관이 독자적으로 임명한다는 것이었다. 두 안 중 첫째안은 임기가 6년인데 반하여 둘째안은 임기가 2년으로 되어있었다. AN, C 5461, Dos 542.
[24] Tournerie, *Ministère du Travail*, pp. 95-7.

[노동]실은 가능한 한도 내에서 산업의 여러 분야에서의 생산의 가속과 지연의 동기, 자본의 집중과 분산의 결과, 고용주와 노동자들의 연합의 효과, 산업위기와 노사 분쟁의 원인과 결과… 노동자들의 생계비와 비교된 실질 임금의 변화, 신용, 저축, 보험, 상호부조 등을 위한 기관들의 운영 등을 파악하게 될 것이다.[25]

여기에서 주목할 것은 로쉬의 말에는 사회문제나 사회개혁에 관하여는 전혀 언급이 없다. 즉 모든 것은 경제와 산업의 언어로서 말해진 것이다. 즉 당시에 기회주의 정부가 노동실을 조직한 즉각적인 동기는 노동자들이 대표되어 고용주들의 이해와 대치하고 있는 고등평의회를 대체하고자 함이었다.[26] 그 외에 기회주의 정부의 입장에서 노동실은 두 가지 목적을 갖고 있었다. 첫째는 노동의 개념을 경제와 산업의 울타리 안으로 포섭하고 노동자 조직의 행위를 경제의 영역에 제한할 것을 시도한 것이다. 나아가서 그들은 노동의 문제는 경제 문제의 일부라는 논리로 사회 개혁의 범위를 묶어놓겠다는 의도가 위의 논의에서 드러나고 있다.

20세기 초반에 들어서면 위에서 말한 국가 권력의 문제와 계급이해의 두 가지 의도를 통합하려는 시도들이 있었다. 새로운 주제는 노동행정이 발족하고 기능하기 시작한 후에 등장하였고 이것은 국가에 대한 새로운 이미지를 부각시키는 의미도 갖고 있었다. 즉 국가라는 사회의 단합을 위하여 계급 간의 투쟁의 제한된 장소이자 법정이 되어야 한다는 아이디어가 그것이다. 이러한 목적을 위해서는 노동자계급은 길들여져야 하는데, 이 때 과학적 지식은 노동자계급의 계몽을 위하여 필수 불가결한 수단이라는 것이다. 나아

---

[25] Ibid., p. 99.
[26] Ibid., pp. 138-9.

가 갈등을 제도화할 때 계급행위자들 간의 투쟁의 무기는 과학적 지식에 근거한 합리적 주장으로 제한되어야 한다는 것이다.

퐁텐은 1897년에 이러한 견해를 피력한다. 그는 산업 분쟁에 대한 국가의 개입은 개입된 당사자들을 보호하기 위한 것이며 나아가서 자본주의 경제를 보장하는 데 있다는 것이다.[27] 그러나 분쟁 자체는 국가의 부(富)나 노동자계급의 복지와는 관계없는 것이다.[28] 분쟁의 원인에 관하여 퐁텐은 다음과 같이 말하고 있다.

…약 3분의 2의 경우 노동자들은 노동 가격에 관한 불화 때문에 작업장을 떠난다. 그러나 노동자에게 투쟁하도록 강요하는 것은 그들의 가난이라고 볼 수는 없다. 임금의 절대량이 어떻든 간에 노동자들이 그들 노동이 가치에 비하여 적게 지불되고 있고 더 나은 보수를 얻어낼 수 있다고 생각할 때 분쟁이 일어난다. 나머지 경우에 있어서의 원인들은 다음과 같다. 노동자들이 노동하는 날짜를 줄이려는 욕구, 너무 엄격한 규제에 대한 반발, 정의롭지 못하다고 생각되는 해고에 대한 반항 등이 원인이다. 사전에 심각하게 제출된 각각의 이유에 있어서 쌍방에 의하여 합의에 이르지 못한다면 정당하게 파업에 이르는 것이다.[29]

퐁텐의 주장은 노동자는 그러한 분쟁을 통해 득(得)을 얻지 못한다는 데

---

[27] "어떤 경우에 공권력은 쌍방을 보호하기 위하여 개입하여야만 한다. 그리고 오늘날 단결권은 노동자들에게 그들의 인간의 존엄성과 경제활동의 자유에 대한 필요한 보장이라 알려져 있다. 그러한 권리가 존재하지 않는다면 공평의 일반적 감정은 국가로 하여금 대고용주의 역할을 하고, 고용의 규제, 임금률의 규제 등의 각종 보호 내지 억압적 입법으로 노동자를 보호할 것을 의무화하게 될것이다." Fontaine, *Grèves et la conciliation*, pp. 14-5.

[28] Ibid., pp. 18-9.

[29] Ibid., p. 19.

까지 나아간다. 차라리 엄격히 계산해 보면 그들은 분쟁을 통해서 물질적인 손해를 본다는 것이다. 결국 그가 생각하는 분쟁의 진실한 문제는 아래의 인용문에 나온 것 같은 것이다.

> 우리는 고용주와 노동자들 간의 적대감이 날로 증가하는 것을 보면 아쉬운 마음을 금할 수 없다. 물질적 발전을 지탱할 수 있는 유일한 도전적인 발전은 더 자유로운 개인들 간의 화합의 증가로 특징 지워지기 때문이다. 우리는 또한 계급 간의 증오가 퍼져나가는 것을 보며 초조함을 감출 수 없다. 한쪽에는 장기간의 파업의 고통으로 사람들은 앞을 보지 못하고 분노에 차있고, 다른 쪽에는 투쟁의 열기와, 그리고 투쟁이 핑계로 삼는 열기에 찬 선동에 집단들이 들끓고 있다. 병은 이러이러한 파업이 가져오는 어떤 정도로 심각할 수 있는 물질적인 손실에 있는 것이 아니다. 그것은 전적으로 투쟁이 취하는 극단적인 성격에 있는 것이며 그 질병은 파업의 현장에서 번식하는 원한과 질시의 마음에 있는 것이다. 이것이 바로 치료를 요하는 곳이다.[30]

퐁텐은 이상적인 노동조합은 교육과 정보의 매개가 되어야한다고 보았다.[31]

퐁텐은 노동통계의 어떤 구체적인 용도에 관하여 설명한 일은 없다. 그러나 그는 노사 간의 거중 조정이나 또는 중재의 문제에 관하여 그러한 지식의 사용에 관하여 많은 가능한 부분을 지적하고 있다. 말하자면 노동통계는 상호 교신의 수단으로서 항구적인 노사협의를 가능하게 한다는 것이다. 두 계

---

30 Ibid., pp. 20-1.
31 Ibid., pp. 25-7.

급간의 문화적인 상이성과 뿌리 깊은 악감정으로 인하여 그러한 형태의 지식은 필수 불가결한 것이다. 노동통계의 생산과 노사 간의 문제에 사용은 결국 일차적인 분규의 원인으로서의 노동자 쪽이 부당한 대우를 받고 있다는 주관적인 인식을 불식시킬 뿐 아니라 노동자계급의 도덕적, 지적(知的) 조건을 향상시키고 상호 교신을 가능케 하는 수단이라는 것이다.

'사회적 화합'이라는 주제는 에밀 쉐쏭(Emile Cheysson)과 같은 르쁠레의 추종자들에 의해 사회공학(social engineering)의 아이디어로 발전해 갔다. 쉐쏭이나 그의 동료들은 통계분석을 통해서 노동자들을 행복하게 할 수 있고 그들로 하여금 기존의 질서에 동의하도록 할 수 있다고 믿었다.[32] 이러한 사회공학은 1880년대 후반부터 발전하여 20세기의 벽두에 이르면 많은 산업 분야에 넓게 확산되게 되었다. 대규모 기업체에서는 실제로 통계분석 외에 노동자들과 그들의 상호관계를 관찰하는 사회공학자(social engineers)들을 고용하고 있었다.

끌레망소는 1906년 노동부(Ministère du Travail)를 창설하였다. 그는 결코 노동계에 우호적이지는 않았다. 끌레망소는 8시간제 노동을 위한 대규

---

[32] "쉐쏭(Cheysson)은 사회문제에 대한 적절한 접근방법으로 직접 관찰의 중요성과 사회적 사실의 축적을 강조하였다. 정치경제가 '부에 대한 배타적인 연구' 등을 추상적으로 취급하는 한, 그러한 문제들은 다룰 수 없는 것이었다. 그러나 '최대 다수의 복지, 평화 그리고 삶을 생산하는 조건에 관한 연구'로 변모하여 정진한다면, 정치경제는 '사회경제'로 탈바꿈할 수 있는 것이다. 사회 방어(social defense)의 제일선인 진지하고 항구적인 개혁은 정교한 통계연구와 Cheysson 본인이 이끄는 파리 통계협회의 저널에 출판되는 연구에서 추출할 수 있는 '사회 법칙'의 발견에 의존하는 것이다. 이러한 연구들은 실업, 임금, 빈곤(Cheysson이 '병적인 상태'라고 부른), 주거, 그리고 음주 등에 초점을 맞춘 것이다. 지난 20년간 확산된 그러한 연구는 우연히 이루어진 것이 아니었다. 이러한 연구의 뒤에는 사회적 무질서의 문제와 사회 평화의 확립에 필요한 개혁에 관한 강박 관념이 있었던 것이었다. Cheysson가 국가의 일이라 생각했던 순수한 통계 수집은 그 자체 사회적인 득을 만들지는 못한다. 기껏해야 그것들은 가족에 관한 자세하고 인류학적인 연구 업적의 원료를 공급할 뿐이다. 그러한 업적은 '많이는 보지만 잘 보지는 못하는' 관리들의 산물이 아니라 사회문제와 '사람들의 경제적 도덕적 삶'에 관심을 가지는 르쁠레(Le Play)나 자신들 같은 헌신적인 '석학'(savants)들이 이루는 일인 것이다." Elwitt, *Third Republic Defended*, pp. 66-8.

모 파업을 분쇄하기 위해 군을 동원한 장본인이었다. 끌레망소의 목표는 노동부를 창설함으로써 노조 지도부와 하원에 있는 사회주의 정치가들 간에 균열을 일으키기 위한 것이었다는 해석도 있다. 그가 노동부를 창설한 의도는 그가 취한 파업에 대한 강도 높은 조치와 관련이 결코 없지 않았다. 끌레망소는 계급투쟁 또는 노조활동의 영역을 비정치적인 곳으로 제한하려 하였고 노동자계급 정치의 장을 좁은 영역 즉 국가 행정이라는 영역에 확립하여 했던 것이다. 거리에서의 계급투쟁은 너무 위험천만한 것이었다. 노동자계급의 정치는 의회도 아닌 국가의 합리적인 행정의 영역에 국한되어야 했다. 끌레망소의 과격한 조치들은 결국 새로운 노동부에 대한 노동계 지도자들의 적대감을 초래하게 되었다.[33]

이러한 노동행정에 대한 새로운 아이디어는 독립 사회주의자이며 초대 노동부장관이었던 르네 비비아니(René Viviani)가 단적으로 나타내고 있다. 비비아니의 생각에 대하여 뚜르네리(Tournerie)는 다음과 같이 말하고 있다.

> 노동부는 궁극적으로 사회혁명을 준비하는 끔직한 조직이 아니다. 다만 그것이 지향하는 바는 노동계에 늘 열려있는 광장(carrefour)이 되고자 함이며, 노동자들의 요구가 와 닿는 광장, 또한 사회개혁이 떠나기를 두려워하는 그러한 광장이 되고자 함이다. 또한 노동부는 '늘 노동자들 편에서, 그들의 필요를 알아내고, 그들의 요구를 정확한 법안의 형태로 정통성을 부여하고 모든 만족을' 주려고 하고, 또한 '노동자들의 요구를 수렴하여' '있는 그대로 의회의 법정에 가져다주려는' 것이다. 노동계 내부에서 발달하고 있는 노동조합 운동에 관하여는 첫째는 노동부가 직접

---

33 Tournerie, *Ministère du Travail*, pp. 177-8.

적인 영향을 미칠 수 없는 시민으로서 필요한 정치적인 자유와 둘째 노동부가 특정적으로 보호하는 노조의 자유, 이 두 가지 기본적인 자유가 없이는 결코 번창할 수 없는 것이다. 그러나 이러한 '편파적(偏頗的) 호의'에 대응하여 노동자들은 '현저한 권리'(droit clatant)가 있다는 생각에만 사로잡혀 있으나, 그들은 동일하게 '준엄한 의무'(devoir sévère)가 있는 것이다. 그들은 본질적으로 가끔 노동자계급을 유혹하는, '초자연적 경제에 대한 신앙' (croyance au surnaturel économique), 폭력으로 이끄는 수사적 허식에 대한 취향 등의 우상을 타파해야 할 것이다.[34]

비비아니는 노동행정에 대한 이전의 이미지를 바꾸어 보려고 시도했다. 그는 위에서 새로운 노동행정의 업무에 관하여 세 가지 의미를 제시한다. 첫째는 광장(carrefour)이다. 그는 노동부를 노동자들의 이해가 고려되고 충족되는 계급투쟁의 특권적 장소로 만든다는 것이다. 둘째는 노동자들의 필요를 대변하고 그것을 만족시킨다는 대표성의 이미지이다. 이 측면은 그의 동료들에게 스스로 사회주의자임을 증명하려는 의도를 나타낸다고 볼 수도 있다. 셋째는 노동자계급을 이념적으로 길들여야 한다는 것이다. 노동자계급은 초자연적 경제학에 대한 신앙 등의 공허한 이데올로기와 폭력에 대한 탐닉 등에서 벗어나야 한다. 비비아니는 새로운 노동부를 새로운 사회 개혁의 도구이자 장으로 부각시키려 했던 것이다. 노동통계와 행정은 사회적 단합(solidarité)을 의미한다.

노동통계와 행정을 요구하던 사회주의자들의 첫 번째 의도는 사회개혁이었다. 노동통계와 행정은 개혁의 필수불가결의 수단이었다. 과학적 지식은 노동 교환의 목적 합리적 도구이며 사회적 권위체의 이상적인 요소였다. 나

---

34 Ibid., p. 189.

아가서 공공지식으로서의 노동통계는 노동자계급의 생활 조건을 권위 있게 재현하며 그리하여 사회 개혁을 위한 정치 권력을 동원할 수 있다는 것이다. 1880년대 중반 이후로 사회주의자들과 후일 사회주의로 전향하게되는 급진 공화주의자들의 또 다른 의도는 노동통계를 통해 노동자와 그들의 조직을 정치·경제적으로 독립할 수 있도록 하는 것이었다. 특히 사회주의자들 가운데 밀랑(Millerand)은 그가 사회주의에 투신하기 이전부터 중요한 역할을 하였다.[35]

급진 공화주의자들은 노동통계로부터 다른 것을 기대하고 있었다. 노동통계는 국가로 하여금 사회 개혁의 정치에서 정당정치에 휘말리지 않고 방향을 잡아가는 데 필수적인 제도라는 것이었다. 즉 노동통계는 그들의 국가주의 이데올로기의 표출이었으며 실질적인 개혁 다음의 차선의 선택이었다.[36] 이러한 공화주의자들의 주장은 '정당정치의 상부에 위치하는 국가'라는 새로운 개념을 잘 보여주고 있다. 국가는 모든 정치가들과 사회 집단의 이해를 대표하며, 이 당파적이 아닌 집단의 이해는 통계로 가장 잘 표출된다는 것이다.

기회주의자들은 노동통계에 대하여 나름대로의 이유로 지지했고, 급진파들도 이에 반대하지 않았다. 기회주의자들의 사회개혁 문제에 대한 신조는 '신중'(la prudence)이었다. 기회주의자들에게 있어서 노동평의회를 전문 행정기관인 노동실로 대체한 것은 노동자계급의 목소리를 국가기관으로부터 몰아냄으로써 특유의 조심스러운 합리성을 확보하기 위한 것이었다. 보편적 인식론에 기초한 통계는 사회주의자들과 보수주의자들 사이에서 정치적 중립성과 비파당성으로 국가 기관을 포장하는 데 안성맞춤이었다. 1890

---

[35] Dommanget, *Edouard Vaillant*; Derfler, *Millerand*, p. 17, pp. 34-5.
[36] Anderson, *France, 1870-1914*, p. 92.

년대 초에 기회주의자들과 급진주의자들에게 "이 새로운 뤽상부르 위원회는 '흥분 학파'의 간판이나 사회주의의 법정의 모습으로 나올 수 없었으며 기껏해야 통계학자 집단의 명패를 달 수 밖에 없었다."[37] 이러한 방법으로 기회주의자들은 국가기관이 대표하여야 하는 집단적 이해의 배타적 경계선을 정의한 것이다. 물론 그곳에는 노동자계급의 자리는 없었다.

20세기에 들어오면 급진 공화주의자들, 관료들 그리고 사회주의자들 간에 새로운 주제가 등장하였다. 국가의 노동통계와 행정은 계급간의 투쟁이 제한된 규모로 벌어지는 특수한 장소로서 간주되었다. 또한 노동통계는 이러한 새로운 형태의 상호 관계를 위하여 노동자계급을 순화시키는 수단으로 그리고 제한된 공간에서의 투쟁에 사용되는 규정된 무기로 등장하였다. 국가는 더욱 광범위한 의미로 재정의되었고, '단합주의'(solidarisme)라는 용어는 이러한 흐름을 가리키는 말이었다.[38] 프랑스의 경우 노동통계를 확립한다는 아이디어와 표현된 바의 동기는 국가의 문제와 맞물려있었다. 당시에 통계지식의 사상의 핵심은 변화하는 국가 개념과 더불어 특정한 국가기관이 사회적 이해를 대표하는 수단이라는 것이었다.

---

[37] Tournerie, *Ministère du Travail*, p. 106.
[38] Zeldin은 단합주의에 대하여 다음과 같이 말한다. "그것은[L on Bourgeois의 단합주의] 소득세에 근거한 사회복지 정책에 새로운 정당화를 부여하였다. 그러나 이것은 자유주의와 사회주의 사이에 조심스럽게 중심을 취하고 있었다. 한편으로 단합주의는 인간은 능력에 있어 불평등하다는 것을 인정하고 그들의 상이한 자연적 재능으로부터 계속 이득을 얻어내야 한다는 것이다. 그러나 정의는 이러한 불평등은 교육이나 상속재산 등의 사회적 원천들에 의하여 확대되어서는 안 될 것을 요구한다. 이러한 종류의 특수한 이점을 향유하는 사람들은 보상을 위하여 더 많은 세금을 내야하는 것이다. 그러나 Bourgeois는 사회주의를 거부하였다…. 그의 이상은 자유로운 개인의 발달이었다. 단합주의는 사람들에게 생산이나 부의 분배에 협력할 것이 아니라 생활에서 오는 위험에 대한 스스로를 보장하는데 협력하여야 한다는 것이다. 평등 임금제는 가능하지도 않고 바람직하지도 않다. 그러나 최저임금은 필요한 제도이며… 질병, 사고 그리고 실업에 대한 보험은 사회적인 의무이다…. 자선은 위선이며, 정의는 너무 냉철하고 편협하며, fraternity는 1848년에 보았듯이 너무 감상적이다. 그에 반하여 생물학에 근거한 단합주의는 과학적인 것이다… 그것은 재산이 아니라 인간의 마음을 사회화하는 것이며 다시 그들에게 새로운 양심을 줄 것이다." Zeldin, *France*, pp. 293-4.

2. 사회 정치적 조건

프랑스의 노동자계급 정치에 있어 가장 중요한 요소는 강한 혁명주의 전통이라 할 수 있다. 1870년대에는 노동운동이 심각한 위협이 되지 못한 것은 노동운동의 지도자들이 대부분 파리 코뮌이 몰락할 때 살해되었거나 국외로 망명했기 때문이다. 1880년대에 이르러 프랑스 정치에 사회주의자들이 부활한 것은 놀랄 현상은 아니었다. 당시에 프랑스 사회주의노동자연합(Fédération des Travailleurs Socialistes de France)과 같은 개혁주의 정당과 아울러 프랑스노동당(Parti Ouvrier Français) 등의 혁명적 사회주의 정당도 다수 출현하였다. 일반적으로 사회주의 진영은 크게 혁명주의자들과 개혁주의자들의 두 집단으로 나뉘어져 있었다. 당시는 게즈드나 블랑끼 같은 혁명주의자들이 노동자계급의 지지를 얻고 그들을 조직하는 데 기선을 잡고 있었다.

1880년대의 공황기 동안 노동자계급의 소요는 엄청나게 확산되었다. 1884년의 앙쟁(Anzin)의 광부들의 파업은 다가올 혼란의 시대를 예고하고 있었다. 1886년에는 데까즈빌(Decazeville)에서 또 한 차례 대규모 광산 파업이 발생하였다. 이러한 일련의 사건들로 인하여 드러난 노동자들의 저항은 1886년 마르크스주의자들에 의하여 조직된 전국노조연합(Fédération Nationale des Syndicats)의 형성으로 제도화되기 시작하였다. 1889년에는 빠-드-깔레(Pas-de-Calais)에서 다시 대규모의 광산 파업이 있었다. 같은 해에는 '제2차 인터내셔널'이 파리에서 출범하였고 1890년에는 오귀스트 블랑끼(Auguste Blanqui)에 의하여 사회주의 혁명당(Parti Socialiste Révolutionnaire)이 조직되었다. 1891년에는 메이데이 시위 도중 8명이 총에 맞아 사망하는 사태가 발생하였다. 1892년에는 까르모(Carmaux)의 대규모 파업이 전국의 이목을 집중시켰다. 1890년부터 1893년까지 메이데이 시위는 전쟁을 방불케 하였다. 또한 정계에서 불랑제(Boulanger)의 등장은 노동자계급의 정치적 의식의 출발을 조짐하고 있었다. 1880년대 후반부터는 이러한 사태에 대응하고자 내무부는 노동자계급에 대한 경제 사회 정치적인 정보 활동을 대폭 강화하였다.[39]

20세기에 들어서면 노동조직들의 과격한 행동주의는 전략적인 움직임으로 발전하였다. 1895년에는 프랑스노동총맹(Confédération Générale du Travail, 약칭CGT)가 창설되었고, 1902년에는 노동기금(Bourses du Travail) 조직이 CGT와 병합하며 혁명적 생디칼리즘은 프랑스의 노동운동을 통합해 나갔다. 1904년에 이르면 다시 대규모 파업의 파도가 시작되어 1906년 경에는 그 절정을 이루었다. CGT는 5월 1일 연대 파업을 단행하여 8시간 노동제를 쟁취하고자 하였다. 파리는 계엄 상태였으며 정부 또한 군대를 동원하여 강력한 대응으로 분쇄하고자 했다. 1880년대부터 1910년경까지 폭력적 사회주의 혁명은 엄청난 위협이었다. 혁명적 생디칼리즘의 대두는 노동행정과 노동통계 확립과 발달의 원인이자 동시에 결과였던 것이다. 나아가서 노동 소요에서 광부들은 그 핵심을 이루고 있었으며 그러한 여건에서 국가의 새로운 노동행정 관료들은 공공사업부의 광산감독관 중에서 선발되었다.

공화주의자들이 보수파들에게 승리하자 1881년 선거 때부터 기회주의자들과 급진주의자들은 갈라지게 되었다. 1880년대에 그들은 둘 중 어느 한쪽도 다수를 형성하지 못했고 갈등과 연합의 순환의 연속이 프랑스 정치를 특징짓고 있었다. 1890년대까지는 확립된 다원 체제도 없었고 정당 조직도 없었다. 정부는 개인적인 정치인들의 느슨하게 연관된 집단들의 연합으로 이루어지고 있었다.

---

[39] Perrot, *Workers on Strike*, pp. 283-4.

1888년부터 1891년까지의 '불랑제 사건'은 프랑스 정치를 위기로 몰아넣었다. 이 사건은 여러 가지 의미를 갖고 있었다. 첫째, 불랑제 사건은 반의회주의(anti-parliamentarism)를 대표하는 것으로 공화주의자들의 권력구조의 취약성을 노출시켰다. 둘째, 불랑제 사건은 사회주의를 향한 독자적 노동운동의 씨앗을 내포하는 것이었다. 당장 이 사건의 결과는 왕정복구파들에게 심각한 타격을 주고 보수적인 입장의 기회주의 정권을 강화하게 되었다.[40] 무엇보다도 이 사건은 프랑스 정치에 불만을 품은 대중들을 정치의 무대에 등장시켰으며 그러한 의미에서 20세기 정치 판도를 예고하는 것이었다. "불랑제주의가 사회주의의 선구로 시작된 것은 아니었지만 그것은 사회주의의 투로 끝나게 되었다."[41] 1892년에 일어난 '파나마 운하 스캔들'은 또 한 차례의 반의회주의의 파도를 몰고 왔고, '드레퓌스 사건(Dreyfus Affair)'은 프랑스 정국을 위기로 몰아넣었다.

    제3공화정의 정치구조는 몇 가지 특징을 지니고 있었는데, 프랑스 국가에서 이 구조는 명확하게 규정되지 않은 채로 존재했다. 앤더슨에 따르면 "선거에서 표출된 바 전국민의 다수와 의회의 다수 간에 뚜렷한 관계가 형성

---

[40] 불랑제(Boulanger)사건에 대하여 앤더슨(Anderson)은 다음과 같이 말한다. "불랑제(Boulanger)의 반의회주의와 민족주의의 배합은 후일 새로운 우경 민족주의의 특징을 이루는 것이었고 민감한 사람들이 놓치지 않았던 그 사건이 가르쳐준 것는 일종의 새로운 대중적 보수주의는 이러한 기반에서 가능할 수도 있다는 것이었다. 그러나 Boulangism은 시작부터 계속 좌파 운동이었다는 것을 지적하지 않을 수 없다. 정통적 의회 급진파들은 불랑제주의에 대하여 등을 돌렸지만 그 운동의 대부분 지도자들은 급진파나 혁명주의의 과거 경력을 가진 사람들이었고 그의 민족주의와 권위주의는 모두 자꼬뱅 혁명당의 전통에 뿌리박고 있었다…. …기회주의자들은 이제 가장 중요한 목적을 달성하였고 특히 사회주의의 대두가 부르주아 사회질서의 옹호자들에게 공통의 적으로 등장한 이상 우파에 대한 긴장은 해소된 셈이었다. 1890년대는 '사회문제'에 온통 지배된 시대였으며 그것은 정치에 주된 관심에 중앙적 정부에서 양분화된 형태로 옮겨지게 되었다. 우파의 지지를 받는 기회주의자들과 다른 편에는 급진파와 사회주의자들이 대치하게 되었다." Anderson, France, 1870-1914, p. 15.

[41] Patrick H. Hutton, "Popular Boulangism and the Advent of Mass Politics in France, 1886-90," Journal of Contemporary History 11, No. 1 (January, 1976), pp. 85-106.

되지 않고 있었다. 2차 투표 과정에서 연합한 두 당은 의회가 개원하고 나면 반드시 연합하여 일하지 않으며, 계속되는 연합의 게임은 의회 임기를 통하여 아주 다른 색채의 정부를 만들 수 있는 것이었다." "연합 정부 구성 체제의 두 번째 결과는 중도적 색깔의 정당에게 특히 유리하게 전개되었다는 것이다. 그들의 지지는 어떤 성공적 정부를 구성하는 데도 필요하며 원칙의 차원에서 연합을 거절하는 일이 거의 없기 때문이다…. 마찬가지 원리로 그러한 체제는 독특한 형태의 지도자 또는 '반-지도자(反-指導者, anti-leader)'를 만들어 낸다. 그들은 상이점을 무마하고, 타협을 잘하고, 의회의 여기저기 장소에서 여러 의원들과 잘 어울리는 그런 종류의 일에 솜씨를 발휘하는 사람들이었다." "이러한 체제와 연관된 또 하나의 결과는 연합 체제가 강력한 정부 구성을 어렵게 하고 장기적인 시각에서의 정책 형성을 어렵게 했다는 것이다."[42] 이러한 여건들은 국가의 정책 결정 과정을 불확실하게 만들었다. 노동통계도 결국 '반지도자'적인 즉 사회 개혁의 문제에서 정당간의 갈등을 악화시키지 않고 집단적 합리성을 확보한다는 갈등 당사자인 정당에 의한 공통의 차선책으로 등장한 것이었다.

노동통계의 확립에 있어 또 하나의 좋은 조건으로 작용한 것은 공화주의자들 간에 널리 공유되던 합리주의의 이념이었다. 그들의 과학에 대한 신념은 그들이 정권을 잡자마자 강력하게 실시한 교회에 대항한 초등교육개혁에 대한 의지에서 잘 나타났다. 쥘 그레비(Jules Grévy)의 대통령 재임 때는 공공교육에서 성직자들을 몰아내기 위해 "종교에 대항한 과학"이라는 표어 아래 학교 개혁을 단행하였다. 사회개혁의 정치에서 경험 과학적 입장은 급진파나 기회주의자들에게 공히 견지되고 있었다.

급진파들은 즉각적이고 실질적인 개혁을 원했으며 보수주의자들의 지지

---

42 Anderson, *France, 1870-1914*, pp. 79-80; Zeldin, *France*, pp. 215-35.

를 등에 업은 기회주의자들은 사회개혁에 대하여 조심스러운 입장을 취하고 있었다. 강베타(Gambetta)와 페리(Ferry)가 주도하던 기회주의자들은 물질적 이해와 경제적 번영에 대한 신앙을 갖고 있었다.[43] 기회주의는 (강베타의 표현을 빌리면) 공화주의자들로 하여금 '통치의 정당' 그리고 '결과를 위한 정당'으로 만들려는 사람들의 신념이었다. 그것은 일부 사람들의 기질(temperament)의 문제로 받아들여졌다. 기회주의자들의 눈에는 급진파들은 공화주의자들의 업적을 위협하는 무책임하고 고집스러운 몽상가들이었다. 특히 정부를 와해시키기 위해서는 우파들과도 손잡을 끌레망소는 적극적인 아이디어가 없는 단순한 파괴자에 불과했다. 그에 반하여 페리의 권위의식이나 냉정하고 교만한 성격은 기회주의 정신의 상징으로 보였고 좌파들의 미움을 사기에 충분했다."[44]

여러 다른 종류의 사회주의자들은 여러 다른 이유에서 노동통계를 지지하였다. 앞에서도 언급한 베누와 말롱은 노동통계를 강력히 원하던 사람이었다. 블랑끼적인 혁명주의자이며 마르크스주의자였던 에두아르 바이앙(Edouard Vaillant)은 혁명에 대하여 신축성 있는 전략적 자세를 견지하고 있었다. 그는 어떠한 정도로나 어떤 의도에서나 개혁은 사회문제에 대중을 동원하고 무산계급으로 하여금 조직하고 교육할 수단을 제공하는 이상 혁명을 위하여 결정적인 도움이 된다고 믿고 있었다. 이론가나 저술가라기 보

---

[43] "그는[Gambetta] '사회문제'가 있다는데 대하여 강력히 반대하였다. 오직 '경제문제와 산업문제들'이 존재할 따름이며, 그러한 문제가 실로 적대감과 질시를 유발하지만, 그 문제들은 지역마다 조건과 관습에 따라 다르기 때문에 개별적으로 하나 하나 씩 해결해야 한다는 것이었다. '스스로의 상상력에 빠져있거나 무지로 인하여 이 세상에 행복을 가져오기 위하여 발견할 수 있는 만병통치제나 어떤 공식을 신봉하는 사람들의 유토피아에 대한 경계를 게을리 하지 맙시다. 사회적 치료(social remedy)란 있을 수 없다. 왜냐하면 사회적 문제란 존재하지 않기 때문이다.' 공화국의 기능은 오직 개인들을 자유롭게 하고 계몽하는 것이며 그들을 '투쟁하고 승리하도록' 준비시키는 것이다." Zeldin, *France, 1848-1945*, pp. 93-4.

[44] Anderson, *France, 1870-1914*, pp. 93-4.

다는 실천적 정치가였던 바이앙은 "혁명을 추구하는 개혁가"로 불려지고 있었다. 1894년 10월에는 그는 하원에서 노동보건공공보조부(Minisère du Travail, de l'Hygiène et de l'Assistance Publique)의 창설을 제안하였다. 그는 이러한 제안을 20세기 들어와서도 계속하였다.[45] 그러나 게즈드가 이끄는 혁명주의적 마르크스주의자들의 분파는 노동행정이나 노동통계의 문제에 무관심하였고 때로는 적대감을 드러내기도 했다. 1906년 노동부의 창설에 관한 하원 투표에서 사회주의자들의 3분의 2는 찬성하였고 나머지 3분의 1은 투표에 참석하지 않았거나 반대표를 던졌다.[46]

노동행정과 노동통계에 가장 일관되게 반대 입장을 취한 집단은 보수주의자들이었다. 그러나 당시 불랑제 사건 이후의 정계 판도는 노동행정의 확립에 유리한 조건을 형성하고 있었다. 보수주의자들은 권력에서 밀려나 있었고 1890년대 중반까지 그들의 세력은 약화되어 있었던 것이다. 1900년에는 당시 밀랑의 상무부 장관직이 사회개혁에 미치는 여파에 경악한 왕정주의자인 알프레드 에드바르(Alfred Edwards)는 조레스(Jaurès)가 이끄는 개혁적 참여주의적 사회주의자들을 공격하기 위하여 게즈드 파의 신문인 「동전 한 닢」(Le petit Sou)을 위해 재정지원을 하기도 하였다.[47] 기회주의 공화주의자들도 그들이 보수주의의 지지에 의존하게 되자 노동행정의 발달을 억압하려 하였다. 20세기에 들어서면 다시 드레퓌스 사건으로 인하여 급진파들이 주도권을 잡자 노동행정의 발달에 유리한 고지를 점령하게 되었다.

CGT의 혁명적 생디칼리스트들은 노동행정에 대하여 공공연히 적대감을

---

[45] Tournerie, *Ministère du Travail*, pp. 116-21, Dommanget, *Edouard Vaillant*.
[46] Tournerie, *Ministère du Travail*, p. 191. 그러나 새로 창설된 노동부의 예산 배정에 관한 표결에서는 거의 대부분의 사회주의자들이 찬성하였다. 예산은 하원에서 483대 21로 통과되었다.
[47] Goldberg, *Jaurès*, p. 274.

드러내곤 하였다.[48] 그러나 그들이 노동행정이나 노동통계의 아이디어 자체에 원칙적으로 반대한 것은 아니었다. 1890년대에 노조의 지도자들은 기존의 국가 행정 구조에 대하여 적대적인 것이었고, 그들은 국가의 행정이 노동자계급의 이해를 대표해주기를 원했다. CGT는 앞서 지적한 바대로 노동통계의 발달을 환영하는 입장이었다. 그들에게 노동통계는 노동자계급의 자립을 가능하게 하는 계몽의 수단이었다.

프랑스 경우의 특징으로 첫 번째로 지적해야 할 것은 특이한 행위자들의 구성이라 할 수 있다. 주도적 역할을 했던 행위자들은 기존의 어떤 단일한 집단으로 파악할 수 없다. 그들은 이질적이며 다양한 집단을 대표하고 있었다. 둘째는 영국의 경우와 비교하여 경제학자들의 참여가 없었고 노동통계의 등장과 연관된 경제학계의 이론적 변화가 수반되지도 않았다. 이러한 여건은 노동통계를 만든다는 결정의 성격을 말해주고 있는 것이다. 거의 대부분의 정치적인 행위자들에 있어서 그것은 공통적으로 차선의 선택이었다. 프랑스에서 모든 정치 집단들에게 노동통계는 그저 받아들일 수 있는 것이었고 그 이상도 아니었다. 노동통계는 결국 프랑스의 경우 기존의 집단이 지위향상을 꾀한 이해와 연관된 것도, 계급 정치의 복잡한 전략을 대변하는 것도 아니었다.

그러나 예정되어 있는 개혁의 전제 조건으로서, 또 어떤 정치적인 결과를 초래할 제도로서 노동통계를 선택하게 된 데에는 그러한 선택을 필요로 하였던 사회·정치적인 조건이 갖추어져 있었다. 첫째는 노동자계급의 도전이 기존의 사회질서에 위험한 요소로 등장하였다. 둘째 사회개혁에 대항하는 보수적 정치 세력의 경우 정치의 장에서 퇴조하고 있었다. 셋째 무엇보다도 권력의 핵심에 위치한 공화주의자들의 간의 분열이 노동문제에 대처하는 데

---

[48] Tournerie, *Ministère du Travail*, pp. 193-4.

불확실성을 야기하고 있으며 또한 통계지식에 근거하지 않은 개혁의 정치는 기존의 정치적으로 불안정한 상황을 더욱 악화시킬 것이라고 이해되고 있었다. 수많은 군소 정치집단 구조와 연합에 근거한 정부의 형성은 차선책을 택할 수밖에 없게 하였고 따라서 이러한 방식의 집단적 합리성의 형성이 프랑스 제3공화정 특유의 방식이 되었다.

제8장

미국의 경우

1. 행위자와 그들의 의도

　미국에서의 사회조사는 남북전쟁 이전부터 민간 분야에서 이미 시도되었고 그 선구자는 기독교청년연합(Y.M.C.A)이었다. YMCA는 주로 대도시의 종교적 문제와 도덕적 문제에 관한 사실들을 수집하였으며 그러한 활동은 학문적인 관심보다는 포교활동의 기반을 마련하려는 의도에서 이루어졌다. 남북전쟁 이후 빈곤의 문제가 첨예한 사회문제로 대두됨에 따라 진보적인 주(洲) 정부들은 공공 구호 기관들 특히 감화원(reformatories) 수용소(asylum) 또는 구빈원(almshouses) 등을 조사·보고하고 개선책을 제시하는 상설 위원회를 임명하기 시작하였다. 여기에 제출된 보고서들은 그러한 공공시설의 상황에 대하여 여론을 환기하기 위한 것이었다.[1]

　미국에서의 사회과학의 사상은 영국에서 건너온 이른바 과학적 박애주의(scientific philanthropy)가 미국에 뿌리박는 과정에서 '빈곤과 고난'(poverty and distress)이라는 사회 문제와 직결되었다. 과학적 박애주의를 대표하는 자선조직협회(Charity Organization Society: CIO)는 단

---

[1] Bremner, *From the Depths*, pp. 42-9.

순한 자선단체가 아니라, 자선행위를 규율하고 통제하기 위한 수많은 정보와 조사활동을 벌이는 전문적인 기관이었고, 이러한 사상은 사회사업(social works)의 전문주의(professionalism)의 등장을 가져왔다. 이러한 변화는 빈곤의 일반적 개념 형성에 중요한 의미를 갖는 것이었다.[2] 브렘너(Bremner)는 다음과 같이 말했다. "아마도 빈곤의 희생자들의 '신세 고쳐준다'고 말하는 것은 주제넘은 소리였을 것이다. 그렇지만 빈곤을 비정상적인 조건이자 치유할 수 있는 것으로 보고, 이를 해결하기 위해서는 부자들의 자비보다 더 본질적인 변화를 요구한다는 것을 인식한 것만으로도 사회사상에 있어서 명확한 발전이었다."[3] 어쨌든 자선단체의 조사원들은 도시의 빈민가에 직접 뛰어들어 암울한 일상적 사실들을 수집하였고 그렇게 해서 얻은 자료들은 점점 축적되었다. 그들이 사용한 분석방법은 '사례분석 방법(case method)'으로서 한 가족이나 개인을 하나의 독특한 문제로서 다루는 것이었다.

미국에서 빈곤에 대한 사회과학 연구 발전에 결정적인 영향을 준 사람은 영국의 찰스 부쓰(Charles Booth)였다. 부쓰는 영국에서 뿐만 아니라 미국에서의 빈곤의 개념까지 바꾸어 놓았다.[4] 미국에서 빈곤에 관한 근대적 연구가 시작된 시기는 20세기 초반의 20년간이었다. "빈곤에 관한 경제적 분석에서 실업, 저임금 그리고 높은 생계비의 문제는 그러한 문제에 관한 도덕주의적 관점에서의 게으름, 무절제 그리고 과음의 문제를 대체하였다." 즉, 이

---

2 Robert H. Brmener, *American Philanthropy* (Chicago: University of Chicago Press, 1960).
3 Bemner, *From the Depths*, p. 55.
4 Bremner는 다음과 같이 말하였다. "그러나 장기적으로 보면 Booth의 연구가 우리에게 준 교훈은 빈곤이란 결코 무정형의, 추적할 수 없는, 반 종교적인 문제라는 관념을 깨고, 대신 경제적으로 정의할 수 있고 과학적으로 조사할 수 있는 구체적인 상황이라는 점을 보여준 것이다.' Ibid., p. 71; Michael Gordon, "The social Survey Movement and Sociology in the United States," *Social Problems* 21, No. 2 (Fall, 1973), pp. 284-98.

시기에 이르러 새로운 세대의 사회개혁가들에 의해서 새로운 논점으로 부각된 것은 가난의 문제가 노동의 문제 등과 복잡하게 연관되어 있다는 것이었다.[5]

19세기 후반에서 20세기 초에 걸쳐 여러 다른 부류의 사람들이 노동통계의 창설에 기여하였다. 첫째로 1870년대와 1880년대에는 공화당 정치인들이 주요한 집단을 이루었다. 그 밖에도 급진적인 개혁주의들이 노동통계국의 설치와 확대를 지지하였다. 그러나 주도적인 역할을 맡았던 매사추세츠의 캐롤 라이트(Carroll D. Wright) 같은 사람들은 통계의 대상물로서의 노동문제와는 거의 직접적인 연관이 없는 사람이었다. 마지막으로 통계학과 경제학의 전문직 학회들의 역할이 점점 확대되어 나갔고 20세기에 들어오면 그들 전문가 집단들은 지배적인 위치를 차지하였다.

남북전쟁 이후 전국적인 노동조직에서 행정부 내에 노동자들의 이익이 대표되어야 한다는 요구가 강하게 등장했다. 1868년 뉴욕의 전국노동조합총회(National Union Congress)는 행정부에 노동부를 설치할 것을 요구하였다. 더구나 노동조합의 지도자들은 노동조건에 관한 통계 지식이 필요함을 이미 인식하고 있었다. 그러나 당시에 그들은 행정부 내의 노동부가 통계를 생산해야 한다고 생각하지는 않았다. 그들의 통계에 관한 요구는 인구 센서스를 확대해야 한다는 것이었다.[6] 노동계 지도자들이 견지한 일차적인 기본입장은 노동문제를 담당한 관리들은 노동조합에 대해 호의적인 사람들이어야 한다는 것이었다.[7] 연방정부내에 노동국를 설치하는 데 있어 노동기사단(Knights of Labor)과 산업조직노동조합연합(Federation of Organized Trades and Labor Unions: FOTLU)으로부터의 압력은 결정

---

5   Bremner, *From the Depths*, pp. 125-34, p. 139.
6   Lombardi, *Labor's Voice*, pp. 17-24.
7   Ibid., p. 27.

적인 것이었다. 그들은 노동행정 관리들은 기본적으로 노동운동에 대해서 호의적이어야 한다는 점을 누차 강조하였다. 당시 노동조직들은 노동통계에 대해 큰 불만을 나타내지는 않았다.[8] 1881년에는 사뮤엘 곰퍼스(Samuel Gompers)도 연방정부 내에 노동통계부를 설치할 것을 건의한 적이 있었다.[9] 그러나 1890년 이후로는 행정부 내에 노동부서를 설치하자는 요구는 점점 목소리를 잃어가고 있었다. 노동행정부의 역할에 대한 노동계 지도자들의 관념은 20세기 초반에 이르기까지도 별로 변하지 않았다.[10] 노동행정이 상공행정에 예속되어 있던 20세기 초반까지 노동조직들은 노동행정에 대하여 계속적인 지지를 아끼지 않았다.[11]

1860년대와 1870년대 매사추세츠의 노동운동을 이끌어온 급진주의자들은 노동부를 창설할 것을 주장하였다. 그들은 정부가 자본가들의 이해를 옹호하고 노동의 이해를 차별하는 경향을 반전시키려 했다. 그러나 급진론자들은 임금제도 자체를 타도하려 하지는 않았으며, 그들이 원했던 것은 보다 높은 임금과 근로조건의 개선을 통하여 자본주의 생산 경제를 발전시키려는 것이었다.[12]

매사추세츠에 설립된 노동국에는 경찰 부국장이었던 헨리 켐블 올리버

---

8 작은 충돌마저 없었던 것은 아니었다. 첫째 문제는 상원이 요청한 이혼에 대한 통계에 관한 것이었고 또 하나는 죄수 노동에 관한 것이었다. Lombardi, *Labor's Voice*, p. 42.
9 Clague, *Bureau of Labor Statistics*, p. 8.
10 행정부내의 노동분과의 설치문제가 Sylvis에 의해서 처음으로 구상되었던 1868년과 노동부가 실제로 설치되었던 1913년의 45년의 기간동안 노동운동의 지도자들은 Sylvis가 가지고 있었던 애초의 구상에 별다른 대안을 내놓지 못했다고 Lombardi는 지적하고 있다. 즉, 행정부내에서 노동분과의 위상에 대하여 여러가지 혼란이 있었음을 말해주는 것이다. Lombardi, *Labor's Voice*, p. 66.
11 "한편 미국노동총연맹(AFL:American Federation of Labor)은 미국 의회가 노동행정의 여러 필요한 것들에 대하여 무시하지 않도록 대단히 효과적인 로비활동을 벌여 왔다. 만일 이러한 로비활동이 없었다면 노동부는 약화되고 결국 없어졌을 것이다." Ibid., p. 94.
12 Leiby, *Carroll Wright*, pp. 45-6.

(Henry Kemble Oliver)와 죠지 맥닐(George McNeil)이 임명되었다. 그들은 노동행정부는 급진적인 개혁을 위한 도구이며, 통계자료가 필요하기는 하지만 "노동문제는 통계 숫자의 아래 위 나열만으로는 해결될 수 없다"고 확신하고 있었다. 그들은 노동문제에 관하여 과감한 개혁을 추진하였다. 이러한 노동국의 선전활동은 당장 부동산, 제조업, 금융계의 엄청난 반발에 부딪치게 되었다.[13] 1870년대에 몇몇 공화당 의원들은 노동통계를 사회개혁의 차원에서 산업자본주의의 깊은 부분에까지 확대할 것을 시도하였다. 예를 들어 1874년 매사추세츠의 공화당 의원이었던 조지 호어(George F. Hoar)는 노동위원회에 임금, 노동시간 그리고 나아가서 이윤 분배에 대해서도 조사하는 법안을 제출하였다. 이윤의 분배에 대한 조사는 합리적 계급정치에 있어서 엄청난 여파를 미치는 조치였을 것이다.[14] 이러한 사고의 유형은 노동계 출신이자 민주당의원이며 1913년부터 노동부 장관을 지낸 윌리엄 윌슨(William B. Wilson)이 자신을 노동계의 대표라고 말했던 것과 같은 맥락안에 있는 것이다.

캐롤 라이트는 연방정부와 매사추세츠 주의 초대 노동통계국장을 겸임하였다. 그는 1873년부터 1888년까지 매사추세츠의 노동통계국장을 지냈고, 1885부터 은퇴한 1905년까지 연방노동통계국을 지냈다. 그는 전형적인 뉴잉글랜드의 소농 출신 공화당원이었다. 그는 노동국의 수장으로 임명되기 전에는 노동문제에 전혀 관심이 없는 사람이었고 매사추세츠 상원에서 10시간 노동제를 반대한 일도 있었다.[15] 그가 1873년에 노동통계국의 장으로 임

---

13 Ibid., pp. 56-7.
14 Lombardi, *Labor's Voice*, p. 29.
15 이 점에 있어서 Wright는 전형적인 자유주의 입장을 대변하고 있는 사람이었다. 1882년에는 이렇게 쓰기도 했다. "결과를 생각하고 그것을 원인으로 오해하는 실수를 저지르는 선동가들이 바로 그런 부류의 사람들이다. 예를 들어 노동시간을 단축함으로 해서 근로조건이 개선될 수 있다는 이론을 내세우는 사람들은 단축된 노동시간이 개선된 노동조건의 결과물이지 원인이 아

명되었을 때 그는 전혀 노동문제에 전혀 몰입해 있지 않았다. 1878년에 이르러서야 그는 정치가의 길을 포기하고 노동문제와 노동통계 발전에 투신하게 되었다.

1880년 캐롤 라이트는 매사추세츠에서의 연방 센서스의 책임을 맞고 있을 때 당시 저명한 경제학자인 프란시스 워커(Francis A. Walker)와 친분을 맺게 되었다.[16] 라이트가 다른 노동문제에 몰두한 이후로 그는 노동통계국과 학계, 예를 들면 미국통계학회(American Statistical Association)나 미국사회과학협회(American Social Science Association)와 연관을 맺고 관계를 다져나갔다.[17] 임명 당시 가장 심각한 문제는 전문인력의 부족과 정당에 의한 관직분배(patronage)였다. 캐롤 라이트는 노동통계를 수집하는 과정에서 당파성을 배제하려고 노력하였다. 그의 주장은 "통계국은 사실 그 자체에만 몰두해야 하며 이론화의 문제는 논객들에게 맡겨야 한다"는 것이었다. 그는 또한 노동자들과의 직접 인터뷰를 시도하는 등 새로운 조사방법을 도입하기도 하였다.[18] 1883년 그는 각주의 노동통계국의 대표들의 총회를 소집하였고 이 모임은 노동통계의 발달과 각주 간의 유기적인 협조체제를 만들어 내는 데 커다란 공헌을 하였다.

라이트는 노동통계에 대해 독특한 관념을 갖고 있었다. 그가 노동문제를 바라보는 시각은 대단히 낙관적이었다. 아마도 이러한 그의 견해는 당시 많은 사람들이 공통적으로 갖고 있었을지 모른다. 그의 처음 생각은 "조사국의 작업이 단 한번의 광범위한 조사에 의해서 완결될 수 있을 것이라는 것이었

나라는 사실을 알지 못하는 사람들이다." Carroll D. Wright, "Practical Elements of the Labor Question," *International Review* 12 (1882), p. 18.

16 Leiby, *Carroll Wright*, pp. 28-33.
17 Ibid., p. 40.
18 Ibid., pp. 64-5.

고, 따라서 조사국의 위원장으로서 그가 원했던 것은 1875년의 통계자료가 매사추세츠의 모든 계급문제와 이익을 결정하는 최종적인 근거가 될 수 있도록 하자는 것이었다. 그리고 난 후에는 기존의 법에 따른 노동국의 정상적인 업무는 별로 많지 않을 것이며 특별한 부서를 별도로 갖지 않고도 할 수 있을 것이다"는 것이 그의 생각이었다.[19] 노동통계에 대한 이와 같은 구상은 19세기 초반의 프랑스에서 유행하던 사상과 매우 유사한 것이었다.

더구나 그의 전임자들과는 달리 캐롤 라이트는 노동문제에 관하여 사회에 본질적인 불의(injustice)가 존재하는 것은 아니라고 보았기 때문에 어떠한 경우에도 조사국의 업무가 어떤 계급적 입장에 치우쳐 있다는 인상을 줄 수 있는 이론화를 거부했다. 그가 확신하고 있었던 것은 노동문제를 해결하는데 '만병통치약'은 없다는 것이었다. 따라서 "노동운동이란 경제에 임박한 재앙의 신호가 아니라 그 사회의 건전한 이견(異見)이며, 나아가서는 신성하게 취급되어야 하는 것이다. 왜냐하면 노동계의 동요 때문에 사람들은 투쟁할 수 있게 되고, 또한 그들의 발전을 위하여 신의 의지를 실현시킬 수 있기 때문이다." "갈등은 무력이나 선동 혹은 파업으로서가 아니라 반드시 이성으로써 평화적으로 해결되어야만 한다." "그러기에 노동국의 기능은 커다란 문제를 해결하는 것에 있기보다는 사소한 여러 가지 문제들을 토론으로 해결할 수 있는 기본적인 여건을 만들어 주는 데 있다." "빈민구제, 폭음, 범죄, 형무소, 계약노동, 노동시간이나 교육 혹은 경기침체 따위들 모두가 통계정보를 요구하는 것들이며 이렇게 볼 때 조사국의 업무는 '넓은 의미의 교육기관'의 역할을 하는 것이다."[20] 라이트는 노동통계를 사회적 갈등을 무마시키는 제도로 발전시키려 하였다. "노동문제는 노동계급에게 '하늘이 주신 불

---

19 Ibid., p. 66.
20 Leiby, *Carroll Wright*, p. 68.

만'이었으며 국가기구를 통해 행동하는 공공대중은 과학적이고 합리적인 방법으로 사회적 특수계층의 불만을 경청하고 판단해야 한다."²¹ 요약하자면, 그가 원했던 것은 노동문제에 관한 새로운 정치형태였다.

많은 논란에 휩싸였던 전임자들의 위치와 비교한다면 분명 라이트는 사회 제반 세력들로부터 광범위한 지지를 받았다. 1870년대 중반에는 노동통계의 선구자로서의 국제적 명성 또한 누리게 되었으며 사회통계에 관한 한 여러 국제회의에서 중요한 명사(名士)가 되었다.²² 특히 재계(財界)로부터의 지지는 그의 일이 성공할 수 있었던 중요한 계기였다.²³

라이트에게 있어서 통계자료의 목표는 첫째로 대중을 계몽함으로써 그들이 노동문제의 성격을 이해하고 그 해결책을 찾아낼 수 있도록 한다는 것이었다. 나아가서 특정한 형태의 지식이 노동문제의 해결책을 모색함에 있어서 특정한 양식, 즉 정치·사회적으로 합리적이고 지성적인 타결책을 찾아 낼 수 있는 상황을 조성함으로써 분쟁의 양상이 소요나 파업 혹은 물리적 폭력으로 치닫는 사태를 방지할 수 있을 것이었다. 다시 말해, 과학적 지식은 개인의 요구를 객관적인 대중의 의견에 비추어 여과해 낼 수 있다는 것이었다. 이러한 점에서 라이트의 구상은 찰스 부쓰와 같은 맥락에 있었다고 이해할 수 있다.²⁴ 라이트는 금주운동에 참여하고 있던 전형적인 자유주의자

---

21 Ibid., p. 140.
22 E. H. Phelps Brown and H. H. Browne, "Carroll D. Wright and the Development of British Labour Statistics," *Economica* 30 (1963), pp. 277-86.
23 Leiby, *Carroll Wright*, pp. 68-9.
24 라이트는 1882년에 이렇게 적고 있다. "종교란 다양한 사회개혁의 프로그램을 성공적으로 거쳐 온 사회개혁주의자들이 내세우고 있는 결론이다. 다시 말해 종교란 사회문제를 해결함에 있어서 커다란 힘임을 부인할 수 없다. 그러나 문제를 해결하기 위해서는 실제적인 노력이 필요하다. 열정만으로는 아무 것도 할 수 없기 때문이다. 인간의 열정에 사로잡혀 있는 행동이란 결국 사회문제를 야기할 뿐이다. 불행하게도 현재 사회문제를 제기하는 것뿐만이 아니라 궁극적으로 해결하는 일이 사회주의자들이 도맡고있는 것이다." Wright, "Practical Elements of the Labor Question," p. 31.

였다.[25] 라이트의 생각에는 노동통계야말로 점진적으로 변화하고 있는 사회적 조건을 보여줄 것이라 생각했지만, 그의 통계에 대한 관념은 현실을 분류된 형태로 보여준다는 식의 제한적 사유를 벗어나지 못하고 있었다.[26] 캐롤 라이트는 20세기 미국 사회과학계에 등장한 통계 지식의 절대적인 객관성을 믿는 종류의 사람은 아니었다.

1880년대에 사회과학자, 특히 경제학자들은 노동문제에 대하여 복음주의적(evangelical) 신앙을 가진 사람들이었다. 전형적인 예로 친노동적 경제학자인 리차드 엘리(Richard Ely)는 경제학이 발전한다는 것은 "이전의 어느 때보다도 전 세계의 모든 부분을 가깝게 함으로써" 인류의 형제적 우애를 회복하고 그리하여 가족적 형제 관계의 감각을 모든 사람에게 확대하는 것이라고 보았다. 그런 의미에서 노동은 가깝게 끌어 당겨야할 중요한 부분 중의 하나였다.[27]

---

25 1882년에 라이트는 이렇게 쓰기도 했다. "사회에는 단지 두 가지 계급이 존재하고 있을 뿐이다. 하나는 안 취한 사람들과 또 하나는 빈민이다. 개선된 위생환경들은 공장이 밀집된 도심지역의 과음을 억제하는 효과를 가져오며, 과음이 없어진다면 이것은 결국 검소한 정신을 함양하여 노동쟁의를 없앨 수 있게 되는 것이다. 그리고 위생환경을 잘 갖추고 있는 기업들은 결국 자본의 투자된 자본에 최대의 배당을 지불할 수 있을 것이며, 노동자들에게도 많은 이윤의 혜택을 돌릴 수 있으며 그렇게 하면 고용인들이 법에 의하여 처벌받는 수는 가장 적을 것이다." Ibid., pp. 25-6.

26 라이트는 다음과 같이 말한다. "정치학의 한 분야로서 통계는 한 국가의 국민에 관련된 여러 가지 문제들을 분류하고 정리하며 토론할 수 있는 기회를 만들어 준다. 이때 문제들이란 개인적인 차원에서뿐만 아니라 다른 나라의 현실과도 비교될 수 있는 것이며, 이러한 사실을 통해 우리는 사회와 구성원의 육체적이고 사회적이며, 도덕적이거나 지적이며, 정치적이고 산업적인 요인들의 수준이 어느 만큼 발전되어 있는 가를 알 수 있는 것이다. 우리는 통계가 하나의 과학인가 아니면 방법론인가의 문제는 중요한 것이 아니다.... 우리는 식물학을 하나의 학문으로 인정하는 데, 그때 우리가 사용하는 것은 식물들을 분류하는 방법론이다. 그와 마찬가지로 다른 지식들을 다루는 경우에도 분류할 수 있는 과정이 존재하느냐가 그 지식이 과학성을 띠고 있는 학문인가를 결정하는 중요한 기준이 되는 것이다. 과학이란 엄밀하게 분류된 지식을 요구함으로 모든 사람들은 나의 이러한 주장에 공감할 수 있을 것이다." Carroll D. Wright, "The Value of Statistics," *Popular Science Monthly* 39 (August, 1881), pp. 445-6.

27 Richard T. Ely, "Labor Organizations," *Forum* 3 (1887), pp. 55-6.

오랜 동안의 경험을 통해 캐롤 라이트는 통계가 정치에 연결되어 있음을 인식하고, 그 영향력이 때로는 바람직스럽지 못하다는 것도 알게 되었다. 그는 다음과 같이 말하였다.

다른 분석 자료와는 달리 나에게 통계자료는 빨간색 깃발이 황소에게 의미하는 것과 같이 명쾌하게 상징하는 것이 있다. 통계 자료는 곧바로 그에 대응하는 반응을 부르며 때로는 그것이 공격적인 것일 수도 있다. 어떠한 통계자료의 가치도 그것이 만들어진 현실적인 기반을 무시할 수 없으며, 자료가 모아진 근거가 무엇이며 분석방법이 어떠한 것이었나를 묻지 않을 수 없다. 어떤 사람도 통계가 만들어진 분석방법에 대한 철저한 이해 없이 그 자료를 사용할 수는 없다. 통계자료에 대한 비난이 있는 것은 바로 작가나 인용하는 사람들이 이와 같은 이해가 없이 자료를 이용하고 있기 때문이다. 어느 누구도 수학의 기본법칙이나 자료가 모아질 수 있었던 기본적인 절차에 대하여 무시할 수 없는 까닭은 자료를 해석할 수 있는 유일한 수단이 바로 그러한 수학적 절차에 있기 때문이다. 자료를 사용하는 가장 올바른 방법이란 자료를 수집했던 관찰자의 의도를 파악하는 것이기에 자료수집의 방법론을 놓고 여러 가지 논쟁이 벌어지는 것은 그다지 놀랄만한 일이 아니다. 우리는 모든 것이 통계를 통해 증명될 수 있다는 얘기를 듣곤 한다. 그런데 그 통계라는 것이 논쟁거리가 되고 있는 자료수집의 방법론 자체의 중요성을 은폐하는 역할을 하고 있다는 사실을 잊지 말아야 한다.[28]

우리는 여기서 라이트가 올바르게 수집된 자료를 판단하는 기준을 제시

---

[28] Wright, "The Value of Statistics," p. 446.

함에 있어서 일관성을 결여하고 있음을 알 수 있다. 즉, 그는 노동문제를 해결함에 있어서 과학적 엄밀성 보다는 대단히 주관적인 윤리적 기준을 제시하고 있다. 그는 종교적이거나 윤리적인 문제를 과학적인 엄밀성과 명확히 구분했는데, 이것은 당시의 일반적인 견해로 받아 들여져 리치몬드 메이요 스미스(Richmond Mayo Smith)는 라이트의 견해를 추종하기도 했다.[29] 라이트가 통계자료로부터 일관되지 못한 결론을 끌어내곤 했다는 이유로 비난받기는 했지만 윤리적인 가치판단을 내릴 수 있었던 것은 이러한 통계자료를 올바르게 해석함으로써 그러한 결론이 가능하다는 그의 입장 때문이었다. 따라서 그가 견지하고 있던 '지적인 토론'이란 합리적인 계급정치를 의미하는 것이라기보다는 전통적인 자유주의 견해에 입각한 공공교육과 계몽정치를 가리키는 것이었다.

캐롤 라이트의 열렬한 지지자의 한사람이었던 리치몬드 메이요 스미스는 라이트의 통계에 대한 사상을 한 단계 높게 발전시킨 사람이다. 1886년에 스미스는 통계자료를 수집함에 있어서 국가권력이 반드시 필요한 요소임을 주장하였다. 그는 다음과 같이 말하였다.

> 경제학자이건 박애주의자이건 개인 혼자의 힘으로는 자료를 수집할 수가 없다. 통계자료를 만든다는 것은 많은 노동력과 비용이 드는 작업이

---

[29] Smith는 말하기를 " 혼란이 일어나는 근본적인 원인은 경제적인 영역과 윤리적인 영역 혹은 인간적인 영역을 정확히 구분하지 못하고 있기 때문이다. 얼마나 많은 노동력이 필요하며 어느 정도의 임금수준이 적당한가는 경제적인 영역의 문제이며, 현재의 노동조건이 바람직한 상황인가 라는 문제는 분명 윤리적인 차원의 문제인 것이다. 두 가지 영역은 반드시 분리되어 생각해야만 하는 것이다. 즉, 첫 번째는 사실의 차원이며 후자는 감정이나 인간의 윤리의식에 관계되는 문제이다." Richmond Mayo Smith, "American Labor Statistics," *Political Science Quarterly* 1 (1886), p. 46. 또 그는 계속하여 말하기를 "노동문제에 있어서 가장 기본적인 문제는 다음과 같은 것이다: 노동계급이 맞이하고 있는 현재의 조건은 어떠한가? 그리고 우리가 현재의 노동조건을 알아보려고 한다면 반드시 통계자료가 필요한 것이다." Ibid., p.47.

며 공적이며 법률적인 권력이 동원되어야만 하는 것이다. 다시 말해 통계자료를 만드는 일은 분명 정부활동의 분야이며 정부만이 성공적으로 할 수 있는 일이다. 이러한 특정한 통계 조사는 정부가 즉각적으로 맡아서 해야 할 것이라 생각한다.[30]

이러한 발상은 라이트가 노동통계에 참여하였던 남북전쟁 이후의 금주운동 식의 사고 방식에서부터 진일보를 의미한다. 국가는 노동통계를 생산할 수 있는 유일한 주체가 되어야 하고 사회과학과 통계 전문직(professions)은 직접 통계를 수집하는 것 외에 다른 기능을 맡아야 한다는 것이었다.

연방노동국이 설치되었던 1880년대에 노동통계에 대한 공식적 견해는 바로 이러한 라이트와 스미스의 견해와 상통하는 것이었다. 1885년 4월의 한 비망록에서 당시의 내무장관은 "노동부가 현명하게 대답해야할 큰 질문들"을 아래와 같이 열거하고 있다.

평균적인 노동인력이 처한 노동조건은 합리적이고 쾌적하며 만족할 만한 것인가? 그렇지 않다면 그 이유는 무엇인가? 산업 근로자들은 5년 전에 비교하여 보다 부유하게 살고 있는가? 우리의 산업조건은 공정하고 일관성 있는 작업원칙에 근거하고 있는가? 아니면 그저 자본과 노동의 결합에 지나지 않는가? 몇 년 전에 비하여 유아노동이 더 많이 확산되었다는데 그것이 사실인가? 사실이라면 그 이유는 무엇인가? 부도덕하고 반사회적인 이념들이 확산되고 있다는데 그것이 사실인가? 그렇다면 그 이유는 무엇인가?[31]

---

30 Smith, "American Labor Statistics," p. 47.
31 Leiby, *Carroll Wright*, p. 74.

당시의 정치엘리트가 노동통계에 제기하는 몇 가지 특정한 질문은 다음과 같았다. 첫째, 현재 노동자들의 근로조건과 둘째는, 근로조건의 변화추세, 셋째는, 그것이 경제체제에 미치는 영향, 넷째로 몇 가지 사회적 부조리 그리고 다섯째 사회주의의 확산이었다. 그러나 스미스에게 "이러한 노동국의 가장 중요한 기능은 노동과 노동자계급의 조건에 대한 조사이다." "국가의 산업 자원"의 기술(記述)은 그 다음 일이라는 것이었다. 오히려 그는 산업자원에 대한 조사는 다른 기관을 통해 이루어지는 것이 바람직하다는 견해를 피력하였다.[32]

그러나 1890년대부터는 적어도 공식적인 차원에서 개혁주의 견해와는 단절되며 노동통계에 대한 목적과 의도가 변하기 시작하였다. 공식적인 논리가 변화했다는 것은 사회이론의 차원에서 변화의 조짐이 일기 시작했음을 의미하는 것이다.[33] 1895년 11월에 노동성은 영국과 프랑스의 예를 본받아 「노동성지」(Bulletin of the Department of Labor)를 발간하기 시작했다. 그 창간호의 「서문」은 이렇게 썼다.

> 맥간(McGann)씨가 제안하고 위원회가 호의적으로 받아 들인 법안은 100쪽이 넘지 않으며, 또 2달 간의 간격을 초과하지 않는 간행물을 규정하고 있다. 이 간행물은 우리나라 혹은 외국에서까지 노동조건에 관한 현재의 자료들을 축약하고 있으며, 자국은 물론 외국의 노동자들에 대한 실

---

32 Smith, "American Labor Statistics," pp. 54-7. Smith에 따르면 산업 통계가 노동통계 조사국에 의해서 이루어 져야 하는 이유는 다음과 같은 것이었다. "미국에서 조사국이 산업자원을 조사해야 하는 이유는 노동통계가 일반이익을 대표하고 있으며 노동문제라는 것에 관하여 입법부가 특히 정보를 필요로 하기 때문이다."

33 Sidney Fine, *Laissez-faire and the General Welfare State: A Study of Conflict in American Thought, 1865-1901* (Ann Arbor:University of Michigan Press, 1964) ; Harold U. Faulkner, *The Quest for Social Justice: 1898-1914* (Chicago: Quadrangle Books, 1959, Originally 1931).

태보고와 고용조건 혹은 산업이익에 중요한 가치가 있는 많은 자료들을 포함하고 있다.[34]

표현이 조금은 애매하지만 그 잡지는 곧 이어 다음과 같이 구체적인 사실을 언급하고 있다. "이 잡지는 결코 논쟁거리가 되는 문제에 대하여는 언급하지 않을 것이며, 아직 체계가 잡히지 않는 이론에 대한 설명이나 어떤 이데올로기를 선전하는 지면으로서는 이용되지 않을 것이다." 그러나 과도한 중립성은 다음과 같은 제안을 통해 피하고 있다.

> 우리는 어떤 경우에도 결코 신문과 논쟁을 벌이지 않을 것이며 우리의 목적상 쉽게 수집될 수 없는 산업문제에 관련된 공적인 사실이나 정보만을 제공할 것이다. 따라서 주변적인 문제가 우리 잡지에서 다루어지는 경우는 없을 것이며, 산업현장에서 벌어지는 역사적으로 중요한 문제들만을 우리는 다룰 것이다. 그러므로 독자들은 그저 유행처럼 지나가는 문제들을 알려고 이 잡지를 읽는 일이 없기를 바란다. 다시 말해 매일 매일 신문에서 다루고 있는 일상적인 일들은 이 잡지에서 다루어지지 않을 것이다. 그러나 신문과 같이 일상적인 일들을 다루지 않는다 하더라도 이 잡지가 관심을 가지고 다루는 폭은 대단히 넓을 것이다.[35]

이 말을 요약해 보면「노동성지」는 이론 그 자체를 다루지는 않지만 취급하는 사실의 성격은 대단히 이론적인 성향을 띤다는 의미가 된다. 여기서 우리는 노동개념에 대한 성격이 현저하게 변화하였음을 감지할 수 있다. 1890

---

34 "Introduction," *Bulletin of the Department of Labor*, 1 (November, 1895), p. 6.
35 Ibid., pp. 7-8.

년대 노동통계는 대부분 국가의 산업이익을 옹호하는 데 쓰여졌는데 반하여, 노동자계급이나 사회개혁의 차원에 대하여는 전혀 관심을 갖지 않게 되었다는 점이다. 이와 같은 노동통계의 친자본가적 경향은 20세기에까지 상당히 오랫동안 지속되었다.[36]

1880년대로부터는 라이트는 사회주의자들이 그들의 이념을 선전하는 데 노동통계를 사용함에 대하여 당혹감을 감추지 못하였다. 그러나 그는 노동자들의 이익을 바람직스러운 방향에서 표출해 내려고 노력했으며, 그러한 방향으로 공공 토론을 유도할 것을 계속 시도하였다. 그러나 1890년대는 노동통계가 사회주의자들에 의하여 사용되지 못하도록 생산되었다. 심지어 라이트 자신도 20세기 초반의 몇 년 동안은 노동조합에 대하여 매우 경직된 생각을 가지고 있었던 것이 사실이었다.[37]

1839년에 발족된 미국통계학회(American Statistical Association)는 미국의 전국 인구조사 체계를 확장하고 제도화할 것을 강력히 요구해온 대표적인 기관이었다. 이후에는 미국경제학회도 통계학자들과 공동으로 전국 인구조사를 발전시키는 일에 동참하였다.[38] 미국의 노동통계 발달에 경제학

---

[36] 1910년대 BLS에 들어간 Ewan Clague에 따르면 조사국의 목적은 다음과 같이 요약할 수 있다고 한다. "노동의 문제에 관한 자료를 조사하고 자본과의 관계를 밝히며, 노동시간이나 남녀별 임금수준, 혹은 어떠한 방법으로 노동자들의 물질적이며 사회적이고 지적인 그리고 도덕적인 개선을 이루어 낼 수 있을까 하는 문제를 탐색하는 것이다." Clague, *Bureau of Labor Statistics*, p. 8.

[37] 1902년에 그는 이렇게 쓰고 있다. "회사들은 분명 국가에 이익을 가져다주며 국가의 자원을 유용하게 활용하고 있다. 그러므로 향후 25년이나 50년 후면 노동계를 힘있고 책임 있는 지위로 향상시킨다면 산업 조건을 잘 아는 사람들에게는 결코 놀랄 일은 아닐 것이다. 각자가 정당하게 번성하고 법 앞에서 모든 사람들이 동등한 권리와 책임감을 갖고 대우받으며, 산업분야 뿐만 아니라 상업분야에서 까지 모든 사람들이 그 혜택을 골고루 누릴 수 있는 것이야말로 내가 생각하는 이상적인 사회의 모습이다." Carroll D. Wright, "Consolidated Labor," *North American Review* 174, No. 542 (January, 1902), pp. 30-1.

[38] Alterman, *Counting People*, pp. 219-30; A. W. Coats, "The First Two Decades of the American Economic Association," *American Economic Review* 50, No. 4, (September, 1960), pp. 555-74.

자들의 공헌은 지대한 것이었다. 라이트를 적극적으로 도운 대표적인 경제학자는 프란시스 워커(Francis A. Walker)였다. 그는 오랫 동안 미국통계협회의 회장을 지낸 당시 가장 존경받는 경제학자였다.[39] 이러한 도움은 물론 개인적인 차원에서 이루어진 것이었다. 경제학계 전체로 보아서는 그들의 통계에 대한 관심의 발달은 주로 캐롤 라이트의 활동과 1880년대 중반 노동통계국의 확장에 자극받은 것이었다. 경제학자들이 대학에서 통계학 교육의 확대한 진지한 관심을 갖게 된 것도 캐롤 라이트와 전국 노동국관리 총회의 촉구에 따른 것이었다.[40] 이전 19세기말까지 노동조사국과 경제학자들의 협조체제는 사실 즉흥적이었고 체계를 갖추지 못한 상태였다.

20세기에 노동통계는 점차로 경제학자들과 보다 밀접하게 연결되기 시작하였다. 라이트의 후임자였던 찰스 닐(Charles P. Neill)은 존스홉킨스대학(Johns Hopkins University)에서 박사학위를 취득하였고 이후에는 워싱턴의 가톨릭대학(Catholic University)의 경제학 교수를 지내던 사람이었다. 1910년대부터 리차드 엘리(Richard Ely)나 존 커먼즈(John R. Commons) 등이 이끄는 위스콘신대학은 자유주의적인 색채가 강한 연방 노동조사국의 인원을 배출하는 가장 중요한 곳이 되었다. 이러한 전문직종에 관련된 몇몇

---

[39] Leiby, *Carroll Wright*, p. 63.
[40] Davis R. Dewey, "The Study of Statistics," *Publications of the American Economic Association* 4, No. 5 (September, 1889), pp. 37-8. 그는 이렇게 말하였다. "여기 특별한 연구 주제가 있다. 그것은 대서양 이쪽 편에서는 매우 생소한 분야이기는 하지만, 그러한 연구의 장점은 사회학이나 경제학 분야의 문제에 관심을 두고 있는 사람이라면 누구나 잘 알 것이다. 그러나 이 분야에 문외한 보통 사람들에게는 주요 테마와 원리가 무엇인지를 알려줄 수 있는 적당한 해석자마저 없는 실정이다. 그 언어마저도 우리에게는 생소하다. 이러한 생소함은 영국을 제외한 독일이나 프랑스 그리고 이태리에서도 마찬가지다. 그러므로 지식을 수입하는 가장 올바른 방법이 무엇인가를 놓고 여러 가지 논란이 있다는 것은 결코 놀라운 일이 아니다." "그러므로 내 생각에 그러한 문제를 적절하게 토의할 수 있는 사람들은 대학에서 정치학이나 사회과학의 대학원 과정을 이수한 사람정도라고 믿는다. 그러므로 대학원과정의 교과과정을 제대로 이해하지 못한 사람들에게는 통계학에 관한 공부가 적절하지는 못할 것 같다." Ibid., p. 39.

의 진보주의자들 중에는 행정업무와 관련하여 통계지식의 중요성을 인식하는 사람들이 나타나게 되었다. 그들은 행정업무를 보다 효율적으로 수행하기 위해서는 통계자료가 절실하다고 생각하였다.[41] 이러한 생각은 제2차 세계대전까지 줄곧 지속되었다.

20세기에 들어오면 노동통계가 생산되는 가장 중요한 목적은 산업분쟁의 조정, 중재 과정에 사용하기 위한 것이었다. 예를 들어 노조와 사용자 측이 충돌하는 경우에 노동통계국은 의견충돌을 막고 새로운 대안을 찾을 수 있는 관련 자료를 제공하는 기능을 수행하고 있었다.[42] 19세기에 노동문제의 전문가들이 '사회문제'를 '노동문제' 라는 차원에서 파악하려 했던 반면, 20세기의 통계전문가들이 노동문제를 다루는 경우나 통계자료를 만드는 경우 그들의 관심은 경제학이나 산업문제에 쏠려 있었다. 1916년 노동위원(Commissioner of Labor)이었던 로얄 미커(Royal Meeker)는 노동통계에 관하여 이렇게 쓴 적이 있었다.

산업현장에서 노동력을 어떤 식으로 다루어야 할 것인가 라는 문제를 놓고 보다 세련된 방법론이 필요하다는 것은 부정할 수 없는 사실이다. 노동에 관련된 정보의 확산, 노동자들로 하여금 노동문제를 다루는 다른 체제나 방법론으로 수집된 통계들의 차이점을 비교할 수 있도록 여러 가지 사실들을 제시해야 한다는 것은 사업을 하는 데 있어서 대단히 중요한 일이다. 또한 정부가 맡아야 할 중요한 일 중의 하나도 사업가를 보다 높

---

[41] 전국 조사업무에 대한 선전용 책자에서 필립 하우저는 "행정부의 계획입안과 수행 혹은 정책의 평가에 있어서 통계자료의 형태를 띤 견고한 지식들은 대단한 중요한 필요조건"이라고 주장했다. Hauser, *Social Statistics in Use*, p. 8; Michael H. Frish, "Urban Theorists, Urban Reform, and American Political Culture in the Progressive Period," *Political Science Quarterly* 97, No. 2(Summer, 1982), pp. 295-316.

[42] Clague, *Bureau of Labor Statistics*, p. 8.

은 도덕성으로 무장시키고 보다 효율적이고 경제적인 방법으로 경영할 수 있는 새로운 경영지침을 교육시키는 것이다. 노동통계 위원의 임무가 무엇인지 나는 잘 알고 있는데, 내가 해야 할 가장 중요한 일들은 산업경영에서 잘 알려지지 않은 분야를 보다 섬세하게 파악하여 노동문제를 다룸에 있어서 보다 현명한 정책이 존재함을 알려주며, 사업주이건 혹은 노동자들이건 자신이 잘못된 점이 있으면 그것을 일깨워 주고, 노사간의 윤리적인 가치평가 기준을 고양시켜 주며, 노사가 서로서로 아껴 주는 상대로 인식하도록 만들며, 모든 사업장에서 협조체제의 분위기를 고양하는 데 있는 것이다.[43]*

한편, 산업분쟁을 해결함에 있어서 노동통계와 과학적 지식이 유용하게 쓰일 수 있다는 인식이 널리 퍼져 있었고, 그 중에서도 전문적인 경제학자들이나 실제로 산업조정을 담당하는 실무자들은 특히 그런 생각을 갖고 있었다. 이러한 사람들이 생각은 노동력이 자본주의 생산체제에 긍정적으로 흡수될 수 있다고 믿는 조합주의적 발상에 기초하고 있었다. 이와 같은 일련의 과정 속에서 노동문제 전문가들의 필요성은 더 크게 대두되었다. 존 커먼스는 그러한 조합주의의 대표적인 사람이었다.[44] 이러한 사람들이 당시에 존재하는 노동행정기구의 역할을 긍정적으로 평가했음에도 불구하고 전문가들

---

[43] Royal Meeker, "The Work of the Federal Bureau of Labor Statistics in its Relation to the Business of the Country," *Annals of the American Academy of Political and Social Science* 63(January, 1916), p. 265.

[44] Ronald Radosh, "The Corporate Ideology of American Labor Leader from Gompers to Hillman," *Studies on the Left* 6, No. 6 (Nov-Dec, 1966), pp. 66-86; Radosh and N. Rothbard, eds., *A New History of Leviathan: Essays on the Rise of the Corporate State* (New York: Dutton, 1972) ; Maurice Isserman, "'God Bless our American Institution': The Labor History of John R. Commons," *Labor History* 17, No. 3 (Summer, 1976), pp. 309-28.

로 구성된 완전히 새로운 노동행정기구의 필요성을 역설하기도 하였다. 그들은 통계자료와 통계학자들을 사회적 분쟁을 다스리는 평화의 수호자로서 평가했던 것이다. 센서스 국장이었던 노스(North)는 1914년에 이렇게 말하였다.

> 세상은 자본과 노동 사이에 벌어지는 급박한 투쟁의 양상에 휘말려 있다. 이는 사회전체의 영향을 주고 있는 엄청난 규모의 분쟁으로서 우리는 이러한 대립으로 말미암아 또 다른 프랑스 혁명을 맞이하게 될 지도 모른다. 그러나 그 해결책이 전혀 없는 것도 아니다. 통계학자들이 등장했기 때문에 우리는 그들이 내세우고 있는 공공의견을 수렴하여 분쟁이 공평하게 해결되어야 한다는 대중의 의사를 실현시킬 수 있는 것이다. 통계학자들은 평형점(equity point)이 있는 곳을 수학적으로 증명할 수 있는 사람들이다.[45]

이 인용문에 담긴 의도는 조합주의적 관점을 넘어서고 있다. 위의 인용문에 따르면 노동통계를 만들어내는 진정한 의도는 노동자들의 이해의 '평형점(equity point)'을 찾아내어 그것을 노동자들에게 부과하자는 것이다. 이러한 발상은 바로 1920년대에 절정에 달했던 복지자본주의(Welfare Capitalism) 경영과학(Managerial Science) 그리고 회사조합주의(company unionism)의 중요한 부분이었다.

노동통계의 사상 안에 스며있는 지배계급의 고답적인 자세는 오랫동안 지속되었으며 이는 위에서 언급한 바와 같이 미국의 노동운동의 지도자들이

---

[45] S. N. D. North, "Seventy Five Years of Progress in Statistics: The Outlook for the Future," *The History of Statistics*, John Koren, ed. (New York: Macmillan, 1918), pp. 40-1.

노동통계의 문제에 특별한 주의를 기울이지 않았기 때문이었다. 노동자들의 권익을 옹호하기 위한 법안을 제출하였던 와그너(Wagner) 상원의원 조차도 노동통계는 일차적으로 국가의 적절한 기능 수행을 위하여 수집되는 것이라고 생각하였다. 1927년 상원에 들어가자마자 그는 1928년 노동성으로 하여금 실업통계를 수집할 것을 요구하는 결의안을 제출하였다. 와그너의 주장은 그러한 통계는 "보다 합리적인 기업경영과 우리들의 규제와 안정화에 대한 노력의 기반"이 된다는 것이었다. 1930년에 그는 세 가지 법률안을 제기하였는데, 그중 하나는 노동성 장관에게 매달 실업인구의 수치를 조사해서 보고하고 출판할 것을 요구하는 것이었다.[46] 이러한 기초 자료는 사회 경제정책을 입안하고 실행함에 있어서 국가의 행정능력을 강화시키는 기반을 형성하는 것이었고, 1932년의 노리스-라가르디아법(Norris-La Guardia Act)이나 전국산업부흥법(National Industrial Recovery Act: NIRA)의 Section 7 (a) 의 근간이 되기도 했다.

미국에서 '노동문제'는 유럽에 비하여 훨씬 일찍 제기되었다. 처음에 사용된 '노동'이라는 표현은 미국적인 용어로서 노동자 조직에서 주로 사용된 것이었으며 이는 나중에 서유럽, 특히 영국이나 프랑스에 유입되었다. 서유럽의 경우와는 달리 미국에서의 계급문제는 '사회문제'라는 중간 단계 없이 바로 '노동문제'로 정의되었던 것이다. 따라서 19세기말에 미국에서 '노동문제'란 서유럽 나라들에서는 대부분 '사회문제'를 의미하는 것이었다. 여기에는 두 가지 설명이 있다. 첫째, 미국에서는 이와 같이 문제가 형성되지 못하도록 억제할 만한 이데올로기적인 영향력이 없었다는 것이다. 이것은 달리 말해 1880년대 말까지 미국에서는 노동자들은 강력한 유권자 집단을 형성하고 있는데 반하여, 자본가들의 헤게모니가 미처 형성되어 있지 못한 상태

---

[46] Tomlins, *The State and the Unions*, p. 103.

라는 것을 의미한다. 따라서 미국에서는 노동기사단이 독점자본에 대항하는 대표적인 사회개혁의 세력이었던 것처럼 1880년대 노동문제는 대부분의 사회개혁의 모든 문제를 해결하려는 기획이었다.

그러나 1890년대부터 미국에서 노동문제와 노동통계에 대한 개념은 급격히 변화하기 시작하였다. 노동문제와 노동통계는 자본가의 이해의 일부가 되었고 기존의 노동조합들은 자신의 특별한 이해를 대변하기 시작하였다. 노동통계의 개념은 거의 대부분 경영진이나 전문적인 사회과학자들에 의해 수정되었던 것이다. 노동통계는 기업경영을 위해서 노동자들의 이익을 흡수, 통합하는 합리적 수단이 된 것이다. 뉴딜 시기에서부터 신뢰할 만한 통계들이 대규모로 생산되기 시작했는데, 이를 통해 국가는 노동계를 규율하고 특수 이익집단으로서의 노동계를 제도화시키려 하였다.

미국 노동계 지도자들에게 통계는 그렇게 큰 의미를 지니고 있었던 것은 아니었다. 왜냐하면 비록 대공황 이래로 정부가 작성한 통계자료를 이용하기 시작했으나 노동계 지도자들은 타당한 사회지식의 형태로서 통계에 대하여 그들 나름의 사상이나 이론을 갖고 있지 않았기 때문이었다. 20세기에 와서 미국의 노동통계에 대한 개념은 보다 단순하고 명백해졌다. 비록 프랑스처럼 사회공학까지는 아니었지만 노동통계는 사회를 통제할 수 있는 합리적인 수단이라는 단순하고 일차원적인 관념이 존재했다. 따라서 노동에 관한 개혁이나 법률안들 또한 사회를 통제하는 수단으로서 간주되었다. 다시 말하면 미국에서는 산업민주주의와 경제적 효율성은 서로 완전히 다른 성격의 기준으로 작동했다.

뉴딜과 제2차 세계대전 이래로 미국의 정치가들과 주도적인 자본가들은 국가의 사회·경제생활에 공공지식이 어떠한 영향을 미치고 있는가를 깨닫게 되었다. 1940년대 이후로 의회에서는 전국적인 통계조사업무를 놓고 미묘한 논쟁이 벌어졌다. 사생활 보호법은 정교한 인구조사 설문지를 비방하려는 사람들에게는 좋은 논쟁거리였다. 그러나 그러한 논쟁의 배후에 깔린 중요한 문제는 개인의 권리와 국가개입 문제 그리고 권력의 재분배에 관련된 것이었다.[47] 이러한 학습과정을 거치는 동안 1960년대에 이르러서는 정치가들마저도 공공지식이 어떠한 효과를 가지는지를 알게 되었고 이는 통계지식을 통한 '모니터'제도가 확산되는 계기가 되었다. 1967년 완전 기회와 사회회계법(Full opportunity and Social Accounting Act)에 관한 의회 논쟁에서 월터 먼데일(Walter Mondale) 의원은 사회자문평의회(Council of Social Advisors)와 사회보고서(Social Report)의 창설의 필요성에 대해 이렇게 말하였다.

지난 몇 년 동안 만일 우리사회에 경제 분야에서와 같이 사회문제에 관한 정확한 보고 제도가 있었다면 지금 전국을 휩쓸고 있는 사회적 위기 상황을 막을 수 있었을 것이라고 나는 생각합니다. 인종문제를 포함하여 우리가 당면한 국내적 위기 상황은 의심의 여지없이 지난 20년 동안 경제 분야에서 이루어져 왔던 것처럼 정확한 실태조사와 결단력 있는 정책적 대응이 없었기 때문에 발생한 것이라고 나는 주장하는 바입니다.[48]

---

[47] 1940년의 논쟁에서 남부출신의 한 의원은 다음과 같은 근거로 노동자들의 수입과 교육 연한에 대한 문제를 조사대상으로 삼는 것에 대하여 반대하였다. 즉 그러한 조사질문지가 흑인들의 반발을 살 수 있는 사회주의적 색채가 짙은 것이라는 주장이었다. 사실 이 정치가는 공식적인 지식이 생산됨에 따라 어떠한 결과와 정치적 영향력을 가져오는지 잘 알고 있는 사람이었다. 한편 사생활에 대한 조사문제를 놓고 벌인 논쟁은 그 역사가 오래된다. 1960년대와 1970년대 한 의원은 조사질문서를 사전에 심사해야만 한다고 주장함으로써 조사국의 행정력을 제한하려 하기도 했다. Hauser, *Social Statistics in Use*, pp. 2-5.

[48] Ibid., p. 352.

2. 사회 정치적 조건

미국에서는 노동통계 발전의 페이스가 서유럽 나라들의 경우와는 사뭇 달랐다. 1880년대에 미국은 세계 최초로 노동행정과 노동통계를 창설하였지만 1910년경의 시점에서 비교해 보면 미국은 서유럽 나라들보다 뒤져 있었다. 미국에서는 노동통계 발전의 속도가 늦기도 했지만 발전 과정 또한 한 때 중단을 겪기도 하였다. 노동통계는 세기말부터 강력한 자유주의적 사회·정치 세력에 의해 억압당했던 것이다. 우드로 윌슨(Woodrow Wilson) 대통령 재임기에 이르러서야 노동통계의 발달은 원래 초기의 속도를 되찾았고 다시 이것은 제1차 세계대전이 끝난 후 '정상으로 복귀'(Return to normalcy)라는 반동적 분위기에 의해 다시 시련을 맞게 되었다. 후버(Hoover) 대통령 재임시에 본격적으로 시작된 경제 대공황(the Great Depression)에 이르러서야 노동통계의 발달은 본격적으로 가속을 붙일 수 있었다.[49]

대부분의 역사가들은 미국에는 서유럽 제국과 견줄 만한 혁명의 위협은 없었다는 점에 합의하고 있다. 그러나 1870년대부터 웬델 필립스(Wendell Phillips)를 위시한 급진 개혁파들은 '빈민 폭도에 대한 공포(the fear of pauper mob)'에 대해 대단히 민감한 상태였다. 1863년 뉴욕에서의 폭동이나 파리 코뮌과 같은 유럽에서의 여러 사건들에 대한 소식은 그들의 뇌리에 사회적 혼란과 혁명에 대한 공포를 심어 놓았다.[50] 이러한 심리 상태는 단순히 주관적인 것이었다고 보기는 어렵다. 미국과 유럽 사이의 강한 문화적

---

[49] 롬바르디(Lombardi)에 의하면 노동행정의 점진적인 발달은 1921년에 이르러 정상에의 복귀에 따라 중단되었으며 이후는 퇴조의 길을 걸었다는 것이다. 대공황을 맞아 이후 1933년에 이르러서야 회생의 기미를 보이게 되었다. Lombardi, *Labor's Voice*, pp. 10-4.

[50] Leiby, *Carroll Wright*, p. 44; Samuel Bernstein, "The Impact of the Paris Commune in the United States," *Massachusetts Review* 12 (1971).

지적 연관으로 인해 만약 프랑스나 독일에서 혁명이 일어난다면 미국 역시 안전할 수만은 없는 형편이었던 것도 사실이었다. 혁명운동의 지적 확산은 과소평가할 수 없는 요소였다. 어쨌든 1877년은 미국인들은 노동소요와 폭력이 등장을 목도하게 되었다. 이 시기와 사건은 급속한 산업화와 사회적 조건의 전반적 변화를 나타내고 있었다.[51] 결과적으로 미국 사회의 사회문제를 평가하는 시각에서 몇몇 앞서가는 지식인들과 나머지 대중들과는 상당한 격차가 있었다.

미국에서의 노동행정과 노동통계의 이른 발달은 정당국가(party state)라는 극단적인 단계로 발전하는 국가권력의 민주주의적 형태에 기인하였던 것으로 보인다. 1870년대와 1880년대를 통하여 이미 노동자계급은 엄청난 유권자 집단으로서 강력한 정치 세력으로 부상하였다. 그러나 1890년대와 1900년대에 들어서면 자본가계급의 주도권의 확립으로 노동자계급의 지위는 산업자본주의 하에서 자본의 하위의 동반자로 전락하였다. 결국 이에 따라 노동통계의 의미 또한 재정립되어야 했다.

1870년대와 1880년대에 정치 엘리트들이 노동국의 설치를 실제로 결정한 것은 노동계와 그들을 이끌고 있는 지식인들의 요구에 대한 양보의 성격이 강했다. 그들 정치 엘리트들은 당시의 '위기 선거(Critical elections)'의 상황에서 노동자들의 표를 절대 놓칠 수 없는 상황이었다.[52] 그러한 조치들은 1870년대와 1880년대에 양대 정당의 지배를 여러 집단과의 타협과 담합을 통하여 재건하려는 거시적 계획의 일부였던 것이다.[53] 1871년 매사추세

---

51 Robert Bruce, *1877: Year of Violence* (Indianapolis: Bobbs-Merrill, 1959).
52 'Critical elections'에 관하여는 다음을 참조. Walter Dean Burnham, *Critical Elections and the Mainsprings of American Politics* (New York: Norton, 1970).
53 정당들의 타협의 동기에 대하여 Martin Shefter는 다음과 같이 말하고 있다. "도시에서의 계급투쟁과 농촌에서의 농업 급진주의의 분출은 민주당과 공화당의 정치가들이 손잡고 있던 산업자본가 은행가 그리고 철도자본가들에 대한 공격으로 노동자와 농민의 연대 투쟁으로 이어질 가

츠에서의 노동통계국의 창설은 개혁주의자들과 노동자 유권자들에 대한 명백한 양보였다.[54] 1884년 연방정부에서의 노동국 창설의 경우도 마찬가지였다. 1877년부터 1883년 사이에 노동 소요사태, 경제 불황 그리고 노동기사단의 팽창은 당시 노동자계급의 문제를 정치 전면에 부각시켰던 것이다. 또한 이제 노동계는 지폐주의(Greenbackism) 운동과 연합하여 정치에 진출하고 이러한 연대에 의하여 14명의 대표가 하원에 선출되기에 이르렀다.[55]

의회는 내무부(Department of the Interior) 산하에 노동국을 창설하였다. 그것은 사실의 수집을 위한 기관이었으나 "법안의 원문이나 그에 대한 토론이나 어느 것도 이 새로운 기관의 특정적 기능에 대하여 뾰족하게 제시하는 바가 없었다." 이러한 조치는 다가오는 선거를 위한 노동계에 대한 정치적인 제스쳐에 불과했다.[56] 1913년에 이루어진 상업노동부(Department of Commerce and Labor)에서 독립된 노동부가 창설된 것도 노동계의 정치적 세력이 상승한 데 대한 유사한 성격의 양보였던 것이다.[57] 그리하여 노동통계의 생산을 위한 예산 배정은 미미할 수밖에 없었고 결국 "웃기는 양"(ridiculous in amount)에 불과하였다. 통계 기관에 부여된 법적 권한 또한 마찬가지였다.[58] 초기에 미국의 '정당국가'가 그러한 중립적인 기관의 창설에서 원한 것은 스스로의 목소리를 세울지도 모르는 활동적인 전문 행

능성을 갖고있었다. 이러한 위협에 대처하고저 하는 1870년대의 시도는 미국 정당정치의 정점에 연대 구조의 재편성을 가져왔던 것이다." Martin Shefter, "Trade Unions and Political Machines: The Organization and Disorganization of the American Working Class in the Late Nineteenth Century," *Working Class Formation*, p. 248.
54 노동국의 창설에 관하여는 주 의회에서 아무런 토의 없이 통과되었다. Leiby, *Carroll Wright*, p. 54.
55 Keller, *Affairs of State*.
56 Leiby, *Carroll Wright*, p. 69.
57 Lombardi, *Labor's Voice*, pp. 62-5.
58 Smith, "American Labor Statistics," pp. 50-63.

정 기관이라기보다는 몇 개의 부가적으로 더 분배할 수 있는 '관직'에 불과했다.

나아가서 1860년대 후반 매사추세츠에서는 또 하나의 주목해야 할 정치적인 현상이 일어나고 있었다. 1869년에 진보적인 사상을 대표하는 노동개혁당(Labor Reform Party)이 창설되었다. 이러한 분파당(splinter party)이 설립되자마자 공화당의 다수는 급격히 축소되었다. 즉 공화당은 '노동문제'의 등장에 이어 분열된 것이다. 이어 1874년에는 연속적인 부정부패 사건으로 인하여 공화당은 큰 타격을 입게 되었다. 이러한 공화당 내의 사건들은 매사추세츠에서의 노동국의 창설과 발전에 직접적으로 연관되어 있었다.[59] 독립적인 그리고 형식적으로 전문행정 기구를 설립한다는 것은 당시의 노동문제에 대한 논란과 분당의 등장을 가라앉히기 위해 당시 공화당 지도부가 취한 선택이었다. 캐롤 라이트를 임명한 것은 노동운동과는 아무 상관이 없는 일이었고 전임자이던 헨리 켐블 올리버(Henry Kemble Oliver)와 그의 부하이던 조지 맥닐(George McNeill)의 실패에 따른 것이었다. 이 두 사람은 노동개혁 운동을 직접 대표하려던 사람이었다. 1872년 노동개혁당은 위의 두 사람과 함께 몰락하였다. 그러한 노동통계국의 설립은 개혁가들의 양보에 의한 것이었으며 그들의 압력이 가라앉자 라이트의 임명이 가능하였다.[60]

정부 내에서의 통계지식의 필요와 사용이 기존의 정치 엘리트 전반의 문제로 떠오른 것은 뉴딜 시기에 들어와서 벌어진 상황이었다. 클레이그(Clague)는 노동통계국(Bureau of Labor Statistics, BLS)를 둘러싼 사회정치적인 상황을 다음과 같이 기술하고 있다.

---

[59] Leiby, *Carroll Wright*, pp. 28-33.
[60] Ibid., pp. 62-3.

대공황에 이르자 정부의 통계는 온갖 방향에서의 공격에 사면초가의 형상이었다. 데이타의 부족, 데이터의 부정확, 데이터의 오도, 데이터 해석의 잘못 등 각종 문제에 관한 비판이 있었다. 심지어는 그런 데이터는 없는 편이 훨씬 낫겠다는 지적도 있었다.

실업에 관한 수치는 주된 공격의 대상이었다. 1920년대를 통해서 센서스국 이나 BLS 등의 연방 통계국들은 주로 고용주들의 보고서에 근거하여 고용과 임금에 관하여는 꽤 좋은 통계를 개발했었다. 그러나 실업에 관하여는 수치를 갖고 있지 못했다. 그저 고용의 숫자와 노동력의 총계의 차이에서 짐작해보는 수밖에 없었다. 1930년의 센서스에 대하여 의회는 특별히 실업에 대하여 조사할 것을 허락했는데 이는 적어도 실업의 경향에 대한 계량에 있어 분기점을 마련할 것이다.[61]

1932년의 선거전에서는 실업에 관한 통계가 정치적인 이슈로 등장하게 되었다. 1933년의 전술한 정부 통계와 정보사업 위원회(Committee on Government Statistics and Information Services)의 설립과 위원회의 보고서는 정부의 통계사업 특히 노동통계의 잇달은 개혁과 확대에 중요한 길잡이가 되었다.

대공황은 노동계급과 더불어 미국의 경제전반에 일대 타격을 가했다. 전국에 걸쳐 굶주림의 행렬이 끝없이 펼쳐졌고 폭도들은 분할 지급의 정지를 강요하였고 사람들은 혁명의 공포를 실감하기도 하였다. 공공적 빈민 구제 제도는 붕괴되고 폭동이 난무하기에 이르렀다. 이러한 사태는 새로운 형태의 노동조합의 등장을 가속화하였다. 새로운 형태의 연좌파업(sit-down strikes)이 전국에 퍼지고 고용주들과의 폭력적인 대결로 인하여 산업별노동

---

61 Clague, *Bureau of Labor Statistics*, p. 18.

조합(Congress of Industrial Organization, CIO)는 계급투쟁의 상징으로 등장하게 되었다.

위에서 토론한 바 노동통계의 발달에 중요한 공헌을 이룩한 사람들이 표현한 목표는 미국 사회의 이러한 특수한 여건들과 밀접하게 연관되는 것이었다. 예를 들어 미국의 진보주의자들(progressivists)은 국가행정과 이를 위한 통계지식의 발전은 필수불가결하다고 주장하였다. 그러나 이러한 점들은 미국 사회의 민주주의적 정치구조를 고려하지 않고는 이해할 수 없는 것이다.

제9장

노동통계 발달 원인의 이론

1. 행위자와 그들의 의도

위의 경우에 노동통계의 발달에 기여한 사람들은 자본주의 생산 관계의 이론적인 지도에 나타나 있는 사회·계급집단에 들어맞지 않는다. 우선 그들은 생산적 경제체제로부터 분리되어 있는 중산층 지식인들이었다. 노동통계가 어떤 것이며 그 일반적인 성격을 이해하고 통계를 수집하고 사용하는데는 상당한 지적능력과 오랜 기간의 형식화된 교육을 필요로 하는 까닭이다. 그러나 그들 대부분의 경우는 통계에 대해 정식으로 훈련받은 사람들은 아니었다.

중산층 조직에는 엄청나게 다양한 변화가 있을 수 있으며 각각 다른 나라의 경우에 통계의 발달에 기여한 사람들은 다르게 분류된다. 그들은 국가 행정관료거나 전문지식인(professionals)이거나 자유주의자거나 사회주의자거나 노동지도자라거나 대단히 다양한 부류였다. 영국의 경우에는 노동통계에 직접 기여한 사람들은 별개의 개인들이었다고 볼 수 없으며 그들은 전문지식을 갖고 있다든지 국가적 엘리트라든지 하는 공통의 배경을 갖고 서로 친교를 갖고 나아가서 집단의식을 공유하던 사람들이었다. 그러나 프랑스의 경우에는 그들 개인들은 공통의 사회·정치적인 의식이나 동질성을 갖는 단일한 집단이었다고 볼 수는 없다. 그들은 공화주의자, 사회주의자, 고등사범학교 출신, 기술대학 출신, 사회과학자, 행정관료, 노동지도자, 아나키스트 등을 포함한 대단히 이질적인 집단이라 할 수 있으며 이러한 분류 또한 배타적이지 않다. 프랑스에서는 과학에 관한 합리사상은 사회에 널리 퍼져있었고 총체적인 사회·정치적 전략을 갖고 있는 지도적인 집단이 가시적으로 존재하지는 않았다. 미국의 경우는 초기에 통계 발달에 기여한 사람들은 통계 교육이 전무한 정치가들이거나 전문 사회과학자들이었다.

일반적으로 각 나라의 개별 행위자들 간의 관계 또는 집단 구성의 양태는 그들의 표현된 바 각종 의도들 보다 더 많은 차이점을 보이고 있다. 각 경우에 표현된 의도는 주로 공통적인 문제와 목표들을 포함하고 있다. 사상의 국제적인 전파는 이미 상당한 수준이었음을 확인할 수 있다. 말하자면 타당한 사회 정치적인 조건이 존재하는 한에서는 통계지식에 관한 사상은 어렵지 않게 수용되었으며 기존의 지배계급 또한 통계의 생산과 사용의 문제에 비교적 긍정적이었음을 알 수 있다.

그러나 표현된 바 그들의 의도는 여러 경우에 동일하지는 않았다. 각 경우에 있어 담론의 독특한 주제와 스타일들이 나름대로 개발되어 있었다. 영국의 경우 노동통계는 한편으로 사회평정(social pacification)의 수단으로 다른 한편에서는 과격한 사회과학 철학에서 새로운 사회적 권위(social authority)의 조건으로서 제기되었다. 프랑스의 경우는 통계는 국민통합(national integration), 국가권력, 단합(solidarity) 그리고 산업 평화를 위한 사회 제도로 간주되었다. 그런가하면 사회주의자와 아나키스트들에게는 노동통계는 사회주의 혁명에 효과적으로 사용될 수 있는 수단으로 여겨졌다. 미국의 경우는 통계는 정당간의 갈등의 장 밖에서 계급간의 문제를 해결할 수 있는 제도로 등장하였고 나아가서는 사회통제를 위한 합리적이고 과학적인 수단으로 제시되었다.

통계를 위한 그들의 주장은 공통적인 출발점으로 기존의 일상 언어나 문학과 같은 노동계급의 조건을 기술(記述)하는 기존의 언어 체계의 문제점을 제기하고 있다. 특정적으로 그들은 노동계급 조건에 관한 대중언론식(journalistic)의 기술을 '감정적'(emotional), '감상적'(sentimental), '선동적'(agitating) 또는 '비지성적'(unintelligent)이라고 통렬히 비판하고 나섰다. 통계는 그 반대라는 것이다. 노동통계에 관한 일차적인 의도는 여타의 다른 형태의 담론의 타당성이 부정(否定)되어야 한다는 것이었다.

앞서 토의한 여러 동기들 중에서 공통적으로 나타나는 네 가지 목표들을 열거해 볼 수 있을 것이다. 첫째 노동통계는 사회개혁의 수단으로 제기되었다. 그들 일부는 특정한 개혁안에 대하여는 반대하였지만 사회개혁의 일반적 필요성에 관하여는 대체로 지지하는 입장이었다. 그들의 둘째 의도는 노동자계급의 생활 여건에 관하여 통계로서 '사실적 진실(factual truths)'을 형성해야 한다는 것이다. 셋째 의도는 폭력적인 사회주의 혁명을 방지하고 계급 문제에 관한 평화적인 해결을 이룩하겠다는 것이었다. 마지막으로 혁명주의자들은 노동통계를 그들의 혁명전략의 수단으로 이용하려 하였다. 이러한 의도들은 상호 독자적이라기보다는 연관되어 있었으며 총체적인 해석을 요한다.

노동통계가 개혁의 도구라 함은 두 가지 다른 의미로 해석할 수 있다. 첫째 이것은 공공지식(official knowledge)으로서의 노동통계 확립의 원인이라기보다는 결과로 해석할 수 있다. 위에서 토론하였듯이 어떤 특정한 사회개혁 안을 추진하는 데는 합리적인 정당화가 필요한 것이었다. 둘째 이러한 도구주의적인 관점을 제시한 사람들은 사회개혁의 정치에서 새로운 사회적 행위의 기준과 절차를 주장한 것이라고 해석할 수 있다. 이러한 새로운 기준은 하버마스(Habermas)가 '목적합리적행위'(purposive-rational action)

라고 부른 사회적 행위양태라 해석할 수 있다.[1] 사회개혁은 그 결과에 관한 정확한 예측에 근거하여야 하며 이것은 오직 통계 분석을 통해서만 가능하다는 것이다. 이러한 사회 개혁의 도구라는 견해는 사회개혁과 그 절차에 관한 새로운 기준과 절차를 제시하는 주장으로 이해되어야 할 것이다. 위에서 지적했듯이 대부분 노동통계 확립을 주장한 사람들은 정확한 결과에 대한 복잡한 계산에 근거한 실제적인 개혁안을 동시에 제시하고 있었다.

둘째로 또 하나의 노동통계에 대한 공통적인 의도는 통계를 사용하여 '올바른 판단'(sound judgement)을 내려야한다는 것이다. 그러기 위해서는 '사실'과 '의견'은 명쾌하게 구별되어야 한다는 것이다. 사실적 진실의 필요는 19세기 초반부터 통계에 관하여 일관적으로 제기되어온 주장의 핵심적인 부분이었다. 많은 사람들은 통계 방법론을 강조하고 그러한 방법론만이 '엄격한 사실'(hard facts)을 만들어 낼 것이라고 주장하였다. 이러한 성격의 지식의 생산은 국가기관이 통계의 주 생산자가 되어야 한다는 주장으로 연결

---

1 Habermas에 의하면 '목적합리적 행위'(purposive-rational action)는 '교신적행위'(communica tive action)에 반대된다. "'일'(work) 또는 목적합리적 행동이라 했을 때 그것은 도구적 행동 또는 합리적 선택 또는 그들과 연관된 바로 이해된다. 도구적 행동은 경험적 지식에 근거한 기술적 규칙(technical rules)에 좌우된다. 모든 경우에 그러한 규칙들은 물리적 사회적 관측 가능한 사건들에 관한 조건부 예측을 의미하는 것이다. 그러한 예측은 맞을 수도 있고 맞지 않을 수도 있다. 합리적 선택의 행위는 분석적인 지식에 근거한 전략에 의하여 지배된다. 다시 그러한 전략은 선호의 규칙(가치 체계)과 결정 절차에서 연역되고 그 제안들은 올바르게 연역될 수도 있고 그렇지 못할 수도 있다. 목적합리적 행동은 주어진 조건하에서 정의된 목표를 실현시키는 것이다. 그러나 도구적 행동은 현실의 효과적 통제라는 기준에 따라 적절한 또는 적절치 못한 수단을 마련하는 반면 전략적 행동은 가치와 금언에 보충된 계산의 결과인 몇 가지 가능한 선택의 올바른 평가에 좌우되는 것이다. 한편 '상호작용'(interaction)은 '교신적 행위'(communicative action) 즉 상징적 상호작용으로 이해된다. 그것은 행태에 대한 상호 기대를 정의하고 또 적어도 둘 이상의 행위 주체에 의하여 이해되고 인정되는 구속적인 '합의된 규범'(consensual norms)에 의하여 통제된다…. 기술적 규칙과 전략의 타당성은 경험적으로 진실한 또는 분석적으로 올바른 제안에 근거하지만 사회 규범의 타당성은 의도의 상호 이해의 간주체성에만 근거되고 의무의 상호이해에 따라 보장되는 것이다." Jürgen Habermas, "Technology and Science as 'Ideology'," *Toward a Rational Society* (Boston: Beacon, 1970), pp. 91-2.

되며 그것은 앞에서 토론한 바 통계방법론의 성격에 근거한다. 첫째로 그러한 엄격한 사실은 보편적으로 인간의 감각기관을 통하여 감지되는 사항에 제한되는 것이므로 이러한 사실의 생산은 생각하는 학자가 아니라 특정한 절차를 정확히 따르는 많은 수의 기술인력(技術人力)이 필요한 것이다. 또한 통계는 피동적 관찰(passive observation)에 의하여 이루어지는 지식이 아니라 계획된 대상에 대한 의도적 간섭에 의해서만 체계적으로 수집될 수 있는 것이다. 따라서 통계의 수집에는 구체적으로 설문지들을 채워나가게 하는 데는 엄청난 재정 자원과 법적 조치가 필요한 것이었다. 국가가 통계의 주된 생산자가 된 것은 통계 지식의 특수한 성격에 근거한 것이었다. 이러한 사실적 진실의 명문화의 목적은 다음과 같이 해석할 수 있다. 첫째 그것은 '과학주의'(scientism)로 해석할 수 있다. 여기에서 과학주의란 지식의 일정한 형태에 대한 맹목적인 믿음 즉 이데올로기임을 뜻한다. 둘째 개인적인 지식은 현실을 주체의 입장에 따라 왜곡될 수 있으며 통계만이 유일하게 객관적이고 사실적인 지식이라는 것이다. 통계방법론의 보편적 지각 확실성의 원리(principle of universal sense certainty)는 지식 주체의 이해(利害)나 편견에서 오는 왜곡을 제거한다는 것이다. 통계는 비개인적 보편적 지식인 것이다.

여기에서 우리는 목적합리적(purposive-rational) 사회개혁을 위한 통계의 사용의 문제와 노동자계급 생활조건에 대한 '사실적 진실'의 추구라는 의도는 상호 연관되어 있음을 알 수 있다. 합리적 통제를 위한 지식은 통제의 대상체에서 분리된 주체의 합리적 관점에서 만들어져야 하며 합리성은 보편성에 의하여 보장된다는 것이다. 통계와 같이 선별적이고 물량적인 지식의 독특한 가치는 그의 특정한 용도에 있는 것이다. 통계는 실용적인 지식이고 목적합리적 행위를 위하여 특별히 고안된 것이다. 통계지식의 목적합리성과 보편성은 분리하여 생각할 수 없는 것으로 다른 시각에서 본 다른 측면에 불과한 것이다.

이러한 관점에서 사회주의 혁명을 방지한다는 세 번째 목표가 이해될 수 있다. 노동통계가 혁명을 방지하는 데에는 여러 가지 길이 있다. 첫째, '노동'(labor)이라는 사회적 분류는 혁명의 주된 물리적 동참자들이 될 것이라고 이해되었고 그들은 과학적 지식의 체계에 의하여 끊임없이 모니터되어야 한다는 것이다. 둘째, 통계 분석을 통해서 혁명을 방지할 수 있고 동시에 자본주의 경제를 유지할 수 있는 실질적인 사회개혁이 이루어질 수 있다는 것이다. 노동통계는 임금노동제를 안정시키기 위한 노동자들의 이해(利害)의 '평형점'(equity point)을 발견하는데 필수 불가결의 수단이라는 것이었다. 셋째 사회적 행위로서의 혁명은 노동통계와 개혁을 주창하던 사람들이 의도하던 사회적 행위 양태와 정반대를 이루는 것이다. 혁명이라는 것은 현재의 조건에 근거하여 그의 미래의 결과를 예측할 수 없다는 의미에서 비합리적 행위이다. 사전에 계획된 행동으로서 혁명의 제한된 합리성은 유명한 마르크스와 엥겔스의 문구에서 잘 나타나고 있다. "무산자들이 잃을 것은 그들의 사슬 밖에 없다. 그들은 세계를 얻을 것이다." 그런가 하면 개혁이란 목적합리적 행위가 될 수 있는 것이다. 통계는 합리적인 계산의 근거를 제공한다. 영국의 개혁가들이 말하던 '정신상태(state of mind)'로서의 합리성은 이러한 측면에서 반혁명적 전략이었다. 통계지식으로써 혁명을 방지한다는 주장은 결국 앞서 토론한 개혁 정치의 새로운 양태와 절차를 형성한다는 목표와 같은 맥락에서 이해할 수 있다.

그러나 다른 한편에서는 노동통계는 혁명가들에게도 유용한 것으로 여겨지고 있었다. 마르크스도 노동통계의 주창자였다. 제1차 인터내셔널의 야심적인 목표 중의 하나는 노동자계급의 조건에 관한 통계를 수집한다는 것이었다. 1867년 마르크스는 표준 설문지와 통계조사를 위한 지령을 게재하였고 1880년에는 다시 유사한 계획을 프랑스에 국한하여 시도하기도 했다. 이번에는 그는 '노동조사'(Enquête ouvrière)라고 부른 설문지를 작성하는데 프랑스 사회주의자인 베누와 말롱과 협력하였다. 이러한 계획은 모두 회답을 얻어내지 못하고 실패하고 말았다.[2] 마르크스와 엥겔스가 객관적 지식을 이용하려는 의도는 그들의 전반적인 혁명 전략과 일관되는 것이다.[3] 그들 혁명가들의 목표는 공공의 논쟁에서 승리하기 위해서 그리고 혁명의 필연성을 재론의 여지없는 확실한 모습으로 보여주기 위함이었다. 결국 혁명가들의 이러한 동기는 앞서 말한 사실적 진실에 관한 목적과 동일한 것이다.

요약하면 노동통계 확립의 소극적 의도는 우선 노동문제에 관한 한 비합리적 양태의 사회행위와 연관된 지식 체계의 타당성을 파괴하려는 것이었다. 그 외에 노동통계의 발달에는 두개의 적극적인 의도가 있었고 이들은 상호 연관되어 있었다. 첫째 노동통계는 노동계급 생활 조건에 관한 공통의 사실적 진리를 대표하는 것이었다. 둘째 노동통계는 목적합리적 사회개혁을 위한 인식 장치였다. 그 외에 위에서 토론한 혁명의 의도는 실제 노동통계 확립에 효과적으로 작용하지는 못했지만 이러한 사실 자체가 그들 사회에서 당시에 통계지식이 갖는 압도적인 이념적 주도권의 결과를 나타내주는 한 예인 것이다.

통계는 당시의 중산층 지식인들에게는 문화적인 특성의 중요한 부분인 합리성의 표현이었다. 그들은 그들 스스로의 주도 하에 사회개혁을 이루려

---

[2] Karl Marx, "Instructions for the Delegates of the Provisional General Council. The Different Questions," *Karl Marx Frederick Engels Selected Works*, Vol. 2, p. 78; Tom Bottomore & M. Rubel, eds., *Karl Marx: Selected Writings in Sociology and Social Philosophy* (New York: MacGraw Hill, 1956); Hilde Weiss, "Die 'Enquête Ouvrière' von Karl Marx," *Zeitschrift für Sozialforschung* 5, No. 1(1936), pp. 76-98; Mysyrowitz, "Karl Marx et la première Internationale et la statistique," pp. 51-84.

[3] Marx, *Capital*, Vol 1, p. 9; Friedrich Engels, *The Condition of the Working Class in England* (Stanford: Stanford University Press, 1968), p. 3; steven Marcus, *Engels, Manchester and the Working Class*.

하였다. 그들 지식인들은 노동자들의 개혁에 관한 요구뿐만 아니라 노동자들의 의견과 그들의 감정적 표현에 대하여도 불신하고 있었다. 그것은 노동자들 자신이 당시의 사회문제의 원인이었기 때문이다. 노동통계의 발달을 통하여 그들의 계획은 타당한 사회지식을 독점함으로써 기존의 사회 질서에 방어선을 구축하겠다는 것이었다. 행위의 양태의 수준에서 비합리적 사회적 행위를 지양한다는 것이며 목적합리적 행위의 효율성은 개혁이 가져다주는 물질적인 이득을 통해서 보장된다는 것이다. 문화적 수준에서는 통계의 가치중립성을 통해서 통제의 대상인 노동자계급의 감성과 문화가 공공의 영역에 침투하지 못하도록 방어하려는 것이었다. 나아가서 정치적 수준에서는 지배계급의 정당들이 노동자들의 지지를 지속적으로 획득하고 공공정책의 수준에서는 사회개혁은 최대한의 확실성과 예측력을 갖고 심의되고 수행될 수 있도록 한다는 것이었다.

2. 사회 정치적 조건

　19세기 후반 서유럽 사회의 가장 두드러지는 문제는 조직적 노동자계급의 저항의 극적인 증가와 마르크스주의, 아나키즘 등의 혁명사상의 노동 조직에의 침투는 전례 없는 현상이었다. 이 기간에 걸쳐 노동자계급은 기존의 사회질서에 심각한 위협의 근원이었다. 사회계급 간의 사회적 이념적인 괴리와 그들의 새로운 권력관계는 노동통계 발달의 결정적인 조건을 형성하고 있었으며 이는 위에서 토론한 노동통계 발달의 목적에서 잘 나타나고 있다.

　그러나 지식인들의 그러한 주장만으로는 노동통계를 만든다는 것이 현실화될 수는 없었다. 사회의 지배계급과 국가 관리들이 혁명적 사회주의와 노동계급의 도전이 그들의 핵심적 이해를 위협한다고 인식하였을 때만이 통계 발달의 충분조건이 만족되는 것이다. 이러한 상황에서 공공지식의 확립은 이러한 위험스러운 사태를 극복하는 데 효과적인 방법이었다. 다시 말하면 지배계급이 기존의 지배 형태에 자신감을 갖는 한 새로운 제도의 도입은 어려운 것이었다.

　사회주의와 노동자계급의 도전 외에 당시의 괄목할 만한 정치적인 추세는 기존의 지배계급의 분열이었다. 자유주의자들의 분열은 특히 결정적인 위험요소이자 통계라는 제도 설립의 조건을 형성하였다. 이러한 정치적인 조건들은 세력 판도의 변화를 수반하는 것이었다. 또한 자본가들과 보수적 정치가들은 노동통계의 확립을 저지할 수 없었다. 그들은 노동계급의 도전에 의해서 분열되고 약화되어 있었다. 물론 자본가들은 통계의 자연스러운 결과 즉 국가권력의 개입에 대하여 개의치 않을 수 없었다. 그러나 이러한 시점에서 혁명적 선동은 말할 것도 없고 정치적인 개혁보다 합리적이고 계산에 근거한 개입을 선호하지 않을 수 없었다. 결국 자본가계급으로서는 노동통계의 발달을 차선책으로서 받아들이게 되었다. 일반적으로 노동통계의 최대의 소비자이자 수혜자인 자유주의 정치가들은 통계발달의 가장 일관된 지지자들이었다. 아울러 노동통계의 또 하나의 결정적인 지지자들은 물론 중산층 지식인들이었으나 그들을 제외한 대부분의 광범위한 중산층은 별로 뚜렷한 입장이 없었다. 어떤 경우에도 노동통계의 설립이란 당파적인 이슈는 아니었다. 차라리 그것은 박애주의, 합리주의 그리고 사회발전이라는 기치 하에 지배계급 전체의 재정립과 재통합의 문제로 나타났던 것이다.

많은 노동계 지도자들은 그러한 부르주아 지식인들을 불신하였고 특히 노동통계의 결과인 국가개입주의에 경계하는 입장이었다. 그러나 대부분은 통계의 발달을 묵인하거나 지지하였다. 그들은 통계 발달을 통해 이루어질 개혁 조치에서 오는 이득 특히 단체협상 확립을 통한 노조 조직의 안정화를 기대하였던 것이다. 사회주의자들의 대부분은 합리주의자였고 따라서 노동통계를 지지하였다. 통계는 그들이 추구하는 사회개혁을 실현할 것이고 장기적으로는 사회발전을 주도할 것이기 때문이었다. 그러나 다른 종류의 사회주의자들은 반대하지도 않았고 찬성하지도 않았다. 노동통계의 발달은 한편으로 그들과 노동자계급의 지위를 향상시킬 것이나 다른 한편으로는 개혁이 이루어지면 그들의 노동자계급의 유일한 대표라는 위치가 위협받을 소지도 없지 않았다.

이러한 사회·정치적인 조건들은 지배계급의 당시 사회에 대한 이해에 상호 연결되어 있었다. 그들에게 노동문제는 결정적으로 중요한 문제였다. 왜냐하면 첫째 조직된 노동자계급으로부터의 위협 그리고 기존의 정치 지도력의 약화라는 두개의 위험한 조류는 인과적으로 연결되어 있었기 때문이다. 노동문제는 '계급에 관한 투쟁'을 형성하고 있었던 것이다.[4] 이러한 사

---

[4] 계급에 관한 투쟁(struggle about class)이라는 개념은 Adam Przeworski에게서 빌어 온 것이다. 그는 노동계급은 그러한 투쟁을 통하여 형성된다는 것이다. Adam Przeworski, "Proletariat into a Class: The Process of Class Formation," *Capitalism and Social*

회·정치 갈등의 구도 속에서 노동 문제는 과학적인 지식의 대상으로 정의된 것이었다. 다른 한편에서는 목적합리적인 사회개혁은 노동자계급의 폭력적 도전을 억제하고 지식의 보편성을 통하여 그러한 문제를 다루는 과정에서 나타날 수 있는 기존의 지배계급 내의 분열이 더욱 악화되는 것을 방지하며 합리성을 추구한다는 것이었다. 요약하면 노동문제가 지배계급에게 혁명의 위협을 형성하고 지배계급의 연합을 붕괴시킨다고 이해되고 그리고 과학적 사회지식으로서의 노동통계에 대한 사상이 존재한다면 노동통계 발달의 필요조건과 충분조건은 모두 만족되었다고 할 수 있다.

Democracy (Cambridge: Cambridge University Press, 1985), p. 79.

3. 이론적 고찰

　1870년대에 시작된 일련의 경제 불황의 여파는 1890년대에 이르기까지 이 나라들에 공통적으로 정치 사회적으로 심각한 충격을 주었다. 그러나 우리는 경제 불황이 노동통계의 발달을 야기했다고 단언할 수는 없다. 첫째 1870년대에 시작된 일련의 불황은 근대사에 절대로 처음 있는 일은 아니었으며 어떠한 이유에서건 불황은 여러 차례 이미 일어났고 또한 그러한 불황은 물론 노동통계를 만들어 내지 않았다. 둘째로 우리가 위에서 보아 알듯이 불황과 통계발달의 시간 격차는 각 나라마다 다르다. 어떠한 사회 변화의 원인을 사회적 특히 경제적 위기에 원인을 부과하는 것은 편리한 해결책이기는 하지만, 경제 불황과 노동통계의 발달간의 인과 관계는 없다고 할 수는 없더라도 대단히 멀고 간접적이며 복잡한 과정일 수밖에 없다.

　또 하나의 유사 경제학적 설명도 제기될 수 있다. 노동통계의 발달은 사회적인 지위를 높이려는 지식인들의 사회 경제적 집단이해에 의해서 이루어졌다는 해묵은 논법이 제기될 수 있다. 우선 구체적인 이해를 표출한 집단의식을 가진 지식인들을 색출하여 그러한 주장이 정당화된다고 해도 그들의 이해는 논리적으로 인과 관계의 충분조건을 형성하지 못한다. 왜 하필 다른 행동이 아닌 그러한 특정한 행동이 그들의 이해를 충족시킬 수 있었는가 하는 점을 증명해야 충분조건이 만족되는 것이다. 말하자면 그들을 둘러싼 사회 여건의 문제는 설명에 있어서 이차적인 부분이 아니라 그 이상인 것이다. 이러한 조건에 관한 설명이 없이는 이해관계 이론은 쓸모없는 동의어반복 (tautology) 즉 어설픈 경제학 흉내에 불과한 것이다. 노동통계라는 아이디어는 일차원적 경제적 인간에 의하여 선택되는 효용이 알려진 경제적 재화로 취급할 수 없으며 오랜 기간의 지적 노력의 결과인 대단히 복잡한 고도의 지적 창조물인 것이다.

위의 경우에서 지식인들의 집단 형성이 나라마다 대단히 다른 것으로 미루어보아 노동통계의 발달은 특정한 형태의 지식인 조직과 인과 관계는 없으며 특히 이러한 지식인들의 자기 이해에 의하여 연유되지 않았다고 단정지어도 무방할 것으로 보인다. 그러한 지식인들은 독자적인 사회세력으로 운동을 이끌었다기보다는 당시의 특정한 사회·정치적인 여건 하에서 그러한 특정한 방법으로 즉 노동통계의 발달을 통하여 그들의 이해를 개진하는 것이 유리하다고 판단했던 것이다. 그러나 지식인들이 사회에 대한 지식을 독점하고 통계를 통하여 그들의 사회적인 위상을 높이려 했다는 점은 부정할 수 없다. 그러나 그들이 통계를 그렇게 만들었다고 해도 지식인들이 노동통계의 의도와 계획을 갖고 있었던 유일한 집단은 결코 아니었다. 광범위한 지배계층 또한 그러한 사회 정치 제도를 원하였고 지식인의 역할을 확대하는 것을 지지했던 것이다. 지식층 외의 광범위한 사회계층들의 입장과 역할이 결코 부차적이라 할 수 없는 것이다. 노동통계와 사회과학 지식을 둘러싼 전문가 집단과 그들 조직의 등장은 노동통계 발달의 원인이 아니라 차라리 결과인 것이다.

나아가서 노동통계는 과학 발전의 한 단계로써 노동계급의 조건에 대한 지적 호기심에 의하여 연유되었다고 말할 수 없다. 예를 들어 제라르 르끌레르끄(Gérard Leclerc)는 특정한 주제에 대한 호기심은 인류에게 보편적인 것이 아니라 특수한 사회문화라고 주장한다.[5] 말하자면 노동자계급이 연구의 대상이 된 것은 특정한 사회적인 조건 하에서만 가능했다는 함의를 갖는다. 나아가서 통계는 호기심을 만족시키는 지식이라 보기 힘들다. 단적으로 통계라는 것은 일상적인 의미에서 모르는 것을 알기 위하여 만드는 것이 아니다. 노동자계급에 대한 지식이 전무하고 호기심이 있는 사람에게 통계라

---

5 Gérard Leclerc, *Observation de l'homme*.

는 것은 지식의 좋은 출발점이라 결코 말할 수 없다. 노동자들의 생활을 이해하는 데는 직접 관찰이나 문학적 또는 여러 다른 형태의 구체적인 기술(記述)이 통계 숫자보다 훨씬 더 풍부하고 현실감 있는 지식을 제공할 것이다. 통계는 대상물에 대하여 대단히 선별적인 측면만을 보여주며 더욱이 고도로 추상적이고 계량화된 지식 체계인 것이다. 말하자면 호기심을 충족시키는데 있어 지식이란 통계의 형식을 띨 필요성은 전혀 없는 것이다.[6] 노동통계의 경우 그 대상물은 지식 생산자에게 이미 잘 알려져 있다. 그 대상물은 없어서는 안 될 유용한 것이며 그러나 한편 위험한 것이라는 두 가지의 상반된 이미지를 가지고 있으며 이러한 측면이 대상물의 합리적인 방법의 통제를 긴요하게 만들고 있었던 것이다. 노동통계와 연관된 결정적인 문제는 결국 주체와 객체간의 상호관계인 것이다. 결국 통계란 일차적으로 합리적 통제 행위의 인식 수단인 것이다. 통계 지식의 발달의 기본적인 원인은 근대의 새로운 행위의 이론 즉 신중하고 합리적인 사회 변화의 방법인 것이다.[7]

통계 방법론은 특정한 호기심 있는 개인을 주체로 갖지 않은 지식을 생산한다. 통계의 생산자에게 방법론은 상전(上典)인 것이다. 첫째 방법론은 주체와 객체를 엄격하게 가르고 그들 간에 특정한 공간적 관계를 설정한다. 말

---

[6] Zeno G. Swijtink는 다음과 같이 주장하고 있다. 통계의 확립으로 인하여 "물리과학에서 관찰의 주된 형식인 측정은 '관찰하는 주체가 없는 관찰'의 경지에 이르기까지 기계화되었다." 나아가서 "수치적 방법의 사용은 그 자체 과학은 객체화에 이르게 하였다. 이러한 것은 사람들의 개인적인 판단을 배제하는 절차이다." Swijtink, "The Objectification of Observation: Measurement and Statistical Methods in the Nineteenth Cemtury," *The Probabilitistic Revolution* Vol. 1, Krüger, ed, p. 274.

[7] Richard Bernstein, *Praxis and Action* (Philadelphia: University of Pennsylvania Press, 1971); Brian Fay, *Social Theory and Political Practice* (London: George Allen & Unwin, 1975); Jürgen Habermas, "Dogmatism, Reason, and Decision: On Theory and Practices in Our Scientific Civilization," *Theory and Practice* (Boston: Beacon, 1973).

하자면 통계는 감시탑(panoptic watchtower)에서 본 광경인 것이다.[8] 본래 '경제학'(economics)과 '통계학'(statistics)이란 말의 어원은 국가의 지식이라는 뜻이었다. 둘째 그 감시탑은 어떤 특정한 개인에게 점유되어있지 않다. 통계는 보편적 지식으로 국가에 위치한 일반적인 비개인적인 이상적으로 합리적인 눈을 통하여 본 모습이다. 그러므로 노동통계는 개인적인 지식이 아니고 순순한 의미에서의 지식이 아닌 사회·정치제도라 보아야한다.[9] 이러한 상황에서 권력관계가 그러한 지식의 전제조건을 이루는 것이며 전문직과 국가권력은 그러한 지식 이론의 함유이기도 하다.

실로 프랑스를 위시하여 다른 나라에서도 국가권력의 문제는 노동통계를 위한 주장에서 많이 등장하는 주제였다. 비록 형식적으로 이론화되지는 않았지만 많은 사회과학자들은 19세기 초 유럽에서 근대민족국가의 등장이 통계 발달의 원인이었다고 말하고 있다. 네이탄 글레이저(Nathan Glazer)를 위시하여 많은 사람들은 민족국가는 '사실'과 '숫자'를 필요로 했다는 것을 논리적 연관이나 설명 없이 당연한 것으로 제시하고 있다.[10] 이것은 물론 논리적 비약이다.[11] 이러한 국가형성 이론과 연관된 또 하나의 흥미 있는 설명은 17세기 영국의 정치산술의 발달과 쇠퇴에 관한 것이다. 이 설명은 비슷한 시기에 독일 지역에서 발달한 통계술에도 동일하게 적용된다. 이러한 근대 이전의 통계 발달은 당시의 구라파 전역의 위기 상황 때문이었다는 것이다. 나아가서 이후 영국의 정치 산술의 쇠퇴는 위기 이후의 정치적인 안정으로

---

8 Leclerc, *Observation de l'homme*; Foucault, *Discipline and Punish*.
9 Ian Hacking에 의하면 과학혁명으로서의 통계혁명은 일차적으로 제도적인 것이었다. 즉 이론적인 것이 아니었다는 것이다. Hacking, "Was There a Probabilistic Revolution 1800-1930," *The Probabilistic Revolution* I, Krüger, ed, p. 50.
10 Nathan Glazer, "The Rise of Social Research in Europe," *Human Meaning of the Social Sciences*, pp. 65-8.
11 Paul Starr, "Sociology of Official Statistics," *The Politics of Numbers*, William Alonso & Paul Starr, eds. (New York: Russel Sage Foundation, 1987), pp. 24-5.

설명되고 있다.¹² 이러한 시각은 17세기 통계를 정치적인 안정과 불안정으로 일반적으로 설명하고 있는 것이다. 단적으로 이러한 설명은 위에서 제기한 근대 통계의 근대민족국가 건설 이론과 거의 완전히 상반되는 입장인 것이며 동일하게 논리적인 연관은 빈약하다. 그러나 국가권력이라는 것은 그 용어는 이론적인 개념으로 노동통계라는 현상의 원인이라 말하는 것은 논리적으로 무리가 있다.

또한 위의 설명과 연관되어 막스 베버적인 시각에서 근대 통계 발달의 원인은 형식적으로 합리적인 관료제적인 국가기관의 팽창 때문이었다는 설명도 가능하다.¹³ 이에 두개의 연관되는 점이 아울러 지적될 수 있다. 첫째 국가에 노동통계를 생산하도록 압력을 가한 집단 전체에서 국가 행정관리들은 중요한 부분을 차지하고 있었다. 둘째 통계생산을 위한 특별 부처의 경우나 통계를 활동의 부산물로 생산하는 기관의 경우나 관료적인 조직은 통계의 주요 생산자 행태라는 것이다.

이러한 관료주의 이론에 대하여 다음과 같은 몇 가지 지적을 하고자 한다. 첫째 노동통계 발달에 앞장섰던 관료 개인들이 국가 관료체제 전체를 대표했다고 볼 수 없다. 당시 그들은 오히려 국가 권력의 개편을 계획하는 개혁주의자로 나타나고 있었고 주로 새로 신설된 상공행정 부서에 속한 그들은 관료주의의 핵심인 내무나 재정 행정 관리들과는 갈등 관계에 있는 일이

---

12 Show & Miles, "The Social Roots of Statistical Knowledge," p. 31.
13 이론의 형태로 형식화한 예는 별로 없지만 이러한 종류의 지적은 수없이 많다. 예를 들어 Porter는 다음과 같이 말하고 있다. "(19세기 초까지) 이러한 통계 활동의 주요한 이유는 관료주의의 효율성을 높이려는 것이었다. 상세한 기록이 없이는 중앙화된 행정은 생각할 수 없는 것이며 수치로 작성된 도표는 어떤 종류의 정보에는 특히 유용한 것이었다. 약 1800년대까지는 자연철학의 정신으로 이러한 수치들을 탐구하는 운동은 국가 권력의 단합과 합리화의 전략으로 정당화되었다." Porter, *Rise of Statistical Thinking*, p. 17; Show & Miles, "Social Roots of Statistical Knowledge," *Demystifying Social Statistics*, p. 30. 후자의 경우는 화폐경제의 영향을 아울러 강조하고 있다.

많았다. 둘째 이론적으로 베버가 제시한 스타일의 관료주의는 정보와 지식을 반드시 통계의 행태로 요구한다고 볼 수 없다. 관료조직이 사용하는 보고서와 각종 서류 체제는 근대 통계가 등장하기 이전에 이미 발달해 있었다.[14] 또한 최근의 경우 연구에 의하면 관료조직들은 통계 자료를 내부의 업무에서 보다 조직 외부와의 관계나 조직 간의 정치에 훨씬 더 많이 사용한다는 것이다.[15] 중앙에 집중된 권력의 상하관계는 합리성보다는 복종을 그리고 지식의 보편성보다는 폐쇄성과 독점을 선호하게 되어있다. 추상적으로 말하면 경험적 과학의 합리성의 방향은 관료제가 근거하는 실정법에 있어서의 합리성의 방향과는 정반대인 것이다. 만약 정치구조가 완전하게 일원적(monolithic)이고 관료적이라면 통계에 대한 필요는 별로 없다고 말할 수 있다. 또한 통계를 생산하는 데는 조직이 필요하지만 그 조직이 반드시 관료주의적일 필요는 없는 것이다. 마지막으로 노동통계는 관료주의적인 나라에서 보다 민주주의적인 나라에서 더 일찍 발전되었다. 결국 관료적 지배와 과학적 사회 지식의 등장과의 관계는 간접적인 것이고 합리주의적 문화라는 대단히 광범위한 요소에 의하여 연관되는 것이다.[16]

---

[14] 근대 이전의 통계에 관하여는 다음을 참조. H. Westergaard, *Contribution to the History of Statistics* (London: P. S. King, 1932); Lazarsfeld, "Notes on the History of Quantification in Sociology," pp. 277-333; Edgon S. Pearson & Maurice Kendall, eds., *Studies in the History of Statistics and Probability* Vol. 1 (London, 1970); Perrot & Woolf, *State and Statistiscs in France, 1789-1815*.

[15] Albert D. Biderman, "Information, Intelligence, Enlightened Public Policy: Functions and Organization of Societal Feedback," *Policy Sciences* 1 (1970), pp. 217-30.

[16] Habermas는 아래와 같이 말하고 있다. "관료, 군대 그리고 정치가들이 그들의 공무를 수행하는 데 있어 엄격하게 과학적 건의에 주로 의존하게 된 것은 최근의 일이다. 실제로 이러한 관행은 제2차대전 이후에야 큰 변화로 등장하게 된다. 이러한 일은 Max Weber가 이미 관료적 지배의 발달의 근거로 이해하고 있던 '합리화'(rationalization)의 새로운 단계 또는 제2단계를 설정하는 것이다. 그것은 과학자들이 정권을 잡고있는 것처럼 한다는 것이 아니라 이제는 더 이상 국내적이나 대외적인 적에 대항하여나 권력의 행사가 분업의 원리에 의해 조직되고 책임의 분화에 따라 규율되고 제도화된 규범과 연관된 행정 활동과 연관되어 정당화되지 않는다는 것이다.

역사적 사회 현상으로서의 노동통계의 발달은 특정한 사회 정치적인 여러 조건에 근거한다. 첫째 사회, 특히 경제를 형식적 합리적 행위의 대상으로 보는 자연주의적(naturalist) 존재론(ontology)은 합리주의의 한 형태로서 중요한 문화적, 사상적 필요조건을 형성한다.[17] 18세기 말부터 등장하기 시작한 '생명(life)' 특히 인간의 노동에 대한 과학의 팽창은 인간 사회에서 새로운 연구 대상을 창조하기에 이르렀다.[18] 경제학의 대상으로서의 '경제(economy)'는 경제학자들에 의하여 별로 정의된 적이 없는데 경제는 늘 생물체에 비유되어 왔다. 경제란 사회의 개인들의 합리적 선택의 결과의 연결로 형성되는 체계(system)인데 그 체계의 행태나 변화는 사회 구성원들의 의지와는 독자적인 것이다. 한마디로 경제는 독자적 생명체로 제시되는 것이다. 아이러니칼하게도 고전주의 경제학자로서 마르크스 또한 사회 존재론 즉 경제에 관한 생물학적 관점의 완성에 결정적인 공헌을 한 사람이었다. 해부학적 분석을 통해서 그는 자본주의 경제는 순환체계(circulation system)를 갖는다는 것을 보여주는데 성공하였다. 나아가서 그는 자본주의 경제는 독자적인 생명체인 한 사회구성원들의 의지나 이해에 상관없이 '이윤(利潤) 감소의 법칙'(law of falling rate of profit)과 그의 사회적 결과인 계급투쟁으로 인하여 사망할 것이라고 주장하였다. 즉 자본주의의 궁극적인 파멸은 그의 생명체적 성격에서 도출된다. 알프레드 마샬을 위시한 신고전주의 경제학자들은 마르크스의 이론에 맞서 한계효용(marginal utility) 이론에

차라리 그러한 활동들은 이제 새로운 기술과 전략의 객관적인 위급성에 의하여 구조적으로 변화한 것이다." Habermas, "The Scientization of Politics and Public Opinion," *Toward a Rational Society*, p. 62.

[17] Glazer, "The Rise of Social Research in Europe," *Human Meaning of the Social Sciences*, pp. 65-8.

[18] 생명에 대한 과학의 발달에 관하여는 다음을 참조. Michel Foucault, *The Order of Things* (New York: Vintage Books, 1973). 이에서 Foucault는 인간 사회에서 생명체를 새로운 연구 대상으로 발명한 것에 대하여는 간과하고 있다.

근거하여 건강한 경제체계의 상태 즉 균형(equilibrium)의 구조를 제시하고 균형을 기준으로 경제를 살려낼 수 있는 의학적 경험과학을 창시한 것이다. 케인즈의 거시 경제학은 경제에 관한 행태주의적(behaviorist) 접근이었으며 생물학적 관점은 이미 전제 조건으로 논의의 여지가 없는 것이었다. 경제에 관한 이러한 시각은 존재론에 속하는 것으로 사회는 자연적 생물학적 범주에 속한다는 것이다.

이러한 경제에 대한 우상(偶像)은 경고와 협박의 의미를 갖고 있었다. 즉 우리가 정치권력으로 경제에 멋대로 개입한다면 경제는 우리의 의지와 상관없이 행동하고 결국 엄청난 재앙이 뒤따를 것이라는 메세지인 것이다. 이에서 경제는 우리 사회 안에 살고 있는 막강한 힘을 가진 그러나 가끔은 히스테리칼하고 가끔은 병약(病弱)하기도 하고, 제멋대로 행동하는 괴물로 등장한다. 그리하여 경제에 대한 우리의 행위는 조심스러워야 하며 예측력을 갖는 전문적 과학지식의 인도를 받는 합리적 행위어야 한다는 것이다. 이러한 자연적 피조물 또는 일종의 동물에 대한 숭배는 합리적 지식 형성의 근거가 되고 결국 사회문제 해결에 자연과학 방법론의 사용을 요구하는 것이다.[19]

나아가서 화폐경제의 발달은 두 가지 측면에서 합리적 통계지식 발달에 조건을 형성한다. 첫째 모든 사회적 가치를 일차원적으로 형성하여 합리적인 계산 행위의 필요성과 가능성을 형성한다. 둘째, 화폐는 그 자체 제도화된 국가권력과 분리된 독자적 권력이며 자본(capital)은 형식적으로 국가권

---

[19] 노동통계를 기점으로 하여 실제 경제통계가 급증하기 이전 19세기초부터 경제학자들에게 통계 수집은 오랜 동안 실현되지 못했던 계획이었다. 결국 경제 통계의 급속한 팽창은 경제학자들에게 결코 놀랄 일이 아니었다. J. J. Spengler, "On the Quantification in Economics," *Isis* 52-2, No. 168 (June, 1961), pp. 258-76; Lorenz Krüger; Gerd Gigerenzer & Mary S. Morgan, eds., *The Probabilistic Revolution*, Vol. 2: *Ideas in the Sciences* (Cambridge: The MIT Press, 1987). 그러나 이러한 경제학자나 사회과학자들의 주장과는 별도로 사회과학에서의 통계의 사용은 자연과학에서의 통계 방법론과 기술의 발달과 같이 가지 않았다. Porter, *Rise of Statistical Thinking*; Stigler, *History of Statistics*.

력으로부터 분리된 독자적 권력으로 형성된다. 이러한 권력의 분산은 자본주의 특유의 구조적 조건이며 민주주의와 경제와 정치의 분리에 대한 자유주의적 요구의 기반인 것이다. 또한 엄격한 수직적 권력 관계와 독자적인 권력체를 연결짓는 수평적 공간의 공존 및 이러한 이중(二重) 권력구조야 말로 자본주의 사회의 권력의 구조적 분산을 특징짓는 것이다. 권력의 분산은 보편적 공공지식의 필수 조건인 것이다. 또한 공공지식과 근대 지식국가의 확립은 실정법을 생산 집행할 수 있는 법적 국가권력을 전제로 한다. 무엇보다도 광범위한 타당한 통계지식을 수집하는 데는 지식 자체의 강제적인 성격으로 인하여 각 개인에 대한 법적인 조치를 요구한다. 그리하여 국가의 법적 권력은 노동 통계 생산에 있어 또 하나의 필수 불가결한 조건이 된다. 결국 화폐경제는 정치권력과 자본의 권력분립과 독자적 권력체로서의 다수 자본의 공존을 그 구조적 특성으로 하며 이는 사회의 여러 권력체간의 보편성에 대한 요구의 구조적 조건이다.

이러한 자본주의 사회 구조 하에서의 사회적인 갈등은 한편으로 체제 전복적인 노동자계급을 형성시키게 되고 다른 한편으로는 지배계급의 분열을 초래하고 이러한 전반적인 조건은 노동통계 발달의 시기적 조건을 만족하게 된다. 말하자면 노동자계급의 형성이 지배계층의 분열과 인과적으로 연결되어 있다고 인식된다면 노동통계는 확립되는 것이다. 만약 노동자계급의 형성이 지배계급에게 인지되지 않거나 이러한 과정에서 지배계급이 분열되지 않는다면 노동통계는 확립되지 않을 것이다.

노동통계의 생산은 이러한 딜렘마에 대한 다면적인 해결책으로 등장하였다고 행위자들의 의도와 구조를 결합해볼 수 있다. 노동통계는 자본주의의 구조에 위치한 여러 사회집단의 다양한 전략에 의해서 이루어진 것이다. 앞서 토론하였듯이 노동통계의 발달에 대한 여러 의도는 상호 일관적으로 연결되어 있으며 이는 당시 사회·정치적 조건과 문제점에 맞물려 있었다. 지배계층의 입장에서 노동통계는 노동자계급에 대한 합리적 통제의 도구였다. 첫째 그들에 대한 보편적이고 비편파적인 논술 체계는 노동자계급의 문제를 지배계급 내에 토의하는 과정에 있어 지배층의 분열이 악화하지 않고 그들의 단합이 유지될 수 있도록 하는 장치였다. 둘째 통계의 방법론은 지식과 그에 따른 행위의 주체와 객체의 엄격한 수직적인 분리를 재확인하는 것이었다. 셋째 '노동(labor)'이라는 표식은 문제의 해결을 특정한 방향으로 인도하기 위한 것이었다. 즉 노동자계급 문제의 해결에 합리적인 계산에 의하여 가능케 하는 논리 체계로서의 경제학의 이론적 틀 안에서 해결되도록 한다는 것이다. 노동통계의 이러한 다양한 기능들로 인하여 사회의 여러 다른 이해(利害)에서 여러 가지 주장이 기존의 체제를 유지할 수 있는 수단으로서 결집되었던 것이다. 결국 국가권력의 재정립이라는 주장과 설명의 내용은 이러한 위의 여러 측면에 대한 직관적인 표현이라 대변해 볼 수도 있다. 이론(異論)의 여지없이 노동통계는 이러한 여러 의도했던 것 보다 훨씬 다양하고 복잡한 결과를 초래하였던 것이다.

제10장

/

결론: 이론적 토론

1. 공공지식의 이론

근대 경험주의 사회과학의 선구자들은 과학적 지식의 연원에 관하여 그들의 입장을 정당화하는 설명들을 제시해 왔다. 예를 들어 다니엘 러너(Daniel Lerner)는 '자기 관찰(self-observation)'은 인간 사회의 필수 불가결의 기능이라고 주장하였다. 특히 근대의 합리적 사회는 통계조사 등의 과학적 지식을 필수로 한다. 그 이유는 근대 사회의 특징인 "다변적이고 조형 가능하다는 스스로에 대한 시각(view of one's self as plastic, variable, and amenable to shaping)" 때문이라는 것이다. 러너는 또한 과학적 자기관찰의 문제를 민주주의와 연관시키고 있다.[1] 이러한 접근 방법에 대하여는 몇 가지 변형도 있다. 그들은 공통적으로 과학적 지식을 합리성, 자본주의, 산업화 등의 근대사회의 여러 측면들의 소산이라고 보아 왔다.[2] 한마디로 이러한 접근법은 기능주의적이며 따라서 설명의 논리 자체가

---

[1] Daniel Lerner, "Social Science: Whence and Whither?" *The Human Meaning in the Social Science*, ed. D. Lerner (New York: Meridian Books, 1959), pp. 13-8.

[2] Nathan Glazer, "The Rise of Social Research in Europe," *Human Meaning of the Social Science*, pp. 65-8; Show & Miles, "The Social Roots of Statistical Knowledge," *Demystifying Social Statistics*, pp. 30-2; etc.

오류인 것이다. 그러나 무엇보다 이러한 관점에서는 과학적 지식은 진지하고 비판적인 분석 대상에서 제외되고 있다는 것이 지적되어야 할 것이다.

마르크스와 엥겔스 또한 노동통계를 포함한 근대 과학적 지식을 옹호한 사람들이었다. 그들은 과학적 지식은 혁명 실천의 결정적인 수단이라 보았고 같은 맥락에서 그들의 주요 저작들 또한 인간 사회 일반에 관하여 특히 자본주의 사회에 관한 과학적 지식으로 제시되었다. 이러한 과학적인 저술은 노동자들과 지식인들을 혁명에 동원하는 데 결정적인 역할을 하리라고 믿었다.[3] 나아가서 이러한 과학에 대한 개념은 마르크스의 이데올로기의 비판과 짝을 이루고 있다. 마르크스에 따르면 이데올로기는 자본주의의 모순에 기인하며 또한 그러한 사회를 유지시키는 기능을 하는 특정한 형태의 의식이라는 것이다.[4] 그리하여 과학적 지식은 이데올로기를 대체해야 하며 그것은 과학적 지식은 역사적 필연성과 인간성 회복의 촉매이기 때문이다.[5] 그러나 고전적인 마르크스주의는 그 자체로서 별로 본 주제에 도움이 되지 못한다. 많은 사회 과학자들이 후일 지적했듯이 과학과 이데올로기를 내용 면에서 엄격하게 구별한다는 것은 거의 불가능한 일이며 마르크스와 그의 초기 추종자들은 사회의 객관적 지식으로서 통계의 문제에 관한 한 경험주의 사회과학자들과 유사한 입장을 취하였다.

19세기의 혁명가들에게 인간의 이성(理性)과 과학은 해방의 견인차로 나타난 반면 20세기의 이른바 비판적 사회 철학자들은 과학을 지배와 억압의

---

3 Karl Marx, *Capital*, 1, p. 9; Engels, *Condition of the Working Class in England*, pp. 3-5.
4 Karl Marx & Frederick Engels, "Feuerbach. Opposition of the Materialistic and Idealistic Outlook," (From the German Ideology) *Karl Marx and Frederick Engels Selected Works*, Vol. 1; Larrain, *Marxism and Ideology*, pp. 19-39.
5 Göran Therborn, *Science, Class and Society: On the Formation of Sociology and Historical Materialism* (London: Verso Edition, 1976); Louis Althusser, *For Marx* (New York: Verso Press, 1979); Althusser & Balibar, *Reading Capital*.

요소로서 불신에 찬 시각으로 바라보게 되었다. 과학 자체, 그 방법론 그리고 인식론은 비판적인 분석의 대상으로 등장하였다. 막스 베버는 이러한 문제의식의 선구자로서 지배에 있어서의 합리성의 문제를 제기하였다. 합리적 관료적 지배뿐만이 아니라 사회생활 일반의 합리화는 저항하기 힘든 거시 역사적 흐름이며 피할 수 없는 올가미와 '쇠창살'을 만든다는 것이다. 베버는 통계지식의 문제에 관하여 직접 토론하고 있지는 않으나 관료적 조직은 기술적으로 가장 효율적인 조직 형태이며 그의 업무 조직의 양태 즉 등록 및 기록의 구조는 합리적인 계산과 기술적 합리성을 위한 특정한 형태의 지식을 요구한다는 입장은 뚜렷이 판별할 수 있다.[6] 베버는 후대의 비판 사회과학자들을 위하여 새로운 연구의 주제를 열었다.

현대 과학기술 문명 비판의 선구자는 막스 호르크하이머(Max Horkheimer), 허버트 마르쿠제(Herbert Marcuse) 등을 위시한 프랑크푸르트 학파(Frankfurt School)였다. 특히 마르쿠제는 과학적 지식의 발전은 억압적 대중사회의 중추를 형성하고 있다고 주장하였다.[7] 베버와 마르쿠제의 영향 하에서 하버마스는 베버의 합리화(rationalization)의 개념을 체계이론적인 관점에서 재정립하였다. 하버마스의 주장은 사회체계(social system)는 '일'(work)과 '상호작용'(interaction)이라는 두개의 하위체계(sub-system)로 이루어진다는 것이다. 전자의 경우 그의 구성적 사회 행위는 목적합리적(purposive- rational)인 반면 후자의 경우의 특징적 사회 행위는 소통적(communicative)이다. 이러한 틀에서 합리화라는 것은 자본주의 체제 하에서 끊임없이 팽창하는 생산력(forces of production)의 영역

---

6 Weber, *Economy and Society*, Vol. 2, pp. 975-9.
7 Herbert Marcuse, *Reason and Revolution: Hegel and the Rise of Social Theory* (Boston: Beacon Press, 1941); Marcuse, *One Dimensional Man: Studies in the Ideology of Advanced Society* (Boston: Beacon Press, 1964).

에 사회 제도적인 틀의 '적응 과정'(adaptation process)이라는 것이다. 상부로부터의 합리화는 자본주의 체계의 "반기능적(dysfunctional) 경향에 대한 방어 과정"으로 일어나는 것이다. 자유 교환(free exchange)의 이데올로기가 붕괴되면 정치권력은 "새로운 직접적 정통성"을 요구하게 된다. 정부의 행위가 "경제체계의 안정성과 성장의 문제에 초점을 맞추게 되면 정치는 특정적으로 부정적인 성격을 갖게 되며" 그러한 정책은 예방적(preventive)인 것이다. 이러한 경우 공공정책의 문제에 관한 토의는 공공의 장(場)에서 이루어질 수 없다는 것이다. 국가개입주의는 "국민 대중의 비정치화(depoliticization)"를 필요로 하게 되고 이러한 과정은 "과학과 기술로 하여금 이데올로기의 역할"을 수행하도록 함으로서 유지되는 것이다. 과학과 기술은 부르주아 이데올로기를 대체하게 된다. 하버마스는 과학은 이해관계의 움직임의 모습을 굴절시키고 망상을 자아내는 불투명한 힘을 갖지는 않으나 오늘날의 투명하고 저항하기 힘든 지배적인 이데올로기는 이전 시기의 이데올로기에 비하여 높은 기동성을 갖는다고 주장한다.[8]

마르쿠제와 하버마스의 영향 하에 최근의 많은 비판 사회과학자들은 마르크스주의 전통 하에서 사회·경제 통계들은 이데올로기적임을 보여주고 있다. 이러한 경향은 단적으로 혁명 전략에서 과학의 힘을 믿고 있었던 전통적인 마르크스주의자들과의 결정적인 단절을 의미한다. 이들 사회과학자들은 기존의 통계를 충분히 과학적이지 못하고 왜곡되어 있다고 비판하고 나아가서 통계는 이데올로기로서 현실을 호도하고 은폐한다고 주장한다.[9] 그

---

8 Habermas, "Technology and Science as 'Ideology'," *Toward a Rational Society*, pp. 91-111.
9 John Kituse & A. V. Cicourel, "A Note on the Uses of Official Statistics," *Social Problems* 11 (1963), pp. 131-9; Barry Hindess, *The Use of Official Statistics in Sociology* (London: Macmillan, 1973); Michel Volle, "Statistique f tichis e et statistique r elle," *Le Mouvement social* 104(July-Sept, 1978), pp. 43-61; Irvine et

러나 이들의 입장은 논리적으로 일관되지 못하며 대부분은 결국 공공지식의 내부로부터의 비판에 머무르고 있으며 방법론 등의 본질적인 문제에 대한 질문을 던지지 못하고 있다.

근대 인간과학에 대한 비판은 미셸 푸코(Michel Foucault)에서 절정을 이룬다. 이미 위에서 언급하였지만 그는 지식과 권력은 본질적으로 연관되어 있다는 공리적 원칙을 제시하였다. 권력은 지식을 소비할 뿐만이 아니라 창조하고 생산한다는 것이다.[10] 그는 근대 경험적인 인간 과학들은 유럽에서 등장하기 시작한 새로운 감호기관 내에서 만들어지고 발달했다는 것이다.[11] 또한 그는 인간 통제 기구에서의 경제의 관념은 권력의 새로운 기술을 만들어 냈다고 지적한다. 이러한 흐름은 당시의 인구 폭발과 '부동인구(浮動人口, floating population)'의 증가와 생산 수단의 증가에 대한 대응으로 등장했다고 푸코는 주장하였다.[12]

마르쿠제의 경우는 근대 자본주의와 대중사회를 비판함에 있어 직관에 의존하고 있다. 과학적 지식 특히 노동통계의 역할은 마르쿠제의 "일차원적 사회"라는 견해보다 훨씬 복잡하고 다양하다고 확신하고 있지만 결국 그의 직관과 논쟁을 벌인다는 것은 별 의미가 없는 것으로 보인다. 하버마스와 푸코는 사회통제에 있어 과학적 지식의 상호 대조적인 측면을 강조하고 있다. 하버마스는 과학과 지식을 자유시장 경제와 부르주아 이데올로기의 붕괴로 인한 국가 권력의 정당화의 수단이라는 측면을 부각시키고 있다. 한편 푸코는 과학적 지식을 지배의 새로운 전략을 의미하는 "생산적 권력(productive

---

al, eds., *Demystifying Social Statistics*; Scott, "Statistical Representations of Work," *Work in France*, etc.

10 Foucault, *Power/Knowledge*, pp. 50-3.
11 Foucault, *Madness and Civilization* (New York: Vintage Books, 1973); *The Birth of the Clinic* (New York: Vintage Books, 1975); *Discipline and Punish*.
12 Ibid., p. 219.

power)"의 실질적 기술(技術, technology)로 보고 있다. 즉 푸코의 주된 관심사는 인간을 통제하는 과학의 능력인 것이다.

하버마스의 목적합리성과 과학주의적 이데올로기에 대한 토의는 본 연구에 엄청난 영감을 주었음을 부인할 수 없다. 그러나 그의 이론은 기본적으로 기능주의적이다. 다시 말하면 그의 이론은 고도의 포괄적이고 추상적인 개념의 연속으로서 구체적인 인간 행위나 현실이 그의 이론에 끼어 들 여지는 거의 없다. 좀더 구체적으로는 과학기술의 등장이 부르주아 이데올로기의 대용물이었다는 그의 설명은 논리적으로나 경험적으로나 타당하기 힘든 것으로 보인다. 푸코의 감호적 권력의 이론 또한 본 연구에 미친 영향 또한 엄청난 것이었다. 그는 과학적 지식의 문제에 대한 독특한 시각과 접근법을 창시하고 문제를 제기했지만 대답을 제공했다고 말할 수는 없다. 위에서 잠시 언급했지만 그의 "권력"의 개념은 너무 막연하고 탄력적인 것이어서 특정한 내용으로 정형화할 수 없다. 정치학에서 권력의 개념은 사실 오랫동안 널리 쓰인 만큼 쓰레기 주머니처럼 사용되어 왔고 푸코의 경우는 오히려 더욱 심한 경우라 보여 진다.

위에서 언급한 최근의 사회·경제통계에 대한 비판은 일리가 있다. 19세기부터 대부분의 통계들은 이념적인 성격이 농후한 것이었고 사실 계급 정치적인 목적에서 수집 출판된 것이었다. 그런데 이러한 노선의 분석에 대하여 결정적인 질문은 그래서 그런 이념적인 통계가 실제로 무슨 결과를 야기했는가 하는 점이다. 실제로 그러한 통계들이 어떻게 기존의 지배 관계를 유지·발전시키는 데 기여했는가의 과정에 관하여는 전혀 토론하고 있지 않다. 노동자들은 그러한 엄청난 양의 통계표들이 내포하고 있는 주장을 이해하기 위하여 처음부터 끝까지 읽으려 들지는 않을 것이다. 그런가 하면 수자의 해독 능력을 갖고 있는 지식인들은 그 통계의 문제점을 나름대로 파헤칠 능력을 갖고 있을 것이며 그것을 만든 사람들의 의도와는 상관없이 나름대로 이용하려 할 것이다. 그러면 도대체 그러한 통계는 누구를 독자로 삼아 만들어지는 것인가? 그러한 왜곡된 사실에 근거한 정치적 주장에 설득당할 사람은 누구인가? 나아가서 더욱 중요한 문제는 이데올로기의 정치에는 예를 들어 책자를 출판하고 교육, 종교, 음악, 예술 등을 통제하고 조정한다든지 여러 가지 전통적인 방법이 있는데 왜 굳이 통계를 수집 출판해야 했는가 하는 점이다. 통계를 수집한다는 것은 엄청난 비용이 드는 대규모 사업인 것이다. 한마디로 통계는 이데올로기 이상의 무엇을 갖고 있어야만 한다.

경험주의 사회과학자들은 통계가 수집되고 통계 기관이 설립되는 것은 더 많은 정보를 수집하여 좀더 합리적인 정책결정을 위한 것이라고 평이하게 말하고 있다.[13] 그러나 실제 그러한 제도가 도입되는 상황은 늘 정보가 부족한 것이 아니라 상충되는 정보나 소문이 너무 많은 상황이었다. 통계의 진정한 목적은 타당하다고 생각될 수 있는 권위 있는 단일한 지식의 체계와 원천을 확립하여 여타 다른 모순되는 지식을 정책 결정 과정에서 배제하기 위한 것이었다.[14] 다시 말하면 통계의 생산이란 전형적으로 "불확실성의 흡수 (uncertainty absorption)"의 경우인 것이다. 자주 쓰이는 주제인 산업화와 함께 사회가 복잡해지고 알기 힘들게 되었다는 말 또한 정보의 부재 상황이라기보다는 유사한 과다한 불확실한 정보의 상황을 말하고 있다.[15] 통계는 우리가 일상적으로 이해하고 있는 개인적 지식과는 다른 것이다. 방법론으로서의 통계는 그 내용이 타당한 지식이라 가정되는 사회 정치적인 제도인 것이다.[16]

---

[13] James G. March & Herbert Simon, *Organization* (New York: Wiley, 1958); J. Kenneth Galbraith, *The New Industrial State* (Harmondsworth: Penguin, 1958); Thomas Sowell, *Knowledge and Decisions* (New York: Basic Books, 1980), etc.
[14] Choi, "English Ten-Hours Act," p. 472.
[15] 한 예로써 Glazer, "The Rise of Social Research in Europe," *Human Meaning of the Social Sciences*, pp. 65-8.
[16] Paul Starr는 공공통계는 통계 체계를 형성한다고 주장하고 있다. "생산 분배의 체계 그리고 숫자화된 정보의 사용. 통계 체계는 사회적 그리고 인식적 두개의 구조로 이루어진다고 말할 수 있

통계 방법론은 위에서 이미 지적하였듯이 관찰 대상뿐만이 아니라 인간의 관찰 행위 자체도 대상화하고 있다. 다시 말하면 방법론은 대상을 바라보는 주체로 하여금 대상체로부터의 적절한 거리와 각도에 위치하도록 함으로써 물체를 적절한 관찰 대상으로 만드는 것이다. 이러한 방법으로 지식의 생산자로 하여금 관찰 대상으로부터의 영향에서 벗어나도록 하는 것이다. 통계지식의 진리치(truth value)는 대상자의 마음속은 말할 것도 없이 설문지에 대한 답변에 있는 것도 아니고 최종 생산품인 도표와 지수에만 있는 것이다. 통계는 또한 지식의 보편적 주체를 창조해 냄과 동시에 주체와 객체 간에 권위관계를 전제로 하고 또한 그러한 관계를 재생산하고 있는 것이다. 통계는 특정한 주체를 갖지 않는 지식이며 그러한 의미에서 개인적 지식이 아닌 것이다.

통계는 이데올로기가 아니다. 차라리 이데올로기에 대한 대응책이자 해독제라 할 것이다. 통계의 보편적 주체는 이데올로기의 원천인 지식 주체의 이해나 압박감 또는 피지배자로서의 사회적 지위에서 완전히 벗어날 수 있도록 구조되어 있는 것이다. 즉 통계방법론은 보편적이고 이상적인 주체를 만들고 그 주체에 의하여 특정화된 대상체에 대한 지식을 만드는 것이다. 그러나 통계가 이데올로기를 위하여 사용되어 온 것은 사실이다. 통계를 사용한다는 것은 이데올로기를 확산시키는데 다른 여타의 방법보다 훨씬 효과적이었기 때문이다. 바로 그것은 통계라는 객관적이라 전제되는 형식으로 포장함으로 인하여 그 안의 이데올로기를 효과적으로 가릴 수 있다는 것 외에도 권위관계를 전제로 하는 지식으로서의 특정한 용도에 의한 것이었다. 이러한 의미에서 통계는 이데올로기의 도구일 수 있다. 그런 이유에서 과학적 지식은 하버마스가 제시한 대로 이데올로기의 대체물이 될 수 없으며 오히

다." Starr, "The Sociology of Official Statistics," *Politics of Numbers*, p. 8.

려 이데올로기를 보완하는 수단인 것이다. 그러나 통계에 대한 믿음은 그 믿음이 어떤 사회적 조건이나 이해관계에 연관되고 그 믿음이 기존의 사회 질서를 유지하는 역할을 한다면 그 믿음 즉 과학주의(scientism)는 이데올로기라 볼 수도 있다. 다시 여기에서 통계에 대한 믿음은 이데올로기일 수 있으나 통계 자체가 이데올로기라고 단순화하여 흘려버릴 수는 없다. 앞서 지적했듯이 통계는 지식 그 자체나 의식(consciousness)과는 다른 종류의 것이며 이데올로기와 같은 범주에 속하지 않는다. 경험적으로도 통계는 부르주아 이데올로기를 부활하고 강화하였지 대체한 것이 아니다.[17]

통계지식과 이데올로기는 공통점이 있다. 즉 둘 다 모두 사회적 지배관계와 밀접히 연관되어 있다. 전술한바 통계는 주체와 객체 간에 엄격한 물리적 관계를 상정하고 감시탑에서 본 모습 즉 사회의 조감도를 보여주고 있으며 합리적 사회통제의 틀이자 도구인 것이다. 이데올로기는 마르크스에 따르면 피지배계급이 그들의 위치를 인정하고 정당화하는 '의식 상태'이며 이는 피지배 계급으로 하여금 지배 관계를 유지시키게 하는 구실을 한다는 것이다. 통계지식이 지배자의 또는 합리적 보편적 지배자의 인식 장치라면 이데올로기는 피지배자의 의식상태인 것이다. 통계와 이데올로기는 모두 일반적인 의미에서의 지식 이상의 사회정치적인 제도적 차원을 공유하고 있다.

통계라는 것은 특정한 사회 조건하에서 지식 생산자로서의 인간에 대한 불신에 기초하여 지식의 생산을 규제하기 위한 제도인 것이다. 또한 제도로서의 노동통계는 어떤 조건하에서 여러 사회 집단들로부터의 여러 다른 아이디어와 이해에 의하여 확립된 것이다. 여러 다른 집단들은 통계로부터 여러 다른 목적들을 갖고 있었다. 중심적인 아이디어들은 주로 사회공학, 사회

---

[17] 1960년대의 미국의 경우 아래를 참조. Lauriston R. King & Philip H. Melanson, "Knowledge and Politics: Some Experiences form the 1960s," *Public Policy* 20, No. 1(Winter, 1972), pp. 83-101.

개혁, 국가권력의 확립, 사회주의 혁명 등이었다. 이러한 국경을 가로질러 여러 나라에 확산된 아이디어들은 여러 나라에서 비교적 공통점을 갖고 있었던 반면 그 나라들에서의 통계에 관한 지지 집단의 형성은 대단히 상이한 모습을 갖고 있었다.

위에서 언급한 통계의 사상은 자본주의 특유의 구조적인 조건을 전제로 하고 있다. 계급간의 수직적 지배 관계 그리고 지배계급 내의 수평적 권력 분산 특히 국가 권력과 부르주아의 권력 분립과 병존(竝存)이 그러한 구조적 조건을 형성한다. 나아가서 이념적인 전제 조건 즉 사회 특히 경제에 관한 자연주의적 존재론이 그것이다. 관료주의적 국가 기관은 유리한 조건을 형성하지만 노동통계 확립에 필요한 전제 조건은 아니었다. 여기서 강조되어야 할 부분은 오직 자본주의 사회에서만 가능한 국가 권력과 부르주아의 권력 분립 제도라 할 수 있다. 그러나 모든 자본주의 국가에서 이러한 조건이 갖추어지는 것은 아니다. 부르주아 계급이 존재하지 않았거나 권위주의적 또는 관료주의적 국가에 전적으로 종속된 나라에서는 노동통계가 발달하지 않았다는 점을 간과해서는 안 된다.

시기적으로는 노동계급의 저항이 결집력을 가지고 집단의식을 보였을 경우에 노동통계는 공공지식으로써 확립되었던 것이다. 특히 자유주의적 정치 세력이 노동자계급의 등장으로 인하여 분열되고 보수주의적 세력이 노동운동에 의하여 약화되었을 때 노동통계는 그들 공통의 합리적인 선택으로 확립되었다. 노동계급의 투쟁이 조직적이고 집단의식을 갖고 있다고 보이지 않았을 경우에는 사회통계, 도덕통계 등의 다른 종류의 통계들이 발달했다. 통계방법론이 자본주의의 구조적인 조건에 그 기본적인 원인이 있다면 그 내용은 시기적인 조건에 따라 결정되어 진다 할 수 있을 것이다. 역사적으로 여러 다른 종류의 통계들은 변화하는 조건에 따라 대체되기 보다는 축적되어 왔다.

2. 지식국가의 정치 형태

우리가 노동통계를 만든 사람들이 갖던 여러 의도들을 그의 실제 결과들과 비교해 보면 그들 사이에 결정적 차이점이 발견되지는 않는다. 그러나 그들 각각의 집단들은 어느 정도 실망할 수밖에 없었다. 자유주의적 개혁가들에게는 노동계급이 독자적인 정치 세력으로 등장함으로 인하여 그들의 정치적 위상에는 금이 갈 수밖에 없었다. 사회주의자들이나 노동 지도자들은 노동통계를 통하여 노동계급의 이해를 정당화시키고 강력한 노동자 정당을 만들고자 함이었다. 그럼에도 불구하고 그들의 사회주의 혁명의 시각에서는 노동통계의 확립은 결국 그들에게서 혁명적 돌진력을 앗아가고 얻은 것은 그들이 애초에 백안시하던 개혁주의였다. 합리적 계급정치라는 것은 결국 자유주의적 개혁주의자로서도 반드시 그들이 원하던 것은 아니었다. 그들은 혁명을 방지하고 사회공학적 통제를 원했던 것이다. 분명히 이들 나라에서 혁명이 일어나지는 않았으나 그들의 계획은 노동자계급의 본격적인 등장과 지식과 이해의 갈등이라는 복잡한 상황으로 끝나고 말았다.

국가권력과 사회통제 체제의 확대는 노동통계 확립의 여러 결과들 중의 하나에 불과한 것이었다. 이러한 과학적 지식의 생산은 물샐틈없는 국가에 의한 사회통제 체제를 만든다는 생각은 오래된 것으로서 20세기 사회과학과 비판의 주류를 이루는 것이다. 이러한 암울한 미래관은 조지 오웰과 같은 문학가들과 더불어 마르쿠제, 하버마스, 푸코 등과 같은 비판철학가들 외에도 경험주의 전통의 사회과학자들도 공유하던 것이었다.[18] 그들의 시각은 과

---

18 Daniel Bell, *The End of Ideology* (New York: The Free Press, 1960); Robert E. Lane, "Decline of Politics and Ideology in a Knowledgeable Society," *American Sociological Review* 31, No. 5(October, 1966), pp. 649-62; Morris Janowitz, *Social Control of the Welfare State* (Chicago: University of Chicago Press, 1976), etc.

학과 기술의 지배는 고도의 통제된 사회를 만들 것이며 그러한 지배에 반대하는 어떠한 대중적 저항도 별 효과를 가질 수 없고 가능하지도 않다는 것이다. 본 연구는 사회의 과학지식에 의한 통제의 결과는 그렇게 단순하지만은 않다는 것을 보여주고 있다. 즉 노동계급의 사회 정치 행위자로서의 제도화는 대표적인 경우라 할 수 있다. 한 마디로 그러한 단순화된 시각은 과학적 사회지식의 의도와 실제 결과를 구별하여 분석하지 못한데서 연유하는 것이다. 앞서 토론하였듯이 합리적 사회통제는 노동통계를 발달시킨 사람들이 갖고 있던 중요한 의도이기는 했지만 실제 결과는 훨씬 복잡한 것이었다.

전통적 마르크스주의에서 노동자계급은 생산관계의 객관적인 조건에 의하여 등장하게 되어있다. 그리하여 고용되어 있건 실업상태에 있건 임금 노동자들은 인류의 미래를 떠맡은 신비로운 계급으로서 조직 활동의 초점이 되어왔다. 그러나 최근 들어 아담 셰보르스키(Adam Przeworski), 존 로우머(John Roemer), 에릭 올린 라이트(Erik Olin Wright), 아이라 캣츠넬슨(Ira Katznelson) 같은 학자들은 그들의 경험적 이론적 분석에 근거하여 노동자계급의 형성에 관하여 변형된 이론들을 내놓았다.[19] 이러한 새로운 관점 중에서 셰보르스키와 라이트의 이론은 대조적인 관계에 있다.

셰보르스키는 계급은 "동시에 경제적이고 정치적이고 이념적인 객관적인 조건들에 의하여 구조지워진 투쟁의 결과"라고 보아야한다고 주장한다. "특정한 역사적 순간에 투쟁에 처한 집단으로서 그러한 행위자들은 객관적

---

[19] Adam Przeworski, "Proletariat into a Class: The Process of Class Formation," *Capitalism and Social Democracy*, pp. 47-97; John Roemer, "New Directions in the Marxian Theory of Exploitation and Class," *Politics and Society* 11, No. 3(1982), pp. 253-88; Erik Olin Wright, "A General Framework for the Analysis of Class Structure," *Politics and Society* 13, No. 4(1984), pp. 383-424; Ira Katznelson, "Working-Class Formation: Constructing Cases and Comparisons," *Working-Class Formation* (1986), pp. 3-41.

인 조건에 의해 특정적으로 결정되지 않으며 경제적 정치적 그리고 이념적인 조건들의 전체성에 의해서 결정되는 것도 아니다." 이러한 입장은 전통적인 마르크스주의 입장의 명백한 변형임을 나타내고 있다. 셰보르스키는 노동자계급 형성의 복잡한 역사는 19세기말부터 시작된 자본주의 발달의 극도의 복잡성에 연유하는 것이라고 제시하고 있다. 노동자계급은 그들의 계급적 동일성이 즉시 외형상 드러나지 않는 대단히 복잡한 집단이 되었다는 것이다. 나아가서 그는 "계급들은 어떠한 객관적인 조건에 의하여 주어지지 않는다. 계급들은 투쟁의 산물이기 때문이다. 또한 그러한 투쟁 또한 생산 관계에 의하여 특정적으로 결정되는 것이 아니다," 라고 주장한다. 경제, 정치 그리고 이념 등 여러 다른 전선에서의 투쟁은 행위자를 형성시키는 효과를 가지며 투쟁의 양상은 대단히 복잡해진다는 것이다. 객관적인 조건이란 선택의 여지와 가능성들을 제시할 따름이다.

다른 한편에는 에릭 올린 라이트(Erik Olin Wright)는 최근 존 로우머(John Roemer)의 착취에 관한 새로운 이론을 원용하여 재산관계는 계급 형성의 기저를 이룬다고 주장하고 계급의식의 발달은 소득의 분배와 일치한다고 주장하였다. 라이트는 그의 주장을 통계자료로 검증하고 있다. 그러나 그의 주장이 로우머의 이론적 틀에 근거하고 있지만 라이트의 주장은 객관적인 착취 과정과 주관적 계급의식 간에 전혀 논리적인 연계를 보이지 못하고 있다. 소득 분배와 계급의식을 논리적인 연관 없이 관련짓는 것은 마르크스주의 사회과학의 발전이라기 보다는 퇴보라 보여진다.

셰보르스키의 계급 형성에 관한 국면적 이론과 방법론에 관하여 몇 가지 지적을 하고자 한다. 첫째 어떤 투쟁이 특정한 시간과 장소에서 단순히 "일어났다"는 식으로 이해할 수는 없다. 오히려 계급 지도자들이 사전에 숙고하고, 계획하고, 조직하고 그리고 적을 의도적으로 선정하여 투쟁을 이끌었고, 이러한 양상은 20세기 벽두부터 서유럽 노동자계급 조직의 지배적인 행태였다. 둘째 뿔란짜스(Poulantzas)와 유사하게 셰보르스키는 경제적 정치적 이념적인 영역을 분리하여 논의하고 있고 그리하여 이러한 영역들에서의 투쟁의 양태는 무한한 정도로 복잡해지게 되어 있다. 그러나 그러한 영역의 분리 또한 이념적인 것이며 이것은 분석의 대상인 것이다. 마지막으로 그의 미시적 분석 방법은 과도하게 비결정론적이다. 결국 계급형성의 개연성은 대단히 낮을 수밖에 없다. 사실 미국의 경우를 제외한다면 대부분의 유럽 여러 나라에서는 노동자계급은 조직되어 있다고 볼 수 있다. 이러한 복잡성에도 불구하고 거시 역사적 시각에서 보면 노동자계급은 우연이 아니라 운명처럼 다가왔음을 부인할 수 없다.

　노동자계급 형성의 역사에서 엄청난 난해성과 무질서에도 불구하고 일관적인 양태의 조직이 있었다. 즉 노동조합은 노동계급 형성 역사의 초점을 이룬다. 노동조합은 사회주의 혁명가들 그리고 지식인 계층 일반에게도 노동자계급의 기본 조직 단위로 간주되었고 계급투쟁에서 결정적인 방어선이라 여겨졌다. 나아가서 노동조합은 노동자들의 마음속에 계급의식을 새기고 사회주의나 공산주의 정당에 노동자들의 표를 조직하는 데 결정적인 역할을 하였다. 또한 노동자계급 형성의 중핵은 공통적으로 노동조합에 의해 조직된 임금노동자들이었다. 이러한 의미에서 노동자계급은 자본주의적 생산관계의 산물이라고 말할 수 있고 그 조직의 보편적 단위는 노동조합이라고 말할 수 있다.

　또한 각각의 투쟁은 여러 복잡한 효과를 수반한 국면적인 것이었다고 하여도 위의 각 나라의 예에서 보듯이 많은 노동 지도자들은 노동자계급의 형성과 조직에 대하여 장기적인 시각과 계획을 갖고 있었다. 지도자 개인들이나 조직은 그들 행동의 국면적인 결과들이 통제할 수 없는 복잡한 상황으로 가지 않고 의도된 계급 형성의 방향으로 모아지도록 많은 노력을 기울였던 것이다. 특히 조직의 이해와 요구들은 그 많은 구성원들의 복잡한 이해관계와 동질성의 조합이 아니라 그 조직의 지도자들이 전술 전략적으로 표출하고 생산해낸 것이었다. 노동자계급은 큰 사회 테두리 안에서 이룩된 지도자들의 합리적 전략적 계획에 의하여 만들어진 것이다. 전통적 마르크스주의에서 말하는 객관적 경제 조건이나 셰보르스키가 주장하는 연속적 투쟁의 결과나 어느 하나로 충분히 노동자계급 형성의 문제를 설명할 수는 없다.

계급적 성격을 지니는 노동조합의 조직과 운영의 문제에는 지도자들로부터 일정한 능력을 요구하는 일련의 확립된 문제와 과제가 있다. 첫 번째는 기존의 노조가 보편적 계급조직으로 성장하는데 긴요한 잠재적 회원 즉 이론적 노동자계급 일반에 관한 지식의 문제인 것이다. 이 문제는 전국의 경제조건과 변화에 관한 조감도를 필요로 하는 것이다. 노동자계급은 인간과 인간의 관계 즉 공동체적인 관계만으로 절대 형성될 수 없으며 이러한 발상은 낭만주의에 불과하다. 둘째 노조 지도자들은 인접한 노조들과 타협하고 조정할 능력이 있어야한다. 가끔은 전면적인 재조직이나 통합을 필요로 하기도 한다. 셋째는 고용주와 국가기관과 협상할 능력이 있어야 한다. 마지막으로 노조란 회원들과 산하조직들을 통제하지 않고는 유지될 수 없다. 이 모든 것을 종합해 보면 노동조합의 조직과 운영에는 경제와 산업의 여러 다른 부분에 위치한 노동자들의 여러 조건들 그리고 국가 경제 전반에 관한 통계자료 없이는 실제로 불가능한 것이다. 노조의 성공적인 투쟁은 통계자료에 근거한 구체적인 계획에 근거하지 않고는 불가능한 것이다. 국가기관과의 관계나 사회 전체적 틀에서 노동자계급에 관한 합리적 지식 발달에 의한 영향은 말할 것도 없고 노동자계급이 그들 자신의 조직과 투쟁을 이끄는 데에도 통계지식의 중요성은 결정적인 것이었다.

앞에서 노동계급 정치에서의 개혁주의는 노동통계의 전반적인 효과로서의 합리적 계급정치에서 전체는 아니지만 중요한 부분으로 제시해 왔다. 제3차 인터내셔널 하에서의 개혁주의에 대한 정통적인 해석은 노동자들의 지도자들이 계급을 "배신"했다는 것이었다. 최근에 아담 셰보르스키는 이러한 시각에 반대하여 논리적으로 일관성 있는 이론을 제시하였다. 그는 자본주의 정치의 독특한 제도로서 선거의 논리로 인하여 사회주의 정당은 개혁주의의 노선으로 전환할 수밖에 없었으며 이는 사회주의 정당에게는 연속적인 몇 가지 합리적 선택의 소산이었다고 주장한다.[20] 한편 전혀 다른 시각에서 시머 마틴 립셋(Seymour Martin Lipset)은 제1차대전 전야의 시점에서 노동운동에서의 과격한 사회주의는 봉건제의 경험과 인과적인 관계를 갖고 있다고 주장하였다.[21]

우선 립셋의 주된 주장은 봉건제의 경험이 과격한 노동운동의 원인이라는 것이다. 봉건적인 신분제도가 뿌리 깊게 박힌 나라에서는 노동운동은 과격한 양상을 띠었다는 것이다. 그리고 이러한 설명이 적용되지 않는 나라에 대하여는 그는 억압적이고 권위주의적인 국가와 지배계급의 존재는 과격주의를 야기했다고 주장하고 있다. 립셋의 설명은 일반적으로 그 성격에 있어 결정론적이다. 또한 그의 설명에는 역사적인 변화는 주요 관심사가 아니고 여러 나라에서의 특정한 역사적 시점에서의 노동운동의 정태적인 성격을 설명한다는 제한을 갖는다.

사실 립셋의 이론은 그의 "미국 예외주의"의 설명 즉 봉건주의가 없음으로 인하여 사회주의가 없다는 고전적 루이스 하츠(Louis Hartz) 설명의 연장이다.[22] 그러나 논리적으로 어떠한 현상의 부재와 다른 현상의 부재의 상호 관계는 과학적으로 증명할 수없는 명제인 것이다. "봉건주의가 없었으므로 사회주의가 없다"는 명제는 유럽에서 봉건주의가 사회주의를 초래하였다

---

[20] Przeworski, "Social Democracy as a Historical Phenomenon," *Capitalism and Social Democracy*, pp. 7-46.
[21] Seymour Martin Lipset, "Radicalism or Reformism: The Sources of Working-Class Politics," *American Political Science Review* 77, No. 1(March, 1983), pp. 1-18.
[22] Louis Hartz, *The Liberal Tradition in America* (New York: Harcourt Brace, 1955).

는 법칙의 추론이어야 한다. 또한 짚고 넘어가야 할 사실은 보편적인 제안을 보강하는 데 있어 미국의 경우가 사용되어서는 안 된다. 서유럽의 경우에 있어 립셋(Lipset)은 영국과 프랑스의 경우를 가장 중요한 나라들임에 불구하고 그의 이론에서 벗어나는 예외적인 경우로 취급하고 있다. 그는 독일을 그의 이론에서 가장 전형적인 경우로 보고 있다. 이론적인 관점에서 독일의 노동자들 간의 강력한 봉건적 신분체계(Stände)의 잔존은 오히려 예외적인 경우이며 여기에서 보편적인 제안을 이끌어 낸다는 것은 무리가 있다. 영국이나 프랑스의 경우는 상대적으로 이른 자본주의 발달로 인하여 봉건적인 요소는 거의 뿌리 뽑힌 상태였던 것이다. 독일의 경우는 경제적인 후진성에 대한 대응으로써 자본주의 발달을 위한 국가의 적극적인 지도적인 역할은 독특한 상황 즉 자본주의적 산업주의가 그의 봉건적 과거와 현재에서 대면하게 되었다는 상황을 야기하게 되었던 것이다.[23] 나아가서 영국과 프랑스의 경우를 보면 지배 계급 간의 봉건주의의 잔재는 영국의 경우 유연한 개혁주의로 프랑스의 경우 억압적인 권력행사 등 일정하지 않은 방향으로 작용하였다. 결국 봉건적인 과거가 과격한 노동운동을 연유했다는 설명은 성립되지 않는다고 보아야 한다.

이에 반하여 셰보르스키는 동적인 이론을 제기하였다. 그의 주장은 개혁주의는 사회주의자들의 일련의 전략적인 선택의 결과였다는 것이다. 그는 사회주의 정당이 일단 선거에 참여하기로 결정하였을 때 변화하는 계급 구조 하의 자본주의 사회에서의 내부적인 논리로 인하여 사회주의 정당은 무력화될 수밖에 없었다. 즉 사회주의자들은 국가 권력을 장악하는 데 충분한

---

[23] W. O. Henderson, *The Rise of German Industrial Power, 1834-1914* (Berkeley: University of California Press, 1975); Alexander Gerschenkron, *Economic Backwardness in Historical Perspective* (Cambridge, Mass: Harvard University Press, 1966).

지지를 얻을 수 없었다. 표를 극대화하기 위하여 그들은 중산층과 연합하여야 했으며 이러한 선택은 사회주의 정당이 노동자계급적 성격을 잃는다는 대가를 치를 수밖에 없었다는 것이다. 그 결과는 개혁주의였다. 셰보르스키는 개혁주의를 사회주의 정당의 입장에서 설명하였다. 즉 왜 그들은 주어진 혁명적인 성격과 노동자계급적인 성격을 유지하지 못하였는가 하는 질문에 대한 것이었다. 결국 그는 몇 가지 본질적인 질문을 제기하지 않고 지나치고 있다. 그는 개혁주의의 성격에 관하여 토론하고 있지 않으며 또한 사회주의자들의 전략적인 여건 변화에 관하여도 언급하고 있지 않다. 합리적 선택의 방법론의 여러 장점들에도 불구하고 그의 설명은 부분적일 수밖에 없으며 결국 제3차 인터내셔널의 인신공격적 입장을 부정하고 서구 사회주의자들의 입장을 그들이 직면하였던 상황의 이해를 통해서 정당화하는 것이 그의 이론의 초점인 것으로 보인다.

    1860년대와 1870년대에는 마르크스와 그의 추종자들은 사회개혁을 위한 운동은 전면적인 계급투쟁으로 비화할 것이라 확신하고 있었다. 그 이유는 그들은 자본가계급은 어떠한 변화도 허용치 않으리라고 믿었기 때문이었다.[24] 개혁과 혁명은 그들에게 실천적으로 일관된 것이었다. 1880년대의 격동기를 지나 1890년대에 이르면 개혁의 전망은 한층 밝아졌다. 이러한 상황에서 사회주의자들은 전례 없는 규모의 지지를 획득하게 되었고 같은 맥락에서 선거에 참여함으로써 사회주의 혁명을 실현시킬 수 있다는 확신을 얻게 되었다. 엥겔스는 무장 봉기의 시대는 지났다고 천명하였다.[25] 사회개혁은 현실적으로 가능하다는 인식과 사회주의가 대중의 지지를 얻기 시작했다

---

24 Karl Marx, "Inaugural Address of the Working Men's International Association," (1864) *Karl Marx and Frederick Engels Selected Works*, Vol. 2, p. 17.
25 Friedrich Engels, "Introduction,"(1895) to Karl Marx, *Class Struggle in France* (New York: International Publishers, 1964).

는 사실은 설명되어야할 변화의 첫 번째 단계인 것이다.

노동자계급의 조건에 관한 객관적 지식으로서의 노동통계와 사회과학적 조사의 발달은 국가 관리들이나 부르주아 정치가들의 태도를 변화시키는 데 결정적인 요인이었다.[26] 19세기말에 이르면 에두아르트 베른슈타인(Edouard Bernstein)은 통계자료 분석에 근거하여 수정주의를 천명하기에 이르렀다.[27] 통계 분석을 통하여 '임금기금설' 또는 '임금의 철칙'이 파괴되었으며 노동 지도자들과 사회주의자들은 노동자계급의 여건을 향상시키기 위하여 산업과 개혁 정치의 전선에서 투쟁에 돌입하였던 것이다. 이러한 일련의 사건들은 국제적인 차원에서 이론과 실천의 양면에서 노동 운동과 사회주의의 성격을 변화시켰던 것이다. 20세기에 들어서면 개혁과 혁명은 분리되기 시작하였고 급기야 개혁주의는 사회주의의 문제로 등장하였다.

셰보르스키는 사회주의 정당은 '계급적 순수성'을 유지할 수 없었다고 주장한다. 사회주의 정당은 관료화하고 그들의 지도자들은 부르주아들과 동화되어 갔으며 중산층 유권자들에게 접근했다는 것이다. 다시 여기서 그가 제기한 선거의 논리라는 이유는 설득력이 부족한 것으로 보인다. 중산층의 유권자들은 정말 새로운 공약이나 구호에 유혹당했던 것인가? 더욱이 사회주의자들이 중산계급과 연합을 시도하지 않았다면 혁명주의적 입장을 유지할

---

[26] 영국과 스웨덴의 경우는 다음을 참조. Hugh Heclo, *Modern Social Politics in Britain and Sweden* (New Haven: Yale University Press, 1974).

[27] Edouard Bernstein, *Evolutionary Socialism* (London: Independent Labour Party, 1909, orijinally 1898); Rosa Luxembourg, *Reform or Revolution?* (New York: Pathfinder, 1978, originally 1909). Lucio Colletti와 Andrew Arato에 의하면 제2차 인터내쇼널 시기를 풍미하던 경험주의적 과학과 결정론적인 이론은 베른슈타인이 맑스의 혁명 이론을 부정하는 근거를 형성했다는 것이다. 말하자면 맑시즘이 결정론적 사회이론으로의 점진적인 변화가 베른슈타인의 분석에 의하여 부정될 수 있는 여지를 만들었다는 것이다. Lucio Colletti, "Bernstein and the Marxism of the Second International," *From Rousseau to Lenin* (New York: Monthly Review Press, 1972); Andrew Arato, "The Second International: A Reexamination," *Telos* 18(Winter, 1973-4), pp. 2-52.

수 있었겠는가 하는 질문도 단적으로 대답할 수는 없는 것이다. 다른 시각에서 선거제 민주주의는 그러한 제도가 지배 계층에게 권력을 유지할 수 있는 기회를 제공하였기 때문에 유지될 수 있었다 말할 수 있다. 지배층의 정당들도 중산층 농민 등은 말할 것도 없이 노동자들의 표로 대중적인 지지 기반을 마련하는 데 성공하였던 것이다. 선거제 민주주의의 경우는 통계의 발달에 의하여 가능하였던 개혁정치의 상대적인 성공 없이는 존속하기 힘든 상황이었다고 말할 수 있다. 성공적인 정당의 조직과 대중 기반은 선전과 조직통제만으로는 불가능한 것이다. 공공지식의 테두리 안에서 사회개혁을 추진하는 상황에서 사회주의 정당은 개혁 문제를 독점할 수 없었고 노동자계급에 대한 대표성도 당연한 것으로 받아들여지기 힘들게 되었다.

나아가서 노동통계는 혁명주의자들을 실망시키게 되었다. 분명히 혁명주의자들이 충분한 자원이 있었더라면 그들은 국가에서 생산하는 것과는 다른 통계를 생산했을 것이다. 그러나 당시 통계는 특정한 종류의 지식으로서 혁명 선전의 도구로서는 효과는 제한적일 수밖에 없었다. 첫째 통계의 해독 능력은 지식인들에 제한된다. 둘째 통계는 노동자계급의 조건에 대하여 독자들에게 객관적 지식을 전달하지만 수치들은 '도덕적 분노'(moral outrage)를 일으키지는 않는다. 말하자면 통계는 혁명가들의 입지를 정당화시켜줄 수는 있으나 보통 노동자들이 혁명전선에 투신하도록 하지는 못한다. 셋째 통계는 비판적인 지식이라기보다는 실천적인 지식이다. 20세기에 들어와 개혁주의자와 혁명주의자 간에 벌어진 "통계 전쟁(statistical warfare)"은 노동자계급 정치에 새로운 규칙을 확립시켰다. 이 새로운 게임에서 혁명주의자들은 그들 특유의 대중들에 대한 매력을 잃어가게 되었다.[28] 혁명이라는

---

28 "통계 전쟁"이란 표현은 Schorske의 독일 사회민주주의에 관한 분석에서 빌어온 것이다. Carl E. Schorske, *German Social Democracy, 1905-1917: The Development of the Great Schism* (Cambridge: Harvard University Press, 1955), pp. 18-21. 혁명주의자의

것이 대중 봉기라던가 역사의 급격한 단절로 이해되는 한 통계는 혁명주의자들에게는 개혁주의자들 만큼 유용하지 못했다.

    노동통계의 생산과 광범위한 사용은 노동운동을 개혁주의로 유도하고 강요하게 하는 다방면의 광범위한 효과를 가져왔다. 노동통계는 개혁주의자들의 입지를 강화시켰을 뿐만 아니라 노동통계의 광범위한 사용은 노동 지도자들의 전략적 행태와 인식적 조건들에 상당한 영향을 미쳤던 것이다. 나아가서 노동통계는 국가로 하여금 노동계급의 과격주의를 국부적으로 선별적으로 다룰 수 있는 능력을 부여하기도 하였다. 개혁주의를 사회주의자들의 합리적인 선택으로 본다는 것은 설명 방법론의 문제이다. 그러나 사실 그들의 전략적인 여건의 변화와 그들 스스로 이러한 여건을 바라보는 시각의 변화는 그들에게 다른 전략적 취사선택의 여지를 별로 남겨놓지 않았던 것이다.

    국가와 사회에 대한 이론 또는 관점의 변화는 사회주의자들의 인식에 결정적인 전략적인 여건으로서 특히 강조되어야할 사항이다. 일단 노동통계가 노동자계급 정치의 도구와 장(場)을 형성하고 일단 사회주의자들이 그러한 지식 체계를 받아들이게 되었을 때, 다음과 같은 시각이 지배적이었다. 우선 "경제"는 생활의 독자적인 영역이며 자기 충족적 체계이고, 공통의 관리 통제 그리고 숭배의 대상으로 등장하게 되었다. 그리고 국가는 경제 외적인 것(externality)인 것이고 노동계급 조건을 향상시키기 위하여 경제에 간섭하도록 초빙될 수도 있는 것으로 나타나게 되었다. 국가에 관한 이론은 혼란에 빠지게 되었다. 국가는 사회의 모습을 비쳐주는 거울이 되었고 계급투쟁의 위치에 있는 사람들에게는 애매모호한 존재가 되어버린 것이다. 경제라는 추상적인 물체가 일단 투쟁의 대상으로서의 국가를 대체하게 되자 혁명의 열기는 식어 버리게 되었다. "정치적"인 것은 대중정당에 의해서 생활의

    통계적 논쟁의 좋은 예로는 Theodore Rothstein, *From Chartism to Labourism*.

또 하나의 독립된 영역으로 조직되게 되었다. 지식국가에서는 국가와 사회계급은 지식과 담론(談論)의 별개의 영역에서 존재하게 되었다. 최근의 구조주의적 국가 이론은 위에서 지적한 바의 인식을 반영하고 있는 것이다. 그런가 하면 기능주의자들에게는 국가는 모든 곳에서 모든 일을 도맡아 한다고 보여지고 있다. 기능주의자들은 전통적 혁명운동의 대상이었던 국가의 항적(航跡)를 놓치고 혼란에 빠져있는 것이다. 그런 의미에서 두개의 국가 이론은 연관되어 있다. 그들은 모두 지식국가 내부에서 보이는 국가의 굴절된 영상들인 것이다.

공공지식으로서의 노동통계는 피지배계급으로부터 기존의 사회 체계에 대한 동의(consent)를 얻어내는 헤게모니(hegemony)의 확립을 위한 필수불가결의 제도인 것이다. 안토니오 그람시(Antonio Gramsci)의 헤게모니(hegemony) 개념은 최근에 두 가지 상반되는 방법으로 해석되고 있다. 샹탈 무페(Chantal Mouffe)는 헤게모니를 이데올로기로 이해하는 대표적인 학자라 할 수 있다. 한편 셰보르스키는 이들 이데올로기 해석에 그의 물질적 기반의 해석으로 도전하고 있다.[29] 그들의 논쟁은 반드시 그람시의 작품에 관한 해석에 전적으로 관련된다기보다는 전통적 마르크스주의적 이론적 전략적 논쟁의 연속이라 보여 진다.

한마디로 무페는 그람시의 헤게모니 개념은 루이 알튀세(Louis Althusser)의 이데올로기 개념의 미완성작이라고 주장한다.[30] 무프에 따르면 그람시는 제2차 인터내셔널의 '경제주의'(economism)에 반대하

---

[29] Chantal Mouffe, "Hegemony and Ideology in Gramsci," *Gramsci and Marxist Theory*, Chantal Mouffe, ed. (London: Routledge and Kegan Paul, 1979); Adam Przeworski, "Material Basis of Consent," *Capitalism and Social Democracy*, pp. 133-69.

[30] Althusser의 독특한 구조주의적 이데올로기 개념에 대하여는 다음을 참조. Louis Althusser, "Ideology and Ideological State Apparatuses," *Lenin and Philosophy*, pp. 127-86.

는 입장을 고수하고 있었으며 그의 이러한 입장은 헤게모니 개념에서 절정을 이룬다는 것이다. 헤게모니는 몇 가지 독특한 입장을 포함한다. 첫째 알튀세의 입장에 따라 이데올로기는 피지배 계급의 '그릇된 의식(false consciousness)'로 파악해서는 안 되며 오히려 하나의 투쟁의 장으로 이해해야 한다는 것이다. 이데올로기는 한 집단의 사람들에게 부과되는 것이 아니라 개인별로 '끼워지는'(interpellated) 것이다. 무페의 이러한 구별은 구체적으로 잘 드러나지는 않는다. 구조주의에서의 의미의 구조는 독립적이고 비역사적인 것이다. 둘째 그리하여 헤게모니는 이데올로기의 실천적이고 물질적인 측면에 초점을 맞춘 것이고 그러한 측면이 그람시의 혁명 전략의 핵심을 이룬다는 것이다. 셋째 헤게모니는 특수한 양태의 주체 형성에 관련된 문제이고 그리하여 피지배 계급의 이해를 창출한다는 것이다.

무페가 헤게모니를 그람시의 혁명 전략으로써 관심을 가졌다면 셰보르스키는 헤게모니를 지배의 체제로서 토론하고 있다. 그에 따르면 그람시는 헤게모니를 정확히 계량할 수 있는 "객관적인 조건에 근거해야 한다"라는 입장을 고수했다는 것이다. 셰보르스키는 물질적인 조건은 헤게모니의 필요조건이지만 충분조건은 못된다는 것이 그람시의 입장이라는 것이다. 그러나 물질적인 기반 위에서만 이데올로기가 역할을 수행할 수 있다는 것이다. 셰보르스키는 헤게모니의 결정적인 충분조건은 이데올로기라기보다는 정치적인 민주주의라고 주장한다. 나아가서 헤게모니는 노동자들의 물질적 이득을 위한 투쟁을 위한 제도적인 조건으로 조직되어 있다는 것이다. 결국 동의는 자본주의적 생산 양식과 기존의 노동자들의 투쟁 양태 등의 양자에 향하여 이루어지는 것이다. 셰보르스키는 동의는 정신적이라던가 의식적인 것이 아니라 조직의 행태적인 특징이라는 점을 강조한다. 그리하여 갈등의 주요한 위치는 강제적인 노조 조직이 된다는 것이다.

무페는 한마디로 그람시를 알튀세로 대체하고 있다. 결국 그람시는 본인의 입장을 이론적으로 정리할 기회를 갖지 못했다는 사실에 기인하는지 모른다. 사실 그람시는 경제적 조건보다는 이데올로기의 문제를 더 많이 언급하고 있다. 그러나 그람시는 이데올로기와 헤게모니를 동일시하지 않았고 오히려 명쾌한 구별을 갖고 두 개념을 사용하고 있었다. 어쨌든 그람시의 헤게모니 개념을 알튀세의 주체 생산의 이데올로기의 개념으로 해석하는 것은 그람시에 대한 올바른 대접이 아닌 것으로 보인다. 결국 이러한 알튀세 식의 해석은 특히 어떻게 하여 지배계급이 피지배 계급의 이해를 창출하는가 하는 점을 이해하기 위한 것이라 할 수 있다. 그러나 주체 설정의 양태가 그의 이해를 창출한다는 것은 일종의 철학적 논리의 비약이라 할 것이다.

여기에서 필자는 그람시를 나름대로 재해석할 의도는 없다. 그러나 지적해야 할 사항은 그람시는 경제주의(economism)과 이데올로기주의(ideologism)을 모두 비판하고 있다는 점이다.[31] 그가 헤게모니라는 개념을 사용하였을 때 그는 물질적이고 이데올로기적인 측면을 모두 포함하는 포괄적인 지배체계를 염두에 두고 있었음이 틀림없다. 그람시는 생활과 투쟁에 있어 두개의 외견상 독자적인 영역을 통합해보려고 노력했던 것이다.[32] 그는 경제적인 조건은 객관적인 것이고 자연과학 방법론에 의하여 정확히 계량할 수 있다고 믿었다.[33] 그람시는 경제 조건에 있어서 계량과 지식의 문제를 전혀 거론하지 않고 있다. 그는 경제의 자율성과 경제 지식의 객관성에 대하여 의문의 여지없이 믿고 있었던 것이다. 그가 경제주의를 비판하고 있기는 하였으나 그는 결국 경제적 이데올로기의 또 하나의 피해자였는지도 모른다. 이 시점에서 필자는 공공지식은 헤게모니 형성의 결정적인 제도라 확언할

---

[31] Gramsci, *Prison Notebooks*, p. 178.
[32] Gramsci는 아래와 같이 말하고 있다. "운동의 두 가지[경제적인 그리고 이데올로기적인] 범주의 변증법적인 관계를 정확히 설정하기는 어렵다." Ibid., p. 180.
[33] Ibid., pp. 180-1.

수 있으며 이러한 지식의 문제는 그람시가 이해하지 못한 문제였을 것이다.

물질적 조건이란 그것이 우리의 동물적 감각기관에 의하여 즉각적으로 감지되는 한에 있어 객관적이라 할 수 있다. 그러나 우리가 물질적 조건의 문제를 사회적 또는 계급적인 수준에서 논의할 때는 그것은 현실적으로 지식의 문제일 수밖에 없다.[34] 경제적 조건이 계량될 때는 전술한 바 이론적인 개념이 현실의 단위가 되는 것이다. 통계에 의하여 물질적인 조건은 객관화되고 또한 이론화되며, 이데올로기는 객관적인 현실로서 물질화되는 것이다. 물질적 조건에 이념적인 의미가 부여되었을 때 그러한 조건들은 피지배 계급으로부터 동의를 얻어내는 데에 필요조건 이상의 의미를 갖는다. 경제라는 것은 이데올로기와 정치로부터 독립된 우리 생활의 자율적인 영역이라는 관념은 바로 공공지식과 합리적 계급정치에서의 추론인 것이다. 공공지식은 노동자계급에게 합리적 근거로 물질적인 이득을 가져다주는 사회개혁, 투쟁 그리고 계급간의 협력을 위한 정통적 인식 제도인 것이다. 이러한 공공지식을 통해서 노동 조직들은 그들의 정당한 이해를 창출하고 효과적인 투쟁을 이끌고 또한 달성할 수 있는 것이다. 결국 공공지식은 노동계급에게 정당한 이해와 투쟁의 장(場)을 제공한다. 공공지식의 생산과 사용은 헤게모니 확립에 필요조건이자 동시에 충분조건인 것이다.

공공지식(official knowledge)은 법적 재정적 자원을 갖춘 국가기관의 엄청난 규모의 체계에 의해서 생산된다. 이러한 '행정적' 활동은 '정치'라는 무대 뒤에서 벌어지는 일상적인 일이다. 여기서 지적해야할 중요한 양태는 통계 생산은 결국 국가 기관과 민간 학술 전문직종과의 협력관계에 의하여 이루어진다는 점이다. 국가와 학술 전문직간의 관계는 지식국가에 있어서의

---

[34] Kenneth Prewitt는 유권자들이 경제 문제에 관하여는 본인의 개인적인 경험보다 국가 경제 전체의 향방에 근거하여 판단하는 경우가 많다고 주장하고 있다. Kenneth Prewitt, "Public Statistics and Democratic Politics," *Politics of Numbers*, pp. 261-75.

헤게모니 구조의 결정적인 요소이다. 국가가 공공 지식을 생산한다 하여도 국가가 최고의 통계 방법론이나 최고의 경제학 이론을 갖고 있다고 주장하지는 않는다. 공공지식은 방법론적 권위 없이는 그의 특권적 지위를 유지하지 못하며 경제학적 사회학적 이론에 근거하지 않고는 무의미한 것이다. 결국 공공지식의 방법론적 이론적 배경은 국가기관 밖의 학술 전문직의 영역에 속하는 것이다. 지식국가에서 헤게모니는 제도화된 정치적 또는 경제적 권력의 사정권 밖에 위치한다는 의미에서 사회적인 것이며 광범위한 중산층 지식인들과의 연합체제에 의해서 유지되는 것이다. 또한 학계는 헤게모니의 피신처를 제공하고 있다.

전문 지식인들에 의한 사회지식의 독점은 지식국가의 가장 중요한 정치 형태의 일부이다. 그러한 지식인들은 계급 조직들과 국가 기관에 자리 잡고 또 그들을 상호 연결하며 그들의 정치를 기술(技術)적인 공공정책 결정과정으로 대체하는 것이다. 이러한 지식인들은 베버 식의 관료조직을 형성하지는 않지만 국가 권력으로부터 독립적인 것으로 보이는 푸코 식의 '권력'을 이루고 있다고 할 수 있다.[35] 푸코의 연구에서 밝힌 종(species)에 관한 지식의 경우와는 달리 사회 경제 통계의 방법론적 그리고 이론적인 장치들은 그들의 진정한 독립을 이룰 만큼 발달하지 못하였다. 그것은 그러한 지식들이 충분히 긴 역사를 거쳐 발전하지 못했다는 것뿐만이 아니라 더욱 중요한 요인은 앞서 강조하였듯이 그러한 지식의 객관성과 합리성이 사회적이고 정치적이라는 데에 있는 것이다. 오히려 그러한 제도적인 분리는 '과학주의(scientism)' 즉 공공지식의 사회 정치적 근거를 은폐하고 있는 과학의 이데올로기에 의하여 유지되고 있는 것이다.

---

[35] Foucault는 전문직종과 그들의 지식의 권력은 법적인 국가 권력으로부터 독립적이라고 주장한다. Foucault, *Discipline and Punish*; *History of Sexuality*, Vol 1.

국가의 정통성은 이러한 헤게모니의 구조에 의하여 보호되고 있다. 통계방법론과 사회과학 이론의 제문제는 전문 과학 지식의 영역에 속하는 이상 국가는 그의 대리인일 뿐이다. 그러므로 국가는 경제적 파탄이나 '합리성의 위기'(rationality crisis)의 책임을 져야하는 것이 아니다. 하버마스가 제시하듯이 합리성의 위기가 정통성의 위기 (legitimation crisis)로 발전하지는 않는다.[36] 그 이유는 국가가 책임지는 합리성의 한계는 대리인의 지위에서 끝나기 때문이다. 국가로 하여금 자본주의에 필요한 모든 기능을 독점적으로 수행하게 한다는 것은 지배계급에게는 대단히 위험한 일이 아닐 수 없다. 신마르크스주의자(neo-Marxist)들의 기능주의 국가론은 그들의 희망사항에 지나지 않는다. 많은 마르크스주의자들은 아직도 또 하나의 경제 불황의 파고는 사회주의로 이행할 수 있는 기회를 제공하리라고 믿고 있다. 그러나 현재와 같이 고도로 통제된 경제에서 또 하나의 대규모 경제 공황은 우선 일어날 가능성이 희박할 뿐더러 온다고 해도 자본주의 국가를 타도할 기회라고 생각되지도 않는다. 만약에 온다면 국가보다는 노동자계급 조직이나 사회주의자들이 대가를 치러야 할지 모른다.

지식국가는 독특한 정치 구조를 갖는다. 우선 공공지식은 국가에게 사회계급의 이해로부터 자율성을 부여한다. 그러한 지식은 국가에게 어떤 순간에 어떤 계급의 이해를 대변하여 경제에 합리적으로 개입할 수 있는 능력을 부여한다. 그런가하면 한발 더 나아가서 보면 공공지식은 국가로부터 사회·경제적인 책임을 덜어주고 있다. 공공지식은 계급 행위자의 형성을 돕고 아울러 그들에게 국가기관과 유사한 능력과 합리성을 부여하며 종래의 계급투쟁은 기술적인 공공정책 결정과정으로 흡수된다. 국가는 사회·경제

---

[36] Habermas는 합리성의 위기는 정통성의 위기를 초래하며 이는 자본주의 체계의 주요한 변화를 가져올 것이라고 주장한다. Habermas, *Legitimation Crisis* (Boston: Beacon Press, 1975).

지식과 합리성을 독점하는 것이 아니다. 즉 통계와 사회 이론은 누구나 사용할 수 있는 공공지식인 것이다. 그러므로 국가는 사회 경제적 역할을 일부 계급 행위자에게 분담시키고 기능을 수행하지 않을 수도 있다. 그리하여 국가는 본래의 정치적인 역할로 환원할 수 있다. 이러한 여건은 자본주의하에서의 안정된 정치적 민주주의의 결정적인 조건이 된다. 투표를 통해서 얻어지는 형식적 국가 권력은 사회·경제 체제를 변화시킬 수 있는 사회의 궁극적 권력으로서의 '국가권력'에 미치지 못한다.

개혁주의와 사회민주주의를 포함하는 합리적 계급정치는 두 얼굴을 가진다. 우선 주어진 여건으로서의 자본주의에 대한 동의를 이끌어낸다. 동시에 그것은 자본주의에 대항한 투쟁의 형태인 것이다. 그러나 이러한 합리적 계급정치가 투쟁의 진지하고 가능한 형태인가는 의문의 여지가 있다. 이러한 문제를 평가하는 데에 대한 열쇠는 새로운 합리적인 지식이 조직되고 개발되는 학술적 또는 유사 학술적인 수준의 활동의 유효성과 진지함에 달려있는 것이다. 이러한 활동의 정도와 스타일은 여러 다른 나라에서 다른 형태를 띨 수 있다. 그러나 이러한 문제는 아이디어의 고도의 국제적 확산을 고려할 때 반드시 각국의 특수한 문제로 볼 수는 없다. 원칙적으로 우리가 진정한 사회주의의 경제학과 윤리학이 만들어질 수 없다고 단언할 수는 없다. 이제 학술적 또는 유사 학술적인 활동이 사회주의자들에 의해서 보편적으로 중요한 계급정치의 전선으로 받아들여진 이상 그러한 활동의 창의성은 그들이 진지한 투쟁을 하는가 하는 평가의 기준이 될 것이다. 현재의 헤게모니와 투쟁의 체계에서 새로운 사회과학 지식은 사회 변화의 핵심적 원동력이 될 것이다.

참고문헌

일반

Alterman, Hyman. 1969. *Counting People: The Census in History*. New York: Harcourt, Brace & World.

Althusser, Louis. 1979. *For Marx*, Trans. by Ben Brewster. New York: Verso Press.

_____. 1971. "Ideology and Ideological State Apparatuses." *Lenin and Philosophy*, *Translated* by Ben Brewster. New York: Monthly Review Press.

_____ & Etienne Balibar. 1979. *Reading Capital*, Trans. by Ben Brewster. New York: Verso Press.

Arato, Andrew. 1974. "The Second International: A Reexamination." *Telos* 18 (Winter): 2-52.

Ashford, Douglas E. 1986. *The Emergence of the Welfare State*. Oxford: Oxford University Press.

Badie, Bertrand & Pierre Birnbaum. 1983. *The Sociology of the State*. Chicago: University of Chicago Press.

Balbus, Isaac D. 1971. "The Concept of Interest in Pluralis and Marxist Analysis." *Politics and Society* 1, No. 2(February): 151-77.

Barry, Brian. 1965. *Political Argument*. London: Routledge and Kegan Paul.

Bell, Daniel. 1960. *The End of Ideology*. New York: The Free Press.

Ben-David, Joseph. 1984. *The Scientists' Role in Society: A Comparative Study*, 2nd ed. Chicago: University of Chicago Press.

Berger, Suzanne D., ed. 1981. *Organizing Interests in Western Europe*. New York: Cambridge University Press.

Bernstein, Edouard. 1909. *Evolutionary Socialism*. London: Independent Labour Party.

Bernstein, Richard. 1971. *Praxis and Action*. Philadelphia: University of Pennsylvania Press.

Biderman, Albert D. 1970. "Information, Intelligence, Enlightened Public Policy: Functions and Organization of Societal Feedback." *Policy Sciences* 1: 217-30.

Blalock, Hubert, Jr. 1960. *Social Statistics*. New York: McGrow Hill.

Bologna, Sergio. 1972. "Class Composition and Theory of the Party at the Origin of the Workers--Councils Movement." *Telos* 13(Fall): 4-27.

Bourdieu, Pierre. 1984. *Distinction: A Social Critique of the Judgement of Taste*, Trans. by Richard Nice. Cambridge: Harvard University Press.

_____. 1985. "The Social Space and the Genesis of Groups." *Theory and Society* 14: 723-44.

Brand, Jack. 1975. "The Politics of Social Indicators." *British Journal of Sociology* 26, No. 1(March): 78-90.

Bulmer, Martin. 1982. *The Uses of Social Research*. London: Allen and Unwin.

Burawoy, Martin. 1979. *Manufacturing Consent*. Chicago: University of Chicago Press.

Choi, Jungwoon. 1984. "The English Ten Hours Act: Official Knowledge and the Collective Interest of the Ruling Class." *Politics and Society* 13, No. 4: 455-78.

Colletti, Lucio. 1972. *From Rousseau to Lenin: Studies in Ideology and Society*, Trans. by John Merrington & Judith White. New York: Monthly Review Press.

Connolly, William E. 1972. "On 'Interest' in Politics." *Politics and Society* 2, No. 4 (Summer): 459-77.

Donzelot, Jacques. 1977. *The Policing of Families*, Trans. by Robert Hurley. New York: Pantheon Press.

_____. 1984. L'Invention du social. Paris: Fayard.

Edelman, Bernard. 1978. *La Législation de la class ouvrière*, Vol. 1. Paris: Christian Bourgeois.

Elster, Jon. 1983. *Sour Grapes: Studies in the Subversion of Rationality*. Cambridge: Cambridge University Press.

Engels, Friedrich. 1968. *The Condition of the Working Classs in England*. Stanford: Stanford University Press.

Engels, Friedrich. 1964. "Introduction" to *Class Struggle in France*, by Karl Marx. New York: International Publishers.

Evans, Peter B.; Dietrich Rueschmeyer & Theda Skocpol. 1985. *Bringing the State Back In*. Cambridge: Cambridge University Press.

Fay, Brian. 1975. *Social Theoy and Political Practice*. London: George Allen and Unwin.

Foucault, Michel. 1973. *Madness and Civilization*, Trans. by Richard Howard. New

York: Vintage Books.

———. 1973. *The Order of Things*. New York: Vintage Books.

———. 1975. *The Birth of the Clinic*, Trans. by A. M. Sheridan Smith. New York: Vintage Books.

———. 1977. *Discipline and Punish: The Birth of the Prison*, Trans. by Alan Sheridan. New York: Pantheon Books.

———. 1980. *The History of Sexuality*, Vol. 1: Introduction, Trans. by Robert Hurley. New York: Vintage Books.

———. 1980. *Knowledge/Power: Selected Interviews and Other Writings*. New York: Pantheon.

Fried Charles. 1963. "Two Concepts of Interests: Some Reflections on the Supreme Court's Balancing Test." *Harvard Law Review* 76, No. 4(February): 755-78.

Galbraith, J. Kenneth. 1958. *The New Industrial State*. Harmondsworth: Penguin Books.

Geary, Dick. 1981. *European Labour Protest, 1848-1939*. New York: St. Martin's Press.

Gershenkron, Alexander. 1966. *Economic Backwardness in Historical Perspective*. Cambridge, Mass.: Harvard University Press.

Girardeau, Catherine. 1976. "La Statistique, miroir de l'histoire." *Economie et statistique* 83 (November): 3-17.

Gorz, André. *Adieux au prolétariat: Au delà du socialisme*. Paris: Galilée.

Gourevitch, Peter. 1977. "International Trade, Domestic Coalitions and Liberty: Comparative Responses to the Crisis of 1873-95." *Journal of Interdisciplinary History* 8: 281-313.

Gramsci, Antonio. 1972. *Selections from the Prison Notebooks*, Ed. & Trans. by Quintin Hoare & Geoffrey Nowell Smith. New York: International Publishers.

Habermas, J rgen. 1970. *Toward A oston: Beacon Pres.

———. 1973. *Theory and Practice*, Trans. by John Viertel. Boston: Beacon Press.

———. 1975. *Legitimation Crisis*, Trans. by Thomas McCarthy. Boston: Beacon Press.

Hacking, Ian. 1965. *Logic of Statistical Inference*. Oxford: Oxford University Press.

———. 1982. "Biopower and the Avalanche of Numbers." *Humanities in Society* 5: 279-95.

———. 1986. "Making Up People." *Reconstructing Individualism*, Thomas Heller et al., eds. Stanford: Stanford University Press.

Hayek, Frederick A. 1979. *The Counter-Revolution of Science*. Indianapolis: The Liberty Press.

Heclo, Hugh. 1974. *Modern Social Politics in Britain and Sweden*. New Haven: Yale University Press.

Henderson, W. O. 1975. *The Rise of German Industrial Power, 1834-1914*. Berkeley: University of California Press.

Higgins, Winton & Nixon Apple. 1983. "How Limited is Reformism? A Critique of Przeworski and Panitch." *Theory and Society* 12, No. 5: 603-30.

Hindess, Barry. 1973. *The Uses of Official Statistics in Sociology*. London: Macmillan.

Hollis, Martin & Steven Lukes. 1984. *Rationality and Relativism*. Cambridge: The MIT Press.

Holloway, J. & Sol Picciotto, eds. 1978. *State and Capital: A Marxist Debate*. London: Edward Arnold.

Huff, Darrell. 1954. *How to Lie With Statistics*. New York: Norton.

Hyman, Richard. 1975. *Industrial Relations: A Marxist Introduction*. Oxford: Oxford University Press.

Irvine, John; Ian Miles & Jeff Evans, eds. 1979. *Demystifying Social Statistics*. London: Pluto Press.

Janowitz, Morris. 1976. *Social Control of the Welfare State*. Chicago: University of Chicago Press.

Joll, James. 1955. *The Second International, 1889-1914*. London: Routledge and Kegan Paul.

Katznelson, Ira & Aristide R. Zolberg, eds. 1986. *Working Class Formation*. Princeton: Princeton University Press.

Kautsky, Karl. 1971. *The Class Struggle(Erfurt Program)*, Trans. by Wiliam E. Bohn, With an Introduction by Robert C. Tucker. New York: W.W. Norton.

King, Lauriston R. & Philip H. Melanson. 1972. "Knowledge and Politics: Some Experiences from the 1960s." *Public Policy* 20, No. 1(Winter): 83-101.

Kituse, John & A. V. Cicourel. 1963. "A Note on the Uses of Official Statistics." *Social Problems* 11: 131-9.

Kr ger, Lorenz: Lorraine J. Daston & Michael Heidelberger, eds. 1987. *The Probabilistic Revolution*, Vol. 1: *Ideas in History*. Cambridge: The MIT Press.

Kr ger, Lorenz; Gerd Gigerenzer & Mary S. Morgan, eds. 1987. *The Probabilistic Revolution*, Vol. 2: *Ideas in the Sciences*. Cambridge: The MIT Press.

Laclau, Ernesto & Chantal Mouffe. 1985. *Hegemony and Socialist Strategy*. London: Verso.

Landes, David. 1972. "Statistics as a Source for the History of Economic Develop- ment in Western Europe." *The Dimensions of the Past: Materials, Problems and Opportunities for the Quantitative Work in History*, Val R. Lorwin & Jacob M. Price, eds. New Haven: Yale University Press.

Lane, Robert E. 1966. "The Decline of Politics and Ideology in a Knowledgeable Society." *American Sociological Review* 31, No. 5(October): 649-62.

Larrain, Jorge. 1983. *Marxism and Ideology*. Atlantic Highlands: Humanities Press.

Lazarsfeld, Paul F. 1961. "Notes on the History of Quantification in Sociology-- Trends, Sources and Problems." *Isis* 52, No.168(June): 277-333.

Leclerc, G rard. 1979. *L'Observation de l'homme. Une histoire de enquêtes sociales*. Paris: Seuil.

Lenin, V. I. 1975. *The Lenin Anthology*, Robert C. Tucker, ed. New York: W. W. Norton.

Lerner, Daniel, ed. 1959. *The Human Meaning of the Social Sciences*. New York: Meridan Books.

Levy, Carl, ed. 1987. *Socialism and the Intelligentsia*. London: Routledge and Kegan Paul.

Lindemann, Albert S. 1983. *A History of European Socialism*. New Haven: Yale University Press.

Lipset, Seymour Martin. 1983. "Radicalism or Reformism: The Sources of Working- Class Politics." *American Political Science Review* 77, No. 1 (March): 1-18.

Luxemburg, Rosa. 1978. *Reform or Revolution?* New York: Pathfinder.

Maier, Charles S. 1975. *Recasting Bourgeois Europe*. Princeton: Princeton University Press.

Maier, Charles S. 1987. *In Search of Stability*. Cambridge: Cambridge University Press.

Mannheim, Karl. 1936. *Ideology and Utopia*, Trans by Louis Wirth & Edward Shils. London: Routledge and Kegan Paul.

March, James G. & Herbert Simon. 1958. *Organizations*. New York: Wiley.

Marcus, Steven. 1974. *Engels, Manchester and the Working Class*. New York: Norton.

Marcuse, Herbert. 1941. *Reason and Revolution: Hegel and the Rise of Social Theory*. Boston: Beacon Press.

_____. 1964. *One-Dimensional Man*. Boston: Beacon Press.

Martin, Margaret E. 1981. "Statistical Practices in Bureaucracies." *Journal of the American Statistical Associations* 76 (March): 1-8.

Max, Karl. 1956. *Karl Marx: Selected Writings in Sociology and Social Philosophy*, Eds, by Tom Bottomore & M. Rubel. New York: McGraw Hill.

_____. 1964. *Class Struggle in France*. New York: International Publishers.

_____. 1967. *Capital*, Vol. 1: *A Critical Analysis of Capitalist Production*, Trans. by Samuel Moore & Edward Aveling, Ed. by Frederick Engels. New York: International Publishers.

_____. 1969-71. *Karl Marx and Frederick Engels Selected Works*, 3 Vols. Moscow: Progress Publishers.

Merton, Robert K. 1973. *The Sociology of Science: Theoretical and Empirical Investigations*. Chicago: University of Chicago Press.

Miliband, Ralph. 1969. *The State in Capitalist Society*. New York: Basic Books.

_____. 1976. *Marxism and Politics*. Oxford: Oxford University Press.

Mommsen, W. J., ed. 1981. *The Emergence of the Welfare State in Britain and Germany*. London: Croom Helm.

_____ & Hans-Gerhard Husung, eds. 1985. *The Development of Trade Unionism in Great Britain and Germany, 1880-1914*. London: George Allen & Unwin.

Mouffe, Chantal, ed. 1979. *Gramsci and Marxist Theory*. London: Routledge and Kegan Paul.

Mysyrowicz, Ladislas. 1969. "Karl Karx, le premi re Internationale et la statistique." *Le Mouvement social* 69 (October-December): 51-84.

Offe, Claus. 1984. Contradictions of the Welfare State. Cambridge: The MIT Press.

_____. 1985. *Disorganized Capitalism*. Cambridge: The MIT Press.

Pearson, Edgon S. & Maurice Kendall, eds. 1970. *Studies in the History of Statistics and Probability*, Vol. 1. London: Macmillan.

Popper, Karl R. 1972. *Objective Knowledge*. Oxford: Clarendon Press.

Porter, Theodore M. 1986. *The Rise of Statistical Thinking, 1820-1900*. Princeton: Princeton University Press.

Poulantzas, Nicos. 1978. *Political Power and Social Theory*. London: Verso Press.

_____. 1980. State, Power, *Socialism*. London: New Left Books.

Przeworski, Adam. 1985. *Capitalism and Social Democracy*. Cambridge: Cambridge

University Press.

———. 1988. *Paper Stones: A History of Electoral Socialism*. Chicago: University of Chicago Press.

Roemer, John. 1982. "New Directions in the Marxian Theory of Exploitation and Class." *Politics and Society 11*, No. 3: 253-88.

Schieder, Theodor. 1962. *State and Society in Our Times*. London: Thomas Nelson & Sons.

Schorske, Carl E. 1955. *German Social Democracy, 1905-1917: The Development of the Great Schism*. Cambridge: Harvard University Press.

Schumpeter, Joseph. 1954. *History of Economic Analysis*. New York: Oxford University Press.

Shils, Edward. 1956. *The Torment of Secrecy*. Glencoe, Ill: The Free Press.

Slattery, Martin. 1986. *Official Statistics*. London: Tavistock.

Sowell, Thomas. 1980. *Knowledge and Decisions*. New York: Basic Books.

Spengler, J. J. 1961. "On the Progress of Quantification in Economics." *Isis* 52, No. 168 (June): 258-76.

Stephan, Frederick. 1948. "History of the Uses of Modern Sampling Procedures." *Journal of American Statistical Association* 43, No. 241 (March): 12-39.

Stehr, Nico & Volker Meja, eds. 1984. *Society and Knowledge*. London: Transaction Books.

Stigler, Stephen M. 1986. *The History of Statistics*. Cambridge: The Belknap Press of Harvard University Press.

Teitelbaum, Michael S. & Jay M. Winter. 1985. *The Fear of Population Decline*. New York: Academic Press.

Therborn, Göran. 1976. *Science, Class and Society: On the Formation of Sociology and Historical Materialism*. London: Verso.

Tolliday, Steven & Jonathan Zeitlin, eds. 1985. *Shop Floor Bargaining and the State*. Cambridge: Cambridge University Press.

Tribe, Lawrence H. 1972. "Policy Science: Analysis or Ideology?" *Philosophy and Public Affairs* 2, No. 1 (Fall): 66-110.

Vincent, J-M. et al, eds. 1975. *L'État contemporain et le marxisme*. Paris: François Maspero.

Volle, Michel. 1978. "Statistique fétichisée et statistique réelle." *Le Mouvement social* 104 (July-September): 43-61.

Weber, Max. 1946. *From Max Weber*, Ed. by H. H. Gerth & C. W. Mills. Oxford: Oxford University Press.

Weber, Max. 1978. *Economy and Society*, 2 Vols, Ed. by Guenther Roth & Claus Wittich. Berkeley: University of California Press.

Weiss, Hilde. 1936. "Die 'Enquête Ouvrière von Karl Marx." *Zeitschrift für Sozialforschung* 5, No. 1: 76-98.

Westergaard, H. 1932. *Contributions to the History of Statistics*. London: P. S. King.

Wright, Erik Olin. 1984. "A General Framework for the Analysis of Class Structure." *Politics and Society* 13, No. 4: 383-424.

〈영국〉

미출판자료

Public Record Office, Kew, England, U. K.

CAB	37	Photographic Copies of Cabinet Papers, 1880-1916.
LAB	2	Labour Department: Correspondence and Papers.
LAB	7	Labour Department: Nominal and Subject Indexes.
LAB	10	Industrial Relations.
LAB	17	Statistical Department Files, 1918-1965.
LAB	41	Statistical Branch: Selected Working Papers.
T	1	Treasury Board Papers.

출판된 자료

Abrams, Philip. 1968. *The Origins of British Sociology*. Chicago: University of Chicago Press.

Allen, V. L. 1960. "The Reorganization of the Trades Union Congress, 1918-1927." *British Journal of Sociology* 11: 24-43.

Annan, Noel. 1959. *The Curious Strength of Positivism in English Political Thought*. London: Oxford University Press.

Ashton, Thomas S. 1977. *Economic and Social Investigations in Manchester, 1833-*

1933. Fairfield, N. J.: August M. Kelley.

Bernstein, George L. 1986. *Liberalism and Liberal Politics in Edwardian England*. London: Allen & Unwin.

Beveridge, William H. 1906. "The Problem fo the Unemployed." *Sociological Papers* 3.

———. 1907. "The Pulse of the Nation." *Albany Review* 2(November).

———. 1953. *Power and Influence*. London: Hodder & Stoughton.

———. 1969. *Unemployment: A Problem of Industry*. New York: AMS.

Bisset-Smith, G. T. 1921. *The Census and Some of Its Uses*. Edinburgh: Green & Son.

Booth, Alan. 1983. "The 'Keynesian Revolution' in Economic Policy-Making." *Economic History Review* 36, No. 1(February): 103-23.

Booth, Charles. 1889. *Labour and Life of the People*, Vol. 1: *East London*. London: Williams & Norgate.

———. 1891. *Labour and Life of the People*, Vol. 2: *London Continued*. London: Williams & Norgate.

———. 1918. *Charles Booth: A Memoir*, Mrs. Booth, ed. London: Macmillan.

———. 1967. *On the City*, M. W. Pfautz, ed. Chicago: University of Chicago Press.

Bowley, Arthur L. 1907. "The Problem of the Unemployed." *Sociological Papers* 3.

———. 1908. "The Improvement of Official Statistics." *Journal of Royal Statistical Society*, 71.

———. 1912. "The Measurement of Employment: An Experiment." *Journal of the Royal Statistical Society* 75 (July).

Briggs, Asa. 1985. *The Collected Essays of Asa Briggs*, Vol. 1: *Words, Numbers, Places, People*. Urbana: University of Illinois Press.

Brown, John. 1969. "The Appointment of the 1905 Poor Law Commission." *Bulletin of the Institute of Historical Research* 42, 106 (November): 239-42.

———. 1971. "The Poor Law Commission and the 1905 Unemployed Workmen Act." *Bulletin of the Institute of Historical Research* 44, 110 (November): 318-23.

Brown, Kenneth D. 1971. "Appointment of the 1905 Poor Law Commission--A Rejoinder." *Bulletin of the Institute of Historical Research* 44, 110 (November): 315-18.

———. 1971. "Conflict in Early British Welfare Policy: The Case of the Unemployed Workmen's Bill of 1905." *Journal of Modern History* 43, No. 4 (Winter): 615-29.

———. 1971. "The Labour Party and the Unemployment Question, 1906-10." *Historical Journal* 14, No. 3 (1971): 599-616.

———. ed. 1985. *The First Labour Party*, 1906-1914. London: Croom Helm.

Brown, Lucy. 1958. *The Board of Trade and the Free-Trade Movement, 1830-42*. Oxford: Clarendon Press.

Bullock, Alan. 1960. *The Life and Times of Ernest Bevin*, Vol. 1 *Trade Union Leader, 1881-1940*. London: Heinemann.

Burgess, Keith. 1980. *The Challenge of Labour: Shaping British Society 1850-1930*. New York: St. Martin's Press.

Chiozza-Money, Leo. 1905. *Riches and Poverty*. London: Heinemann.

Caldwell, J. A. M. 1959. "Genesis of the Ministry of Labour." *Public Administration* 37 (Winter): 367-91.

Checkland, Sidney. 1983. *British Public Policy, 1776-1939*. Cambridge: Cambridge University Press.

Clarke, Peter. 1978. *Liberals and Social Democrats*. London: Cambridge University Press.

Clegg, Hugh A.; A. Fox & A. F. Thompson. 1964. *A History of British Trade Unions Since 1889*, 2 Vols. Oxford: Clarendon Press.

Cole, G. D. H. 1932. *A Short History of the British Working Class Movement 1789-1927*. London: George Allen and Unwin.

_____. 1941. *British Working Class Politics, 1832-1914*. London: Routledge and Kegan Paul.

Collini, Stefan. 1979. *Liberalism and Sociology: L. T. Hobhouse and Political Argument in England, 1880-1914*. Cambridge: Cambridge University Press.

_____; Donald Winch & John Burrow. 1983. *That Noble Science of Politics*. Cambridge: Cambridge University Press.

Cullen, M. J. 1975. *The Statistical Movement in Early Victorian Britain*. New York: Harvester Press.

Dangerfield, George. 1980. *The Strange Death of Liberal England*. New York: Perigee.

Dare, Robert. 1983. "Instinct and Organization: Intellectuals and British Labour After 1931." *Historical Journal* 26, No. 3: 677-97.

Davidson, Roger. 1978. "The Board of Trade and Industrial Relations 1896-1914." *Historical Journal* 21, No. 3: 571-91.

_____. 1985. *Whitehall and the Labour Problem in Late-Victorian and Edwardian Britain*. London: Croom Helm.

Emy, H. V. 1973. *Liberals, Radicals and Social Politics, 1892-1914*. Cambridge:

Cambridge University Press.

Eyler, John M. 1979. *Victorian Social Medicine*. Baltimore: John Hopkins Press.

Foote, Geoffrey. 1985. *The Labour Party's Political Thought: A History*. London: Croom Helm.

Ford, P. 1968. *Social Theory and Social Practice*. Shannon, Ireland: Irish University Press.

Freedon, Michael. 1978. *The New Liberalism: An Ideology of Social Reform*. Oxford: Clarendon Press.

Freedon, Michael. 1979. "Eugenics and Progressive Thought: A Study in Ideological Affinity." *Historical Journal* 22, No. 3: 645-71.

Fry, G. K. 1969. *Statesmen in Disguise: The Changing Role of the Administrative Class of the British Home Civil Service, 1853-1966*. London: Macmillan.

Garside, William R. 1980. *Measurement of Unemployment: Methods and Sources in Great Britain, 1850-1979*. Oxford: Basil Blackwell.

Gilbert, Bentley B. 1966. *The Evolution of National Insurance in Great Britain: The Origins of the Welfare State*. London: Michael Joseph.

⸺. 1970. *British Social Policy, 1914-1939*. Ithaca: Cornell University Press.

Glass, D. V. 1973. *Numbering the People: The Eighteenth-Century Population Controversy and the Development of Census and Vital Statistics in Britain*. Farnborough: Saxon House.

Goldman, Lawrence. 1983. "The Origins of British 'Social Science': Political Economy, Natural Science and Statistics, 1830-1835." *Historical Journal* 26, No. 3: 587-616.

Hancock, K. J. 1960. "Unemployment and the Economists in the 1920s." *Economica* 27, 108 (November): 305-21.

⸺. 1962. "The Reduction of Unemployment as a Problem of Public Policy, 1920-29." *Economic History Review* 15: 328-43.

Harris, José. 1972. *Unemployment and Politics: A Study in English Social Policy, 1886-1914*. Oxford: Clarendon Press.

⸺. 1977. *William Beveridge: A Biography*. Oxford: Clarendon Press.

Hennock, E. Peter. 1976. "Poverty and Social Theory in England: The Experience of Eighteen-Eighties." *Social Policy* 1: 67-91.

⸺. 1987. "The Measurement of Poverty: From the Metropolis to the Nation, 1880-1920." *Economic History Review* 40, No. 2: 208-27.

Hinton, James. 1973. *The First Shop Steward's Movement*. London: George Allen and Unwin.

Hobsbawm, E. J. 1964. *Labouring Men*. London: Weidenfeld and Nicolson.

_____. 1984. *Workers: Worlds of Labour*. New York: Pantheon.

Hobson, J. A. 1958. "The Measuring and Measure of Unemployment." *Contemporary Review* 67 (March).

Hutchinson, Keith. 1966. *The Decline and Fall of British Capitalism*. Conn: Archon Book.

Ince, Sir Godfrey. 1960. *The Ministry of Labour and National Service*. London: George Allen and Unwin.

Independent Labour Party. 1926. *Socialism in Our Times*. London: Independent Labour Party.

Industial Remuneration Conference. 1886. *Report of the Industrial Remuneration Conference*. Aberdeen.

Jevons, W. Stanley. 1968. *The State in Relation to Labour*. New York: August M. Kelley.

Jones, G. Stedman. 1971. *Outcast London*. Oxford: Oxford University Press.

Jones, G. Stedman. 1983. *Languages of Class*. Cambridge: Cambridge University Press.

Kadish, Alon. 1982. *The Oxford Economists in the Late Nineteenth Century*. Oxford: Oxford University Press.

Knowles, K. G. J. C. 1952. *Strikes: A Study of Industrial Conflict*. Oxford: Basil Blackwell.

Labour Department of the Board of Trade. *Labour Gazette*. May 1893-January 1905.

Labour Party. 1918. *Labour and the New Social Order*. London: The Labour Party.

_____. 1929. *Labour and the Nation*. London: The Labour Party.

Langan, Mary & Bill Schwarz, eds. 1985. *Crisis in the British State, 1880-1930*. London: Hutchinson.

Laski, Harold J. 1931. *The Limitation of Expert*. London: Fabian Society.

Lowe, Rodney. 1978. "The Erosion of State Intervention in Britain, 1917-24." *Economic History Review* 31, No. 2 (May): 270-86.

_____. 1978. "The Failure of Consensus in Britain: The National Industrial Conference, 1919-21." *Historical Journal* 21, No. 3: 649-75.

_____. 1982. "Welfare Legislation and he Unions During and After the First World War."

Historical Journal 25, No. 2: 437-41.

———. 1982. "Hours of Labour: Negotiating Industrial Legislation in Britian, 1919- 39." *Economic History Review* 35, No. 2 (May): 254-71.

———. 1986. *Adjusting to Democracy: The Role of the Ministry of Labour in British Politics, 1916-1939*. Oxford: Clarendon Press.

Lynd, Helen M. 1945. *England in the Eighteen-Eighties*. New York: Oxford University Press.

MacKenzie, Norman & Jeanne Mackenzie. 1979. *The First Fabians*. London: Quartet Books.

MacLeod, Roy M. 1968. *Treasury Control and Social Administration: A Study of Establishment and Growth of the Local Government Board, 1871-1905*. London: Macmillan.

Maloney, John. 1985. *Marshall, Orthodoxy and the Professionalization of Economics*. Cambridge: Cambridge University Press.

Mann, Tom. 1889. *The Eight Hours Movement*. London.

——— & Ben Tillett. 1890. *The New Trades Unionism*. London.

Marshall, Alfred. 1898. "The Old Generation of Economists and the New." *Quarterly Journal of Economics* (March).

———. 1898. "Mechanical and Biological Analogies in Economics." *Economic Journal* (March).

———. 1907. "The Social Possibilities of Economic Chilvary." *Economic Journal* (March).

Marwick, Arthur J. B. 1962. "Independent Labour Party in the Twenties." *Bulletin of the Institute of Historical Research* 35: 62-74.

———. 1967. "The Labour Party and the Welfare State in Britain 1900-48." *American Historical Review* 73, No. 2 (December): 380-403.

Matthew, H. C. G.; R. I. McKibbin & J. A. Kay. 1976. "The Franchise Factor in the Rise of the Labour Party." *English Historical Review* 91, No 361 (October): 723-52.

McBriar, A. M. 1962. *Fabian Socialism and English Politics, 1884-1918*. Cambridge: Cambridge University Press.

McDonald, G. W. & H. F. Gospel. 1973. "The Mond-Turner Talks, 1927-33: A Study in Industrial Cooperation." *Historical Journal* 16, No. 4: 807-29.

McGregor, O. R. 1957. "Social Research and Social Policy in the Nineteenth Century." *British Journal of Sociology* 8, No. 2: 146-57.

McKibbin, Ross I. 1974. *Evolution of the Labour Party, 1910-1924*. London: Oxford

University Press.

McLean, Iain. 1975. *Keir Hardie*. New York: St. Martin's.

Meacham, Standish. 1972. "The Sense of an Impending Clash: English Working-Class Unrest before the First World War." *American Historical Review* 77, No. 5 (December): 1343-64.

Middlemas, Keith. 1979. *Politics in Industrial Society: The Experience of British System Since 1911*. London: André Deutsch.

Middleton, R. 1982. "The Treasury in the 1930s: Political and Administrative Constraints to Acceptance of the 'New Economics'." *Oxford Economics Papers* 34: 48-77.

Miliband, Ralph. 1972. *Parliamentary Socialism: A Study in the Politics of Labour*. London: Merlin Press.

Mitchell, B. R. 1988. *British Historical Statistics*. Cambridge: Cambridge University Press.

Offner, Avner. 1981. *Property and Politics, 1890-1914*. Cambridge: Cambridge University Press.

Oliphant, James, ed. 1886. *The Claims of Labour*. Edinburgh.

Peden, G. C. 1984. "The 'Treasury View' on Public Works and Employment in the Interwar Period." *Economic History Review* 2nd Series, 37, No. 2 (May): 167-81.

Pelling, Henry. 1965. *Origins of the Labour Party*. Oxford: Oxford University Press.
_____. 1968. *A Short History of the Labour Party*. London: Macmillan.
_____. 1979. *Popular Politics and Society in Late Victorian Britain*, 2nd Ed. New York: St. Martin's.
_____. 1984. *The Labour Governments*. London: Macmillan Press.
_____. 1987. *A History of British Trade Unionism*, 4th Ed. Harmondsworth: Penguin.

Perkin, Harold. 1969. *Origins of Modern English Society*. London: ARK Paperbacks.
_____. 1969. *Key Profession: The History of the Association of University Teachers*. New York: August M. Kelley.

Pimlott, Ben. 1977. *Labour and the Left in the 1930s*. London: Allen and Unwin.

Porter, J. H. 1970. "Wage Bargaining under Conciliation Agreements, 1860-1914." *Economic History Review* 23, No. 3 (December): 460-75.

Rothstein, Theodore. 1983. *From Chartism to Labourism*. London: Lawrence and Washart.

Rowntree, Theodore. 1983. *Poverty A Study of Town Life*. New York: Garland Publishing.

Royal Statistical Society. 1885. *Journal of Royal Statistical Society, Jubilee Volume*. London: RSS.

Scally, Robert J. 1975. *The Origins of the Lloyd George Coalition*. Princeton: Princeton University Press.

Searle, G. R. 1971. *The Quest for National Efficiency: A Study in British Politics and Political Thought, 1899-1914*. Berkeley: University of California Press.

Semmel, Bernard. 1960. *Imperialism and Social Reform: English Social Imperial Thought, 1895-1914*. Cambridge: Cambridge University Press.

Skidelsky, Robert. 1967. *Politicians and the Slump: The Labour Government of 1929-31*. London: Macmillan.

_____. 1983. *John Maynard Keynes*, Vol. 1: *Hopes Betrayed, 1883-1920*. New York: Viking.

Smith, Harold. 1981. *The British Labour Movement to 1970: A Bibliography*. London: Mansell Publishing.

Smith, Hubert Llewellyn. 1887. *Economic Aspect of State Socialism*. Oxford: Basil Blackwell.

_____. 1928. *The Board of Trade*. London: Putnam's Sons.

Smout, T. C., ed. 1979. *The Search for Wealth and Stabiliy*. London: Routledge and Kegan Paul.

Soloway, Richard. 1982. "Counting the Degenerates: Statistics of Race Deterioration in Edwardian England." *Journal of Contemporary History* 17, No. 1 (January): 137-63.

Sutherland, Gillian, ed. 1972. *Studies in the Growth of Nineteenth-Century Government*. New Jersey: Rowman and Littlefield.

Tanner, Duncan. 1983. "The Parliamentary Electoral System, the 'Fourth' Reform Act and the Rise of Labour in England and Wales." *Bulletin of the Institute of Historical Research* 56, No. 134 (November): 205-19.

Terrill, Ross. 1974. *R. H. Tawney and His Times: Socialism as Fellowship*. Cambridge, Mass.: Harvard University Press.

Thane, Pat. 1984. "The Working Class and State 'Welfare' in Britain 1880-1914." *Historical Journal* 27, No. 4: 877-900.

Thompson, E. P. 1966. *The Making of the English Working Class*. New York: Vintage Books.

Thompson, F. M. L. 1988. *The Rise of Respectable Society: A Social History of Victorian Britain, 1830-1900*. Cambridge, Mass.: Harvard University Press.

Webb, Beatrice. 1948. *Our Partnership, Barbara Drake & Margaret Cole*, eds. London: Longmans, Green & Co.

_____. 1952. *Diaries, 1912-24*, M. I. Cole, ed. London: Longmans.

_____. 1979. *My Apprenticeship*. Cambridge: Cambridge University Press.

Webb, Sidney. 1887. *Facts for Socialists*. London: Fabian Tract 5.

_____ & Beatrice Webb. 1919. *Industrial Democracy*. London: Longmans, Green & Co.

Webster, Charles. 1982. "Health or Hungry Thirties." *History Workshop* 13 (Spring).

Whiteside, Noelle. 1979. "Welfare Insurance and Casual Labour: A Study of Administrative Intervention in Industrial Employment, 1906-26." *Economic History Review* 32, No. 4 (November): 507-22.

_____. 1980. "Welfare Legislation and the Unions During the First World War." *Historical Journal* 23, No. 4: 857-74.

Wrigley, Chris, ed. 1982. *A History of British Industrial Relations, 1875-1914*. Amherst: University of Massachusetts Press.

Yoe, Eileen & E. P. Thompson. 1971. *The Unknown Mayhew*. New York: Pantheon Books.

〈프랑스〉

미출판자료

Archives Nationales, Paris, France.

C: Parlementaire

F: Administrative

F 12:   Commerce et industrie

F 20:   Statistique

F 22:   Travail et Sécurité Sociale

출판된 자료

Aminzade, Ronald. 1981. *Class, Politics and Early Industrial Capitalism*. Albany: SUNY Press.

Amoyal, Jacques. 1974. "Les Origines socialistest et syndicalistes de la planification en France." *Le Mouvement social* 87 (April-June): 137-69.

Anderson, R. D. 1977. *France, 1870-1914*. London: Routledge and Kegan Paul.

Arum, Peter M. 1974. "Du Syndicalisme révolutionnaire au réformisme: Georges Dumoulin (1903-1923)." *Le Mouvement social* 87 (April-June): 35-62.

Baillaud, Dominique. 1974. "La C.G.T. et les problèmes économiques (1905-1914)." *Memoire de Maitrese*, Université de Paris VII.

Baker, Donald N. 1976. "Two Paths to Socialism: Marvel Déat and Marceat Pivert." *Journal of Contemporary History* 11, No. 1 (January): 107-28.

Boltanski, Luc. 1979. "Taxonomies sociales et luttes des classes: La mobilisation et 'la classe moyenne' et l'invention des 'cadres'." *Actes de la recherche en sciences sociales* 29 (September): 75-103.

———. 1982. *Les Cades*. Paris: Éditions de Minuit.

Bourguet, Marie-No lle. 1976. "Race et folklore: l'image officielle de la France en 1800." *Annales Economies, Société, Civilisations* 31, No. 4 (July-August): 802-23.

Bouvier, Jean. 1964, "Mouvement ouvrier et conjoncture économique." *Le Mouvement social* 48 (July-Sept): 3-20.

Brooke, Michael Z. 1970. *Le Play: Engineer and Social Scientist*. London: Longman.

Caron, François. 1979. *An Economic History of Modern France*. New York: Columbia University Press.

Ceplair, Lary S. 1981. "Le théorie de la grève générale et la stratégie dans les années 1890." *Le Mouvement social* 116 (July-Sept): 21-46.

Chevalier, Louis. 1981. *Labouring Classes and Dangerous Classes in Paris During the First Half of the Nineteenth Century*. Princeton: Princeton University Press.

Cohen, Yolande. 1982. "Avoir vingt ans en 1900: à la recherche d'un nouveau socialisme." *Le Mouvement social* 120 (July-Sept): 11-29.

Colton, Joel. 1987. *Léon Blum: Humanist in Politics*. Durham: Duke University Press.

Conseil Supérieur du Travail. 1891. *Rapport presenté par M. Finance an nom de la commission chargée d'examiner l'arbitrage dans les conflits collectifs*. Paris: Imprimerie Nationale.

Cottereau, Alain. 1986. "The Distinctiveness of Working-Class Cultures in France, 1848-1900." *Working-Class Formation*, Ira Katznelson & Aristide R. Zolberg, eds.

Princeton: Princeton University Press.

Derfler, Leslie. 1977. *Alexandre Millerand: The Socialist Years*. The Hague: Mouton.

Dolléans, Edouard. 1939. *Histoire du mouvement ouvrier*, Vol. 2. Paris: Fayard.

Dommanget, M. 1956. *Edouard Vaillant. Un grande socialiste, 1840-1915*. Paris: La Table ronde

Elwitt, Sanford. 1975. *The Making of the Third Republic: Class and Politics in France, 1868-1884*. Baton Rouge: Louisiana State University Press.

_____. 1980. "Social Reform and Social Order in Late-19th-Century France: The Musée Social and Its Friends." *French Historical Studies* 11 (Spring): 431-51.

_____. 1986. *The Third Republic Defended: Bourgeois Reform in France, 1880-1914*. Baton Rouge: Louisiana State University Press.

Ewald, François. 1981. "Formation de la notion d'accident du travail." *Sociologie du travail* 1: 3-13.

_____. 1986. *L'État providence*. Paris: Bernard Grasset.

Fine, Martin. 1976. "Un Instrument pour la réforme: l'Association française pour le progrès social (1927-1929)." *Le Mouvement social* 94 (Jan-March): 3-29.

Flonneau, Jean-Maris. 1970. "Crise de vie chère et mouvement syndical, 1910- 1914." *Le Mouvement social* 72 (July-Sept): 49-81.

Fontaine, Arthur. 1896. *Conciliation industrielle. De la nécessité et des formes des conseil mixtes de conciliation et d'arbitrage*. Amiens: Imprimerie Typographique et Lithographique et Jeunet.

_____. 1897. *Les Grèves et la conciliation*. Paris: Armand Colin.

Geiger, Roger L. 1975. "The Institutionalization of Sociological Paradigms: Three Examples from Early French Sociology." *Journal of the History of the Behavioral Sciences* 11, No. 3: 235-45.

Georges, Bernard. 1966. "La C.G.T. et le Governement Léon Blum." *Le Mouvement social* 54 (January-March): 49-68.

Gille, Bertrand. 1964. *Les Sources statistiques de l'histoire de France des enquêtes du 17e siècle à 1870*. Geneva: Droz.

Goldberg, Harvey. 1962. *The Life of Jean Jaurès*. Madison: University of Wisconsin Press.

Gras, C. 1968. "Merrheim et le capitalisme." *Le Mouvement social* 63 (April-June): 143-63.

Guibert, Bernard; Jean Laganier & Michel Volle. "Essai sur les nomenclatures industrielles." *Économie et statistique* 20 (February): 23-36.

Hatzfeld, Henri. 1971. *Du Paupérisme à la Sécurité Sociale*. Paris: Armand Colin.

Horne, John. 1983. "Le Comité d'Action (CGT-PS) et l'origine du réformisme syndical du temps de guerre." *Le Mouvement social* 122 (January-March, 1983): 3-60.

Horowitz, Irving Louis. 1961. *Radicalism and the Revolt Against Reason: The Social Theories of Georges Sorel*. New York: The Humanities Press.

Howorth, Jolyon. 1982. *Edouard Vaillant: La Création du l'unité socialiste en France*. Paris: Syros.

Hutton, Patrick H. 1976. "Popular Boulangism and the Advent fo Mass Politics in France, 1886-90." *Journal of Contemporary History* 11, No. 1 (January): 85-106.

Institution d'un Conseil Supérieur de Statistique. 1885. *Journal de la Société Statistique de Paris* 26, No. 4 (April).

Institut National de la Statistique et des Etudes Économique (INSEE). 1979. *Pour une Histoire de la Statistique*, Vol. 1 Paris: INSEE.

Julliard, Jacques. 1964. "Le C.G.T. devant la guerre (1900-1914)." *Le Mouvement social* 49 (October-December): 47-62.

———. 1965. *Clémenceau, briseur des grèves. L'Affaire Draveil Villeuneuve-St. Georges, 1908*. Paris: Collection Archives.

———. 1968. "Théorie syndicaliste révolutionnaire et pratique grévistes." *Le Mouvement social* 65 (October-December): 55-69.

———. 1971. *Fernand Pelloutier et les origines du syndicalisme d'action directe*. Paris: Seuil.

———. 1971. "Fernand Pelloutier et les origines du syndicalisme d'action directe."*Le Mouvement social* 75 (April-June): 3-32.

Kaplan, Steven Laurence & Cynthia J. Koepp, eds. 1986. *Work in France: Representations, Meaning, Organization and Practice*. Ithaca: Cornell University Press.

Kuisel, Richard F. 1981. *Capitalism and the State in Modern France*. Cambridge: Cambridge University Press.

Larkin, Maurice. 1988. *France Since the Popular Front: Government and People, 1936-1986*. Oxford: Clarendon Press.

Lavergne, A. de & L. P. Henry. 1910. *Le Chômage, causes, conséquences, remèdes*. Paris: Marcel Rivière et Cie.

Le Bras, Hervé. 1987. La Statistique Générale de la France." *Le Lieux de mémoire*, Vol. II: La Nation. Sous la direction de Pierre Nora. Paris: Gallimard.

Lécuyer, Bernard-Pierre. 1983. "Les Maladie professionnelles dans les <Annales d'hygiène publique et de médecine légale> ou une première approche de l'usure au traivail." *Le Mouvement social* 124 (July-September): 45-69.

_____. 1987. "The Statistician's Role in Society: The Institutional Establishment of Society." *Minerva* 25, No. 1-2: 35-55.

Lefranc, Georges. 1967. *Le Mouvement syndical sous la Troisième République*. Paris: Payot.

_____. 1976. *Les Organisations patronales en France*. Paris: Payot.

Lequin, Yves. 1977. *Les Ouvriers de la région lyonnaise (1848-1914), les intérêts de class et la république*. Lyon: Presses Universitaires de Lyon.

Le Van-Lemesle, Lucette. 1980. "Le Promotion de économie politique en France an XIXe siècle jusqu'à son introduction dans les facultés, 1815-1881." *Revue d'histoire moderne et contemporaine* 27 (April-June): 270-94.

Lichtheim, George. 1966. *Marxism in Modern France*. New York: Columbia University Press.

Liégeard, Armand. 1891. "Le Bureau de statistique du travail en Angleterre." *Journal de la Société Statistique de Paris* 32, No. 3. (March)

Luciani, Jean. 1985. "Le Chômage au XIXe siècle en France." Thèse pour le doctorat de 3ème cycle en économie des ressources humaine, Université de Paris I.

Luethy, Herbert. 1954. *France Against Herself*. New York: Meridian Books.

Marietti, P. G. 1949. *La Statistique générale de la France*. Paris: PUF.

Michel, Joël. 1974. "Syndicalisme minier et politique dans le Nord-Pas-de-Calais: Le cas Basley (1880-1914)." *Le Mouvement social* 87 (April-June): 9-34.

_____. 1987. "Le Mouvement ouvrier chez les mineurs d'Europe Occidentale (Grand Bretagne, Belgique, France, Allemagne). Etude comparative des les années 1880 à 1914." Thèse doctorat d'Etat. Université de Lyon.

Ministère du Travail et de la Prévpyance Sociale. 1913. *Statistique Générale de la France: Historique et Travaux de la Fin du XVIIIe Siècle au Debut du XXe*. Paris: Imprimerie nationale.

Mortimer, Edward. 1984. *The Rise of the French Communist Party 1920-1947*. London: Faber and Faber.

Nouschi, Marc. 1981. "Georges Boris, analyste de la crise économique: Le réformisme et sa pratique dans les années 1930 en France." *Le Mouvement social* 115 (April-June): 51-75.

Pelloutier, Fernand. 1900. *La Vie ouvrière en France*. Paris: Librairie C. Reinwald Schleicher Frères.

Perrot, Jean-Claude & Stuart J. Woolf. 1984. *State and Statistique in France, 1789-1815*. London: Harwood Academic Publishers.

Perrot, Michelle. 1968. "Grèves, grèvistes et conjoncture. Vieux problèmes, travaux neufs." *Le Mouvement social* 63 (April-June): 109-24.

——— & Annie Kriegel. 1966. *Le Socialisme française et le pouvoir*. Paris: EDI.

———. 1972. *Enquêtes sur la condition ouvrière en France an 19e siècle*. Paris: Microédition Hachette.

———. 1974. *Les Ouvriers en grève. France 1871-1890*, 2 Vols. Paris: Mouton.

———. 1986. *Workers on Strike: France, 1871-1890*. New Haven: Yale University Press.

———. 1986. "On the Formation of the French Working Class." *Working Class Formation*, Ira Katznelson & Aristide R. Zolberg, eds. Princeton: Princeton University Press.

Pic, Paul. 1903. *Traité élémentaire de la législation industrielle. Les Lois ouvrière*. Paris: Rousseau.

Prost, Antoine. 1964. *La C.G.T. à l'époque du Front Populaire. Essai de description numérique*. Paris; Armand Colin.

Rebérieux, Madelaine & Patrick Friedenson. 1974. "Albert Thomas, Pivot du réformisme social." *Le Mouvement social* 87 (April-June): 85-97.

———. 1975. *La République Radicale? 1898-1914*. Paris: Seuil.

———, ed. 1981. *Jaurès et la classe ouvrière*. Paris: Edition Ouvrière.

Reynaud-Cressent, Bénédicte. 1984. "Emergence de la catégorie de chômeur à la fin du 19e siècle." *Économie et statistique* 165 (April): 53-63.

Ridley, F. F. 1970. *Revolutionary Syndicalism in France: The Direct Action of Its Time*. Cambridge: Cambridge University Press.

Rigaudias-Weiss, Hilde. 1936. *Les Enquêtes ouvrière en France entre 1830 et 1848*. Paris: Félix Alcan.

Robert, Jean-Louis. 1981. "La C.G.T. et la famille ouvrière, 1914-1918: Première approche." *Le Mouvement social* 116 (July-September): 47-66.

Ronsin, Francis. 1979. "La Class ouvrière et le néo-malthusianisme: L'Exemple français avant 1914." *Le Mouvement social* 106 (January-March): 85-117.

Salais, Robert. 1974. "La Mesure du chômage dans l'enquête d'emploi." *Économie et statistique* 54 (March): 3-17.

_____; Nicolas Baverez & Bénédicte Reynaud. 1986. *L'Invention du chômage*. Paris: PUF.

Schlesinger, Midlred. 1974. "The Development of the Radical Party in the Third Republic: the New Radical Movement, 1926-1932." *Journal of Modern History* 46, No. 3 (September): 476-501.

Schöttler, Peter. 1981. "Politique sociale ou lutte de classes: notes sur le syndicalisme 'apolitique' des Bourses du Travail." *Le Mouvement social* 116 (July-September): 3-20.

_____. 1982. *Die Entstehung der 'Bourses du Travail'. Sozialpolitik und französischer Syndikalismus am Ende des 19. Jahrhundert*. Frankfurt: Campus Verlag.

Scott, Joan W. 1980. "Social History and the History of Socialism: French Socialist Municipalities in the 1890s." *Le Mouvement social* 111 (April-June): 145-53.

Sewell, William H., Jr. 1980. *Work and Revolution in France*. Cambridge: Cambridge University Press.

Sherwood, John M. 1980. "Rationalization and Railway Workers in France: Raoul Dautry and Les Chemins de Fer de l'Est, 1928-1937." *Journal of Contemporary History* 15, No. 3 (July): 443-74.

Shinn, Terry. 1980. *Savoir scientifique et pouvoir social: L'Ecole polytechnique, 1794-1914*. Paris: Presses de la Foundation Nationale des Science Politiques.

Shorter, Edward & Charles Tilly. 1971. *Strikes in France, 1830-1968*. Cambridge: Cambridge University Press.

_____. 1971. "Le Déclin de la grève violente en France de 1890 à 1935." *Le Mouvement social* 76 (July-September): 95-118.

Stearns, Peter N. 1968. "Against the Strike Threat: Employer Policy Toward Labor Agitation in France, 1900-1914." *Journal of Modern History* 40, No. 4 (December): 474-500.

_____. 1971. *Revolutionary Syndicalism and French Labor: A Cause Without Rebels*. New Brunswick: Rutgers University Press.

Stone, Judith F. 1985. *The Search for Social Peace: Reform Legislation in France, 1890-1914*. Albany: SUNY Press.

Suleiman, Ezra N. 1974. *Political Power and Bureaucracy in France*. Princeton:

Princeton University Press.

Thuillier, Guy. 1980. *Bureaucratie et bureaucrates en France au XIXe siècle*. Genève: Librairie Droz.

_____. 1987. *La Bureaucratie en France aux XIXe et XXe siècles*. Paris: Economica.

Tournerie, Jean-André. 1971. *Le Ministère du Travail: Origines et premiers développements*. Paris: Édition Cujas.

Trempé, Rolande. 1968. "Le Réformisme des mineurs français à la fin du XIXe siècle." *Le Mouvement social* 65 (October-December): 93-107.

_____. 1971. *Les Mineurs de Carmaux, 1848-1914*. Paris: Les Éditions ouvrières.

Turquan, Victor. 1891. "L'Office du Travail." *Journal de la Société Statistique de Paris* 32, No. 11 (November): 372-5.

Volle, Michel. 1982. *Histoire de la statistique industrielle*. Paris: Economica.

Weber, Eugene. 1986. *France: Fin de Siècle*. Cambridge: The Belknal Press of Harvard University Press.

Zeldin, Theodore. 1973. *France: 1848-1945: Politics of Anger*. Oxford: Oxford University Press.

〈미국〉

Alonso, William & Paul Starr, eds. 1987. *The Politics of Numbers*. New York: Russel Sage Foundation.

Bannister, Robert C. 1987. *Sociology and Scientism: The American Quest for Objectivity, 1880-1940*. Chapel Hill: The University of North Carolina Press.

Barbash, Jack. 1956. *The Practice of Unionism*. New York: Harper and Brothers.

Bendix, Reinhard. 1956. *Work and Authority in Industry*. Berkeley: University of California Press.

Bernstein, Irving. 1970. *The Turbulent Years: A History of the American Workers, 1933-1941*. Boston: Beacon.

Bernstein, Samuel. 1971. "The Impact of the Paris Commune in the United States." *Massachusetts Review* 12.

Bledstein, Burton J. 1976. *The Culture of Professionalism: The Middle Class and the Development of Higher Education in America*. New York: Norton.

Braeman, J.; R. H. Bremner & D. Brody, eds. 1975. *The New Deal*, Vol. 1: *The National Level*. Columbus: Ohio State University Press.

Bremner, Robert H. 1956. From the Depths: *The Discovery of Poverty in the United States*. New York: NYU Press.

_____. 1960. *American Philanthropy*. Chicago: University of Chicago Press.

Brody, David. 1979. "The Old Labor History and the New: In Search of an American Working Class." *Labor History* 20, No. 1 (Winter): 111-26.

_____. 1980. *Workers in Industrial America: Essays on the Twentieth Century Struggle*. Oxford: Oxford University Press.

Bruce, Robert. 1959. *1877: Year of Violence*. Indianapolis: Bobbs-Merrill.

Bulmer, Martin. 1983. "Science, Theory and Values in Social Research on Poverty: The United States and Britain." *Comparative Social Research* 6: 353-69.

_____. 1984. *The Chicago School of Sociology*. Chicago: University of Chicago Press.

Burnham, Walter Dean. 1970. *Critical Elections and the Mainsprings of American Politics*. New York: Norton.

Channels, Noreen L. 1985. *Social Science Methods in the Legal Process*. Totowa, N.J.: Rowman and Allanheld.

Choi, Jungwoon. 1984. "A Critical Review of American Administrative Theories and Doctrines from the Late Nineteenth Century to World War II." Unpublished Manuscript. University of Chicago.

_____. 1986. "Professionalization of American Lawyers: Capitalism and Democracy in the United States, 1870s-1920s." Unpublished Manuscript. University of Chicago.

Clague, Ewan. 1968. *The Bureau of Labor Statistics*. New York: Praeger.

Coats, A. W. 1960. "The First Two Decades of the American Economic Associa- tion." *American Economic Review* 50, No. 4 (September): 555-74.

Cohen, Patricia Cline. 1982. *A Calculating People: The Spread of Numeracy in Early America*. Chicago: University of Chicago Press.

Commons, John R. 1923. "Wage Theories and Wage Policies." *American Economic Review* 13, No. 1, Supplement: Papers and Proceedings of the Thirty-Fifth Annual Meeting of the AEA, December, 1922 (March): 110-7.

_____. 1964. *Labor and Administration*. New York: August M. Kelley.

Cuff, Robert D. 1980. "Politics of Labor Administration During World War I." *Labor History* 21, No. 4 (Fall): 546-69.

Davis, Allen F. 1967. *Spearheads for Reform: The Social Settlements and the Progressive Movement*. New York: Oxford University Press.

Davis, Mike. 1980. "The Barren Marriage of American Labour and the Democratic Party." *New Left Review* 124 (November-December): 43-84.

———. 1986. *Prisoners of the American Dream: Politics and Economy in the History of the U.S. Working Class*. London: Oxford University Press.

Dewey, Davis R. 1889. "The Study of Statistics." *Publications of the American Economic Association* 4, No. 5 (September): 37-52.

Dorfman, Joseph et al. 1964. *Institutional Economics: Veblen, Commons and Mitchell Reconsidered*. Berkeley: Univesity of California Press.

Dubofsky, Melvyn & Warren Van Tine, eds. 1987. *Labor Leaders in Ameican*. Urbana, Ill.: University of Illinois Press.

Dunbar, Charles. 1886. "The Reaction in Political Economy." Quarterly Journal of Economics 1 (October): 1-27.

———. 1891. "The Academic Study of Political Economy." *Quarterly Journal of Economics* 5 (July): 397-416.

Ely, Richard T. 1887. "Labor Organizations." *Forum* 3: 50-8.

Erlich, Mark. 1983. "Peter J. McGuire's Trade Unionism: Socialism of a Trades Union Kind?" *Labor History* 24, No. 2 (Spring): 165-97.

Faulkner, Harold U. 1959. *The Quest for Social Justice: 1898-1914*. Chicago: Quadrangle Books.

Fine, Sidney. 1964. *Laissez-Faire and the General Welfare State: A Study of Conflict in American Thought, 1865-1901*. Ann Arbor: University of Michigan Press.

Fink, Leon. 1983. *Workingmen's Democracy: The Knights of Labor and American Politics*. Urbana: University of Illinois Press.

Frederickson, George M. 1965. *The Inner Civil War: Northern Intellectuals and the Crisis of the Union*. New York: Harper Torchbooks.

Frish, Michael H. 1982. "Urban Theorists, Urban Reform, and American Political Culture in the Progressive Period." *Political Science Quarterly* 97, No. 2 (Sumner): 295-316.

Furner, Mary O. 1975. *Advocacy and Objectivity: A Crisis in the Professionalization of American Social Science*. Lexington.

Gitelman, Howard M. 1984. "Being of Two Minds: American Employers Confront the

Labor Problem, 1915-1919." *Labor History* 25, No. 2 (Spring): 189-216.

Gordon, Michael. 1973. "The Social Survey Movement and Sociology in the United States." *Social Problems* 21, No. 2 (Fall): 284-98.

Green, James R. 1980. *The World of the Worker: Labor in Twentieth-Century America*. New York:

Green, Marguerite. 1956. *The National Civic Federation and the Labor Movement, 1900-1925*. Washington: Brookings Institution.

Greenstone, J. David. 1969. *Labor in American Politics*. Chicago: University of Chicago Press.

Grin, Carolyn. 1973. "The Unemployment Conference of 1921: An Experiment in National Cooperative Planning." *Mid-America* 55: 83-107.

Grob, Gerald N. 1958. "The Knights of Labor and Trade Unions, 1878-1886." *Journal of Economic History* 18, No. 2 (June): 176-192.

_____. 1961. *Workers and Utopia: A Study of Ideological Conflict in the American Labor Movement, 1864-1900*. Evanston: Northwestern University Press.

Haber, Samuel. 1964. *Efficiency and Uplift*. Chicago: University of Chicago Press.

Hanger, C. W. W. 1904. "Bureaus of Statistics of Labor in the United States." *Bulletin of the U.S. Bureau of Labor* 9, 54: 991-1021.

Harris, Howell. 1985. "The Snares of Liberalism? Politicians, Bureaucrats, and the Shaping of Federal Labour Relations Policy in the United States, ca. 1915-47." *Shop Floor Bargaining and the State*, Steven Tolliday & Jonathan Zeitlin, eds. Cambridge: Cambridge University Press.

Harter, Lafayette G. 1962. *John R. Commons: His Assault on Laissez-Faire*. Corvallis: Oregon State University Press.

Haskell, Thomas L. 1977. *The Emergence of Professional Social Science*. Urbana: University of Illinois Press.

Hauser, Philip. 1975. *Social Statistics in Use*. New York: Russell Sage Foundation.

Higham, John. 1970. "The Reorientation of American Culture in the 1890s." *Writing American History: Essay on Modern Scholarship*. Bloomington: University of Indiana Press.

_____. 1988. *Strangers in the Land: Patterns of American Nativism, 1860-1925*, 2nd ed. New Brunswick: Rutgers University Press.

Hofstadter, Richard. 1962. *Anti-Intellectualism in American Life*. New York: Vintage

Books.

Hoogenboom, Ari. 1968. *Outlawing the Spoils: A History of the Civil Service reform Movement, 1865-1883*. Urbana: University of Illinois Press.

Hurwitz, Haggai. 1977. "Ideology and Industrial Conflict: President Wilson's First Industrial Conference of October, 1919." *Labor History* 18, No. 4 (Fall): 509-524.

Israel, Jerry, ed. 1972. *Building the Organizational Society: Essays on Associational Activities in Modern America*. New York.

Isserman, Maurice. 1976. "God Bless Our American Institutions: The Labor History of John R. Commons." *Labor History* 17, No. 3 (Summer): 309-28.

Jacoby, Sanford M. 1987. "The Development of Cost-of-Living Escalators in the United States." *Labor History* 28, No. 4 (Fall): 515-533.

Karl, Barry D. 1963. *Executive Reorganization and Reform in the New Deal*. Chicago: University of Chicago Press.

———. 1969. "Presidential Planning and Social Science Research: Mr. Hoover's Experts." *Perspectives in American History* 3: 347-412.

———. 1974. *Charles E. Merriam and the Study of Politics*. Chicago: University of Chicago Press.

Kazin, Michael. 1987. "Struggling with the Class Struggle: Marxism and the Search for a Synthesis of U.S. Labor History." *Labor History* 28, No. 4 (Fall): 497- 533.

Keller, Morton. 1977. *Affairs of State*. Cambridge: Harvard University Press.

Kennedy, Duncan. 1976. "Form and Substance in Private Law Adjudication." *Harvard Law Review* 89, No. 8 (June): 1635-1709.

Keyserling, Leon H. 1960. "The Wagner Act: Its Origin and Current Significance." *George Washington Law Review* 29, No. 2 (December): 199-233.

Larson, Magali Sarfatti. 1977. *The Rise of Professionalism: A Sociological Analysis*. Berkeley: University of California Press.

Lasch, Christopher. 1965. *The New Radicalism in America, 1899-1963*. New York: Knopf.

Leiby, Leiby. 1960. *Carroll Wright and Labor Reform: The Origin of Labor Statistics*. Cambridge: Harvard University Press.

Lombardi, John. 1942. *Labor's Voice in the Cabinet: A History of the Department of Labor From Its Origin to 1921*. New York: Columbia University Press.

Lynd, Straughton. 1972. "The Possibility of Radicalism in the Early 1930s: The Case of

Steel." *Radical America* 6 (November-December): 37-64.

McGuire, P. J. 1891. "Statistical Work of Labor Organizations." *Proceedings of the Eighth National Convention of Officers of Bureaus of Labor Statistics in the United States*, Held at Philadelphia, Penn, May 19-22, 1891. Topeka: The Hall & O'Donald Litho: 119-26.

Meeker, Royal. 1916. "The Work of the Federal Bureau of Labor Statistics in its Relation to the Business of the Country." *Annals of the American Academy of Political and Social Science* 63 (January): 263-71.

Miller, Harold L. 1984. "The American Bureau of Industrial Research and the Origins of the 'Wisconsin School' of *Labor History*." Labor History 25, No. 2 (Spring): 165-88.

Mills, C. Wright. 1956. *The Power Elite*. New York: Oxford University Press.

Mitchell, Lucy L. 1953. *Two Lives: The Story of Wesley Mitchell and Myself*. New York: Simon and Schuster.

Montgomery, David. 1974. "The 'New Unionism' and the Transformation of Workers' Consciousness in America, 1909-22." *Journal of Social History* 7: 509-29.

Montgomery, David. 1979. *Workers' Control in America: Studies in the History of Work, Technology and Labor Struggles*. Cambridge: Cambridge University Press.

―――. 1980. "To Study the People: The American Working Class." *Labor History* 21, No. 4 (Fall): 485-512.

―――. 1987. *The Fall of the House of Labor: The Workplace, the State and American Labor Activism, 1865-1925*. Cambridge: Cambridge University Press.

Nelson, William. 1982. *The Roots of American Bureaucracy*. Cambridge: Harvard University Press.

North, S. N. D. 1918. "Seventy Five Years of Progress in Statistics: The Outlook for the Future." *The History of Statistics*, John Koren, ed. New York: Macmillan: 15-49.

Nugent, Angela. 1985. "Organizing Trade Unions To Combat Disease: The Workers' Health Bureau, 1921-28." *Labor History* 26, No. 3 (Summer): 423-46.

Ogburn, William F. 1923. "The Standard-of-Living Factor in Wages." *American Economic Review* 13, No. 1, Suppl: Papers and Proceedings of the Thirty-Fifth Annual Meeting of the AEA, December, 1922 (March): 118-28.

Ozanne, Robert. 1980. "Trends in American Labor History." *Labor History* 21, No. 4 (Fall): 118-28.

Perlman, Selig. 1928. *A Theory of the Labor Movement*. New York: Macmillan.

Perrier, Hubert. 1981. "The Socialists and the Working Class in New York: 1890- 1896." *Labor History* 22, No. 4 (Fall): 485-512.

Phelps Brown, E. H. & H. H. Browne. 1963. "Carroll D. Wright and the Development of British Labour Statistics." *Economica* 30: 277-86.

Proceedings of the Ninth Convention of the National Association of Officials of Bureaus of Labor Statistics in the United States Held at Denver, Colorado, May 24-28. Topeka: The Hall & O'Donald Litho, 1892.

Radosh, Ronald. 1966. "The Corporate Ideology of American Labor Leaders from Gompers to Hillman." *Studies on the Left* 6, No. 6 (November-December): 66-86.

———— & N. Rothbard, eds. 1972. *A New History of Leviathan: Essays on the Rise of the Corporate State*. New York: Dutton.

Ross, Dorothy. 1979. "The Development of the Social Sciences." *The Organization of Knowledge in Modern America, 1860-1920*, Alexandra Oleson & John Voss, eds. Baltimore: The Johns Hopkins University Press.

Schlensinger, James R. 1960. "Organized Labor and the Intellectuals." *Virginia Quarterly Review* 36 (Winter): 36-45.

Schneider, Linda. 1982. "The Citizen Striker: Workers' Ideology in the Homestead Strike of 1892." *Labor History* 23, No. 1 (Winter): 47-66.

Schefter, Martin. 1986. "Trade Unions and Political Machines: The Organization and Disorganization of the American Working Class in the Late Nineteenth Century." *Working Class Formation*, Iea Katznelson & Aristide Zolberg, eds. Princeton: Princeton University Press.

Shibley, G. H. 1900. "The University and Social Questions." *Arena* 23 (January- June): 293-300.

Skowronek, Stephen. 1982. *Building A New American State: The Expansion of National Administrative Capacities*. New York: Cambridge University Press.

Small, Albion. 1896. "Scholarship and Social Agitation." *American Journal of Sociology* 1, No. 5 (March): 546-82.

Smith, Dennis. 1988. *The Chicago School: A Liberal Critique of Capitalism*. New York: St. Martin's Press.

Smith, John S. 1962. "Organized Labor and Government in the Wilson Era: Some

Conclusions." *Labor History* 3, No. 3 (Fall): 265-86.

Smith, Richmond Mayo. 1886. "American Labor Statistics." *Political Science Quarterly* 1: 45-83.

――――. 1886. "The National Bureau of Labor and Industrial Depressions." *Political Science Quarterly* 1: 437-48.

Soule, George. 1923. "The Productivity Factor in Wage Determination." *American Economic Review* 13, No. 1, Suppl: Papers and Proceedings of the Thirty-Fifth Annual Meeting of the AEA, December, 1922 (March): 129-40.

Steuart, William H. 1898. "Official Statistics." *American Journal of Sociology* 3, No. 5 (March): 622-30.

Tomlins, Christopher L. 1895. *The State and the Unions: Labor Relations, Law and Organized Labor Movement in America, 1880-1960.* Cambridge: Cambridge University Press.

U. S. Department of Labor. 1895. *Bulletin of the Department of Labor* 1 (November).

Watkins, Bari J. 1976. "The Professors and the Unions: American Academic Social Theory and Labor Reform, 1883-1915." Ph. D. Diss, Yale University.

Weinstein, James. 1967. *The Decline of Socialism in America, 1912-1925.* New Brunswick: Rutgers University Press.

――――. 1968. *The Corporate Ideal in the Liberal State.* Boston: Beacon.

Willoughby, W. F. 1891. "Statistical Publications of the United States Government." *Annuals of the American Academy of Political and Social Science* 2 (September): 92-104.

Woytinsky, W. S. 1938. *Labor in the United States: Basic Statistics for Social Security.* Washington: Committee on Social Security, Social Science Research Council.

――――. 1961. *Stormy Passage: A Personal History through Two Russian Revolutions to Democracy and Freedom, 1905-1960.* New York: The Vanguard Press.

Wright, Carroll D. 1882. "Practical Elements of the Labor Question." *International Review* 12: 18-31.

――――. 1883. "Commonwealth of Massachusetts." *Report of State Bureaus of Statistics of Labor*, Held at Columbus, Ohio, September 26, 1883. Boston: Wright & Pottter Printing Co.

――――. 1891. "The Value of Statistics." *Popular Science Monthly* 39 (August): 445-53.

――――. 1894. "The Limitations and Difficulties of Statistics." *Yale Review* 3 (August): 121-43.

———. 1902. "Consolidated Labor." *North American Review* 174, No. 542 (January): 30-45.

Zieger, Robert H. 1985. "Toward the History of the CIO: A Bibliographical Report." *Labor History* 26, No. 4 (Fall): 487-526.

———. 1986. *American Workers, American Unions, 1920-1985*. Baltimore: The Johns Hopkins University Press.

찾아보기

가

견고한 사실 274, 282
경제주의 46, 200, 398
기능주의 17, 18, 26, 76, 377, 382, 398, 403
기회주의자 136, 143, 166, 297, 306, 309, 316, 317, 319, 320, 321, 322
공공지식 20, 21, 23, 24, 26, 60, 61, 63, 65, 69, 71, 72, 76, 90, 92, 112, 114, 133, 142, 143, 149, 193, 195, 196, 207, 209, 222, 292, 316, 347, 349, 357, 363, 374, 377, 381, 386, 396, 398, 400, 401, 402, 403, 404
과학적 박애 50, 52, 271, 327
국제주의 29, 30
그릇된 의식 293, 399
금욕적 현실주의 131

나

나폴레옹 40, 42, 44
나폴레옹 전쟁 32, 33
노동기사단 218, 225, 226, 227, 228, 245, 329, 347
노스코트-트리벨리언 보고서 130
노조주의
뉴랜드법 209

다

단합주의 317

단

단합주의자 146, 161
대기주의 124, 133
도덕적 분노 396
드레퓌스 사건 167, 320, 323

라

레옹 강베타 322
립-랩 103, 268
로얄 미커 200, 343

마

막스 베버 18, 68, 73, 75, 370, 371, 379, 402
만병통치약 5, 333
목적합리적 357, 358, 359, 361, 362, 365, 379
몬드-터너 회담 118, 122
미국 예외주의 24, 68, 241, 247, 392
미셸 푸코 21, 73, 381, 382, 387, 402

바

반지성주의 202, 229, 243, 250
반지식인 208, 232
비정치화 242, 380
비참여주의 230
부동인구 381

사

사실적 진실 274, 357, 358, 359, 361
산업합리화 122, 131

찾아보기 437

상업노동부 194, 195, 197, 198, 212, 228
샵스튜어드 운동 98, 105, 118
신노조주의 101, 102, 106, 110, 287, 293
신마르크스주의 17
신마르크스주의자 403
생디칼리스트 146, 148, 153, 162, 163, 175, 177, 178, 179, 180, 181, 182, 184, 185, 186, 188, 189, 192
생디칼리즘 147, 148, 157, 159, 163, 182, 186, 191, 253, 258, 319

아
알렉산드르 밀랑 138, 142, 156, 160, 161, 164, 167, 170, 171, 174, 175, 176, 177, 309, 316, 323
어드만법 209
인터내셔널 29, 165, 304, 305, 318, 360, 391, 394, 398
윌리엄 베버리지 112, 113, 115, 269, 271, 273, 282
윌리엄 스탠리 제본스 271, 277, 278, 279, 280, 281, 282, 286

자
자기 관찰 377
조지 오웰 260, 387
존 워커 213

차
체임벌린 84, 289

카
코뮌 303, 318, 349

타
태프트-하틀리법 239, 241
통계운동 28, 33, 270, 275
투쟁주의 123, 180, 247

파
피동적 관찰 58, 59, 359
프란시스 워커 332, 342

하
합리화 5, 8, 70, 113, 122, 131, 187, 251, 254, 280, 370, 371, 379, 380
헤게모니 8, 26, 60, 225, 245, 346, 398, 399, 400, 401, 402, 403, 404

최정운(崔丁云)

서울대학교 외교학과를 졸업하고, 동 대학원을 거쳐 시카고 대학교 정치학과에서 석사, 박사 학위를 받았다. 현재 서울대학교 정치외교학부 교수로 재직하고 있다.

지은 책으로 『한국인의 탄생: 시대와 대결한 근대 한국인의 진화』(2013년), 『오월의 사회과학』(1999년) 등이 있고, 논문으로는 「푸코의 눈: 현상학 비판과 고고학의 출발」, 「새로운 부르주아의 탄생: 로빈슨 크루소의 고독의 근대사상적 의미」, 「개념사: 서구 권력의 도입」, 「국제정치에 있어서 문화의 의미」, 「권력의 반지: 권력담론으로서의 바그너의 반지 오페라」 등이 있다.

지식국가론
THE KNOWLEDGE STATE

최정운 지음

1992년 3월 1일 초판 1쇄 발행
2016년 10월 9일 2판 1쇄 발행

펴낸이	이종진
펴낸곳	도서출판 이조
	서울특별시 관악구 관악로10길 18, 304
	우편번호 08791
	서울 제2009-16호 (2009. 6.) 출판등록
	TEL. 02-888-9285 / 070-7799-9285
	FAX. 070-4228-9285
	e-mail: ljbooks@naver.com
	www.ljbooks.co.kr
편집	조영남
교정/교열	김인수, 김정환, 김종학, 김태진, 이영진
제작지원	이택선
인쇄	문화인쇄공사

Copyright ⓒ 2016 by L&J books
All rights reserved.
ISBN 979-11-87607-01-4 (93340)

정가: 19,000원

이 도서의 국립중앙도서관 출판예정도서목록(CIP)은
서지정보유통지원시스템 홈페이지 (http://seoji.nl.go.kr) 와
국가자료공동목록시스템 (http://www.nl.go.kr/kolisnet) 에서 이용하실 수 있습니다.
(CIP제어번호: CIP2016022318)